大学赤本シリーズ

220

青山学院大学

総合文化政策学部・社会情報学部・地球社会共生学部・コミュニティ人間科学部−個別学部日程

教学社

580

青山学院大学

総合文化政策学部
社会情報学部・地球社会共生学部
コミュニティ人間科学部 - 個別学部日程

教学社

は　し　が　き

　おかげさまで，大学入試の「赤本」は，今年で創刊 70 周年を迎えました。
　これまで，入試問題や資料をご提供いただいた大学関係者各位，掲載許
可をいただいた著作権者の皆様，各科目の解答や対策の執筆にあたられた
先生方，そして，赤本を使用してくださったすべての読者の皆様に，厚く
御礼を申し上げます。
　以下に，創刊初期の「赤本」のはしがきを引用します。これからも引き
続き，受験生の目標の達成や，夢の実現を応援してまいります。
　本書を活用して，入試本番では持てる力を存分に発揮されることを心よ
り願っています。

編者しるす

＊　　＊　　＊

　学問の塔にあこがれのまなざしをもって，それぞれの志望する大学の門
をたたかんとしている受験生諸君！　人間として生まれてきた私たちは，
自己の欲するままに，美しく，強く，そして何よりも人間らしく生きるこ
とをねがっている。しかし，一朝一夕にして，この純粋なのぞみが達せら
れることはない。私たちの行く手には，絶えずさまざまな試練がまちかま
えている。この試練を克服していくところに，私たちのねがう真に人間的
な世界がはじめて開かれてくるのである。
　人生最初の最大の試練として，諸君の眼前に大学入試がある。この大学
入試は，精神的にも身体的にも，大きな苦痛を感ぜしめるであろう。ある
スポーツに熟達するには，たゆみなき，はげしい練習を積み重ねることが
必要であるように，私たちは，計画的・持続的な努力を払うことによって，
この試練を克服し，次の一歩を踏みだすことができる。厳しい試練を経た
のちに，はじめて満足すべき成果を獲得できるのである。
　本書は最近の入学試験の問題に，それぞれ解答を付し，さらに問題をふ
かく分析することによって，その大学独特の傾向や対策をさぐろうとした。
本書を一般の参考書とあわせて使用し，まとはずれのない，効果的な受験
勉強をされるよう期待したい。

（昭和 35 年版「赤本」はしがきより）

挑む人の、いちばんの味方

赤本創刊70周年

1954年に大学入試の過去問題集を刊行してから70年。赤本は大学に入りたいと思う受験生を応援しつづけてきました。これからも，苦しいとき落ち込むときにそばで支える存在でいたいと思います。

そして，勉強をすること，自分で道を決めること，努力が実ること，これらの喜びを読者の皆さんが感じることができるよう，伴走をつづけます。

そもそも赤本とは…

受験生のための大学入試の過去問題集！

70年の歴史を誇る赤本は，500点を超える刊行点数で全都道府県の370大学以上を網羅しており，過去問の代名詞として受験生の必須アイテムとなっています。

なぜ受験に過去問が必要なのか？

大学入試は大学によって問題形式や頻出分野が大きく異なるからです。

赤本の掲載内容

傾向と対策

これまでの出題内容から，問題の「**傾向**」を分析し，来年度の入試に向けて具体的な「**対策**」の方法を紹介しています。

問題編・解答編

✔ 年度ごとに問題とその解答を掲載しています。

✔ 「**問題編**」ではその年度の試験概要を確認したうえで，実際に出題された過去問に取り組むことができます。

✔ 「**解答編**」には高校・予備校の先生方による解答が載っています。

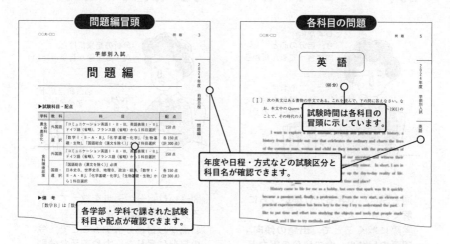

他にも，大学の基本情報や，先輩受験生の合格体験記，在学生からのメッセージなどが載っていることがあります。

● 掲載内容について

著作権上の理由やその他編集上の都合により問題や解答の一部を割愛している場合があります。
なお，指定校推薦入試，社会人入試，編入学試験，帰国生入試などの特別入試，英語以外の外国語科目，商業・工業科目は，原則として掲載しておりません。また試験科目は変更される場合がありますので，あらかじめご了承ください。

受験勉強は
過去問に始まり，

STEP 1
なにはともあれ

まずは
解いてみる

しずかに…
今，自分の心と
向き合ってるんだから

ムーン

それは
問題を解いて
からだホン!

過去問は，**できるだけ早いうちに
解くのがオススメ!**
実際に解くことで，**出題の傾向，
問題のレベル，今の自分の実力が**
つかめます。

STEP 2
じっくり
具体的に

弱点を
分析する

分析の結果だけど
英・数・国が苦手みたい

スリー

必須科目だホン
頑張るホン

間違いは自分の弱点を教えてくれ
る**貴重な情報源。**
弱点から自己分析することで，**今
の自分に足りない力や苦手な分野**
が見えてくるはず!

合格者があかす
赤本の使い方

傾向と対策を熟読
(Fさん／国立大合格)

大学の出題傾向を調べる
ために，赤本に載ってい
る「傾向と対策」を熟読
しました。

繰り返し解く
(Tさん／国立大合格)

1周目は問題のレベル確認，2周
目は苦手や頻出分野の確認に，3
周目は合格点を目指して，と過去
問は繰り返し解くことが大切です。

過去問に終わる。

STEP 3
志望校に
あわせて

苦手分野の
重点対策

明日からはみんなで頑張るよ！
参考書も！ 問題集も！
よろしくね！

なにを!?
どこから!?

呼んだ？

グッ グッ

参考書や問題集を活用して，苦手
分野の**重点対策**をしていきます。
過去問を指針に，合格へ向けた具
体的な学習計画を立てましょう！

STEP 1 ▶ 2 ▶ 3

実践を
繰り返す

サイクル
が大事！

やるのは
ボクだよ～

STEP 1 解く!!

対策!! 分析!!

STEP 3 STEP 2

STEP 1～3を繰り返し，実力ア
ップにつなげましょう！
出題形式に慣れることや，**時間配
分を考える**ことも大切です。

目標点を決める
（Yさん／私立大合格）

赤本によっては合格者最低
点が載っているので，それ
を見て目標点を決めるのも
よいです。

時間配分を確認
（Kさん／私立大学合格）

赤本は時間配分や解く
順番を決めるために使
いました。

添削してもらう
（Sさん／私立大学合格）

記述式の問題は先生に添削し
てもらうことで自分の弱点に
気づけると思います。

新課程も赤本で
ばっちり！

新課程入試 Q&A

　2022年度から新しい学習指導要領（新課程）での授業が始まり、2025年度の入試は、新課程に基づいて行われる最初の入試となります。ここでは、赤本での新課程入試の対策について、よくある疑問にお答えします。

使える？

Q1. 赤本は新課程入試の対策に使えますか？

A. もちろん使えます！

OK

　旧課程入試の過去問が新課程入試の対策に役に立つのか疑問に思う人もいるかもしれませんが、心配することはありません。旧課程入試の過去問が役立つのには次のような理由があります。

● 学習する内容はそれほど変わらない

　新課程は旧課程と比べて科目名を中心とした変更はありますが、学習する内容そのものはそれほど大きく変わっていません。また、多くの大学で、既卒生が不利にならないよう「経過措置」がとられます（Q3参照）。したがって、出題内容が大きく変更されることは少ないとみられます。

● 大学ごとに出題の特徴がある

　これまでに課程が変わったときも、各大学の出題の特徴は大きく変わらないことがほとんどでした。入試問題は各大学のアドミッション・ポリシーに沿って出題されており、過去問にはその特徴がよく表れています。過去問を研究してその大学に特有の傾向をつかめば、最適な対策をとることができます。

出題の特徴の例	・英作文問題の出題の有無
	・論述問題の出題（字数制限の有無や長さ）
	・計算過程の記述の有無

　新課程入試の対策も、赤本で過去問に取り組むところから始めましょう。

Q2. 赤本を使う上での注意点はありますか？

A. 志望大学の入試科目を確認しましょう。

　過去問を解く前に，過去の出題科目（問題編冒頭の表）と2025年度の募集要項とを比べて，課される内容に変更がないかを確認しましょう。ポイントは以下のとおりです。科目名が変わっていても，実際は旧課程の内容とほとんど同様のものもあります。

英語・国語	科目名は変更されているが，実質的には変更なし。 ▶▶ ただし，リスニングや古文・漢文の有無は要確認。
地歴	科目名が変更され，「歴史総合」「地理総合」が新設。 ▶▶ 新設科目の有無に注意。ただし，「経過措置」（Q3参照）により内容は大きく変わらないことも多い。
公民	「現代社会」が廃止され，「公共」が新設。 ▶▶ 「公共」は実質的には「現代社会」と大きく変わらない。
数学	科目が再編され，「数学C」が新設。 ▶▶ 「数学」全体としての内容は大きく変わらないが，出題科目と単元の変更に注意。
理科	科目名も学習内容も大きな変更なし。

　数学については，科目名だけでなく，どの単元が含まれているかも確認が必要です。例えば，出題科目が次のように変わったとします。

旧課程	「数学Ⅰ・数学Ⅱ・数学A・数学B（数列・ベクトル）」
新課程	「数学Ⅰ・数学Ⅱ・数学A・**数学B（数列）・数学C（ベクトル）**」

　この場合，新課程では「数学C」が増えていますが，単元は「ベクトル」のみのため，実質的には旧課程とほぼ同じであり，過去問をそのまま役立てることができます。

Q3. 「経過措置」とは何ですか？

A. 既卒の旧課程履修者への対応です。

　多くの大学では，既卒の旧課程履修者が不利にならないように，出題において「経過措置」が実施されます。措置の有無や内容は大学によって異なるので，募集要項や大学のウェブサイトなどで確認しておきましょう。

○旧課程履修者への経過措置の例

●旧課程履修者にも配慮した出題を行う。
●新・旧課程の共通の範囲から出題する。
●新課程と旧課程の共通の内容を出題し，共通範囲のみでの出題が困難な場合は，旧課程の範囲からの問題を用意し，選択解答とする。

　例えば，地歴の出題科目が次のように変わったとします。

旧課程	「日本史B」「世界史B」から1科目選択
新課程	**「歴史総合，日本史探究」「歴史総合，世界史探究」**から1科目選択※ ※旧課程履修者に不利益が生じることのないように配慮する。

　「歴史総合」は新課程で新設された科目で，旧課程履修者には見慣れないものですが，上記のような経過措置がとられた場合，新課程入試でも旧課程と同様の学習内容で受験することができます。

新課程の情報は WEB もチェック！
より詳しい解説が赤本ウェブサイトで見られます。
https://akahon.net/shinkatei/

科目名が変更される教科・科目

	旧 課 程	新 課 程
国語	国語総合 国語表現 現代文A 現代文B 古典A 古典B	現代の国語 言語文化 論理国語 文学国語 国語表現 古典探究
地歴	日本史A 日本史B 世界史A 世界史B 地理A 地理B	歴史総合 日本史探究 世界史探究 地理総合 地理探究
公民	現代社会 倫理 政治・経済	公共 倫理 政治・経済
数学	数学Ⅰ 数学Ⅱ 数学Ⅲ 数学A 数学B 数学活用	数学Ⅰ 数学Ⅱ 数学Ⅲ 数学A 数学B 数学C
外国語	コミュニケーション英語基礎 コミュニケーション英語Ⅰ コミュニケーション英語Ⅱ コミュニケーション英語Ⅲ 英語表現Ⅰ 英語表現Ⅱ 英語会話	英語コミュニケーションⅠ 英語コミュニケーションⅡ 英語コミュニケーションⅢ 論理・表現Ⅰ 論理・表現Ⅱ 論理・表現Ⅲ
情報	社会と情報 情報の科学	情報Ⅰ 情報Ⅱ

大学のサイトも見よう

目　次

下記の問題に使用されている著作物は，2024 年 5 月 30 日に著作権法第 67 条の 2 第 1 項の規定に基づく申請を行い，同条同項の規定の適用を受けて掲載しているものです。
　2024 年度：社会情報学部「英語」大問 4 -(I)

基本情報

🏛 沿革

1874（明治　7）	ドーラ・E・スクーンメーカーが東京麻布に女子小学校を開校。のちに東京築地に移転し海岸女学校となる
1878（明治 11）	ジュリアス・ソーパーが東京築地に耕教学舎を開校。のちに東京英学校となる
1879（明治 12）	ロバート・S・マクレイが横浜山手町に美會神学校を開校
1882（明治 15）	美會神学校が東京英学校と合同
1883（明治 16）	東京英学校が東京青山に移転し東京英和学校と改称
1888（明治 21）	海岸女学校の上級生を青山に移し東京英和女学校として開校
1894（明治 27）	東京英和学校は青山学院と改称。海岸女学校が東京英和女学校と合同
1895（明治 28）	東京英和女学校は青山女学院と改称
1904（明治 37）	青山学院と青山女学院が専門学校の認可を受ける
1927（昭和　2）	青山女学院が青山学院と合同
1949（昭和 24）	新制大学として青山学院大学を開校（文・商・工の3学部。

工学部は 1950 年関東学院大学に移管）

1953（昭和 28）	商学部を経済学部に改組
1959（昭和 34）	法学部を設置
1965（昭和 40）	理工学部を設置
1966（昭和 41）	経営学部を設置
1982（昭和 57）	国際政治経済学部を設置
2008（平成 20）	総合文化政策学部および社会情報学部を設置
2009（平成 21）	教育人間科学部を設置
2015（平成 27）	地球社会共生学部を設置
2019（平成 31）	コミュニティ人間科学部を設置

校章

　1952 年，図案を学生から公募して決定しました。盾は「信仰を盾として」（新約聖書　エフェソの信徒への手紙 6 章 16 節）からきたもので，信仰の象徴を示しています。山形の A と G は青山と学院の頭文字。その下に，Univ.（大学）があります。盾の発案は青山学院大学校友によるもので，「中央および左右の先端は尖って高峰のごとく，側面の弧は豊かな頬を思わせるふくらみを持ち，全体が均整のとれた 4 つの弧で囲まれているようなもの」を正しい形状と定めています。

学部・学科の構成

大　学

●**文学部**　青山キャンパス

英米文学科（イギリス文学・文化コース，アメリカ文学・文化コース，グローバル文学・文化コース，英語学コース，コミュニケーションコース，英語教育学コース）

フランス文学科（文学分野，語学分野，文化分野）

日本文学科（日本文学コース，日本語・日本語教育コース）

史学科（日本史コース，東洋史コース，西洋史コース，考古学コース）

比較芸術学科（美術領域，音楽領域，演劇映像領域）

●**教育人間科学部**　青山キャンパス

教育学科（人間形成探究コース，臨床教育・生涯発達コース，教育情報・メディアコース，幼児教育学コース，児童教育学コース）

心理学科（一般心理コース，臨床心理コース）

●**経済学部**　青山キャンパス

経済学科（理論・数量コース，応用経済コース，歴史・思想コース）

現代経済デザイン学科（公共コース〈パブリック・デザイン〉，地域コース〈リージョナル・デザイン〉）

●**法学部**　青山キャンパス

法学科

ヒューマンライツ学科

●**経営学部**　青山キャンパス

経営学科

マーケティング学科

●**国際政治経済学部**　青山キャンパス

国際政治学科（政治外交・安全保障コース，グローバル・ガバナンスコース）

国際経済学科（国際経済政策コース，国際ビジネスコース）

国際コミュニケーション学科（国際コミュニケーションコース）

●**総合文化政策学部**　青山キャンパス

総合文化政策学科（メディア文化分野，都市・国際文化分野，アート・デザイン分野）

●**理工学部**　相模原キャンパス

物理科学科

数理サイエンス学科

化学・生命科学科

電気電子工学科

機械創造工学科

経営システム工学科

情報テクノロジー学科

●**社会情報学部**　相模原キャンパス

社会情報学科（社会・情報コース，社会・人間コース，人間・情報コース）

●**地球社会共生学部**　相模原キャンパス

地球社会共生学科（メディア／空間情報領域，コラボレーション領域，経済・ビジネス領域，ソシオロジー領域）

●**コミュニティ人間科学部**　相模原キャンパス

コミュニティ人間科学科（子ども・若者活動支援プログラム，女性活動支援プログラム，コミュニティ活動支援プログラム，コミュニティ資源継承プログラム，コミュニティ創生計画プログラム）

（備考）コース等に分属する年次はそれぞれで異なる。

大学院

文学研究科／教育人間科学研究科／経済学研究科／法学研究科／経営学研究科／国際政治経済学研究科／総合文化政策学研究科／理工学研究科／社会情報学研究科／国際マネジメント研究科／会計プロフェッション研究科

📍 大学所在地

青山キャンパス

相模原キャンパス

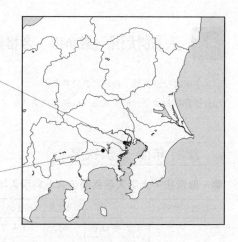

青山キャンパス　〒150-8366　東京都渋谷区渋谷 4-4-25
相模原キャンパス　〒252-5258　神奈川県相模原市中央区淵野辺 5-10-1

入 試 デ ー タ

 ## 入試状況（競争率・合格最低点など）

○競争率は受験者数÷合格者数で算出。
○合格者数および合格最低点には補欠合格者を含む（※印で表示）。

2024 年度　入試状況

●一般選抜・大学入学共通テスト利用入学者選抜

学部・学科		方　式	募集人員	志願者数	受験者数	合格者数	競争率	合格最低点/満点
文	英 米 文	全 学 部 日 程	約 5	194	189	28	6.8	260.0/350.0
		個別学部日程 A 方 式	約 70	430	408	※ 260	1.6	318.0/500.0
		個別学部日程 B 方 式	約 40	395	358	122	2.9	218.0/300.0
		個別学部日程 C 方 式	約 40	536	492	137	3.6	213.0/300.0
		共通テスト利用	約 15	464	463	150	3.1	325.0/400.0
	フランス文	全 学 部 日 程	約 15	342	331	68	4.9	244.0/350.0
		個別学部日程 A 方 式	約 40	334	314	122	2.6	#1/500.0
		個別学部日程 B 方 式	約 10	131	122	28	4.4	#2/400.0
		共通テスト利用	約 10	715	714	215	3.3	390.0/500.0
	日 本 文	全 学 部 日 程	約 8	169	163	30	5.4	287.0/400.0
		個別学部日程 A 方 式	約 55	444	399	※ 156	2.6	264.5/350.0
		個別学部日程 B 方 式	約 10	197	182	30	6.1	196.0/250.0
		共通テスト利用	約 5	205	205	34	6.0	509.0/600.0

（表つづく）

学部・学科		方　式	募集人員	志願者数	受験者数	合格者数	競争率	合格最低点/満点
文	史	全学部日程	約20	278	267	59	4.5	291.0/400.0
		個別学部日程	約52	736	682	218	3.1	318.0/450.0
		共通テスト利用（3科目型）	約10	381	381	87	4.4	498.0/600.0
		共通テスト利用（6科目型）		67	66	23	2.9	647.0/800.0
	比較芸術	全学部日程	約5	195	185	17	10.9	312.0/400.0
		個別学部日程	約45	280	258	83	3.1	322.5/450.0
		共通テスト利用	約5	239	239	22	10.9	533.0/600.0
教育人間科	教育	全学部日程	約70	1,013	989	※235	4.2	243.0/350.0
		個別学部日程	約20	476	437	65	6.7	#3/300.0
		共通テスト利用	約10	480	480	※127	3.8	411.0/500.0
	心理	全学部日程	約58	626	601	※178	3.4	243.0/350.0
		個別学部日程	約15	323	277	※49	5.7	#4/300.0
		共通テスト利用	約10	425	423	※79	5.4	381.0/450.0
経済	経済	全学部日程	約30	654	626	109	5.7	260.0/350.0
		個別学部日程A方式	約180	3,044	2,587	※478	5.4	165.0/250.0
		個別学部日程B方式	約100	1,973	1,616	※250	6.5	144.0/250.0
		共通テスト利用	約10	595	484	160	3.0	404.0/500.0
	現代経済デザイン	全学部日程	約10	119	114	16	7.1	253.0/350.0
		個別学部日程A方式	約50	895	761	110	6.9	165.0/250.0
		個別学部日程B方式	約25	459	407	56	7.3	136.0/250.0
		共通テスト利用	約10	187	123	20	6.2	404.0/500.0
法	法	全学部日程	約80	1,502	1,448	351	4.1	246.0/350.0
		個別学部日程A方式	約80	634	522	186	2.8	289.0/400.0
		個別学部日程B方式	約25	286	213	76	2.8	263.0/400.0
		共通テスト利用（3科目型）	約10	624	624	270	2.3	273.0/350.0
		共通テスト利用（5科目型）		201	201	98	2.1	549.0/700.0

（表つづく）

学部・学科		方　式	募集人員	志願者数	受験者数	合格者数	競争率	合格最低点/満点
法	ヒューマンライツ	全学部日程	約25	870	844	146	5.8	245.0/350.0
		個別学部日程A方式	約20	126	111	44	2.5	279.0/400.0
		個別学部日程B方式	約10	87	69	31	2.2	256.0/400.0
		共通テスト利用（3科目型）	約5	601	601	118	5.1	280.0/350.0
		共通テスト利用（5科目型）		59	59	23	2.6	541.0/700.0
経営	経営	全学部日程	約25	879	841	※130	6.5	256.0/350.0
		個別学部日程A方式	約160	1,547	1,347	※527	2.6	287.8/400.0
		個別学部日程B方式	約40	297	263	※144	1.8	275.3/400.0
		共通テスト利用	約10	1,121	1,118	※175	6.4	252.0/300.0
	マーケティング	全学部日程	約15	519	503	※63	8.0	256.0/350.0
		個別学部日程A方式	約80	589	515	※176	2.9	295.0/400.0
		個別学部日程B方式	約20	88	78	※40	2.0	276.1/400.0
		共通テスト利用	約5	405	404	※60	6.7	252.5/300.0
国際政治経済	国際政治	全学部日程	約5	162	152	※27	5.6	275.0/350.0
		個別学部日程A方式	約64	325	285	※138	2.1	141.3/200.0
		個別学部日程B方式	約6	39	31	7	4.4	157.9/200.0
		共通テスト利用（3科目型）	約10	404	404	※104	3.9	338.0/400.0
		共通テスト利用（4科目型）	約10	58	58	19	3.1	500.0/600.0
	国際経済	全学部日程	約5	106	102	26	3.9	262.0/350.0
		個別学部日程	約70	200	179	89	2.0	139.1/200.0
		共通テスト利用（3科目型）	約10	325	323	111	2.9	322.0/400.0
		共通テスト利用（4科目型）	約10	76	76	38	2.0	490.0/600.0

（表つづく）

学部・学科		方　式	募集人員	志願者数	受験者数	合格者数	競争率	合格最低点/満点
国際政治経済	国際コミュニケーション	全学部日程	約5	126	120	24	5.0	270.0/350.0
		個別学部日程 A 方 式	約27	278	245	75	3.3	140.8/200.0
		個別学部日程 B 方 式	約20	146	121	31	3.9	148.2/200.0
		共通テスト利用	約10	219	219	49	4.5	341.0/400.0
総合文化政策		全学部日程	約55	856	832	※172	4.8	260.0/350.0
		個別学部日程 A 方 式	約70	393	362	※124	2.9	235.0/300.0
		個別学部日程 B 方 式	約50	501	435	※101	4.3	257.5/350.0
		共通テスト利用 （3科目型）	約10	787	772	※103	7.5	345.0/400.0
		共通テスト利用 （4科目型）		30	30	3	10.0	433.0/500.0
		共通テスト利用 （5科目型）		103	103	※11	9.4	517.0/600.0
理工	物理科	全学部日程	約12	132	125	37	3.4	248.0/400.0
		個別学部日程 A 方 式	約35	550	526	156	3.4	298.0/450.0
		個別学部日程 B 方 式	約28	329	305	104	2.9	360.0/500.0
		共通テスト利用	約8	415	415	242	1.7	444.0/600.0
	数理サイエンス	全学部日程	約6	122	117	41	2.9	225.0/400.0
		個別学部日程 A 方 式	約20	285	270	94	2.9	261.0/450.0
		個別学部日程 B 方 式	約13	179	166	52	3.2	337.0/500.0
		共通テスト利用	約4	140	140	46	3.0	486.0/600.0
	化学・生命科	全学部日程	約13	115	104	20	5.2	262.0/400.0
		個別学部日程 A 方 式	約50	782	750	267	2.8	263.0/450.0
		個別学部日程 B 方 式	約20	346	321	102	3.1	375.0/500.0
		共通テスト利用	約10	277	276	80	3.5	492.0/600.0

（表つづく）

学部・学科		方　式	募集人員	志願者数	受験者数	合格者数	競争率	合格最低点/満点
理	電気電子工	全 学 部 日 程	約13	170	162	※50	3.2	222.0/400.0
		個別学部日程 A 方 式	約40	492	471	※151	3.1	262.0/450.0
		個別学部日程 B 方 式	約20	254	242	※89	2.7	320.0/500.0
		共通テスト利用	約10	248	247	※77	3.2	473.0/600.0
	機械創造工	全 学 部 日 程	約15	131	124	29	4.3	233.0/400.0
		個別学部日程 A 方 式	約40	699	668	271	2.5	261.0/450.0
		個別学部日程 B 方 式	約20	229	217	71	3.1	340.0/500.0
		共通テスト利用	約10	228	226	117	1.9	455.0/600.0
工	経 営 システム工	全 学 部 日 程	約10	149	138	※33	4.2	256.0/400.0
		個別学部日程 A 方 式	約35	519	504	※173	2.9	276.0/450.0
		個別学部日程 B 方 式	約20	210	198	※66	3.0	346.0/500.0
		共通テスト利用	約10	201	201	36	5.6	417.0/500.0
	情　報 テクノロジー	全 学 部 日 程	約10	154	143	15	9.5	265.0/400.0
		個別学部日程 A 方 式	約35	672	618	※174	3.6	275.0/450.0
		個別学部日程 B 方 式	約20	298	278	※78	3.6	354.0/500.0
		共通テスト利用	約10	244	241	30	8.0	426.0/500.0
社 会 情 報		全 学 部 日 程 A 方 式	約17	237	225	29	7.8	253.0/350.0
		全 学 部 日 程 B 方 式	約10	130	124	22	5.6	285.0/400.0
		個別学部日程 A 方 式	約45	471	437	※114	3.8	291.0/400.0
		個別学部日程 B 方 式	約25	425	402	※88	4.6	209.0/350.0
		個別学部日程 C 方 式	約35	343	327	※89	3.7	272.0/450.0
		個別学部日程 D 方 式	約15	110	102	※21	4.9	222.0/400.0

（表つづく）

学部・学科	方　式	募集人員	志願者数	受験者数	合格者数	競争率	合格最低点/満点
社 会 情 報	共通テスト利用（3 科目型）	約 15	305	305	30	10.2	253.0/300.0
	共通テスト利用（4 科目 A 型）		99	97	10	9.7	335.0/400.0
	共通テスト利用（4 科目 B 型）		71	71	7	10.1	347.0/400.0
	共通テスト利用（5 科目型）		42	40	4	10.0	444.0/500.0
地 球 社 会 共 生	全学部日程	約 45	460	448	100	4.5	242.0/350.0
	個別学部日程	約 30	352	278	※ 99	2.8	193.7/300.0
	共通テスト利用	約 20	577	574	89	6.4	329.0/400.0
コ ミ ュ ニ テ ィ 人 間 科	全学部日程	約 50	634	617	※ 131	4.7	237.0/350.0
	個別学部日程	約 34	437	411	※ 137	3.0	214.0/300.0
	共通テスト利用（3 科目型）	約 12	195	194	※ 70	2.8	376.0/500.0
	共通テスト利用（4 科目型）		30	30	※ 19	1.6	377.0/500.0
	共通テスト利用（5 科目型）		51	51	※ 25	2.0	377.0/500.0

(備考)

• 合格最低点について #1～4 は以下参照。

#1　総合点 348.0 点以上で「総合問題」120.0 点以上かつ「外国語」140.0 点以上。

#2　「総合問題」110.0 点以上かつ「外国語」154.0 点以上。

#3　大学入学共通テストの「英語」,「国語」の点数をそれぞれ 50％に圧縮した合計点が 130.0 点以上かつ「小論文」の点数が 69.0 点以上。

#4　大学入学共通テストの「英語」の点数を 50％に圧縮したものが 70.0 点以上かつ総合点が 221.5 点以上。

2023 年度　入試状況

●一般選抜・大学入学共通テスト利用入学者選抜

学部・学科		方　　式	募集人員	志願者数	受験者数	合格者数	競争率	合格最低点/満点
文	英米文	全学部日程	約 5	143	138	17	8.1	279.0/350.0
		個別学部日程 A 方式	約 70	432	418	※ 215	1.9	346.0/500.0
		個別学部日程 B 方式	約 40	448	415	※ 120	3.5	196.0/300.0
		個別学部日程 C 方式	約 40	511	476	※ 112	4.3	208.0/300.0
		共通テスト利用	約 15	407	403	136	3.0	321.0/400.0
	フランス文	全学部日程	約 15	195	192	70	2.7	253.0/350.0
		個別学部日程 A 方式	約 40	271	252	※ 120	2.1	#1/500.0
		個別学部日程 B 方式	約 10	73	63	24	2.6	#2/400.0
		共通テスト利用	約 10	174	173	80	2.2	374.0/500.0
	日本文	全学部日程	約 8	180	167	30	5.6	309.0/400.0
		個別学部日程 A 方式	約 55	397	349	143	2.4	272.0/350.0
		個別学部日程 B 方式	約 10	157	152	29	5.2	192.0/250.0
		共通テスト利用	約 5	158	157	30	5.2	494.0/600.0
	史	全学部日程	約 20	293	280	※ 77	3.6	304.0/400.0
		個別学部日程	約 52	586	541	※ 221	2.4	309.0/450.0
		共通テスト利用（3 科目型）	約 5	204	204	83	2.5	465.0/600.0
		共通テスト利用（6 科目型）	約 5	68	66	20	3.3	642.0/800.0
	比較芸術	全学部日程	約 5	218	202	22	9.2	312.0/400.0
		個別学部日程	約 45	241	216	※ 105	2.1	299.0/450.0
		共通テスト利用	約 5	171	170	28	6.1	516.0/600.0

（表つづく）

学部・学科		方　　式	募集人員	志願者数	受験者数	合格者数	競争率	合格最低点/満点
教育人間科	教　　育	全学部日程	約70	1,147	1,117	※241	4.6	266.0/350.0
		個別学部日程	約20	379	352	63	5.6	#3/300.0
		共通テスト利用	約10	575	575	102	5.6	408.0/500.0
	心　　理	全学部日程	約58	635	622	141	4.4	268.0/350.0
		個別学部日程	約15	215	181	※74	2.4	#4/300.0
		共通テスト利用	約10	402	400	56	7.1	373.0/450.0
経　　済	経　　済	全学部日程	約30	792	751	101	7.4	278.0/350.0
		個別学部日程 A 方 式	約180	3,250	2,735	394	6.9	158.0/250.0
		個別学部日程 B 方 式	約100	1,792	1,481	217	6.8	162.0/250.0
		共通テスト利用	約10	685	548	161	3.4	404.0/500.0
	現代経済デザイン	全学部日程	約10	93	88	15	5.9	267.0/350.0
		個別学部日程 A 方 式	約50	828	703	115	6.1	153.0/250.0
		個別学部日程 B 方 式	約25	396	341	58	5.9	154.0/250.0
		共通テスト利用	約10	58	41	15	2.7	391.0/500.0
法	法	全学部日程	約80	1,354	1,302	379	3.4	265.0/350.0
		個別学部日程 A 方 式	約80	589	445	※180	2.5	286.0/400.0
		個別学部日程 B 方 式	約25	282	190	※107	1.8	262.0/400.0
		共通テスト利用 （3 科目型）	約10	920	920	196	4.7	282.0/350.0
		共通テスト利用 （5 科目型）		260	259	99	2.6	542.0/700.0
	ヒューマンライツ	全学部日程	約25	287	281	112	2.5	256.0/350.0
		個別学部日程 A 方 式	約20	142	107	40	2.7	282.0/400.0
		個別学部日程 B 方 式	約10	73	44	22	2.0	262.0/400.0
		共通テスト利用 （3 科目型）	約5	142	142	55	2.6	267.0/350.0
		共通テスト利用 （5 科目型）		28	28	14	2.0	533.0/700.0

（表つづく）

学部・学科		方　式	募集人員	志願者数	受験者数	合格者数	競争率	合格最低点/満点
経営	経　営	全学部日程	約25	696	664	※108	6.1	273.0/350.0
		個別学部日程 A 方 式	約160	1,150	965	※459	2.1	278.3/400.0
		個別学部日程 B 方 式	約40	355	307	※162	1.9	275.0/400.0
		共通テスト利用	約10	709	707	169	4.2	241.0/300.0
	マーケティング	全学部日程	約15	517	498	※50	10.0	279.0/350.0
		個別学部日程 A 方 式	約80	652	578	※197	2.9	291.5/400.0
		個別学部日程 B 方 式	約20	267	225	※61	3.7	281.5/400.0
		共通テスト利用	約5	311	310	53	5.8	243.0/300.0
国際政治経済	国際政治	全学部日程	約5	146	134	27	5.0	283.0/350.0
		個別学部日程 A 方 式	約64	331	277	※137	2.0	147.6/200.0
		個別学部日程 B 方 式	約6	35	28	9	3.1	157.5/200.0
		共通テスト利用 （3科目型）	約10	302	300	87	3.4	335.0/400.0
		共通テスト利用 （4科目型）	約10	211	211	62	3.4	495.0/600.0
	国際経済	全学部日程	約5	94	88	16	5.5	283.0/350.0
		個別学部日程	約70	443	390	※112	3.5	145.8/200.0
		共通テスト利用 （3科目型）	約10	222	221	58	3.8	331.0/400.0
		共通テスト利用 （4科目型）	約10	129	126	51	2.5	484.0/600.0
	国際コミュニケーション	全学部日程	約5	124	116	17	6.8	283.0/350.0
		個別学部日程 A 方 式	約27	268	213	※84	2.5	145.3/200.0
		個別学部日程 B 方 式	約20	88	76	26	2.9	156.8/200.0
		共通テスト利用	約10	201	200	45	4.4	341.0/400.0

（表つづく）

学部・学科		方　式	募集人員	志願者数	受験者数	合格者数	競争率	合格最低点/満点
総合文化政策		全学部日程	約55	758	734	※156	4.7	272.0/350.0
		個別学部日程 A 方 式	約70	296	268	83	3.2	227.0/300.0
		個別学部日程 B 方 式	約50	369	308	※95	3.2	259.0/350.0
		共通テスト利用（3科目型）	約10	378	373	96	3.9	332.0/400.0
		共通テスト利用（4科目型）		12	12	2	6.0	426.0/500.0
		共通テスト利用（5科目型）		54	54	20	2.7	501.0/600.0
理工	物理科	全学部日程	約12	143	139	45	3.1	270.0/400.0
		個別学部日程 A 方 式	約35	471	450	215	2.1	255.0/450.0
		個別学部日程 B 方 式	約28	218	207	105	2.0	344.5/500.0
		共通テスト利用	約8	407	404	200	2.0	467.0/600.0
	数理サイエンス	全学部日程	約6	166	164	53	3.1	265.0/400.0
		個別学部日程 A 方 式	約20	350	331	※121	2.7	257.0/450.0
		個別学部日程 B 方 式	約13	135	129	※55	2.3	309.0/500.0
		共通テスト利用	約4	209	207	56	3.7	491.0/600.0
	化学・生命科	全学部日程	約13	119	112	19	5.9	286.0/400.0
		個別学部日程 A 方 式	約50	808	765	307	2.5	261.0/450.0
		個別学部日程 B 方 式	約20	338	318	128	2.5	321.0/500.0
		共通テスト利用	約10	504	504	83	6.1	510.0/600.0

（表つづく）

学部・学科		方　式	募集人員	志願者数	受験者数	合格者数	競争率	合格最低点/満点
理	電気電子工	全学部日程	約13	136	128	※38	3.4	258.0/400.0
		個別学部日程A方式	約40	479	457	※155	2.9	261.0/450.0
		個別学部日程B方式	約20	220	206	※76	2.7	307.0/500.0
		共通テスト利用	約10	249	248	58	4.3	491.0/600.0
	機械創造工	全学部日程	約15	189	178	28	6.4	274.0/400.0
		個別学部日程A方式	約40	973	936	※272	3.4	264.0/450.0
		個別学部日程B方式	約20	354	343	※116	3.0	311.5/500.0
		共通テスト利用	約10	620	620	104	6.0	500.0/600.0
工	経営システム工	全学部日程	約10	144	136	22	6.2	292.0/400.0
		個別学部日程A方式	約35	560	534	172	3.1	265.0/450.0
		個別学部日程B方式	約23	220	206	55	3.7	337.0/500.0
		共通テスト利用	約10	336	336	52	6.5	419.0/500.0
	情報テクノロジー	全学部日程	約10	160	148	14	10.6	296.0/400.0
		個別学部日程A方式	約35	810	760	※195	3.9	278.0/450.0
		個別学部日程B方式	約20	358	342	※111	3.1	327.0/500.0
		共通テスト利用	約10	436	432	48	9.0	442.0/500.0
社会情報		全学部日程A方式	約17	272	259	※47	5.5	266.0/350.0
		全学部日程B方式	約10	117	112	※26	4.3	279.0/400.0
		個別学部日程A方式	約45	367	330	※122	2.7	280.0/400.0
		個別学部日程B方式	約25	276	253	※65	3.9	300.0/400.0
		個別学部日程C方式	約35	278	270	※82	3.3	262.0/400.0
		個別学部日程D方式	約15	212	203	※51	4.0	308.0/400.0

（表つづき）

学部・学科	方　式	募集人員	志願者数	受験者数	合格者数	競争率	合格最低点/満点
社 会 情 報	共通テスト利用（3科目型）	約15	187	185	19	9.7	256.0/300.0
	共通テスト利用（4科目A型）		58	58	6	9.7	334.5/400.0
	共通テスト利用（4科目B型）		41	41	5	8.2	350.0/400.0
	共通テスト利用（5科目型）		27	20	3	6.7	419.0/500.0
地球社会共生	全学部日程	約45	364	348	109	3.2	256.0/350.0
	個別学部日程	約30	321	250	※66	3.8	218.6/300.0
	共通テスト利用	約20	230	228	61	3.7	320.0/400.0
コ ミ ュ ニ テ ィ 人 間 科	全学部日程	約50	692	669	※164	4.1	256.0/350.0
	個別学部日程	約34	266	245	※127	1.9	200.0/300.0
	共通テスト利用（3科目型）	約12	246	246	57	4.3	389.0/500.0
	共通テスト利用（4科目型）		47	47	10	4.7	389.0/500.0
	共通テスト利用（5科目型）		66	64	13	4.9	389.0/500.0

（備考）

• 合格最低点について #1～4 は以下参照。

#1　総合点 360.0 点以上で「総合問題」130.0 点以上かつ「外国語」140.0 点以上。

#2　「総合問題」101.0 点以上かつ「外国語」141.0 点以上。

#3　大学入学共通テストの「英語」,「国語」の点数をそれぞれ 50％に圧縮した合計点が 125.0 点以上かつ「小論文」の点数が 57.0 点以上。

#4　大学入学共通テストの「英語」の点数を 50％に圧縮したものが 68.0 点以上かつ総合点が 201.5 点以上。

2022 年度　入試状況

●一般選抜・大学入学共通テスト利用入学者選抜

学部・学科		方　式	募集人員	志願者数	受験者数	合格者数	競争率	合格最低点/満点
文	英米文	全学部日程	約5	285	269	15	17.9	297.0/350
		個別学部日程 A 方式	約70	549	517	※238	2.2	345.5/500
		個別学部日程 B 方式	約40	431	385	※124	3.1	271.0/400
		個別学部日程 C 方式	約40	710	623	※96	6.5	200.0/300
		共通テスト利用	約15	506	505	150	3.4	330.5/400
	フランス文	全学部日程	約15	488	470	67	7.0	282.0/350
		個別学部日程 A 方式	約40	278	235	※97	2.4	#1/500
		個別学部日程 B 方式	約10	84	68	※21	3.2	#2/400
		共通テスト利用	約10	667	666	150	4.4	401.0/500
	日本文	全学部日程	約8	135	129	31	4.2	321.0/400
		個別学部日程 A 方式	約55	508	452	165	2.7	276.0/350
		個別学部日程 B 方式	約10	151	143	32	4.5	167.0/250
		共通テスト利用	約5	203	202	46	4.4	500.0/600
	史	全学部日程	約20	219	214	※66	3.2	312.0/400
		個別学部日程	約55	656	570	※184	3.1	315.0/450
		共通テスト利用	約5	505	504	96	5.3	507.0/600
	比較芸術	全学部日程	約5	150	150	23	6.5	323.0/400
		個別学部日程	約45	231	202	※88	2.3	315.0/450
		共通テスト利用	約5	202	201	35	5.7	517.0/600
教育人間科	教育	全学部日程	約70	1,013	989	※236	4.2	276.0/350
		個別学部日程	約20	439	404	※76	5.3	#3/300
		共通テスト利用	約10	492	492	103	4.8	403.0/500
	心理	全学部日程	約58	705	685	129	5.3	283.0/350
		個別学部日程	約15	287	245	※51	4.8	#4/300
		共通テスト利用	約10	331	331	67	4.9	370.0/450

（表つづく）

学部・学科		方　式	募集人員	志願者数	受験者数	合格者数	競争率	合格最低点/満点
経済	経　済	全学部日程	約30	590	555	93	6.0	283.0/350
		個別学部日程 A 方式	約180	3,453	2,921	※487	6.0	#5/250
		個別学部日程 B 方式	約100	1,856	1,494	※227	6.6	143.0/250
		共通テスト利用	約10	711	578	157	3.7	399.0/500
済	現代経済 デザイン	全学部日程	約10	179	170	20	8.5	283.0/350
		個別学部日程 A 方式	約50	1,164	1,038	※113	9.2	169.0/250
		個別学部日程 B 方式	約25	381	321	51	6.3	138.0/250
		共通テスト利用	約10	182	143	20	7.2	398.0/500
法	法	全学部日程	約80	1,624	1,550	※390	4.0	280.0/350
		個別学部日程 A 方式	約80	682	548	※201	2.7	291.0/400
		個別学部日程 B 方式	約25	211	145	※69	2.1	270.0/400
		共通テスト利用	約10	676	675	198	3.4	280.0/350
法	ヒューマン ライツ	全学部日程	約25	742	717	※128	5.6	282.0/350
		個別学部日程 A 方式	約20	272	239	※52	4.6	299.0/400
		個別学部日程 B 方式	約10	154	132	※39	3.4	285.3/400
		共通テスト利用	約5	265	265	54	4.9	280.0/350
経	経　営	全学部日程	約25	974	932	※76	12.3	293.0/350
		個別学部日程 A 方式	約160	1,364	1,125	※473	2.4	283.5/400
		個別学部日程 B 方式	約40	263	212	※114	1.9	247.3/400
		共通テスト利用	約10	931	928	104	8.9	252.5/300
営	マーケ ティング	全学部日程	約15	460	444	※54	8.2	292.0/350
		個別学部日程 A 方式	約80	538	447	※192	2.3	285.5/400
		個別学部日程 B 方式	約20	85	70	※45	1.6	238.0/400
		共通テスト利用	約5	366	365	33	11.1	256.0/300

（表つづく）

学部・学科		方　　式	募集人員	志願者数	受験者数	合格者数	競争率	合格最低点/満点
国際政治経済	国際政治	全学部日程	約5	199	189	23	8.2	296.0/350
		個別学部日程 A 方式	約64	419	346	※116	3.0	127.8/200
		個別学部日程 B 方式	約6	22	19	8	2.4	119.8/200
		共通テスト利用（3教科型）	約10	326	323	89	3.6	345.0/400
		共通テスト利用（4教科型）	約10	129	128	51	2.5	460.0/600
	国際経済	全学部日程	約5	129	120	16	7.5	297.0/350
		個別学部日程	約70	272	236	※130	1.8	127.8/200
		共通テスト利用（3教科型）	約10	267	264	52	5.1	345.0/400
		共通テスト利用（4教科型）	約10	123	123	38	3.2	470.0/600
	国際コミュニケーション	全学部日程	約5	168	161	16	10.1	297.0/350
		個別学部日程 A 方式	約27	348	273	※71	3.8	149.3/200
		個別学部日程 B 方式	約20	175	144	25	5.8	159.9/200
		共通テスト利用	約10	241	238	46	5.2	351.0/400
総合文化政策		全学部日程	約55	948	922	※156	5.9	290.0/350
		個別学部日程 A 方式	約70	441	406	※86	4.7	250.0/300
		個別学部日程 B 方式	約50	499	432	※100	4.3	275.5/350
		共通テスト利用	約10	605	602	58	10.4	352.0/400
理工	物理科	全学部日程	約12	231	221	※71	3.1	275.0/400
		個別学部日程 A 方式	約35	762	723	※190	3.8	278.0/450
		個別学部日程 B 方式	約28	237	224	※87	2.6	326.8/500
		共通テスト利用	約8	785	783	172	4.6	442.0/600

（表つづく）

学部・学科		方　式	募集人員	志願者数	受験者数	合格者数	競争率	合格最低点/満点
理工	数理サイエンス	全学部日程	約6	155	149	※56	2.7	244.0/400
		個別学部日程A方式	約20	288	271	※122	2.2	252.0/450
		個別学部日程B方式	約13	97	94	42	2.2	289.8/500
		共通テスト利用	約4	212	212	56	3.8	443.0/600
	化学・生命科	全学部日程	約13	136	128	28	4.6	274.0/400
		個別学部日程A方式	約50	836	795	※348	2.3	250.0/450
		個別学部日程B方式	約20	209	190	109	1.7	311.0/500
		共通テスト利用	約10	291	289	60	4.8	456.0/600
	電気電子工	全学部日程	約13	182	165	※41	4.0	269.0/400
		個別学部日程A方式	約40	608	579	※177	3.3	267.0/450
		個別学部日程B方式	約20	174	161	※70	2.3	295.2/500
		共通テスト利用	約10	239	238	56	4.3	450.0/600
	機械創造工	全学部日程	約15	148	141	30	4.7	270.0/400
		個別学部日程A方式	約40	749	717	299	2.4	252.0/450
		個別学部日程B方式	約20	148	132	69	1.9	291.1/500
		共通テスト利用	約10	270	270	99	2.7	432.0/600
	経営システム工	全学部日程	約10	188	183	34	5.4	290.0/400
		個別学部日程A方式	約35	649	620	207	3.0	273.0/450
		個別学部日程B方式	約23	174	162	58	2.8	316.7/500
		共通テスト利用	約10	264	264	51	5.2	379.0/500
	情報テクノロジー	全学部日程	約10	188	175	19	9.2	294.0/400
		個別学部日程A方式	約35	769	717	177	4.1	280.0/450
		個別学部日程B方式	約20	206	185	86	2.2	312.0/500
		共通テスト利用	約10	477	477	49	9.7	396.0/500

（表つづく）

学部・学科	方 式	募集人員	志願者数	受験者数	合格者数	競争率	合格最低点/満点
社 会 情 報	全学部日程 A 方 式	約17	239	228	※43	5.3	276.0/350
	全学部日程 B 方 式	約10	164	154	※29	5.3	300.0/400
	個別学部日程 A 方 式	約45	413	378	※111	3.4	299.0/400
	個別学部日程 B 方 式	約25	314	307	※67	4.6	302.5/400
	個別学部日程 C 方 式	約35	311	293	※80	3.7	273.5/400
	個別学部日程 D 方 式	約15	190	178	※42	4.2	310.5/400
	共通テスト利用	約15	539	538	44	12.2	260.0/300
地球社会共生	全学部日程	約45	440	429	※140	3.1	272.0/350
	個別学部日程	約30	323	291	※101	2.9	224.0/300
	共通テスト利用	約20	390	390	85	4.6	337.0/400
コ ミ ュ ニ テ ィ 人 間 科	全学部日程	約50	879	845	※197	4.3	269.0/350
	個別学部日程	約34	179	154	※104	1.5	197.0/300
	共通テスト利用	約12	127	126	24	5.3	391.0/500

（備考）

• 合格最低点について #1〜5 は以下参照。

#1 総合点 328.0 点以上で「総合問題」114.0 点以上かつ「外国語」144.0 点以上。

#2 「総合問題」103.0 点以上かつ「外国語」158.0 点以上。

#3 大学入学共通テストの「英語」,「国語」を各々 50％に圧縮した合計点が 127.5 点以上,
かつ「小論文」56 点以上。

#4 大学入学共通テストの「英語」を 50％に圧縮した点数が 70 点以上, かつ総合点 221.0 点
以上。

#5 総合点 168 点以上および総合点 167 点かつ「英語」111 点以上。

募集要項（出願書類）の入手方法

　一般選抜および大学入学共通テスト利用入学者選抜は Web 出願です。出願に関する詳細は，11 月中旬以降に大学公式ウェブサイトに公表する入学者選抜要項で各自ご確認ください。

問い合わせ先

　青山学院大学　入学広報部
　　〒150-8366　東京都渋谷区渋谷 4-4-25
　　　　　　　☎ (03)3409-8627
　　公式ウェブサイト　https://www.aoyama.ac.jp/

青山学院大学のテレメールによる資料請求方法

| スマートフォンから | QRコードからアクセスしガイダンスに従ってご請求ください。 |
| パソコンから | 教学社 赤本ウェブサイト(akahon.net)から請求できます。 |

合格体験記
募集

　2025 年春に入学される方を対象に，本大学の「合格体験記」を募集します。お寄せいただいた合格体験記は，編集部で選考の上，小社刊行物やウェブサイト等に掲載いたします。お寄せいただいた方には小社規定の謝礼を進呈いたしますので，ふるってご応募ください。

・応募方法・

下記 URL または QR コードより応募サイトにアクセスできます。
ウェブフォームに必要事項をご記入の上，ご応募ください。
折り返し執筆要領をメールにてお送りします。

※入学が決まっている一大学のみ応募できます。

☞ http://akahon.net/exp/

・応募の締め切り・

総合型選抜・学校推薦型選抜	2025 年 2 月 23 日
私立大学の一般選抜	2025 年 3 月 10 日
国公立大学の一般選抜	2025 年 3 月 24 日

受験川柳 募集

受験にまつわる川柳を募集します。
入選者には賞品を進呈！
ふるってご応募ください。

応募方法　http://akahon.net/senryu/ にアクセス！ ☞

気になること、聞いてみました！

在学生メッセージ

大学ってどんなところ？　大学生活ってどんな感じ？
ちょっと気になることを，在学生に聞いてみました。

以下の内容は 2020〜2023 年度入学生のアンケート回答に基づくものです。ここ
で触れられている内容は今後変更となる場合もありますのでご注意ください。

Message from current students

メッセージを書いてくれた先輩　●青山キャンパス　：[文学部] Y.H. さん
　　　　　　　　　　　　　　　　　　　　　 [法学部] A.M. さん
　　　　　　　　　　　　　　　　　　　　　 [経営学部] R.M. さん
　　　　　　　　　　　　●相模原キャンパス：[理工学部] K.N. さん
　　　　　　　　　　　　　　　　　　　　　 [コミュニティ人間科学部] H.T. さん

大学生になったと実感！

　制服を着て参考書を読んでいる高校生を通学の際によく見かけます。そ
のときに，かつては自分もそうだったがもう制服を着ることはないのだと
実感します。また，自分で授業を決めて時間割を作る履修登録が高校との
大きな違いだと思います。（H.T. さん／コミュニティ人間科）

　通学する洋服が自由で，化粧 OK，髪型が自由など，全体的に自由度が
増しました。また，空きコマに友達とカフェに行ったり，授業終了後に自
由に好きな場所に寄って帰ることができるなど，高校生のときに比べたら
できることが増えたと思います。（A.M. さん／法）

　自分の責任で行動しなければならないことが多く，大学生になったなと感じます。自由な時間が増えるので，自分の好きなように予定を入れることができますが，その分課題を計画的に終わらせなければならないので，勉強と自由時間をうまく調節して効率よくこなすのが大変だなと思います。（K.N. さん／理工）

 ## 大学生活に必要なもの

　パソコンは必須です。大学からのお知らせを受け取ったり，オンライン授業を受けたり，レポートを提出したり，多くのことをパソコンで行います。パソコンのケースやパソコンが入るリュックも用意しました。（H.T. さん／コミュニティ人間科）

 ## この授業がおもしろい！

　第二外国語の授業です。私は韓国語の授業を選択しています。韓国語の授業を受けることで，K-POP のハングルの歌詞が読めるようになったり，韓国ドラマで聞き取れる単語が増えたり，と異国の文化をもっと楽しめるようになりました。（H.T. さん／コミュニティ人間科）

 ## 大学の学びで困ったこと＆対処法

　自分で決めなければいけないことがとても多いことです。入学してすぐ，履修登録でとても苦労しました。選択肢がたくさんあり，抽選の授業などもあります。私は大学でできた友達と，気になる授業の内容，日程，評価基準などを確認して決めました。友達と一緒に協力して決めるのはよいと思います。（H.T. さん／コミュニティ人間科）

部活・サークル活動

　いくつかのサークルや委員会に入っています。学部内での親交を深めるためにイベントを企画したり，ボランティア活動として大学付近のゴミ拾いをしたり，今までやったことのない新しいことに挑戦しています。（H.T. さん／コミュニティ人間科）

 ## 交友関係は？

　入学式やオリエンテーションで近くにいた人に話しかけてみました。また授業が多くかぶっている人とは自然と仲良くなりました。先輩とはサークル活動を通して仲良くなりました。（H.T. さん／コミュニティ人間科）

 ## いま「これ」を頑張っています

　サークルでの活動を大学以外の人にも知ってもらうために広報活動に力を入れています。大学付近のお店に行ってインタビューをするなど，大学での活動をきっかけとして町全体を盛り上げられるように努力しています。（H.T. さん／コミュニティ人間科）

　経営学部公認の学生団体に所属して，学校のために，学生のために，地域のために，様々な点に目を向けて活動しています。高校の生徒会などとは規模が圧倒的に違う場所で活動できることがおもしろくて，いま熱中してなにかができないかなと思考してます。（R.M. さん／経営）

Message from current students

Message from current students

 ## 普段の生活で気をつけていることや心掛けていること

　大学の授業のない日や休日はすることがなく，家でダラダラとした生活を送ってしまいがちなので，規則正しい生活を送ることを心掛けています。特に早寝早起きを意識しています。（H.T. さん／コミュニティ人間科）

　毎朝ランニングを1時間半しています。ランニングをすると目も覚めますし，課題の効率も上がるのでかなりおすすめです。体力もつきますし，免疫力も上がると思います。僕は毎朝のランニングで性格が明るくなった気もします。外見だけではなく内面をも変えてくれると思うので，おすすめです。（Y.H. さん／文）

 ## おススメ・お気に入りスポット

　相模原キャンパスにはとても広い芝生があります。授業のない時間にくつろいでいる学生もいます。天気の良い日は，芝生でピザパーティーをしたり，昼食を食べたり，お昼寝したり，とても快適です。（H.T. さん／コミュニティ人間科）

 ## 高校生のときに「これ」をやっておけばよかった

　パソコンのスキルをもっと身につけておくべきでした。レポートではWord，プレゼンでは PowerPoint などを使う機会が多く，今までパソコンをあまり使ってこなかった私は使い慣れるまでとても苦労しました。（H.T. さん／コミュニティ人間科）

入学してよかった！

　今まで関わったことのないタイプの人と，たくさん関わることができることです。留学生と交流できる機会も多いので，様々な国の人と話すことができます。また，スポーツ推薦で来ている駅伝選手など，大学の名前を背負って優秀な成績を収めている人と身近に関わることができます。（H.T. さん／コミュニティ人間科）

　自分の将来をしっかり考えて努力している人がとても多いところです。自分が勉強を怠けてしまっているとき，同級生の努力している姿を見ると自分も頑張らなければという気持ちにさせてもらえます。また，大学の周りにおしゃれなお店がたくさんあるところもよいです！（A.M. さん／法）

みごと合格を手にした先輩に，入試突破のためのカギを伺いました。入試までの限られた時間を有効に活用するために，ぜひ役立ててください。

（注）ここでの内容は，先輩方が受験された当時のものです。2025 年度入試では当てはまらないこともありますのでご注意ください。

・アドバイスをお寄せいただいた先輩・

○ **H.T. さん**　コミュニティ人間科学部
個別学部日程 2023 年度合格，北海道出身

　合格のポイントは，弱気にならないことです。成績が思うように上がらず不安なときも，そこで自分はダメだと思うのではなく，諦めない気持ちを大事にするべきです。

その他の合格大学　法政大（社会〈共通テスト利用〉），明治学院大（社会）

入試なんでも **Q&A**

受験生のみなさんからよく寄せられる，
入試に関する疑問・質問に答えていただきました。

 「赤本」の効果的な使い方を教えてください。

A 　高3の夏に購入し，入試方式や競争率などを知り，夏休みに1年分解きました。大学の問題の傾向を理解したうえで9月からは1カ月に1年分ほどのペースで解き，共通テスト後には過去問の解き直しをしたり本番と同じ時間帯に解いたりしました。直近3年分ほどの過去問はコピーして何度も解けるようにすることをおすすめします。また，学校の進路室などに古い赤本や冠模試の過去問がある場合は，それも活用するとよいと思います。

 1年間のスケジュールはどのようなものでしたか？

A 　高3の夏休みまでは定期テストや学校の宿題を中心に勉強し，特に英文法と数Ⅰ・Aの復習に力を入れていました。部活引退後の夏休みは今までの模試の復習をし，赤本を1年分解きました。夏休み後は国語の記述力を高めるための演習をし，11月後半からは共通テストの勉強に力を入れ，特に社会科を集中的に行いました。共通テスト後は併願校の対策も行いながら，赤本を中心に各大学の傾向をつかみ，本番を想定した学習を心がけました。

Q 共通テストと個別試験とでは，それぞれの対策の仕方や勉強の時間配分をどのようにしましたか？

A 11 月後半までは英単語や古文単語，数学の公式の復習といった基本事項の勉強を大切にするなど，どちらかの対策に偏ることがないようにしていました。古典などは和歌の解釈や現代語訳など，独自試験の対策が共通テスト対策にもつながりました。11 月後半からは社会科や理科などの暗記教科を集中的に行いました。ただ，英作文や英文和訳，国語の記述問題などは感覚が鈍ってしまわないように定期的に塾や学校の先生に添削をしてもらいました。

Q 試験当日の試験場の雰囲気はどのようなものでしたか？緊張のほぐし方，交通事情，注意点等があれば教えてください。

A 第 1 志望の試験までに共通テストや併願校の入試があったため，試験に慣れることができました。公共交通機関を利用する場合は，時間があれば下見をしておくことをおすすめします。当日に天候が悪化する可能性もあるので，試験の始まる 1 時間半ほど前には会場に着くようにしていました。ただ，会場が開いていないと外で待つ可能性もあるので，事前に確認しておきましょう。周りは参考書を熟読している人ばかりで緊張しましたが，深呼吸をして自分が最善を尽くすことだけを考えました。お気に入りの音楽などを聴くのもおすすめです。

科目別攻略アドバイス

みごと入試を突破された先輩に，独自の攻略法や
おすすめの参考書・問題集を，科目ごとに紹介していただきました。

論述（コミュニティ人間科学部）

　論述は，大学のパンフレットなどでアドミッションポリシーを調べてどんな人材を求めているかを理解したうえで赤本を解き，学部のテーマに合う文章を書くことを意識すべきです。初めに時間配分を決めてから，軽くメモを作って，書くことをまとめることをおすすめします。書くネタを増やすために日頃から新聞を読んだり，ニュースを見ることを心がけましょう。

📖 **おすすめ参考書** 『**大学受験まるごと図解 面白いほど点がとれる！ 小論文**』（青春出版社）

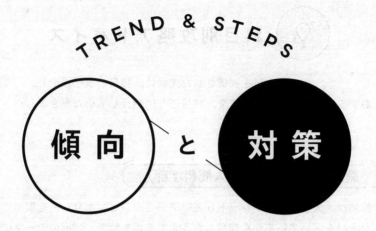

TREND & STEPS

傾向 と 対策

　科目ごとに問題の「傾向」を分析し，具体的にどのような「対策」をすればよいか紹介しています。まずは出題内容をまとめた分析表を見て，試験の概要を把握しましょう。

―――――――――― 注 意 ――――――――――

　「傾向と対策」で示している，出題科目・出題範囲・試験時間等については，2024 年度までに実施された入試の内容に基づいています。2025 年度入試の選抜方法については，各大学が発表する学生募集要項を必ずご確認ください。

英 語

▶社会情報学部

年度	番号	項　目	内　容
2024 ●	〔1〕	文法・語彙	同意表現
	〔2〕	文法・語彙	空所補充
	〔3〕	文法・語彙	誤り指摘
	〔4〕	読　　解	主題，内容説明，内容真偽，最終段落に続くトピック
	〔5〕	会 話 文	空所補充
2023 ●	〔1〕	文法・語彙	同意表現
	〔2〕	文法・語彙	空所補充
	〔3〕	文法・語彙	誤り指摘
	〔4〕	読　　解	主題，内容真偽，内容説明，同意表現，最終段落に続くトピック
	〔5〕	会 話 文	空所補充
2022 ●	〔1〕	文法・語彙	同意表現
	〔2〕	文法・語彙	空所補充
	〔3〕	文法・語彙	誤り指摘
	〔4〕	読　　解	主題，内容真偽，内容説明，最終段落に続くトピック
	〔5〕	会 話 文	空所補充

(注)　●印は全問，◑印は一部マークシート法採用であることを表す。
　　　2022・2023 年度は A 方式，2024 年度は A 方式，B 方式，C 方式，D 方式で出題。

読解英文の主題

年度	番号	主　題
2024	〔4〕	(I)高齢化と出生率の低下がもたらす経済的課題 (II)オープン AI の言語モデルの進化 (III)ソーシャルメディア時代におけるメディア，世論，外交政策
2023	〔4〕	(I)ブレンド型学習の可能性 (II)コロナ禍で加速したロボット導入による雇用の喪失 (III) SNS が若者に及ぼす悪影響

2022	〔4〕	(I)コロナ禍で求められる学校教育の対応 (II)コーヒーと健康 (III)リーダーシップ論

 時間に比して分量は多めで速読力が必要

01 出題形式は？

　2024年度は社会情報学部A方式・B方式・C方式・D方式で出題されている。試験時間は90分。大問は5題構成で，全問マークシート法による選択式である。各大問の設問は和文によるものだが，〔4〕の読解問題の小問の設問はすべて英文によるものである。

02 出題内容はどうか？

　文法・語彙問題：同意表現，空所補充，誤り指摘が出題されている。小問数はそれぞれ10問となっている。

　読解問題：大問1題が3つの長文からなっており，それぞれが独立した大問としても出題されうる程度の難易度・分量である。小問数はそれぞれ5問で，本文の内容真偽，内容説明，主題，筆者の専門分野，本文の出典を問うものが例年出題されている。3つの長文のうちの1つで最終段落の後に1段落加えるとすると，何に焦点を当てたものである可能性が高いか，という設問も出題されている。また，2023年度では語の同意表現を問うものが1問，出題されている。

　会話文問題：短い会話文の空所を補充するものである。例年，会話文特有の表現を問うよりも，会話の流れをしっかり把握できるかどうかをみるものであったが，2024年度では会話文特有の表現も含まれていた。

03 難易度は？

　全体に分量が多く，速読速解力が求められる。読解問題はかなりの分量

の英文を読み取り，内容の真偽をすばやく判別する力が必要なものや，主題を選択させるものを含む設問に答えなければならない。このためには，全体を大づかみにする力と，設問および選択肢に含まれるキーワードから該当する段落や文を見つけ出して内容を検討する力の両方が必要となる。

　時間配分は，〔4〕の長文3種類をそれぞれ20分程度を目標にして解き進めれば，残りの問題に30分かけられるので，十分だろう。長文の難易度によっては20分では厳しいこともあるかもしれないが，英文の分量および小問数からすれば20分程度を目標にしたいところだ。

対 策

01　英文読解

　まずは基礎力，つまり文法・構文の把握力と語彙力を鍛えていく必要がある。これには付け焼き刃的な対処は通用しない。普段の学習で文法事項や構文を十分に意識しながら英文を読み，未知の語句を丹念に覚えていくという地道な学習が求められる。そのうえで，サイドリーダーや『大学入試 ぐんぐん読める英語長文』（教学社）などの問題集などでさまざまなジャンルの英文を読み慣れて，身につけた知識を正確に適用できる実力を養成したい。

　読解の基本的な力をつけたら，それぞれの設問に対処するためのより具体的な力をつけていくのがよい。内容説明問題については，ある程度の難度の英文を読んで内容に関する選択式の設問に答えるタイプの問題集を，できれば複数こなして設問対処の訓練をしておきたい。専門的な内容を含む長文も出題される傾向があるので，過去問を利用して，さまざまなテーマの長文に触れておくとよい。また，社会情報学部の長文には例年，オンライン授業やソーシャルメディア，オープンAIといった情報（機器）関連の内容が3題中1題は出題されているため，特に情報系のテーマを扱った読解問題は多めに取り組んでおいたほうがよいだろう。

02 　文法・語彙

　　文法・語彙の空所補充問題は，基本的な文法・語法の知識を問うものが大半である。『英文法・語法 Vintage』（いいずな書店）など，基本となる文法・語法を一通りおさえている標準的な問題集をまずは 1 冊通してやってみて，できなかった問題をチェックしておき，ある程度の時間をおいて反復練習するのがよい。語彙の空所補充は年度・設問によっては難度の高いものが含まれていることもあるので，過去問を利用するなかで，正解はもちろん正解以外の選択肢の語句の意味も知らないものがあれば辞書等で確認しておきたい。

　　誤り指摘の問題は各文法単元や語法がきちんと定着しているかをはかるのに最適な問題形式であり，難易度は常に高めである。品詞や文構造の把握など，誤り指摘の問題で頻出のパターンを一通りおさえている『門脇渉の英語［正誤問題］が面白いほど解ける本』（KADOKAWA）などを利用して，備えておくとよい。

03 　会話文

　　会話の流れを正確につかめるように，指示語や代名詞の内容を考えながら読んでいくことがポイントである。選択肢をひとつひとつ検討して，明らかに誤りの選択肢を除外しながら解くことも有効だろう。また，毎年ではないが，会話文特有の表現が選択肢に並ぶこともあるため，会話問題を確実な得点源としたいならば，『肘井学の英語会話問題が面白いほど解ける本』（KADOKAWA）などを利用して，会話文特有の表現を事前におさえておくことも有効であろう。

── 青山学院大「英語」におすすめの参考書 ──

- ✓ 『大学入試 ぐんぐん読める英語長文』（教学社）
- ✓ 『英文法・語法 Vintage』（いいずな書店）
- ✓ 『門脇渉の英語［正誤問題］が面白いほど解ける本』（KADOKAWA）
- ✓ 『肘井学の英語会話問題が面白いほど解ける本』（KADOKAWA）

数　学

▶社会情報学部 B 方式

年度	番号	項　目	内　容	
2024	〔1〕	確　率	n 個のサイコロの出る目の積についての確率	
	〔2〕	式 と 証 明	整式の割り算	
	〔3〕	ベクトル	2 つのベクトルが垂直となる条件，三角形の面積	
	〔4〕	図形と方程式	領域と 2 次式の最大・最小	⊘図示
	〔5〕	指数関数，微分法	指数関数，3 次関数の最大・最小	
2023	〔1〕	確　率	反復試行の確率	
	〔2〕	2 次関数	連立 2 次不等式の整数解	
	〔3〕	ベクトル	内心の位置ベクトル	
	〔4〕	図形と方程式	直線と領域が共有点をもつ条件	⊘図示
	〔5〕	対数関数，微分法	対数方程式の実数解の個数	
2022	〔1〕	微 分 法	放物線の法線，垂直条件，交点の座標	
	〔2〕	ベクトル	ベクトルの内積と大きさ	
	〔3〕	確率，数列	確率の漸化式	
	〔4〕	図形と方程式	放物線の頂点の軌跡，放物線の通過領域	⊘図示
	〔5〕	三角関数，微分法	三角関数の合成，3 次関数の最大・最小	

▶社会情報学部 C 方式

年度	番号	項　目	内　容	
2024	〔1〕	確　率	サイコロとコインを用いた確率	
	〔2〕	ベクトル	立方体を平面で切った切り口の面積	
	〔3〕	図形と方程式，積分法	直線の通過領域，領域の面積	⊘図示
	〔4〕	式と曲線，微分法	双曲線上の点における接線と法線，関数のグラフ	⊘図示
	〔5〕	積 分 法	不定積分の部分積分法	

2023	〔1〕	確　　率	くり返し行うじゃんけんの確率	
	〔2〕	ベクトル	四面体の体積	
	〔3〕	図形と方程式	領域と1次式の最大値	⊘図示
	〔4〕	微・積分法	積の微分，合成関数の微分，部分積分	⊘図示
	〔5〕	微・積分法	領域の面積の最大・最小	
2022	〔1〕	確率，数列，極　　限	確率の漸化式，極限	
	〔2〕	ベクトル	内分点のベクトルと面積比・体積比	
	〔3〕	微　分　法	等速円運動する2点間の距離の最大・最小	
	〔4〕	微　分　法	極値から関数の決定	
	〔5〕	積　分　法	区分求積法	

出題範囲の変更

　2025年度入試より，数学は新教育課程での実施となります。詳細については，大学から発表される募集要項等で必ずご確認ください（以下は本書編集時点の情報）。

	2024年度（旧教育課程）	2025年度（新教育課程）
社会情報学部B方式	数学Ⅰ・Ⅱ・А・B（数列，ベクトル）	数学Ⅰ・Ⅱ・А（図形の性質，場合の数と確率）・B（数列）・C（ベクトル）
社会情報学部C方式	数学Ⅰ・Ⅱ・Ⅲ・А・B（数列，ベクトル）	数学Ⅰ・Ⅱ・Ⅲ・А（図形の性質，場合の数と確率）・B（数列）・C（ベクトル）

旧教育課程履修者への経過措置

　2025年度においては，旧教育課程の履修者にも配慮した出題を行う。

**基礎～標準レベルの頻出問題が中心
苦手分野をなくすことが重要**

01　出題形式は？

　社会情報学部B方式は，2022年度は大問5題で試験時間が80分であったが，2023・2024年度は大問5題で試験時間は90分となった。社会情報学部C方式は大問5題で試験時間は90分。社会情報学部B方式は〔1〕～〔3〕，社会情報学部C方式は〔1〕〔2〕が空所補充問題で，あとの大問が記述問題となっている。空所補充問題では，解答欄に記入する形である。記述問題の解答用紙は両方式とも1題につきB4判大1枚で，十分な解答

スペースが与えられている。

02 出題内容はどうか?

　いずれの方式も幅広い項目から出題されているが，B方式は確率，微・積分法，図形と方程式，ベクトル，C方式は微・積分法，確率，ベクトルが頻出となっている。

03 難易度は?

　特に難問はない。教科書の例題ないし章末問題のレベルの問題が中心であり，類題は『Focus Gold』シリーズ（啓林館）や「青チャート」（数研出版）の例題でもよく見かける。計算が複雑になる問題や，類題を解いたことがないと取り組みづらい問題が一部あるので注意が必要だが，試験時間は適当であり，苦手な分野をなくせば高得点がねらえるだろう。

対 策

01 基本的事項の整理

　記号・用語の定義，公式・定理などの確実な理解からはじめ，基礎力を十分身につけておくのがまず第一。教科書章末問題までは確実に押さえ，教科書傍用問題集も1冊は仕上げ，基本的・標準的な問題には即答できるようにしておくことが大切である。

02 問題集で実力養成を

　基礎力を身につけた上で，受験問題集や『Focus Gold』シリーズ（啓林館）の星3つなどの少し難しい問題に取り組み，さまざまな解法を学んでいくとよい。また，記述式の問題では，思考過程を論理的に整理して正しく伝えることが必要となるから，答案作成の練習を十分に積んでおく必

要がある。学校の先生に自分の答案を添削してもらうのがよいだろう。

03　計算力の養成・図形問題の演習

　空所補充問題では計算ミスは致命的である。日頃から注意深く計算する習慣をつけるとともに，効率のよい計算方法の習得に努めることが重要である。図示問題も多いので，平素から素早く正確に図を描く訓練を積むことはもちろん，さまざまなアプローチが考えられる問題に関しては特に十分に練習しておくこと。

04　他学部を含めた過去問研究

　青山学院大学の出題には各学部に類似の傾向がみられるので，他学部で出題された過去問にも目を通しておけば大いに参考になる。なるべく多くの過去問にあたり，実戦力を養っておこう。

総合問題

▶総合文化政策学部A方式

年度	内　容	
2024 ●	**表現の自由の現代的展開** 　書き取り，空所補充，下線部に関する設問，内容真偽	⦿史料
2023 ●	**資本主義の変化とコミュニティの変容** 　書き取り，下線部に関する設問，空所補充，配列，内容真偽	
2022 ●	**近代化による，個人と公共性の変化** 　書き取り，空所補充，内容説明，下線部に関する設問，配列，内容真偽	

（注）　●印は全問，◑印は一部マークシート法採用であることを表す。

傾 向　幅広い知識と的確な読解力の双方が試される

01 出題形式は？

　総合文化政策学部A方式では，「総合問題」が課されている。大問1題
で，試験時間は60分。出題科目は，「国語総合（近代以降の文章）」「地歴
公民（主に「世界史B（現代史）」「日本史B（現代史）」「倫理，政治・経
済」)」となっている。

　なお，2025年度は出題科目が「現代の国語」「言語文化（近代以降の文
章)」「地理歴史，公民（主に「歴史総合」「世界史探究（現代史）」「日本
史探究（現代史）」「公共」「倫理」「政治・経済」)」となり，公共が出題科
目に加わる予定である（本書編集時点）。

　例年，やや長めの課題文を読んで設問に答える形式である。解答個数は
25個で，全問マークシート法による選択式というスタイルでの出題が続
いている。

02　出題内容はどうか？

　設問は，国語的な問題と社会科的な問題からなっている。割合は社会科的な設問が 7 〜 8 割である。

　国語的な設問は，例年漢字の書き取り 5 問，課題文の下線部の説明など内容読解に関する選択問題が出題され，2023・2024 年度は本文全体の主旨を選ばせる問題の出題もあった。

　社会科的な設問は，課題文の下線部に関連して，設問の中でさらに文章が与えられ，数問の小問に枝分かれする形になっていることが多い。空所補充，正文・誤文の選択，年代順の配列，語句の組み合わせなど幅広く知識が問われている。世界史は 2024 年度の問 4・問 17，日本史は 2024 年度の問 5・問 9・問 15 のように近現代史が目立つ。政治・経済は 2024 年度の問 8 や問 11 の人権法律問題，倫理は 2024 年度の問 2 のカント，問 12 のメディア，問 16 の実存思想に見られるように，細かい知識が問われる場合もある。

　課題文は社会文化評論で，テーマは 2022 年度が公共論，2023 年度が資本主義論，2024 年度が表現の自由論。それぞれの近現代における変遷と人間との関係を論じている。

03　難易度は？

　設問中の文章だけを読んで解答できるものもあるが，まとまった文章のある設問の数が多く，また，国語的な設問もあるため課題文全体も読解する必要があり，全体として読解量が多い。また地理を除く社会科の幅広い知識が必要であり，的確な読解力も試される出題といえる。設問は細かい知識を要する問題もあるが，多くが基本的である。

01 　社会科の幅広い素養を

　歴史総合，日本史と世界史，公共，倫理，政治・経済の幅広い素養を身につけること。歴史分野では近現代史を中心に，倫理は東西の思想家の思想内容や著作も勉強しておこう。公共，政治・経済は経済・環境分野が抜けないよう細かい用語も勉強しよう。まず，基本事項を教科書で確実に習得した上で，用語集や資料集を用いて肉付けすることが望ましい。従来の私大の一般選抜と違い，社会科科目が多く勉強量が必要だが，基本的な設問が多いので，時間をかけてじっくり取り組むことが肝心である。特に公民分野の出題が多いので，政治・経済は各分野の用語，倫理は思想とその用語を覚えておこう。それぞれ山川出版社や清水書院の用語集を使うとよい。

02 　国語力を磨く

　的確な読解力と表現力という国語の柱となる技能を磨くこと。そして，それらを組み合わせて長文を読み，段落ごとに内容をまとめる訓練を積むことが重要である。背景知識として地歴公民の素養が不可欠な文章が出題されているので，そうしたテーマを扱った一般向けの新書なども，読解の訓練の素材として適しているだろう。また，漢字は得点源なのでしっかり取り組もう。

03 　過去問演習

　総合問題の過去問を見ると内容が定着してきた。これらをフル活用することはもちろんだが，総合文化政策学部がめざす方向性を理解するという意味で，B方式「論述」の問題にもあたっておくことをおすすめする。また，政治・経済の問題演習として，青山学院大学の他の学部の過去問を解いておくとよい。また，大学入学共通テストの過去問に参考となる問題も多いので，あわせて確認しておくとよいだろう。

▶社会情報学部D方式

年度	内　容	
2024 ◗	**教育の公共的意義と社会的貢献** 資料読解，英語図表データ解析・読解，論述（250 字）	✓統計表
2023 ◗	**主観的確率と客観的確率の乖離（プロスペクト理論）** 資料読解，グラフ解析，語意，論述（70 字 2 問）	✓グラフ
2022 ◗	**ネット右翼とオンライン排外主義者の違い** 資料読解，書き取り，論述（400 字）	✓グラフ・表

（注）　●印は全問，◗印は一部マークシート法採用であることを表す。

 課題文・統計資料の読み取りと複数資料の統合

01 出題形式は？

　社会情報学部D方式では，「総合問題」が課されている。大問 1 題で，試験時間は 90 分。2022・2023 年度は「日本語の文章やデータを読み解き，物事を論理的に考察し，的確に表現する力を問う論述等を課す」という内容であったが，2024 年度は「日本語の」の部分が削除されている。グラフや表を含む文章が用いられ，マークシート法による選択式の設問が 30問前後，他に記述式の設問や論述問題も出題されている。

02 出題内容はどうか？

　2022 年度の課題文と統計資料は現代社会の動向とその分析を扱ったもので，分野的には政治・経済分野や社会学であった。2023 年度は心理学，2024 年度は教育問題に関する出題が中心で，傾向としては，社会の動きを様々な学問的視点から分析する内容であると考えてよい。

　設問は，2022 年度は選択肢の内容真偽がかなりの比重を占めた。2023・2024 年度は空所補充が中心で，課題文の内容やグラフから空欄の語句や文の判定をする形式での空所補充が多い。論述問題は 2022 年度は内容説明であり，与えられた文章や図表を総合的に理解する力が試された。2023 年度の 2 問，2024 年度はいずれも理由説明で，課題文の用語や設問

のグラフから論述の条件が設定されており，それに即した理由説明が求められた。

なお，2022 年度は漢字の書き取り問題（選択式），2023 年度は語句の意味を問う問題も出題されている。

03 難易度は？

2023・2024 年度は，20 ページ以上にわたる課題文を読んで論述問題を含めて 30 問程度の設問を 90 分で解かなければならなかったため，時間的に厳しかったと思われる。選択問題そのものは決して難しくないが，課題文の内容を理解しながら読み進めるのにかなり時間を使う。さらに，各選択肢に関わる内容が課題文のどこに書いてあるのかを探すのに時間がかかる。また，2024 年度は英語資料の読み取りや数式を用いた出題もあり，幅広い教養・能力が試されている。

論述問題については，内容説明・意見論述ともに課題文やグラフの条件を如何に反映させるかについては苦心する。時間配分の難しさや問題構成の複雑さを考慮すると通常のレベルより難度は高い。

対 策

01 読書の習慣をつけること

課題文を読みこなすのに，あるいは具体例を考えるために，社会科学の素養を駆使しなければならない。読解力や想像力の背景となる知識と教養（総合的な知の体系）が大事である。そこで，現代社会の諸問題を扱った新書を中心に読書の習慣をつけよう。

02 図表解読と分析力を養う

社会科の資料集（歴史を除く）には統計資料とその解説が豊富に記載されている。図表解読と分析力を養うためには，まず，これらの本を活用す

べきである。また，インターネットを利用して統計資料を検索するのもよい。政府機関や報道機関の統計資料には重要な示唆を含んでいるものが多い。さらに，大学入学共通テストの政治・経済や現代社会，地理などの図表問題を積極的に解いてみよう。図表判定や論述に必要な分析力を効果的に養うことができる。

03 考える習慣，書く習慣をつけておこう！

現代的な問題に関する文章や統計データから必要な情報を読み取り，ものごとを論理的に考察する力，考察したものを説明する的確な表現力が試される。こうした能力を身につけるために，日頃から新聞のコラムやインターネットなどを通じて広く見聞を深め考える，興味を惹かれる文章や話題性のある記事を読んだら要約や考察を書く，などの習慣をつけておこう。

04 実際に何度も書いてみよう

論述上達の攻略法は，やはり書くことである。過去問を手始めに，課題文や決められたテーマ，字数制限などに従って書いてみるとよい。他大学の論述問題，現代文の論述問題，あるいは公務員試験用の論述問題に取り組むのもよいだろう。書くことを通して思考力と表現力もついてくるので根気よく取り組んでほしい。

論　述

▶総合文化政策学部 B 方式

年度	番号	内　容
2024	〔1〕	ベルクソン「道徳と宗教の二つの源泉」—人間にとって戦争は自然的で本能的なものか 意見論述（800 字）
2023 ◑	〔1〕	迷惑メールを判定するアルゴリズム 計算　　　　　　　　　　　　　　　　　　　　　　　　　　　⊘図
	〔2〕	福沢諭吉「現代語訳 文明論之概略」—博愛と報国心の相剋 要約（200 字），反論論述（200 字），意見論述（300 字）
2022 ◑	〔1〕	インターネット，ソーシャルメディアの利用量と対人関係　⊘統計表 資料読解
	〔2〕	マキアヴェリ「君主論」—君主のあり方 要約（200 字），反論論述（200 字），意見論述（300 字）

(注)　●印は全問，◑印は一部マークシート法採用であることを表す。

的確な読解力と論述力が必要
近現代の古典的文献読解の教養も

01　出題形式は？

　総合文化政策学部 B 方式では，2022・2023 年度は課題文読解型の小論文と資料分析型の大問 2 題が出題されていたが，2024 年度は課題文読解型の小論文 1 題のみとなった。また，設問も課題文の見解に対してその賛否を明らかにした意見論述のみとなった。試験時間は 80 分で変更はない。

02　出題内容はどうか？

　課題文読解型の大問では，課題文は例年近現代の人文・社会科学分野の古典的文献から選ばれている。2024 年度はフランスの哲学者ベルクソン

の『道徳と宗教の二つの源泉』であった。設問は 2023 年度までは，課題文の要約，課題文の主張に対する反論，具体例をあげての意見論述の 3 問であったが，2024 年度はこれらを統合した 1 問となり，論述の総字数は 700 字から 800 字に増えた。受験生の文章読解力と論理的思考力，批判的論述力を総合的に見ようとする狙いは変わらない。

　2022・2023 年度に出題された統計資料分析型の大問は，選択式の設問からなり，グラフの読み取りや解釈を求める内容になっている。2022 年度〔1〕は文章の正誤を判定させる形式で 5 問が，2023 年度は統計の集計に関わる簡単な計算と論理的な判断をさせる問題が出題された。

03 難易度は？

　2024 年度は資料分析問題がなくなり，論述問題も設問が 1 問にまとめられた。試験時間 80 分は変わらないため，分量的には易化したともいえるが，論述すべき内容は同じであり，さらに字数が増えている。ひとつの論文としてまとまりのある，より高いレベルの論述が求められており，難易度としてはあまり変わらない。

対 策

01 教科書・参考書を使って知識・教養を深める

　例年，西欧近現代を中心に，著名な人物の文献が課題文として提示されている。2024 年度も近代西欧哲学では重要な哲学者ベルクソンの著作であった。試験時間は論述も含めて 80 分しかないので，短い時間で課題文を的確に読み解かなければならない。そのために近現代思想に関する基本的な知識，教養をしっかり身につけておきたい。まずは高校「倫理」の教科書や資料集，参考書，それらに記載されている参考文献を手に取っておきたい。「政治・経済」の政治思想・経済思想の分野にも目を通しておくとよいだろう。また市販されている哲学，近現代思想の概説書や入門書も読んでおきたい。西欧近現代の哲学，思想の概要を知るとともに，それら

のベースになっている概念や知識，論理について理解しておくことが大事である。新書などの中から人文・社会科学系で定評のあるものを選んでもよいし，最近の新聞書評などで紹介されたものであまり専門的ではない，興味を惹かれるものを選ぶのもよいだろう。エッセイ風のものよりもできるだけ論理的な文章を選び，読み慣れるとともに，自らが書くときの基礎づくりとしておきたい。

02　読解力，要約力の養成について

　論説文の読解力を身につけるためには，論理的な文章を数多く読むことが大切である。論説文には必ず論述テーマがあり，主張やその理由，例証などが含まれている。それらをすばやく読み取るには，内容にまとまりのある一章や一節などで区切りをつけて，毎日少ない時間でもよいからルーティン・ワークとして読んでいけばよい。そのうえで要約をしていく。まずは一段落を1〜2文にまとめる作業を行うとよい。そのために，各段落からキーセンテンス，キーワードとなっているものをピックアップすることが効果的である。実際の試験では，キーセンテンス，キーワードに下線を引くのが時間的には精いっぱいであるが，このような練習を通じて，文章の組み立てとテーマを理解するコツをつかむ。文章読解力と要約力は表裏一体であるから，要約することで，自分がどこまで読み解けているのかが客観的にわかる。

03　文章力の養成と論述上の注意点

　論理的な文章力を身につけるためには，論理的で明快な文章を数多く読むことが大切である。そうすることでクリアなスタイルとリズムをもつ文章をつくる能力を向上させることができる。
　文章を書くときの心がけとしては，主語・述語関係に注意し，修飾句を長くせず，接続詞を多用してセンテンスを長くしないこと。長くなると，主語・述語関係が乱れたり，どちらかが行方不明になったりして，書いた本人には理解できても採点者には意味がとれない文章になることが多い。また，使い慣れない表現や難しい語は避けること。文字の間違いや意味の

とり違えなどの誤りを避けるためである。これらに関して，黒木登志夫著『知的文章術入門』（岩波新書）は一読をすすめる。

　要約文を作る際は，要約すべき文章のポイントとなるキーワードを絶対にはずしてはならない。意見論述では，まず何についての意見論述かを確認する。また，論述で迷ったり筆が止まったりしてしまったら，もう一度設問文を読み返して，仕切り直してみよう。

　なお，作成した解答は先生の添削指導を受けるとよい。第三者の目を通すことで客観的な判断を得ることができる。あるいは，時間をおいて自分の答案をもう一度見直してみるのもよい。少ない時間でもよいので，文章を読み，書き，修正する練習を続けることが大切である。こうした作業を地道に繰り返すことが実力養成につながる。

04　統計資料を読み取る練習も

　2022・2023 年度には，グラフや統計表を読み取らせ，文章の正誤判定をさせる大問が出題されている。扱われている統計資料はシンプルなもので，それほど複雑な作業が求められるわけではないが，正誤を判定すべき文章の中には「フィーリング」だけで読んでしまうと判断を誤りそうなものも含まれている。先入観にとらわれず，統計資料を「素直に」読み取る練習もしておきたい。メディアやコミュニケーションに関係するものを中心に，新聞などにグラフや統計資料が載っていたら，本文と対照して「どのように読み取れるのか」を確認する習慣をつけておこう。

▶地球社会共生学部

年度	番号	内　容	
2024	〔1〕	**日本の人口変動と経済成長** 資料読解	⊘グラフ
	〔2〕	**労働生産性と産業構造** 空所補充，内容説明（150字）	⊘グラフ
	〔3〕	**気候変動の影響が日本の生活におよぼす可能性** 意見論述（250字）	⊘英文
2023	〔1〕	**女性就業率と合計特殊出生率** 資料読解	⊘グラフ
	〔2〕	**民主主義の理念** 内容説明（100・150字）	
	〔3〕	**民主主義と文化の多様性** 意見論述（300字）	
2022	〔1〕	**日本の難民認定状況** 資料読解	⊘グラフ
	〔2〕	**地球温暖化と食糧生産** 資料読解（100字），意見論述（500字）	⊘グラフ・統計表

 **課題文，グラフ，統計表などの資料の読解と分析に加え
社会科学や時事問題に関する知識も必要**

01 出題形式は？

　地球社会共生学部では「論述」が課されており，2022年度は大問2題，2023・2024年度は大問3題が出題されている。試験時間は60分。

　2024年度は，〔1〕はグラフの読み取りを求める問題が1問，〔2〕は試算による空所補充1問と内容説明1問（150字），〔3〕は英文の課題文を読んで意見論述を求める問題が1問（250字）という出題であった。複数の資料を読み取り内容説明や意見論述を行うという設問は例年と変わっていないが，計算による空所補充，英文読解などが課され，出題内容に変更がみられた。

02 出題内容はどうか？

　2024年度の「論述」も，2023年度と同様に，グラフと文章を組み合わ

せた出題であった。設問テーマは，〔1〕が「日本の人口変動と経済成長」，〔2〕が「労働生産性と産業構造」，〔3〕が「気候変動の影響が日本の生活におよぼす可能性」であった。いずれも地球社会共生学部の専門に深く関わるテーマから出題されている。解答にあたっては，文章読解力，資料分析力，知識力，論述力を合わせた総合的な力が問われる。

03 難易度は？

　2024年度の論述の総字数は400字で2023年度と比べて減っているが，計算問題や英文読解など，解答に時間を要する設問が出題されている。グラフ・統計表などの図表の読み取りや，データ分析を重視することは例年通りだが，加えて，複数の資料・文章を読み取って，その内容をふまえた考察と説得力のある意見論述が求められており，読解力と論述の構成作りが必要だ。

対 策

01 地球社会共生学部の専攻を意識した学習

　例年，地球社会共生学部の専門と深く関わる具体的で現代的なテーマから出題されている。いずれも「地球社会」という規模に相当する課題であるとともに，その時々の社会の出来事や変化など時事的な問題について受験生の関心のあり方や認識を問うテーマが選ばれていることが注目される。
　2024年度は，〔2〕で労働生産性と産業構造といった経済をテーマとした設問が出題されている。2023年度は民主主義を主題とした出題がされており，受験生には政治，経済など社会的テーマへの広い関心，理解があることが求められている。また2024年度は〔3〕の課題文が英文になっている。内容は気候変動や環境問題にふれたもので特に読解が難しいものではないが，今後同様の出題の可能性があり，英文問題への対策も必要になるだろう。なお，近年よく耳にするSDGsは，大学入試のトレンドのひとつになっており，またSDGsが掲げている目標と課題は，地球社会共生

学部にとってどれも深い関わりがあるテーマである。SDGs についてよく理解しておくことは，論述対策のための情報整理や効率的な学習に役立つだろう。SDGs について，関連する本を読んだり，新聞の記事などに日頃からよく目を通しておくとよい。

02 　グラフや統計表の読み取り対策

　グラフや統計表などの図表の読み取りと分析が毎年問われている。それ以外にも，2024 年度では課題文の読み取りによる計算問題も出題されており，与えられた資料から適切な情報を読み取ってデータ分析や評価を適切に行う情報処理能力の学習は入試対策の大きなポイントである。

　グラフや統計表を正確に読み取って，なおかつそれを説明文にまとめる作業には決まった作法もあり，それを知らないと得点ができない。入試本番までに必ず図表分析問題の演習を重ねて，問題慣れしておくことが必要である。

03 　意見論述対策

①　分析力と論述構成の強化

　課題文は比較的やさしく，読解は特に難しいものではない。ただし，課題文とグラフや統計表などの資料をそれぞれ照らし合わせて読み取る総合的な分析力が求められる。論述の対策では，そのような読み取りを整理して論説へとまとめていく論述構成の力を伸ばす必要がある。

②　読解力，要約力の養成について

　読解力を身につけるためには，論理的な文章を数多く読むことが大切である。新書の一章・一節分，新聞の記事など短いものでよいので，ワンテーマの文章を読むことを毎日の習慣にしよう。また，その際に要約説明の記述練習も加えるとより効果的だ。読解力と要約力は表裏一体であるから，文章を要約すると自分がどこまで読み解けているのかが客観的にわかる。文章の個々の要点をおさえながら，全体の論理のつながりや組み立てを追跡できるようになることを目標にして練習を重ねよう。

③　文章力の養成と論述上の注意点

　文章力を身につけるためにも，日頃から論理的な文章を読む習慣をつけることが大切である。明快な論説文をたくさん読むことで，論理的で明晰な文章を書くコツをつかむことができる。

　なお，作成した解答は先生の添削指導を受けるとよい。第三者の目を通すことで客観的な評価を得ることができる。あるいは，時間をおいて自分の答案をもう一度見直してみるのもよい。少ない時間でもよいから，文章を読み，書き，修正する練習を続けることが大切である。こうした作業を繰り返すことが論述力の養成につながる。

▶コミュニティ人間科学部

年度	内　容
2024	**「子ども食堂」と「縁食」の可能性** 内容説明（100字），意見論述（800字）
2023	**日常生活で協力しあえない現代の日本人** 主旨説明（100字），意見論述（800字）
2022	**不平等を正当化する近代民主主義社会の論理** 要約（400字），意見論述（600字）

 現代社会の諸課題への関心と
要約＋意見論述の練習を

01 出題形式は？

　コミュニティ人間科学部では「論述」が課されており，大問1題で，試験時間は60分。

　2022年度は短めの課題文を読み，その内容を要約させる問題が1問（300～400字）と，文章をふまえて自分の考えを述べる問題が1問（450～600字），2023年度は，短めの課題文を読み，文章で提起されている問題を説明させる問題が1問（80～100字）と，提起された問題について自分の考えを述べる問題が1問（600～800字），2024年度は，短めの課題文を読み，下線部が意味するところを説明する（問われている内容は主旨説明）問題が1問（80～100字）と，文章をふまえて自分の考えを述べる問題が1問（600～800字）という構成であった。なお，解答用紙は横書きで1行25文字のマス目形式である。

02 出題内容はどうか？

　2024年度は「縁食」，2023年度は「協力」，2022年度は「不平等」というように，取り上げられているテーマからは現代社会の本質に切り込む問題意識を問う意図がうかがえる。

　なお，本書編集時点では，2025年度は出題範囲が以下のとおりに変更される予定である（下線は変更箇所）。

> 文章（図表を含む）を読み，分析する力，思考・判断する力，並びに
> 文章を論理的に展開・表現する力を総合的に問う論述などを課す。

03 難易度は？

　字数が多く，まとめる内容や問われている内容の抽象度も高くなっているため，試験時間 60 分ということを考えると時間的な余裕はあまりないだろう。

対 策

01 社会問題への関心を深める

　課題文型の出題が続いており，扱われるテーマについては基本的な背景知識が必要とされている。「子ども食堂」「現代の日本人論」「民主主義と格差」など，過去に出題されたテーマを中心に，日々社会問題への関心をもち，入門書などを読むことで，基礎的な知識をしっかりと身につけておこう。日頃から具体的な課題や取り組みに関するニュースにも触れておきたい。

02 要約力の養成

　短めの文章をもとに，要約や要旨，内容説明を求める出題が続いている。毎日少ない時間でもよいので新書や新聞の論説記事などにあたり，論理的な文章を数多く読んでおきたい。その際に要約の練習をしてみよう。
　まずは一段落を 1 ～ 2 文にまとめる作業を行うとよい。全体を要約するときは，文章のポイントとなるキーワードを外さないように注意しよう。読解力と要約力は表裏一体であるから，文章を要約すると，自分がどこまで読み解けているのかが客観的にわかる。なお，まとまった文章を要約す

る際は，一段落を 200 字程度に設定して練習するとよい。

03 意見論述対策

　読み取った内容をふまえつつ，自分の考えを論理的に展開していく力が
試される出題となっている。その際，筆者の主張をそのままなぞるのでは
なく，自分なりの切り口で論点を設定し，考察していく必要がある。

　まずは，課題文で提示されている現代社会の問題について，その背景や
その問題が生じた要因を自分なりに分析したり考察したりしてみよう。そ
うすることで，提示された問題に対してどうしていくべきか，とるべき姿
勢や対応の仕方などを提案していくことができる。そのためにも，普段か
ら，ニュースなどで目にする社会問題について，その背景や要因などを調
べ，自分なりに分析，考察しておくことが重要である。

　文章を実際に書くときの心がけとしては，主語・述語関係に注意し，修
飾句が長くなったり接続詞を多用したりすることによって，長い文章にな
りすぎないよう自制すること。センテンスが長くなってしまうと，主語・
述語関係が乱れたり，どちらかが行方不明になったりして，書いた本人に
は理解できても採点者に意味がとれない文章になることが多い。また，使
い慣れない難しい語は使いすぎないようにしたい。文字の間違いや意味の
とり違えからくる誤りを避けるためである。シンプルでわかりやすい文章
を書くことを心がけること。

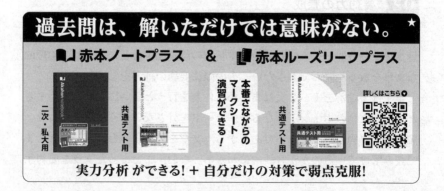

問題と解答

一般選抜（個別学部日程）：総合文化政策学部

問 題 編

▶試験科目・配点

方　式	テスト区分	教　科	科目（出題範囲）	配　点
A方式		英語資格·検定試験	指定する英語資格・検定試験のスコアを「出願資格」とする。	—
	大学入学共通テスト	国　語	国語（近代以降の文章）	100点
		地歴・公民・数学	日本史B，世界史B，「倫理，政治・経済」，「数学Ⅰ・A」，「数学Ⅱ・B」のうち１科目選択	100点
	独自問題	総合問題	「国語総合（近代以降の文章）」「地歴公民（主に「世界史B（現代史）」「日本史B（現代史）」「倫理，政治・経済」)」	100点
B方式	大学入学共通テスト	外国語	英語（リーディング，リスニング）	100点
		地歴・公民・数学	日本史B，世界史B，「倫理，政治・経済」，「数学Ⅰ・A」，「数学Ⅱ・B」のうち１科目選択	50点
	独自問題	論　述	文章やデータを読み，分析する能力，自分の文章を論理的に展開できる力，自由に発想する力，自分の意見や発想を十分に表現する力を総合的に問う論述等を課す。	200点

▶備　考

- 合否判定は総合点による。ただし，場合により特定科目の成績・調査書を考慮することもある。
- 大学入学共通テストの得点を上記の配点に換算する。英語の得点を扱う場合には，リーディング100点，リスニング100点の配点比率を変えずにそのまま合計して200点満点としたうえで，上記の配点に換算する。
- 大学入学共通テストの選択科目のうち複数を受験している場合は，高得

　　点の1科目を合否判定に使用する。

• A方式の受験を希望する者は，指定の英語資格・検定試験のスコア・証明書等の提出が必要。

• 試験日が異なる学部・学科・方式は併願ができ，さらに同一試験日であっても「AM」と「PM」で異なる試験時間帯に実施される学部・学科・方式は併願ができる。

試験日	試験時間帯	学部	学科（方式）
2月9日	終日	社会情報	社会情報（B・C・D）
	AM	総合文化政策	総合文化政策（A）
	PM	社会情報	社会情報（A）
2月15日	AM	経営	経営（A・B） マーケティング（A・B）
	PM	総合文化政策	総合文化政策（B）

総合問題

（60分）

問　次の文章を読んで，あとの問いに答えなさい。

18世紀後半の市民革命の時期に成立した基本的人権の中核に位置づけられた表現の自由は，ある意味できわめて明快な内容をもっていた。それは，要するに，国家による干渉や制限を受けずに各人が自分の言いたいことを言う自由を意味した。そして，<u>自由</u>とは，何よりも国家による強制からの解放，国家の関与・介入の排除，を意
ⓐ
味するものであった。

自由についてのこのような観念は，この時期に成立した基本的人権の観念に共通する特質でもあり，「国家からの自由」「消極的自由」として特徴づけられる。自由にとっての最大の阻害要因は，何よりも<u>国家の権力による人々の活動に対する干渉や制限</u>に
　　　　　　　　　　　　　　　　ⓑ
あったから，それを排除することが人権保障の唯一最大の目的であり，それが排除されさえすれば，自由は保全され，人権保障は達成されると考えられた。その際に国家に求められた役割は，人々の自由に委ねられた領域に介入しないという消極的立場を<u>ケンジ</u>することであった。
㈠

表現の自由についても同じである。<u>憲法</u>による保障の目的は，何よりも<u>国家による</u>
　　　　　　　　　　　　　ⓒ　　　　　　　　　　　　　　　ⓓ
<u>不当な干渉や制限を排除すること</u>にあり，国家による不当な干渉や制限さえ排除できれば，表現の自由は確保され，憲法による保障の目的も達せられると考えられた。

このような意味での表現の自由の確保が，今なお憲法による保障の中心的課題であることはいうまでもない。国家の権力による人々の表現に対する不当な干渉や制限は，今もなお完全には撤廃されてないからである。その意味で，表現の自由にとって依然として国家が最大の<u>キョウイ</u>であることに変わりはない。
㈡

しかし，近代人権の成立から200年以上を経て，国家と社会は，当時の人々が想像さえせず，当時の憲法が想定さえしていなかったような大きな変容をこうむってきている。そうした状況の変化を背景において考えると，現代における表現の自由を，ただ人が言いたいことを言うのを国家によって妨害されない消極的自由としてとらえるだけでは不十分であり，かつては憲法が及ぶ問題としては認識されなかったような側

面も含めて，もっと多面的で重層的な構造をもつものとして理解する必要があるように思われる。

最近，マスメディアが人権としての表現の自由を享有する主体であり得るのか，マスメディアに認められる報道の自由は人権としての表現の自由と同じものなのかをめぐって，活発な議論が交わされるようになっている。こうした議論の重要性をいささかも軽視するものではないが，同時に，もう少し広い射程で表現の自由を考察すべきではないかと思う。

現代国家においては，以下に指摘するように，表現の自由は，国政情報に対する国民の「知る権利」や受け手の意見・情報を「受領する自由」を含むものと考えざるを得ないし，また，読者・視聴者である一般国民の表現の自由を実質化するためには，「アクセス権」や「反論権」，「情報流通の自由」といった観念を，表現の自由の理論のなかに組み入れていく必要があるように思われる。それは，古典的な「表現の自由」の観念に組み替えを迫るものであるが，それがない限り，現代における表現の自由の保障は完結しないと思われるからである。

表現の自由の意味とその構造に変化をもたらした一つの要因は，現代における国家の機能の増大とその役割の変化である。現代国家においては，民主主義の普遍化とともに，生存権，教育を受ける権利，労働基本権などのいわゆる「社会権」が憲法の人権規定に登場し，その保障や充実も国家の責務と考えられるようになったが，これらの課題は，必然的に国家（とりわけ行政権）の役割を増大させ，また，変化させるに至っている。

福祉や教育の領域がその典型であるが，これらの領域では，国家が消極的立場にとどまっていたのでは十分な保障は確保できない。国家が法律や法律に基づく制度を通して積極的に関与することによって，はじめて十分な確保が可能となると考えられるからである。こうした新しい役割を引き受けた結果，今日では，国家はその活動を通してさまざまな内容の膨大な量の情報を蓄積し，保有するに至っている。

国家によるこうした膨大な情報の保有は，適切な施策を決定し，それを効率的に実施していくために不可欠であり，施策の妥当性を支える基礎をなすものであるが，国家にヒッテキできるだけの情報を保有している者は，おそらく他にはいないであろう。このような現代的状況の下では，表現の自由を単に国家に不介入を求める消極的自由としてとらえるだけでは不十分なことが次第に明らかになってきている。

なぜなら，国家が保有する情報の利用なしには，その施策の妥当性を検証し，それ

を批判するだけの意見を十分に形成することがもはや困難になってきているからである。このような局面においては，国家を個人の意見形成と表現の過程から排除しておくのではなく，逆に積極的にその保有する情報を提供，公開させていくことが必要となる。例えば，昨今，国民の請求に応じて政府の保有する情報の開示を義務づける情報公開制度が定着しつつあり，それを基礎づけるものとして「知る権利」という観念が語られるようになっているが，今日では，表現の自由の保障に，このような「知る権利」の観念を組み込んでいく必要が生まれてきているのである。

　また，現代の民主主義国家においては，国家の施策の国民への周知徹底のために多額の費用が投ぜられ，政府の広報・広聴活動が活発に展開されるようになっている。施策の内容を正確に国民に伝え，効率的に施策の実現を期するためには，必要な活動であり，民主主義の十分な実現のために必要な支出であるといえるが，限度を超えると，国民に対する情報操作となり，かえって民主主義を損なうものになりかねない。日本でも政府・自治体の広報・広聴予算を合計すれば年間数千億円にのぼると予測されるが，これだけの費用を自己の表現に投ずることのできる者が他にいないことも確かである。

　このような政府の活動を，アメリカでは「政府の言論」(Government Speech)という概念でとらえ，それを国民の表現の自由の観点からとらえ直すことによって，一定の場合には対抗措置として国民に反論の機会を保障するような制度的仕組みを設けるべきだとの主張が有力に展開されてきているが，このような措置も，法律による制度なしには考えにくい。だから，ここでも表現の自由を消極的自由として位置づけるだけでは不十分なことがわかる。

　表現の自由の観念に変化をもたらしてきたもう一つの要因は，私的企業としてのマスメディアの発展にある。表現の自由の古典的観念の下では，国家の干渉や制限から解放されたあと，各人がどのような方法でどのような内容の表現を行うかは，自由を保障された各人の判断と選択の問題であって，国家や憲法が関与すべき問題とはみなされなかった。実際に表現の自由を行使するためには，表現を伝える媒体が必要であり，それをまかなうだけの資力が必要とされたことはいうまでもないが，そこまでは憲法による表現の自由の保障が関わる問題とは認識されなかった。しかし，今日では，そのような問題も表現の自由の射程のなかに収めて考えざるを得なくなっていると思われる。

　マスメディアの発展は，印刷通信技術の進歩と教育の普及に負うところが大きい

が，それが巨大化するとともに，表現の「送り手」と「受け手」を分離させ，両者の立場の互換性を失わせてきた。今日では，マスメディアはごく少数の者によって所有されており，大多数の国民は受け手の立場に置かれ，世論形成に最も有効な手段であるマスメディアを容易に利用できる立場にはいない。

このような状況の下で，もし，表現の自由がメディア所有者の言いたいことを言う自由しか意味しないとしたら，憲法による表現の自由の保障は，メディア所有者に彼らが気に入らない表現を締め出す自由を与えるものとなり，かえって<u>自由な表現を阻害する</u>要因になりかねない。また，マスメディアが巨大化すればするほど，<u>流通する情報が画一化し，多様性が失われる</u>ことも避けがたい。したがって，このような状況の下では，憲法による表現の自由の保障範囲にさらに別の現代的要請を組み込まなければならなくなっている。

その一つは，受け手の「情報受領の自由」の問題である。巨大なマスメディアの登場によって受け手の地位に立たされてきた大多数の者にとっては，自己の前に提示されるさまざまな意見・情報のなかから必要とするものを選択し，それに基づいて自己の行動を決定するという場合が多くなる。それゆえ，彼らにとっては，多様な意見・情報に接する機会と，そのなかから自己が必要とする意見・情報を「受領する自由」が保障されることが決定的に重要な意味をもつことになる。

各人には，報道等を通して情報を「受領する自由」があり，その自由もまた，憲法によって保障されていると考えられなければならない。この点では，国際人権の領域で，すべての人は「情報を求め，受け及び伝える自由」をもつとした<u>世界人権宣言</u>19条や国際人権B規約19条，あるいは，各人は「自由に意見を表明しおよび流布し，および一般に近づくことのできる情報源から妨げられることなく知る権利を有する」としたドイツ基本法5条などの先例もある。

日本でも，すでに最高裁判例によって「意見，知識，情報の伝達の媒体である新聞紙，図書等の<u>エツドク</u>の自由」や「さまざまな意見，知識，情報に接し，これを摂取する」自由が憲法によって保障されることが認められてきたし，「北方ジャーナル」事件最高裁大法廷判決では，「民主制国家は，その構成員である国民がおよそ一切の主義主張等を表明するとともにこれらの情報を相互に受領することができ，その中から自由な意思をもって自己が正当と信ずるものを採用することにより多数意見が形成され，かかる過程を通じて国政が決定されることをその存立の基礎としている……憲法21条1項の規定は，その核心においてかかる趣旨を含むものと解される」とされて，より端的に情報受領の自由が憲法の表現の自由の核心にあることが明らかにされている。

　この「情報受領の自由」は，送り手の「表現する自由」を抜きにしては意味をなさないけれども，しかし，それに収斂されない独自の憲法的意義をもつものと考えられる。

　「情報受領の自由」を十分に保障するためには，さらに，意見・情報そのものの多様性が確保されることと，意見・情報が歪められることなく伝えられて受け手に届くまでの「情報の自由な流れ」（情報流通の自由）が確保されることが必要となる。意見・情報の多様性を確保するためには，より多くのより多様な発信源を確保することが課題となるが，そのような観点からなされてきたのが，マスメディアへの「アクセス権」の主張である。

　アクセス権とは，広義には，一般国民が自己の意見表明のためにマスメディアを利用できる権利を意味するが，このような権利を広く認めることは，逆にマスメディアの自由を阻害するおそれが強いとして警戒されている。そのため，もう少し限定的な形で，意見が分かれている問題についてマスメディアが一方の見解を伝えた場合には，違う意見をもつ者に反論の機会が与えられるべきだとする主張，あるいは，記事や放送により批判・攻撃を受けた者は反論文掲載や反論放送を請求できるとする反論権の主張として提起されてきている。

　公共財としての有限な電波を利用している放送事業の領域では，放送法上の制度として，政治的に公平な扱いをすること，論点が分かれている問題については多面的角度から解明をすべきことなどを要求する「公正原則」が義務づけられ（4条1項），誤った事実が報道された場合に当事者が「訂正放送」を求めることができるなどの定め（9条）が置かれているが，これらはアクセス権を一定の範囲で具体化したものとみることができる。これらの制度は，マスメディアの報道の自由と両立しがたいという意見もあるが，<u>市場への自由なサンニュウ</u>が排除されている放送事業の領域では，表現の
⒬　　　　　　　　（オ）
自由に含まれる受け手の権利・自由を保護するという観点から是認できるであろう。

　新聞や雑誌など印刷メディアの場合にも，同様に限定的なアクセス権が認められるかどうか，フランスやドイツの一部の州では「反駁権」が法律上の制度として認められてきたが，日本やアメリカでは判例により消極的判断を受けており，見解が分かれている。

　マスメディアによる恣意的な情報の操作や歪曲が行われた場合にも，読者・視聴者が苦情や異議を申し立てることができるような仕組みが必要と思われる。もっとも，何が歪曲であるかはそれほど容易には決められないであろうから，このような仕組みは，法律を通して強制されるようなものではなく，マスメディアの自律的な仕組みと

して設けるべきであろう。

　これらの問題のどれをとっても，「表現する自由」「受領する自由」という個人の主観的権利の保障を超える面があり，それらの自由の実現を支える客観的制度的な保障としてとらえられるから，一定の範囲で国家(場合によってはマスメディア自身)の積極的役割が要請される。いずれにしても，このような考え方を表現の自由の視野のなかに含めて考えていく必要が生じてきていることだけは確かである。

出典：右崎正博，2022，『表現の自由の現代的展開』日本評論社(一部表記に変更を加えている).

問 1　下線部(ア)〜(オ)を漢字に改めた場合，同じ漢字を含むものを，次の①〜⑤のうちから一つ選べ。

　(ア)　ケンジ(解答欄番号は $\boxed{1}$)
　　① 食費をケンヤクする　　　　② インケンなやり口である
　　③ ケンジツな仕事振りである　④ 窃盗のケンギをかけられる
　　⑤ 功績をケンショウする

　(イ)　キョウイ(解答欄番号は $\boxed{2}$)
　　① 相手をキョウハクする　　　② 大キョウコウに陥る
　　③ 視力をキョウセイする　　　④ オンキョウ効果を高める
　　⑤ キョウコウな態度を改める

　(ウ)　ヒッテキ(解答欄番号は $\boxed{3}$)
　　① スイテキが落ちる　　　　　② コテキ隊が通る
　　③ 犯罪をテキハツする　　　　④ テキヒを判断する
　　⑤ テキジンを突破する

　(エ)　エツドク(解答欄番号は $\boxed{4}$)
　　① エツラクに浸る　　　　　　② 出版物をケンエツする
　　③ 将軍にハイエツする　　　　④ 技能がタクエツしている
　　⑤ オエツが漏れる

(ォ) サンニュウ(解答欄番号は 5)

① ヒサンな事故が起きる　　　② 大資本のサンカに入る

③ サイサンがとれる　　　　　④ 神社にサンパイする

⑤ シンサンを共にする

問 2　下線部ⓐに関する次の文章を読んで，下のA・Bの問いに答えよ。

　　近代哲学において自由を主題とした一人にルソーがいる。彼は，人間は自然状態において自由であったのに，私的所有が始まることで自由を失ったと主張し，このような文明の不自由な状態を克服するためには，自然権を共同体に譲渡して　　　　　　の統治に従うべきであるとした。また，ルソーの強い影響を受けたカントは，欲望に従うことはたんなる動物としての人間の生き方であり自由ではないと主張した。

A　文章中の空欄 　　　　 に当てはまる語句についての説明として最も適当なものを，次の①～④のうちから一つ選べ(解答欄番号は 6)。

①　　　　　に当てはまるのは特殊意志である。特殊意志とは共同体を構成する各人が自己の利益を追求しようとする私的な意志のことである。

②　　　　　に当てはまるのは全体意志である。全体意志とは特殊意志の合計であり，共同体の構成者全員に共通する意志ということができる。

③　　　　　に当てはまるのは全体意志である。全体意志とは共同体の構成員に共通する利益をめざす意志である。

④　　　　　に当てはまるのは一般意志である。一般意志とは共同体の構成員に共通する利益をめざす意志だということができる。

B　文章中の下線部に関して，カントの思想を述べたものとして最も適当なものを，次の①～④のうちから一つ選べ(解答欄番号は 7)。

①　人間は自然の因果法則のなかに存在するため，本能的な欲求を前にしたときには，道徳的な行為をとることはできない。

②　人間は，外的拘束から自由であれば，自分の意志を自分で限定する必要はない。

③　人間にとっての自由とは，良心の声に従って行為し，他の何ものにも屈しな

いという自律的な意志の在り方にこそ見いだされる。

④ 人間はさまざまな衝動や欲望にかられ，抜け目なく立ち回ることがあるため，行為の動機よりも行為の結果を重視しなければならない。

問 3 下線部ⓑに関連して，国民や市民などの運動について述べた文として最も適当なものを，次の①〜④のうちから一つ選べ(解答欄番号は 8)。

① アメリカ合衆国では，黒人差別に対する公民権運動が高まり，1963年のワシントン大行進ではキング牧師が有名な演説を行った。

② 中華人民共和国では，毛沢東の死をきっかけに天安門で民主化を求める運動が高揚したが，政府は人民解放軍を投入して鎮圧した。

③ フィリピンでは，マルコスがソ連寄りの社会主義政権を維持していたが，野党勢力の有力政治家が暗殺されると反政府運動が高まり，政権は崩壊した。

④ 日本では，1960年に日米安全保障条約の改定をめぐって，学生・市民が反対運動を展開し，政府は条約改定を断念した。

問 4 下線部ⓒに関連して，20世紀に制定された各国の憲法について述べた文として最も適当なものを，次の①〜④のうちから一つ選べ(解答欄番号は 9)。

① ソ連では，スターリンの死後に，彼の業績を称えたスターリン憲法が制定された。

② 第一次世界大戦後の分割統治から独立を果たしたトルコ新政権は，共和国憲法を発布した。

③ 成文憲法をもたなかったイギリスで，第二次世界大戦後に初めての成文憲法としてイギリス憲法が制定された。

④ 朝鮮戦争後，国際社会に復帰した日本は，主権在民，平和主義，基本的人権の尊重などを定めた日本国憲法を制定した。

問 5 下線部ⓓに関連して，次の資料は，ある政治家が，当時の軍部が政治への不当な干渉を行ったことに反発し，衆議院で行った内閣不信任上奏決議案の趣旨説明の一部分である。このときに，内閣不信任案を出された内閣と，この演説を行った人物の組合せとして最も適当なものを，下の①〜④のうちから一つ選べ(解答欄番号は 10)。

彼等ハ常ニ口ヲ開ケバ直ニ忠愛ヲ唱ヘ，恰モ忠君愛国ハ自分ノ一手専売ノ如ク唱ヘテアリマスルガ，其為ストコロヲ見レバ，常ニ玉座ノ蔭ニ隠レテ，政敵ヲ狙撃スルガ如キ挙動ヲ執ッテ居ルノデアル。（拍手起ル）彼等ハ玉座ヲ以テ胸壁トナシ，詔勅ヲ以テ弾丸ニ代ヘテ政敵ヲ倒サントスルモノデハナイカ。

（「帝国議会衆議院議事速記録」）

① 第2次西園寺公望内閣 ― 尾崎行雄
② 第2次西園寺公望内閣 ― 犬養毅
③ 第3次桂太郎内閣 ― 尾崎行雄
④ 第3次桂太郎内閣 ― 犬養毅

問6 下線部ⓔに関連して，マスメディアの位置づけや役割についての記述として最も適当なものを，次の①〜④のうちから一つ選べ（解答欄番号は 11 ）。

① マスメディアは，その影響力の拡大によって，政府・家計・企業とともに経済主体の一つとなっており，「第四の権力」とも言われている。

② マスメディアは情報発信をほぼ独占してきたが，インターネットの普及によって，マスメディアでなくても情報発信が可能となっている。

③ 企業がマスメディアを通じて行う宣伝や広告が消費者の消費行動などに対して強い影響を与えることを，アナウンスメント効果という。

④ 個々のマスメディアにおいては，若者のテレビ離れなどが指摘されているが，新聞についてはその購読部数は増加し続けている。

問7 下線部ⓕに「古典的な『表現の自由』の観念に組み替えを迫る」とあるが，それはなぜか。その理由として最も適当なものを，次の①〜⑤のうちから一つ選べ（解答欄番号は 12 ）。

① 「報道の自由」は「表現の自由」の観念に組み込まれたので，「報道の自由」を国家が保障することについても一定の答えを用意しなければ国民の理解を得られないから。

② 国家権力による人々の活動に対する干渉や制限を撤廃していけば「表現の自由」を保障することはできるが，「情報流通の自由」まで保障することはできないから。

③ 国家は国民に対する不当な干渉を制限するだけでなく，マスメディアは「表

現の自由」を享有する主体なのかという現代的課題への返答をする責任をもつようになったから。

④　国家による不当な干渉や制限を排除するだけでなく，国政情報に対する国民の「知る権利」や国民の「アクセス権」などを保障しなければ「表現の自由」は実質化できないから。

⑤　国家は「表現の自由」の定義について国民の合意を得るだけではなく，国民に対する干渉や制限を完全に排除していかなければ「表現の自由」を保障できなくなったから。

問 8　下線部⑧に関連して，社会権について説明した次の文章中の空欄　　ア　　〜　　ウ　　に当てはまる語句の組合せとして最も適当なものを，下の①〜⑧のうちから一つ選べ(解答欄番号は　13　)。

　「20世紀人権」とも言われるように，社会権が憲法の条文に本格的に規定されたのは，第一次世界大戦後の1919年に制定された　　ア　　憲法であった。社会権はその内容から「　イ　」とも言われる。

　日本においても，1889年に制定された大日本帝国憲法には，もちろん社会権は規定されてはいなかった。日本国憲法においては，第25条には，「　ウ　生活を営む権利」として生存権が，第26条には教育を受ける権利が，第27条には勤労権が，第28条には労働三権が，それぞれ社会権として規定されている。

① ア フランス　　イ 国家からの自由　　ウ 人たるに値する
② ア フランス　　イ 国家からの自由　　ウ 健康で文化的な最低限度の
③ ア フランス　　イ 国家による自由　　ウ 人たるに値する
④ ア フランス　　イ 国家による自由　　ウ 健康で文化的な最低限度の
⑤ ア ワイマール　イ 国家からの自由　　ウ 人たるに値する
⑥ ア ワイマール　イ 国家からの自由　　ウ 健康で文化的な最低限度の
⑦ ア ワイマール　イ 国家による自由　　ウ 人たるに値する
⑧ ア ワイマール　イ 国家による自由　　ウ 健康で文化的な最低限度の

問 9　下線部⑥に関連して，第二次世界大戦直後の日本の教育について書かれた次の文を読んで下の問いに答えよ。

　　1947年に制定された教育基本法によって義務教育が実質　ア　年になった。教育基本法は，　イ　に代わるものとして日本国憲法に立脚した法律で，戦後の教育法令の根拠法となった。

　文章中の空欄　ア　・　イ　に当てはまる語句の組合せとして最も適当なものを，次の①～④のうちから一つ選べ(解答欄番号は　14　)。
① ア　6　イ　学制　　　　　　　② ア　6　イ　教育勅語
③ ア　9　イ　学制　　　　　　　④ ア　9　イ　教育勅語

問10　下線部⑥の「このような現代的状況」に該当する最も適当なものを，次の①～⑤のうちから一つ選べ(解答欄番号は　15　)。
①　国家が国民の不満を積極的に解消しなければいけない状況。
②　国家がその責務を果たすために最も多くの情報をもっている状況。
③　「表現の自由」がマスメディアによって確立されてきた状況。
④　国民が「表現の自由」を権利として主張するようになった状況。
⑤　国の施策の妥当性が国家と国民の合意によって認められている状況。

問11　下線部①に関連して，日本の情報公開制度の説明として**適当でないもの**を，次の①～④のうちから一つ選べ(解答欄番号は　16　)。
①　国の情報公開法が制定されるよりも以前に，一部の地方公共団体で情報公開条例が制定されていた。
②　情報公開法には，国民が国などに対して直接情報公開を求める権利として「知る権利」が明記されている。
③　国の行政機関が保有する情報のうち，個人に関する情報は不開示の事由として規定されている。
④　日本の安全保障などに関する情報については，国家機密の漏えいを防ぐために，特定秘密保護法が制定された。

問12　下線部⑥に関連して，情報操作による問題は20世紀から指摘されていたが，これについて述べたものとして最も適当なものを，次の①～④のうちから一つ選べ(解答欄番号は　17　)。
①　マクルーハンは，人間の思考はメディアが伝える「内容」よりも，言語か映像

かといった「伝える形式」に大きく影響されると主張した。

②　リップマンは，新聞や小説などの出版や公用語が普及したことで，「国民」という想像の共同体が生み出されたと主張した。

③　ブーアスティンは，世論とは常に事実に基づいているとはいえず，マスメディアによってつくられる各人のイメージに左右されると主張した。

④　ボードリヤールは，マスメディアが報道などの際に意図的に演出した出来事を「疑似イベント」と呼び，視聴者はこの影響を受けやすいと主張した。

問13　下線部①の「このような政府の活動」についての筆者の考えとして最も適当なものを，次の①〜⑤のうちから一つ選べ(解答欄番号は 18)。

①　国家施策に関する情報開示に積極的に多額の費用を投ずることで，国民の「知る権利」を満たすことができると考えている。

②　国家の情報開示について，情報過多による情報操作の危険性を憂慮するよりも積極的に情報開示する方が大事だと考えている。

③　政府が広報活動を積極的に展開すれば施策の妥当性の理解が深まり，施策に対する批判も減るだろうと考えている。

④　国家の情報を積極的に開示し反論の機会を国民に保障することで，反論が良識にかなうものであるかどうかを確認できると考えている。

⑤　国家が保有する情報を積極的に開示することで，国民は施策の妥当性を検証し，反論することができると考えている。

問14　下線部⑩の「私的企業としてのマスメディア」について，筆者は何が問題だと考えているか。最も適当なものを，次の①〜⑤のうちから一つ選べ(解答欄番号は 19)。

①　マスメディアは資金力のある少数の者によって所有されており，「表現の自由」より「富の分配」の問題の方が大きくなってしまったこと。

②　メディア所有者が気に入らない表現を締め出す自由を手に入れた結果，営利目的の不確かな情報のまん延により社会が混乱していること。

③　情報の独占あるいは私有化を禁止する任務と責任を受け手に委ねてしまっていること。

④　メディアが巨大化するにつれ流通する情報も画一化し，受け手が情報の多様性に触れにくくなっていること。

⑤　国家の干渉や制限から完全に解放されたが，憲法による「表現の自由」の保障はいまだ手に入れられないこと。

問15　下線部ⓝに関連して，次の法律の条文を読んで，この法律についての説明として最も適当なものを，下の①〜④のうちから一つ選べ（解答欄番号は　20　）。

　　国体ヲ変革シ又ハ私有財産制度ヲ否認スルコトヲ目的トシテ結社ヲ組織シ又ハ情ヲ知リテ之ニ加入シタル者ハ十年以下ノ懲役又ハ禁錮ニ処ス

①　刑罰の対象者が明確には定義されていないため，のちに拡大解釈され自由主義者や社会主義者の思想弾圧に利用されるようになった。
②　この法律は労働者保護を目的とした工場法と同時に出されたため，政府の労働者に対する「あめと鞭の政策」の一環だと言われた。
③　のちに政府は「国体を変革する者」に関して厳罰化して，最高刑を無期懲役にまで引き上げた。
④　第二次世界大戦後，東久邇宮稔彦内閣はGHQの指令を受け，この法律を即時廃止している。

問16　下線部ⓞに関連して，人々が独自なかけがえのなさを感じることができなくなった社会を告発した思想に実存主義がある。この思想について述べたものとして最も適当なものを，次の①〜④のうちから一つ選べ（解答欄番号は　21　）。
①　ニーチェは，日常生活に埋没してしまったダス・マンの状態から脱するため，人間が死への存在であることを思い出し，本来の自己に目覚めよと説いた。
②　ハイデガーは，禁欲的な道徳は人間の生への意志を抑圧するものであるので，人間の持つ本来的な力への意志を発揮し，ニヒリズムを克服せよと説いた。
③　キルケゴールは，本来的な自己のあり方としての実存は，美的な段階，倫理的段階を経て，神の前に単独者として立つ宗教的段階にいたると主張した。
④　ベルクソンは，人間は限界状況に直面し，己の有限性を自覚することではじめて超越者にであい，自己を本来の姿で受け取りなおせると説いた。

問17　下線部⑫に関連して，次のA・Bの問いに答えよ。

A　次の文章中の空欄　**ア**　・　**イ**　に当てはまる語句の組合せとして最
も適当なものを，下の①～④のうちから一つ選べ(解答欄番号は　22　)。

　　国際連合は，1944年にワシントン郊外の　**ア**　で開かれた会議で国際連
合憲章の草案が作成され，翌年，第二次世界大戦終結前に開かれた　**イ**　会
議に連合国50カ国が参加して，国際連合憲章を採択し，第二次世界大戦終結後
に発足した。第3回の国連総会で世界人権宣言が採択されたが，法的拘束力は持
たなかったため，その後1960年代になって法的拘束力を持たせるため国際人権
規約が採択された。

①　**ア**　ブレトン＝ウッズ　　　　　**イ**　サンフランシスコ
②　**ア**　ブレトン＝ウッズ　　　　　**イ**　ニュルンベルク
③　**ア**　ダンバートン＝オークス　　**イ**　サンフランシスコ
④　**ア**　ダンバートン＝オークス　　**イ**　ニュルンベルク

B　国際連盟と国際連合について述べた次の文X・Yについて，その正誤の組合せ
として最も適切なものを，下の①～④のうちから一つ選べ(解答欄番号は
23　)。

X　国際連盟は，アメリカ合衆国大統領ウィルソンが第一次世界大戦中に発表した
四月テーゼで国際平和機構の設立を提唱したことを受けて設立された。

Y　国際連盟・国際連合ともに，アメリカ合衆国は理事会あるいは安全保障理事会
の常任理事国として参加した。

①　X　正　　Y　正　　　　　　②　X　正　　Y　誤
③　X　誤　　Y　正　　　　　　④　X　誤　　Y　誤

問18　下線部⑭に関連して，市場のしくみに関する次の文章を読んで，下の問いに答
えよ(解答欄番号は　24　)。

　財やサービスなどを取引する市場においては，売り手と買い手によってさまざまな商品の価格が決定される。完全競争市場では，多数の売り手と買い手が存在しており，市場価格は，需要量と供給量によって調整される。しかし，現実の経済ではこのような完全競争市場はあまり多くは存在しておらず，どうしても寡占市場が多くなってくる。

　寡占市場では，企業間で市場に供給する商品の価格や量などを協定する　ア　が行われることがある。このような行為は，日本では　イ　によって規制されている。その他にも，特定の寡占市場においては，プライス・リーダーが現れて価格を先導し，他の企業がその価格に追随することがある。こうして形成される価格を　ウ　という。

　文章中の空欄　ア　〜　ウ　に当てはまる語句の組合せとして最も適当なものを，次の①〜⑧のうちから一つ選べ。

① ア　カルテル　イ　過度経済力集中排除法　ウ　管理価格
② ア　カルテル　イ　過度経済力集中排除法　ウ　独占価格
③ ア　カルテル　イ　独占禁止法　ウ　管理価格
④ ア　カルテル　イ　独占禁止法　ウ　独占価格
⑤ ア　トラスト　イ　過度経済力集中排除法　ウ　管理価格
⑥ ア　トラスト　イ　過度経済力集中排除法　ウ　独占価格
⑦ ア　トラスト　イ　独占禁止法　ウ　管理価格
⑧ ア　トラスト　イ　独占禁止法　ウ　独占価格

問19　本文の内容に合致する最も適当なものを，次の①〜⑥のうちから一つ選べ（解答欄番号は　25　）。

① 消極的表現の自由は膨大な情報の量と関わっている。
② 古典的表現の自由は生存権を否定し拒絶している。
③ 企業としてのマスコミは営利を重視し，表現の自由を阻害している。
④ 国家は表現の自由を放置せず指導する方向を模索しなければならない。
⑤ 他社の情報を比較検討し，自社の自律性を保持しなければならない。
⑥ 国家の積極的役割を表現の自由の視野に入れて考えなければならない。

論　述

（80分）

以下の文章を読み，設問に答えなさい。

　自然は人間に製作的知性を授けた。多くの動物種のためにそうしたように，自然は
人間に機具を与える代わりに，人間が自分で機具を組み立てることのほうを好んだ。
ところで，人間は少なくとも機具を利用する間は必然的にその所有権を持つ。だが，
機具は人間から切り離されるものである以上，人間から奪われうる。すっかり出来上
がった機具を奪うことは，それらを作ることよりも簡単である。何よりも，機具は物
質に対して働きかけねばならず，例えば狩猟や漁労の武器として役立たねばならな
い。彼の属する集団がある森，湖，川に目をつけて狙うとして，他の集団でも，他所
を探すよりもこの場所に移住するほうが好都合と判断することがありえよう。こうし
て争わねばならなくなる。われわれは狩猟場たる森と漁場たる湖について話したが，
耕作すべき土地，略奪すべき婦女，連行すべき奴隷に関しても同じことが言えよう。
また同様に，行ったことを正当化する理由も多岐にわたるだろう。しかし，奪うもの
が何であれ，また，奪う動機が何であれ，それは重要ではない。戦争の起源は，個人
的なものであれ集団的なものであれ所有権であり，人類はその構造により所有権を持
たざるをえないよう予め定められているので，戦争は自然的である。戦争本能は非常
に強いので，自然を再び見つけるために文明の層をがりがりと引っ掻くと最初に現れ
てくるのが戦争本能だ。幼い男の子たちがどれほど取っ組み合いが好きかはよく知ら
れている。彼らは殴られもしようが，自ら殴りつけることで満足もしている。子供の
遊びは一人前になった人間に課せられる労役を考慮して自然が子供を招待する予行練
習であると言われているのは正しい。しかし，もっと先へ進んで，歴史によって記録
された大部分の戦争のうちに予行練習や遊びを看取することができる。それらの戦争
のうち多くを引き起こした動機のくだらなさを思えば，「何のためでもなく，ただ単
に」果たし合いをした『マリオン・ドロルム』〔Marion Delorme，仏作家ヴィクトル

・ユゴーの 1829 年の戯曲〕の決闘者のことや，あるいは更に，ブライス卿の引用するアイルランド人，道端で殴り合っている二人の男を見ると必ず「これは私事だろうか，あるいは割って入ってもいいのだろうか」と尋ねるアイルランド人のことが想起される。翻って，数々の偶発的な争いの脇に，一民族の根絶にまで至った決定的な戦争を並べ置いてみると，後者の戦争が前者の争いの存在理由であったことが理解される。戦争本能がなければならなかった。そして，この本能は自然的と呼ぶこともできる残酷な戦争のために存在していたのだから，多くの偶発的な争いは単に武器を錆びつかせないために生じたにすぎない。——次に，開戦時における両国民の高揚について考えていただきたい！　確かにそこには恐怖に対する防御反応があり，勇気が自動的に鼓舞される。しかし，そこにはまた，われわれは危険を伴う冒険的な生を送るためにできているという感情もある。あたかも平和は二つの戦争間の休止でしかなかったように。けれども，高揚はすぐに鎮まる。なぜなら，苦しみが甚大であるからだ。しかし，可能と思われていたことすべてを超えるほどの恐怖を与えた先の戦争〔第一次世界大戦〕を脇に置くなら，戦争の苦しみがどんなにすぐに平和が続くあいだに忘れ去られるかを見るのは興味深いことである。女性には，出産の痛みを忘れる特別な機制が備わっていると主張する人がいる。あまりにも完全な記憶は，女性が再び子供を産もうとすることを妨げてしまうというのだ。この種の機制は戦争の凄惨さを忘却させるために本当に機能しているように思われる。とりわけ若い民族のところではそうである。この側面では，自然はなお他の数々の予防措置を講じていた。つまり，自然は外国人とわれわれのあいだに，無知，偏見，予断によって巧妙に織り上げられたベールを垂らした。一度も訪れたことがない国について無知であることは，何ら驚くべきことではない。しかし，その国を知らないのに，その国について判断し，しかも，ほとんどつねに好意的な判断は下さないということ，これは説明を要する事実である。国外に滞在し，自分の同国人に外国人の「気性」(mentalité) と呼ぶものを教授しようとしたことがある人は誰でも，同国人の本能的な抵抗を確認しえただろう。この抵抗は，より遠方の国が問題であるときそれだけよりいっそう強いというわけではない。まったく逆に，抵抗はむしろ距離に反比例して変化する。われわれが最も出会う可能性が高い人々が，われわれが最も知ろうとは思わない人々なのである。自然は，外国人すべてを仮想敵とするのに，そうするほかなかったのだろう。なぜなら，完全な相互理解は必ずしも共感であるわけではないが，いずれにせよ憎悪を除去することにはなるからだ。われわれはこのことを先の戦争中に確かめることができた。あ

る〔フランス人の〕ドイツ語の教授は，他のどんなフランス人とも変わらず立派な愛国者で，彼らと等しく自分の命をかける用意ができており，また，彼らと同じくらいドイツに「憤慨」してさえいたのだが，それでもやはり事情は同じではなかった。ある一点が留保されていた。ある民族の言語と文学を深く知る者は，完全にその国の敵にはなることができないのである。教育により諸国民間の相互理解を準備しようとする際には，このことを念頭に置かねばならない。外国語の習熟は，対応する文学と文明を通してその国の精神が染み入ることを可能にし，外国人一般に対して自然が欲した偏見を一挙に除去することができる。しかし，われわれは隠れた偏見の目に見える外的な結果をすべて枚挙する必要はない。われわれとしては，二つの対立する格言，「人間ハ人間ニ対シテ神デアル」(Homo homini deus)〔シンマクスやカエキリウスが語ったとされる言葉。スピノザ『エチカ』第四部をも参照〕，「人間ハ人間ニ対シテ狼デアル」(Homo homini lupus)〔プラウトゥスに依拠してホッブズが語った言葉〕は容易く和解するとだけ言っておこう。最初の格言を述べる時，人々は同国人の誰かを念頭に置いている。後者は外国人に係る。

　先ほど，われわれは偶発的な戦争の脇には本質的な戦争があり，この種の戦争のために闘争本能が作られたように思われると述べた。今日の戦争は後者の戦争の一つに数えられる。征服のための征服は次第に少なくなっている。傷つけられた自尊心から，威信や栄光のために戦うことはもはやない。人々は飢餓で苦しまないために戦うのだと言われるが，──実際には，その水準以下では，もはや苦労して生き続けるに値しないと思われるある生活水準を維持するために戦うのである。限られた数の兵士が国家を代表するべく委任されることはもはやない。決闘に類似するものももはや何もない。最初期の遊牧民がそうしたように，全員が全員に対して戦わねばならないのだ。ただ，文明によって鍛え上げられた武器で戦うわけで，殺戮は古代人が想像さえしなかったほど凄惨なものとなる。科学が進歩する調子を考えれば，交戦国の一方，取っておきの秘密を所有するほうが，他方を壊滅させる手段を手に入れる日が近づいている。こうして多分，地上にはもはや敗者の痕跡さえも残らなくなるだろう。

　さて，事態はその流れのままに進んでいくのだろうか。ある人間たち──われわれは躊躇せず彼らを人類の恩人に数え入れる──が幸いにもこの流れを遮ってくれた。すべての偉大な楽観主義者がそうであるように，彼らは解決すべき問題を解決済みと想定することから出発した。彼らは国際連盟を設立した。われわれの査定では，獲得された諸結果は，期待することができたものをすでに超えている。なぜなら，戦争の

根絶はそれを信じていない人々が一般に想像しているよりも難しいからだ。悲観主義者たる人々は，戦争へ突き進む二つの民族の場合を，争う二人の個人の場合に類似したものと考える点では楽観主義者たちと一致している。ただ悲観主義者は，二つの民族の場合は，個人の場合のようには，裁判所で係争し判決に従うことを決して実際には強制されえないだろうと考えるだけだ。とはいえ，この相違は根底的である。たとえ国際連盟が見たところ十分な軍事力を自由にできるとしても（それでも，反抗国はつねに勢いで連盟に勝るだろうし，科学上の発見は予見不能なものであるから，連盟が対応しなければならない抵抗の本性はますます予見不能なものとなっていくだろう），国際連盟は文明が覆っている戦争の深い本能と衝突するだろう。それに反して，個人の場合，対立に決着をつけることを裁判官に任せる個人の場合は閉じた社会に内在する規律本能によってそうするよう漠然と促されているのだ。もめ事によって，彼らは偶々，社会への正確な統合という正常な位置から引き離されていたのだが，振り子が鉛直線に戻るように，彼らはその正常な位置へと立ち返る。したがって，二民族の場合の方が困難はよりいっそう重大である。

出典：アンリ・ベルクソン，2015 年，『道徳と宗教の二つの源泉』合田正人・小野浩
　　　太郎訳，ちくま学芸文庫（原著は 1932 年）。

設問

　あなたは筆者の見解を支持しますか，それとも筆者の見解に反対ですか。いずれの場合も，対立する意見に反論しつつ，適切な論拠や具体例をあげながら，自らの見解を 700 字以上 800 字以内の日本語で述べなさい。

※解答においては段落を設けること（通例の原稿用紙の書き方に準拠し，段落冒頭は1 マス下げる）。

解 答 編

総 合 問 題

解答

問1．(ア)—③　(イ)—①　(ウ)—⑤　(エ)—②　(オ)—④

問2．A—④　B—③　問3．①　問4．②　問5．③

問6．②　問7．④　問8．⑧　問9．④　問10．②　問11．②

問12．①　問13．⑤　問14．④　問15．①　問16．③

問17．A—③　B—④　問18．③　問19．⑥

───── 解説 ─────

《表現の自由の現代的展開》

問2．A. 空欄に入るのは「一般意志」。ルソーは「一般意志」に依拠することで，人民主権による直接民主制を説いた。「全体意志」は私的利益を追求する「特殊意志」の合計によって形成されるが，「全体意志」に基づく代議制は，少数者の抑圧を余儀なくする。

B. ③が適当。カントは，人間は因果法則の通りに快楽に従う傾向性だけでなく，自分自身の人格が立てた普遍的道徳法則を自律的に遂行する善意志と理性をもつと考えた。

①誤文。人間は欲求に反する道徳法則を立てる理性をもつ。

②誤文。内なる道徳法則に従うみずからの善意志こそが自由をもたらす。

④誤文。カントの立場は，結果よりも意志を尊重する動機主義である。

問3． ①が適当。

②誤文。天安門事件は改革派の胡耀邦の死がきっかけであった。

③誤文。マルコスは開発独裁をとり，民主主義を弾圧した。

問4． ②適当。トルコは1923年に独立し，翌年に政教分離の憲法を制定した。

①誤文。スターリン体制下の1936年に制定された。

問 5．③が適当。史料は立憲政友会の尾崎行雄の「桂太郎内閣弾劾演説」
(1913 年)。第 2 次西園寺内閣を継いだ第 3 次桂内閣に対し，詔勅を利用
した政治だと批判した。

問 6．②が適当。

①誤文。マスメディアは，立法権，行政権，司法権に次ぐ「第四の権力」。

③誤文。アナウンスメント効果とは，予測発表や報道が心理的影響を及ぼ
すことで人々の行動が変化する現象。選挙の結果予測を見た人々が予測と
反対の投票を行うのはその一例。

問 7．④が適当。「国家による干渉や制限」(第 1 段落)を受けない古典的
な表現の自由に加えて，第 7 段落では，現代において国民の「知る権利」
や「アクセス権」などを組み入れる必要があると述べている。

問 8．空欄に入るのはそれぞれ，ア「ワイマール」，イ「国家による自由」，
ウ「健康で文化的な最低限度の」。政府に生活保障を求める社会権は「国
家による自由」にあたる。「最低限度の生活」は憲法第 25 条に，「人たる
に値する生活」は労働基準法に記載。

問 9．空欄に入るのはそれぞれ，ア「9」，イ「教育勅語」。教育基本法は，
1890 年発布の教育勅語に代わって，日本国民の名において民主主義教育
の理念と目的を制定した。学校制度を規定する学制は 1872 年に公布され，
1879 年に教育令，1886 年に学校令，1947 年に学校教育法に改正された。

問10．②が適当。「社会権」の「保障や充実」(第 8 段落)など，国家の役
割が増大した現代では，国家が「膨大な量の情報」(第 9 段落)を保有し
ている。

問11．②誤文。「情報公開法」(2001 年)に「知る権利」は明記されてい
ない。

①正文。1982 年に山形県金山市が最初の情報公開条例を制定した。

③正文。特定の個人や安全保障に関する情報は不開示の対象。

④正文。「特定秘密保護法」では，特定秘密とされる情報を公務員などが
外部に漏らした場合，最高で懲役 10 年が科される。

問12．①適当。マクルーハンは，「メディアはメッセージである」と述べ
て，メディアの形式が人間の思考に影響を及ぼしているとした。

②誤文。『想像の共同体』で出版産業は国民意識の基盤を提供したと書い
たのは，アメリカの政治学者アンダーソン。

③誤文。リップマンの『世論』の内容。

④誤文。「疑似イベント」はブーアスティンの用語。ボードリヤールは，大衆社会の消費活動をブランドのような記号の消費であるとした。

問13. ⑤が適当。「このような政府の活動」とは，国家の施策についての広報・広聴活動のこと。こうした活動が国民に対する一方的な情報操作とならないように，国民が「施策の妥当性を検証し」，「批判するだけの意見を十分に形成する」ためには，「国家が保有する情報の利用」が不可欠だと言われている（第11段落）。

問14. ④が適当。2つ後の段落に，「マスメディアが巨大化すれば」，「流通する情報が画一化し，多様性が失われることも避けがたい」とある。

問15. ①が適当。史料は治安維持法（1925年）。処罰対象者が明確でなく，政府や国家神道に反対しているという理由で労働運動，平和主義者，宗教者も弾圧された。

②誤文。男子普通選挙の実施と同時。

③誤文。最高刑は死刑となった。

④誤文。戦後2カ月たって幣原喜重郎内閣がGHQの指示で廃止した。

問16. ③が適当。有神論的実存主義キルケゴールの説く実存の三段階の思想。

①誤文。用語「ダス・マン」と「死への先駆」の思想はハイデガーのもの。

②誤文。力への意志はニーチェの用語。

④誤文。限界状況と超越者はヤスパースの用語。

問17. A. 空欄に入るのは，ア「ダンバートン＝オークス」，イ「サンフランシスコ」。ブレトン＝ウッズ会議はIMFの設立を決めた。

B. X. 誤文。四月テーゼは1917年にレーニンが提起した革命の基本方針。

Y. 誤文。ウィルソンは平和原則14カ条を発表したが，アメリカは国際連盟に加盟しなかった。

問18. 空欄に入るのは，ア「カルテル」，イ「独占禁止法」，ウ「管理価格」。1947年に持株会社を禁止する独占禁止法，巨大独占企業を分割する過度経済力集中排除法が制定された（後者は1955年に廃止）。

問19. ⑥が適当。最後の段落で，「表現する自由」の実現を支える「客観的制度的な保障」を行うことが，表現の自由の視野に含まれるとある。

④誤文。国家が果たすべき役割は，表現の自由のための「客観的制度的な保障」であって，直接的な「指導」ではない。他の選択肢の内容は，課題文には書かれていない。

論　述

解答例　私は，戦争の根源は所有権であり，人間にとって戦争は自然的で本能的なものであるという筆者の見解に反対する。もし人間が資源や財産の所有をめぐって争い，奪い合う本能を持っているのであれば，人間は自分たちが生き続けることよりも，他集団と戦い，奪うことに力を尽くし，やがて衰退していくことになる。けれども，最も原始的な生活をしていた狩猟民は獲物などを集団で分配し，取り過ぎるような狩猟機具は使わず，自然と共存しながら生きており，奪うことのみにとらわれてきたとは言えない。筆者は第一次世界大戦の大量破壊と殺戮に人間の本能的な暴走を感じたのかもしれないが，人間は，資源や財産を奪い合うのではなく，分かち合うことによって存続する道を選択してきたと私は考える。

　また，筆者は「偶発的な戦争の脇には本質的な戦争があり，この種の戦争のために闘争本能が作られた」とし，「今日の戦争は後者の戦争の一つ」と主張する。しかし第一次世界大戦はサラエボ事件という偶発的な事件から複雑な国際関係によって世界戦争に拡大したものだった。国民を戦争に駆り立てたのは国家によって盛り上げられた愛国心や敵国への憎悪であって，個人や集団の闘争本能ではなかったと思われる。

　戦争に人々をひきつけるために掻き立てられた愛国心や敵国への憎悪には，外国人への無知，偏見，予断のベールが掛けられていた。それに対して戦争を抑止するために，外国語に習熟し，他国の文化を学び，相互理解を深めることの重要性を指摘する筆者の見解には同意する。事実，音楽や文学，映画などを通じ，見えづらかった外国を身近に感じる人々の広がりが存在している。筆者は国際連盟による戦争根絶が困難であると考えているが，国際連盟のような国際機関が国家や民族間の相互理解を深めるようにより積極的に働きかけることで，戦争を止める道は開けていくと私は考える。(700字以上800字以内)

===== **解　説** =====

《人間にとって戦争は自然的で本能的なものか》

　課題文は 20 世紀前半に活躍した哲学者アンリ゠ベルクソンの『道徳と宗教の二つの源泉』で，表題通り人間社会の道徳と宗教の起源について考察したものである。課題文は 4000 字近くあり，長い第 1 段落の後に比較的短い 2 つの段落が続く。ベルクソンの文章は難解なことで知られるが，筆者の主張，意見に下線を引きながら，その説明や例示の文と区別して読めば意味を取りやすい。以下に段落ごとにその内容をまとめる。

（第 1 段落）　戦争の起源は所有権である。個人的なものであれ集団的なものであれ所有権をめぐる戦争は人間にとって自然的であり，本能的である。戦争の凄惨さを忘れさせ，外国人を仮想敵とする根底に，外国人への無知，偏見，予断がある。外国の文化に深く触れることによる相互理解はそのような憎悪を除去することになる。

（第 2 段落）　今日の戦争の多くは偶発的な戦争ではなく本質的な戦争であり，その本質的な戦争のために闘争本能が作られた。今日の戦争は最初期のように全員が全員に対して戦わねばならないが，文明により進歩した武器で戦う現代では，殺戮は古代人が想像さえしなかったほど凄惨なものとなる。

（第 3 段落）　これを断ち切るために楽観主義者によって国際連盟が設立された。その成果は期待以上のものであるが戦争の根絶は難しい。悲観主義者は戦争へ突き進む二つの民族の争いは個人間の争いのように容易には解決しないと考える。国際連盟は文明が覆っている戦争の深い本能と衝突するだろう。個人間の対立は閉じた社会に内在する規律本能によって統合へと立ち返るが，二民族の場合の困難はよりいっそう重大である。

　設問は，筆者の見解を支持，あるいはそれに反対し，対立する意見に反論しつつ，適切な論拠や具体例をあげながら意見論述することを求めている。まず課題文から賛否を論じることができる意見を見つけ出そう。たとえば，以下の点などに着目することができる。

①戦争の起源は人間の所有権であり，戦争は自然的で本能的なものである。

②外国人すべてを仮想敵とするのは，外国人への無知，偏見，予断のベールであり，そこから敵国人への憎悪が掻き立てられるが，他国民への完全な相互理解は憎悪を除去することになる。

③偶発的な戦争の脇には本質的な戦争があり，この種の戦争のために闘争本能が作られた。

④二つの民族による戦争は，閉じた社会に内在する規律本能で律せられる個人の場合とは異なり，その解決は困難である。

⑤国際連盟は文明が覆っている戦争の深い本能と衝突するだろう。

　こうして抽出した見解に対する支持，反対論を展開する。筆者の見解に反対の立場なら筆者の主張のどこにどのように反論するのか具体的に論述すればよい。支持する立場なら筆者の見解をなぞるだけでなく，対立する意見も用意する必要がある。いずれにせよ，設問の要求どおり，適切な論拠や具体例をあげること。

　〔解答例〕では，戦争の起源を所有権に求めて人間にとって戦争は自然的で本能的なものとする見解に反対するとともに，戦争を回避，抑止するための相互理解の必要には賛成する立場で論述した。そして，課題文中にも登場する狩猟民や第一次世界大戦，文化の例などで論を補強した。

　第一次世界大戦という例は，出典に記されている 1932 年という課題文が執筆された時代背景からもあげやすい。凄惨な第一次世界大戦を体験し，その後の混乱を脱したものの，世界恐慌によって安定が大きく揺らいでいた時期であること，第一次世界大戦を上回る大量破壊と殺戮が生じる第二次世界大戦の勃発が直後に控えていること，また現在の状況も照らし合わせ，人間と戦争，国際連盟の役割といったことに絡めた論が組める。

　また，総合文化政策学部を志望するのであれば，文化的な視点は重要である。「自然は外国人とわれわれのあいだに，無知，偏見，予断によって巧妙に織り上げられたベールを垂らした」「外国語の習熟は，対応する文学と文明を通してその国の精神が染み入ることを可能にし，外国人一般に対して自然が欲した偏見を一挙に除去することができる」（第 1 段落）など，戦争を防ぐ方策として相互理解の重要性を強調している点を中心に，現代の文化的な現象を具体的に照らし合わせた論述を考えてみるのもよい。

一般選抜（個別学部日程）：社会情報学部

問 題 編

▶試験科目・配点

方　式	テスト区分	教　科	科目（出題範囲）	配　点
A方式	大学入学共通テスト	国　語	国語（近代以降の文章）	100点
		地歴・公民	日本史B，世界史B，地理B，現代社会，倫理，政治・経済，「倫理，政治・経済」のうち1科目選択	100点
	独自問題	外国語	コミュニケーション英語Ⅰ・Ⅱ・Ⅲ，英語表現Ⅰ・Ⅱ	200点
B方式	独自問題	外国語	コミュニケーション英語Ⅰ・Ⅱ・Ⅲ，英語表現Ⅰ・Ⅱ	200点
		数　学	数学Ⅰ・Ⅱ・A・B	150点
C方式	独自問題	外国語	コミュニケーション英語Ⅰ・Ⅱ・Ⅲ，英語表現Ⅰ・Ⅱ	200点
		数　学	数学Ⅰ・Ⅱ・Ⅲ・A・B	250点
D方式	独自問題	外国語	コミュニケーション英語Ⅰ・Ⅱ・Ⅲ，英語表現Ⅰ・Ⅱ	200点
		総合問題	文章やデータを読み解き，物事を論理的に考察し，的確に表現する力を問う論述等を課す。	200点

▶備　考

- 合否判定は総合点による。ただし，場合により特定科目の成績・調査書を考慮することもある。
- 数学Bは「数列，ベクトル」から出題する。
- 大学入学共通テストの得点を上記の配点に換算する。英語の得点を扱う場合には，リーディング100点，リスニング100点の配点比率を変えずにそのまま合計して200点満点としたうえで，上記の配点に換算する。

- 大学入学共通テストの選択科目のうち複数を受験している場合は，高得点の1科目を合否判定に使用する。
- 試験日が異なる学部・学科・方式は併願ができ，さらに同一試験日であっても「AM」と「PM」で異なる試験時間帯に実施される学部・学科・方式は併願ができる。

試験日	試験時間帯	学部	学科（方式）
2月9日	終日	社会情報	社会情報（B・C・D）
	AM	総合文化政策	総合文化政策（A）
	PM	社会情報	社会情報（A）

英　語

（90分）

第1問　次の(1)～(10)の下線部の意味に最も近いものを，それぞれ下の(1)～(4)の中から一つ選びなさい。

(1)　Put your time and knowledge to proper use during this examination.

  (1)　appropriate

  (2)　explicit

  (3)　full

  (4)　intelligible

(2)　The phenomenal power of ChatGPT is changing university education.

  (1)　attractive

  (2)　conspicuous

  (3)　decisive

  (4)　extraordinary

(3)　The number of casualties will increase due to the catastrophe.

  (1)　patients

  (2)　refugees

  (3)　victims

  (4)　witnesses

(4)　A new study found a possible remedy for the stress resulting from the coronavirus pandemic.

  (1)　cure

  (2)　effect

(3) plight

(4) symptom

(5) We <u>experienced</u> record hot temperatures last summer in Tokyo.

(1) underlay

(2) undermined

(3) undertook

(4) underwent

(6) The government plans to <u>scrap</u> the health insurance cards by integrating them into the My Number ID system.

(1) abolish

(2) disrupt

(3) enforce

(4) restrain

(7) The suspect is <u>allegedly</u> involved in the incident that occurred last week.

(1) evidently

(2) inevitably

(3) intentionally

(4) supposedly

(8) You may well <u>decisively</u> refuse such an insulting offer.

(1) adequately

(2) cruelly

(3) firmly

(4) perpetually

(9) The new traffic regulation <u>took effect</u> last month.

(1) came in handy

(2)　came into force

(3)　came to light

(4)　came true

(10)　<u>As many as</u> two thousand people died due to the earthquake.

(1)　No less than

(2)　No more than

(3)　Not so many as

(4)　Not more than

第2問　次の英文の(11)～(20)のそれぞれの下線部に入るのに最も適切なものを(1)～(4)の中から一つずつ選びなさい。

(11)　Although it is still considered taboo to send wedding invitations via email, some couples are _____ traditional and follow this modern way.

(1)　anything but

(2)　nothing but

(3)　nothing short of

(4)　something

(12)　"Monster" parents are not _____ to schoolteachers.

(1)　respectable

(2)　respectful

(3)　respecting

(4)　respective

(13)　I have never seen _____ sunset as this one.

(1)　a so beautiful

(2)　so a beautiful

(3) so beautiful a

(4) so much beautiful

(14) _____ I am concerned, I must start my day off with a cup of coffee.

(1) As for

(2) As long as

(3) So far as

(4) So that

(15) The CEO _____ to say a word in this meeting.

(1) is not still

(2) is remained

(3) is yet

(4) leaves it

(16) It is nearly impossible to deny climate change _____ human activities.

(1) bringing about

(2) brought about

(3) brought about by

(4) to bring about

(17) Jack tried to solve the problem only _____.

(1) being failed

(2) failing

(3) having been failed

(4) to fail

(18) I might pass several admission exams, _____ case I will choose this
school.

(1) in which

(2)　whatever

(3)　which

(4)　whichever

(19)　_____ did she expect that she could win the English speech contest.

(1)　Few

(2)　Little

(3)　Not a few

(4)　Not until

(20)　It is essential that we _____ our computer firewalls at all costs because we are dealing with sensitive information.

(1)　could be maintained

(2)　have maintained

(3)　maintain

(4)　may maintain

第3問　次の英文(21)～(30)の下線部で間違っている箇所を(1)～(4)の中から一つずつ選び
なさい。

(21)　I suspect that our leader will need some coaching on anger management
　　　(1)　　　　　　　　　　　　　　　(2)
　　　because he can get annoyed if he doesn't like that he hears.
　　　　　　　　　　　　　(3)　　　　　　　　(4)

(22)　That was the best bookstore I had ever visited, as I found much more
　　　　　　　　　　　　　　　(1)　　　　　　(2)　　　　　(3)
　　　books than I had expected.
　　　(4)

(23)　I had hardly some time to go all the way to the library, so I searched for
　　　　　(1)　　　　　　(2)　　　　　　　　　　　(3)　(4)
　　　information on the web to complete my homework.

(24)　It was apparent to every teacher who taught him that he would fail if he did
　　　　　　　　　　(1)　　　　　　　　　　　　　　　(2)　　　　　　(3)
　　　not quit that bad habit of him.
　　　(4)

(25)　Facing with a complex situation, we were advised to prioritize the tasks
　　　(1)　　　　　　　　　　　　　　(2)
　　　that lie ahead　so as not to waste time.
　　　(3)　　　　　(4)

(26)　In contrast to a low-context work culture in America, where deals are based
　　　(1)
　　　on what the participants make it explicit, Asian cultures are high-context,
　　　　　　　　　　　　　(2)
　　　where what is implied is just as important.
　　　　　(3)　　　　(4)

(27)　A memorial service was held to mourn an estimated three million people
　　　　　　　　　　　　　　　　　　　(1)
　　　who died in the war, but some of the relatives of the dead were not able to
　　　(2)　　　　　　　　　　　　　　　　　(3)
　　　attend to the ceremony due to the typhoon.
　　　(4)

(28)　A closer examination of the data reveal a new fact, but in general, analyzing
　　　(1)　　　　　　　　　　　(2)
　　　data without any hypothesis is not only difficult but vulnerable to
　　　　　　　　　　　　　　　　　　　　(3)　(4)
　　　coincidental results.

(29) Although we <u>have</u> never seen our mind, <u>any more than</u> <u>we have never</u>
　　　　　　(1)　　　　　　　　　　　　　(2)　　　　　　　　(3)
<u>seen</u> atoms or electrons, psychologists design experiments, carefully

considering the variables <u>to be controlled.</u>
　　　　　　　　　　　　(4)

(30) It was <u>only slowly</u> <u>that</u> psychologists began to appreciate the importance
　　(1)　　(2)　　　　　　(3)
of Piaget's work, <u>that was</u> focused on interaction between nature and
　　　　　　　　　(4)
nurture.

第4問 次の(I)～(Ⅲ)に答えなさい。

(I) 次の英文を読んで小問(31)～(35)について，それぞれ最も適切なものを(1)～(4)の中から一つ選びなさい。

Since the 1970s, birth rates have been falling, particularly in developed economies throughout Europe and in wealthier Asian nations such as South Korea., Singapore, Japan, etc. More recently, birth rates in developing countries are also in decline. As the birth rate declines, these countries will have a higher percentage of elderly residents who require more resources, thus impacting the economy. This problem can be averted with increased labor immigration into countries with declining birth rates. Yet, in many countries, citizens may oppose immigration to offset population decline, as this could very well disrupt the unique culture and traditions of a country. Also, domestic laborers may oppose this solution and feel threatened by foreign labor entering the country and competing for jobs.

Declining birth rates, barring any increase in immigration, will yield labor shortages. Therefore, other than nations having to devote more resources toward the elderly population, the labor shortages will increase wages, which in turn can lead to inflation. Furthermore, emerging economies that rely on exports to these developed economies will find their exports falling. On a positive note, declining birth rates can relieve stress on the environment.

Population growth has already slowed from its peak in the late 1960s, and according to the United Nation's estimates, population growth will come to an end by the year 2100. Some regions in the world will continue to have population growth while other regions, mostly in developed economies, will see population declines. In developed economies with medical advancements, mortality rates are decreasing as people are living longer. At the same time, fertility rates in these countries are also declining.

Declining birth rates are not just a temporary phenomenon; rather, they are a long-term structural change. In developed countries, where low birth rates are firmly established, populations are expected to decline by as much as 20% in the next 50 years, and the decline will be much greater further into the future. In Europe, the number of women of childbearing age will decline by 21.2%. Even in developing countries, the number of births is declining.

Japan and South Korea are at the forefront of countries experiencing declining populations. In these two Asian countries, the number of births is already 50% below their high. Japan's low birth rate is leading to an ever-aging society. Furthermore, Japan's declining population is magnified by the fact that the Japanese government places severe restrictions on immigration. Japan's decreasing labor force might eventually outstrip the increase in productivity resulting in a reduction of GDP and GDP per capita.

Because of Japan's low fertility rate, it is projected that the Japanese labor force will decline from 67 million (as of 2008) to 42 million by 2050. In 2006 the Japanese labor force was less than its 1995 labor force. To offset this decline, the Japanese government needs to consider policies to encourage more labor force participation by women, elderly residents and youths.

Europe's fertility rate was 2.534 in 1970, and by 2019 it was 1.523. In 1998, the European Union had its lowest fertility rate of 1.406, not far off from Japan's current fertility rate. Declining populations in developed countries will create labor shortages. An obvious solution is to encourage labor immigration from developing countries. Although, these developing countries are also experiencing a decline in birth rates, and they too will soon have labor shortages. The resulting shortages will raise wage rates within developing countries, making the immigration of the labor force to developed countries less attractive. As a result, tax revenues generated by a smaller workforce in countries with low birth rates will be diverted from productive assets to more pressing social needs. This could cause a decline in living standards as well as the demand for goods and services and levels of investments, which will adversely affect economic growth.

Falling fertility rates, aging populations and a corresponding unsustainable pension system are serious concerns for most developed countries. An economy with falling birth rates will be impacted in the future as there will be a shortage of labor to work in industries and to provide services. The shortage of labor will lead to low unemployment and higher wages, which will result in higher prices. Low fertility rates in developed countries will result in a much older population which will require more costly medical care. To help offset the cost of providing for the elderly, economies could rely on the immigration of labor to account for labor shortages. Yet this is a temporary fix, as these migrants will also age and, therefore will require care and support from the government. In addition, migrants might not be able to assimilate into their new surroundings, making them feel isolated and displaced. Relying on immigration to solve this demographic challenge will result in the native population looking to end any government support programs for newly arriving migrants. In response to the labor shortage it might be best to offset the shortage of labor with technology and also eliminate some low-wage labor jobs.

(31)　Which of the following titles is the most appropriate for this passage?

(1)　Population Decline and Growth in the 21st Century

(2)　Impact of Fertility Rates and Medical Care on Developing Countries

(3)　Global Trends in Labor Shortages and Immigration Regulations

(4)　Economic Challenges of Aging Populations and Falling Birth Rates

(32)　According to the passage, what trends can be seen in both mortality rates and fertility rates in developed countries?
(1)　Mortality rates and fertility rates are both increasing.
(2)　Mortality rates are increasing, while fertility rates are decreasing.
(3)　Mortality rates are decreasing, while fertility rates are increasing.
(4)　Mortality rates and fertility rates are both decreasing.

(33)　What potential change could result from Japan's population decline?
(1)　a decrease in technological innovation
(2)　an increase in the fertility rate
(3)　a boost in GDP per capita
(4)　a shift towards open immigration policies

(34)　According to the passage, which statement about declining birth rates is true?
(1)　They are a short-term phenomenon.
(2)　They are only observed in developing countries.
(3)　They are a long-term structural change.
(4)　They are increasing due to medical progress.

(35)　According to the passage, what is a potential solution for labor shortages resulting from declining birth rates?
(1)　increasing immigration only
(2)　increasing technology and low-wage jobs
(3)　increasing both immigration and technological advancements
(4)　increasing reliance solely on domestic labor

(Ⅱ)　次の英文を読んで小問(36)～(40)について，それぞれ最も適切なものを(1)～(4)の中から一つ選びなさい。

　　OpenAI is an organization focused on developing artificial general intelligence (AGI) to benefit humanity. Founded in 2015 by Elon Musk, Sam Altman, and others, OpenAI has been at the forefront of AI research, producing several groundbreaking models such as GPT-2, GPT-3, and eventually ChatGPT. Building upon the success of GPT-3, OpenAI continued its research and development efforts, leading to the creation of ChatGPT based on the GPT-4 architecture. ChatGPT is designed to excel at conversation-based tasks and offers improvements in contextual understanding, response generation, and overall coherence compared to GPT-3.

　　GPT-1 is the first version of the GPT language which was released in 2018. It was based on the Transformer architecture, which is a neural network architecture designed for natural language processing tasks such as language modeling and machine translation. GPT-1 was pre-trained on a large corpus of text data, which included books, articles, and web pages, using a language modeling task. The model was trained to predict the next word in a sequence of text, given the previous words in the sequence. This pre-training process allowed GPT-1 to learn the patterns and relationships between words in a large corpus of text data. Despite its relatively small size, GPT-1 achieved impressive results on a wide range of natural language processing tasks and demonstrated the effectiveness of pre-training on large amounts of text data for improving language understanding.

　　GPT-2 was a significant improvement over GPT-1, with 1.5 billion parameters, making it one of the largest language models at the time of its release. GPT-2 was pre-trained on a massive corpus of text data, which included web pages, books, and other written materials, using a language modeling task. Like GPT-1, the model was trained to predict the next word in a sequence of text, given the previous words in the sequence. However, GPT-2

２０２４年度

社会情報

英語

was able to generate longer and more coherent sequences of text, and it demonstrated a greater ability to generalize to new tasks and domains. After pre-training, GPT-2 could be fine-tuned on a variety of downstream tasks, such as text classification, sentiment analysis, and question-answering. The model was able to achieve state-of-the-art results on many of these tasks, and it was particularly effective at generating high-quality natural language text. One of the notable features of GPT-2 was its ability to generate realistic and coherent text that was difficult to distinguish from human-written text. This led to some concerns about the potential misuse of the model, such as generating fake news or propaganda. As a result, OpenAI initially chose not to release the full version of the model, but instead released a smaller version with reduced capabilities.

GPT-3 is one of the largest and most powerful language models ever created, with 175 billion parameters, which is several times larger than GPT-2. GPT-3 was trained on a massive corpus of text data, which included web pages, books, and other written materials, using a language modeling task. The model was trained to predict the next word in a sequence of text, given the previous words in the sequence, and it was able to generate high-quality natural language text with a high degree of coherence and realism. One of the key features of GPT-3 is its ability to perform a wide range of natural language processing tasks, including text classification, sentiment analysis, and question-answering, without the need for task-specific training data. This is due to the model's ability to learn a wide range of linguistic features and patterns from its pre-training data, which allows it to generalize to many different tasks and domains. GPT-3 has been used in a variety of real-world applications, including chatbots, language translation, content generation, and even code generation. The model has also generated considerable interest and excitement in the artificial intelligence community, and it has sparked new research and development in the field of natural language processing.

ChatGPT is pre-trained on a large corpus of text data, including books, articles, and websites, using a language modeling task. The pre-training allows ChatGPT to learn the patterns and relationships between words and phrases in natural language, which makes it effective in generating coherent and realistic responses in a conversation.

OpenAI has made significant progress in scaling up deep learning with the release of GPT-4. This new model is a large multimodal language model that can accept both image and text inputs and generate text outputs. While it may not be as capable as humans in real-world scenarios, GPT-4 has demonstrated human-level performance on various professional and academic benchmarks. For instance, it has achieved a score around the top 10% of test-takers on a simulated bar exam, which is better than GPT-3.5's score of around the bottom 10%. The development of GPT-4 involved six months of iterative alignment, drawing on lessons from OpenAI's adversarial testing program and ChatGPT, resulting in the model's best-ever performance on factuality, steerability, and staying within the given boundaries, although there is still room for improvement.

(36) What is the primary purpose of this passage?

(1) to describe the evolution of language models within the OpenAI Initiative

(2) to investigate the ethical implications of AI development

(3) to analyze the economic impact of artificial general intelligence

(4) to provide a history of Elon Musk's contributions to AI research

(37) According to the passage, which of the following statements about ChatGPT's architecture is true?

(1) It is identical to the GPT-2 architecture.

(2) It has the same architecture as GPT-3.

(3) It is based on the GPT-4 architecture.

(4) It is less articulate in its responses than GPT-2.

(38)　According to the passage, ChatGPT demonstrates exceptional proficiency in which of the following areas?

　(1)　playing video games

　(2)　performing scientific experiments

　(3)　calculating mathematical problems

　(4)　conducting conversation-based tasks

(39)　According to the passage, what was a key feature of GPT-2's text generation capabilities?

　(1)　It had difficulty producing coherent text sequences.

　(2)　It was unable to generate high-quality text in natural language.

　(3)　It could produce human-like, coherent text.

　(4)　It could only generate short text sequences.

(40)　According to the passage, which of the following statements about the capabilities of GPT-4 is NOT true?

　(1)　It can accept both image and text inputs.

　(2)　It has demonstrated human-level performance on various professional and academic standards.

　(3)　It has unlimited potential for real-world scenarios.

　(4)　It outperformed GPT-3.5 on a simulated bar exam.

(Ⅲ)　次の英文を読んで小問(41)～(45)について，それぞれ最も適切なものを(1)～(4)の中から一つ選びなさい。

　　The information environment has fundamentally shifted over the past two decades, but scholarship has failed to keep pace. We know a great deal about the relationships among media, public opinion, and foreign policy in a paradigm dominated by newspapers, broadcast television, and the postwar consensus. However, existing models break down in the context of fragmented, Internetdriven information and highly polarized public opinion. For years, scholars have failed to fully grapple with the implications of these changes, falling back on the arguments that most news on the Internet was still produced by traditional media and that most people still obtained their information from traditional sources. Time has rendered these defenses increasingly untenable. Our goal here is to set an agenda for reappraising these relationships in the context of the current technological and political landscapes.

Many of these changes are causally intertwined. Along with the shifting media environment have come inequality, populism, and rising nationalism in many Western democracies. These transformations pose major questions for leadership accountability in foreign policy. When satellite and Internet technology first emerged many hoped that the resulting volume, democratization, and accessibility of information would lead to a new media golden age and a more engaged and informed public. Over time, this optimistic vision has given way to fears that information silos and misinformation make it ever harder for citizens to productively engage in democratic politics in general and the foreign policy process in particular. We ask then, is foreign policy today more (or less) constrained than it was in the prior media, information, and public opinion environment?

While additional research is needed, we argue that the preponderance of evidence points to an overall decline in democratic constraint on foreign policy. The current information and political environments, which lack significant moderation — by prominent voices from a neutral media or popular engagement with opposing viewpoints — incline constituents to reflexively back "their" leaders and disapprove of opposition leaders. These effects become particularly stark in two-party, majoritarian systems, such as that of the United States where a polarizing public sorts into just two baskets: "us" and "them." Prior work models a disengaged and uniformed public that begins ill equipped to constrain leadership's foreign policy but can, under certain circumstances, catch up by drawing on heuristics such as casualties or elite discord. The current media and political climates short-circuit this updating process. Contrary views less frequently break through when media are fragmented and siloed, the little that does is easily dismissed as "fake news," and polarization makes elite discord within these silos ever more rare.

This, however, does not necessarily mean that leaders get whatever they want all the time. Mechanisms that hold public support in place past the point when they might otherwise shift can contribute to sudden and destabilizing changes in public opinion on the relatively rare occasions when they do occur. Public opinion, which has always been fickle when it comes to foreign policy, therefore becomes even more susceptible to sudden cascades of change that undercut foreign policy commitments. Put differently, leaders may enjoy greater "elasticity of reality" under present conditions, but nothing stretches infinitely. When something that is stretched very far reaches its breaking point, the consequences can be dramatic.

These changes have profound implications. If citizens cannot or do not obtain the information required to accurately appraise leaders' performance, citizens cannot then reliably hold their leaders to account. Democratic constraint on foreign policy then recedes, and many of the mechanisms that distinguish democracies when it comes to foreign policy come into question. There is less reason to believe that democracies will behave peacefully toward each other, that they will have greater credibility than their autocratic counterparts, that they will be selective in the fights that they engage in and consequently are more likely to win, or that publics will reliably rally in support of their leaders in the face of conflict. In other words, these changes require a wholesale reappraisal of what we think we know about how democracies conduct their foreign policy.

Social science is just beginning to meaningfully grapple with the trends that are driving foreign policy in the age of Trump, and, building on that work, our contention is that much of what is commonly treated as idiosyncratic at the present political moment is, in fact, systematic. The consequences for public constraint on foreign policy are therefore predictable. Personalities may exaggerate some of these trends in the immediate term, but they are not likely to disappear after the next presidential election. Our hope is that by rebuilding the models of media, public opinion, and foreign policy constraint that we developed a decade ago we can reorient the discussion in a more productive direction.

(41) Which of the following titles is the most appropriate for this passage?

　(1)　The Success of Traditional Media in the Information Age

　(2)　Media, Public Opinion, and Foreign Policy in the Age of Social Media

　(3)　The Unchanging Landscape of Media and Public Opinion

　(4)　How to Hold Political Leaders Accountable in Modern Democracies

(42) According to the passage, why have traditional models related to media and public opinion become inadequate?

　(1)　Public opinion has drastically changed since the pandemic.

　(2)　People no longer get news from newspapers and television broadcasts.

　(3)　The media landscape has become more divided and polarized.

　(4)　Foreign policy is less important in today's global society.

(43) According to the passage, in what way do current media and political conditions influence public opinion?

　(1)　They promote public engagement with diverse viewpoints.

　(2)　They facilitate the spread of accurate information.

　(3)　They make it more difficult for different points of view to get heard.

　(4)　They enable an environment of unity and consensus.

(44) If a new paragraph were added at the end of this passage, it would probably be about which of the following themes?

　(1)　The challenges of integrating emerging technologies into educational systems.

(2)　The process of how to become a social media influencer.

(3)　The potential impact of US foreign policy decisions on the global economy.

(4)　The need for further research on the relationship between media and public opinion.

⑷　This passage is most likely from which of the following publications?

(1)　scientific journal

(2)　lifestyle magazine

(3)　news report

(4)　political commentary blog

第5問　次の会話の⑷〜⑸の空欄に入れるのに最も適切なものを(1)〜(4)の中から一つ
ずつ選びなさい。

Nancy:　Have you ever been to Kyoto, Japan?　It's a fantastic city to visit!

Jerry:　No, I haven't.　What makes Kyoto so special?

Nancy:　⑷＿＿＿＿＿＿＿＿＿＿.　The temples and shrines are breathtaking.

Jerry:　That sounds interesting.　How is the city's modern side?

Nancy:　⑷＿＿＿＿＿＿＿＿＿＿.　Traditional tea houses sit alongside modern shops.

Jerry:　What about the food?

Nancy:　⑷＿＿＿＿＿＿＿＿＿＿.　Kyoto is famous for its kaiseki, a multi-course culinary experience.

Jerry:　Tell me more about the temples.　I've heard there are some beautiful ones.

Nancy:　Absolutely.　Kyoto is home to spectacular temples like Kinkakuji and Fushimi Inari Shrine.

Jerry: Is it expensive to explore the city?

Nancy: It can be, but there are also less expensive options. The city parks are beautiful and free.

Jerry: (49)＿＿＿＿＿＿＿＿. What about public transportation?

Nancy: Just great. Buses and trains make it easy to explore every part of the city.

Jerry: I can't wait to see what Kyoto has to offer.

Nancy: (50)＿＿＿＿＿＿＿＿. It's like going back in time with a twist of the present.

(46) (1) It's not something to take lightly

　　(2) It's got a lot of culture and history

　　(3) You want to learn about the traditions

　　(4) The number of visitors is increasing

(47) (1) You can find them in the city

　　(2) You wouldn't believe it if I told you

　　(3) It's the perfect blend of old and new

　　(4) It was once the capital city of Japan

(48) (1) They recommend dining at night

　　(2) It's best to choose from the menu

　　(3) My friend told me to choose wisely

　　(4) You would absolutely love it

(49) (1) You've sold me on going

　　(2) I've been told before

　　(3) That sounds about right

　　(4) You can say that again

(50)　(1)　It's been recommended by me

(2)　It's a decision you won't regret

(3)　It's better late than never

(4)　It's your own free choice

数　学

◀B　方　式▶

（90分）

注意：問題4，問題5の解答については，論述なしで結果だけ記しても，正解
とは見なさない。

$\boxed{1}$　解答を解答用紙（その1）の $\boxed{1}$ 欄に記入せよ．

　n を2以上の整数とする．n 個のサイコロを同時に投げる．次の問に答え
よ．

(1)　出る目の積が偶数である確率は $\boxed{\text{ア}}$ である．

(2)　出る目の積が4の倍数である確率は $\boxed{\text{イ}}$ である．

(3)　出る目の積が8の倍数である確率は $\boxed{\text{ウ}}$ である．

2 解答を解答用紙(その1)の **2** 欄に記入せよ.

整式 $P(x)$ と3次式 $f(x)=x^3+ax^2+bx-1$ は次の条件(i), (ii)を満たすとする.

(i) $P(x)$ を $f(x)$ で割った余りは x^2-x である.

(ii) $\{P(x)\}^2$ を $f(x)$ で割った余りの定数項は1である.

このとき, $a=$ **エ** である.

$P(x)$ と $f(x)$ はさらに次の条件(iii)を満たすとする.

(iii) $\{P(x)\}^3$ は $f(x)$ で割り切れる.

このとき, $b=$ **オ** であり, また $\{P(x)\}^2$ を $f(x)$ で割った余りは **カ** である.

3 解答を解答用紙(その1)の **3** 欄に記入せよ.

1辺の長さが2の正四面体 OABC の辺 OA の中点を M, 辺 OB を1:3に内分する点を N とする.

(1) $\overrightarrow{\text{MN}}=$ **キ** $\overrightarrow{\text{OA}}+$ **ク** $\overrightarrow{\text{OB}}$ である.

(2) MN を $t:1-t$ に内分する点を P とする. CP が MN に直交するときの t の値は **ケ** である.

(3) 三角形 CMN の面積は **コ** である.

4 解答を解答用紙（その2）の **4** 欄に記入せよ.

連立不等式

$$\begin{cases} 3x + 4y \geqq 12 \\ -x + 4y \leqq 8 \\ 9x + 4y \leqq 48 \end{cases}$$

の表す領域を D とする. 次の問に答えよ.

(1) D を図示せよ.

(2) 点 (x, y) が領域 D を動くとき, $x^2 + y^2$ の最大値と最小値を求めよ.

5 解答を解答用紙（その3）の **5** 欄に記入せよ.

関数

$$f(x) = \left(\frac{1}{8}\right)^x - 2\left(\frac{1}{4}\right)^{x-1} + 5\left(\frac{1}{2}\right)^x$$

の最小値とそのときの x の値を求めよ. また x が $x \geqq 0$ の範囲を動くとき, $f(x)$ の最大値とそのときの x の値を求めよ.

◀**C　方　式**▶

(90 分)

注意：問題 3，4，5 の解答については，論述なしで結果だけ記しても，正解
とは見なさない.

1 解答を解答用紙(その 1)の 1 欄に記入せよ.

　サイコロ 1 個およびコイン 6 枚を用意する．プレイヤーはまずサイコロを投
げ，次に出た目の数だけの枚数のコインを投げる．そこで表となったコインの枚
数をそのプレイヤーの得点とする．A と B の二人のプレイヤーがそれぞれこの
方法で得点を決め，得点が大きい方を勝ちとするゲームを行う．ただし，二人の
得点が同じ場合は引き分けとする.

(1)　A の得点が 0 になる確率は 　**ア**　 である.

(2)　A の得点が 2 であるとき，A が勝つ確率は 　**イ**　 である.

(3)　A の得点が 3 であるとき，A が勝つ確率は 　**ウ**　 である.

(4)　A が出したサイコロの目が 3 であるとき，A が勝つ確率は 　**エ**　 であ
る.

2　解答を解答用紙(その1)の　**2**　欄に記入せよ.

　　座標空間において，原点$(0, 0, 0)$をOとする．立方体 ABCD-EFGH があり，各頂点は

　　$A(-1, -1, -1)$,　$B(1, -1, -1)$,　$C(1, 1, -1)$,　$D(-1, 1, -1)$,

　　$E(-1, -1, 1)$,　　$F(1, -1, 1)$,　　$G(1, 1, 1)$,　　$H(-1, 1, 1)$

である．また，辺 AB の中点を M，辺 BC の中点を N とする.

(1)　$\overrightarrow{OM}$ と $\overrightarrow{ON}$ のなす角を θ とすると，$\cos\theta =$ 　オ　である.

(2)　△OMN の面積は　カ　である.

(3)　平面 OMN と辺 CG の交点の座標は $\left(1, 1, \boxed{\ \text{キ}\ }\right)$ である.

(4)　平面 OMN による立方体 ABCD-EFGH の切り口は　ク　角形である.

(5)　平面 OMN による立方体 ABCD-EFGH の切り口の面積は　ケ　である.

3　解答を解答用紙（その2）の **3** 欄に記入せよ.

実数 a, b に対して, xy 平面上の直線 ℓ, m を次の方程式で定める.
$$\ell : y = ax + a^2, \quad m : x = 2by + b^2$$

(1)　ℓ が点 $(1, 2)$ を通るとき, a の値を求めよ.

　a がすべての実数値をとって変化するとき, ℓ が通る点全体の集合である領域を D とし, また, b の値がすべての実数値をとって変化するとき, m が通る点全体の集合である領域を E とする.

(2)　D を xy 平面上に図示せよ.

(3)　xy 平面上の点全体の集合を全体集合としたとき, D の補集合と E の補集合との共通部分 $\overline{D} \cap \overline{E}$ を xy 平面上に図示せよ. また, その面積を求めよ.

4　解答を解答用紙（その3）の **4** 欄に記入せよ.

　双曲線 $C : 3y^2 = 5x^2 + 30$ がある. C 上で第一象限にある点Pの x 座標を t とする. Pにおける C の接線 ℓ と x 軸との交点をQ, Pにおける C の法線 m と x 軸との交点をRとし, QRの長さを $f(t)$ とおく.

(1)　点Pの y 座標を求めよ.

(2)　接線 ℓ の方程式を求めよ.

(3)　法線 m の方程式を求めよ.

(4)　関数 $f(t)$ のグラフの概形をかけ. ただし, 凹凸は調べなくてよい.

5　解答を解答用紙（その4）の **5** 欄に記入せよ.

(1)　不定積分 $\displaystyle\int xe^{-x}\,dx$ を求めよ.

(2)　不定積分 $\displaystyle\int x^2 e^{-x}\,dx$ を求めよ.

(3)　不定積分 $\displaystyle\int x^5 e^{-x}\,dx$ を求めよ.

総合問題

(90分)

　次の文章は，『日本の公教育：学力・コスト・民主主義』(中澤渉，2018，中公新書)の序章と第4章からの抜粋である。次の文章を読み，続く問題に答えなさい。なお，出題の都合上，一部に変更を加えている。とくに，一部の表は差し替えている。

序 章　教育の公共的意義とは何か
人的資本(ヒューマン・キャピタル)の考え方

　1996年10月，イギリス労働党の党大会で，翌年首相に就任するトニー・ブレアが，政府が最優先すべき政策の一つとして「教育，教育，教育」と三度この言葉を唱えたことは，日本でも大きな話題となった。

　この演説がなされた頃から，多くの国で教育の役割が見直され，さまざまな改革が断行された。フィンランドの教育学者パシ・サールバーグは，学校選択に代表される自由の拡大，競争主義，一発勝負の試験の重視，標準化されたカリキュラム，そして低コストでの教員の雇用など，世界中で似たような教育改革が行われていると説き，これをグローバルな教育改革運動(Global Education Reform Movement：GERM)とよんだ。

　GERMには，OECD(　(1)　)や世界銀行といった国際機関が非常に大きな役割を果たしている。2000年代初頭から，しばしば学力低下論で言及された生徒の学習到達度調査(Programme for International Student Assessment：PISA)は，OECDのプロジェクトである。実際，PISAでよい成績を収めたフィンランドは，知識社会化と経済のグローバル化の波に教育をうまく適応させたと話題になった。

　フィンランド経済の成功の背景には教育がある，そう考えた多くの国の教育学者たちがその教育実践を参考にしようと，フィンランドを訪れた。フィンランドが注目を浴びたのは，経済界の要求と教育政策の実践との間にねじれがない(あったとしても相対的には少ない)状態で，PISA調査の得点が高かったからだ。つまりGERMは，

低コストで最大限のパフォーマンスを達成することを目的にしているが，フィンランドの教育政策は，GERM のトレンドと全く逆だったのである。

　ただ，GERM の方向性に対する賛否は別として，「経済的成功は教育のあり方如何で決まる」という考え方が，多くの教育関係者の間で共有されていることは，おさえてほしい。

　この風潮を支えるのは，機能主義や人的資本論とよばれる考え方である。機能主義の立場に立てば，教育は社会に対して何らかのポジティブな（正の）貢献をしていると見なされる。これは，広く受容されている常識的な見解だろう。教育は，社会の中で有効に作用しており，必要不可欠とされる。

　人的資本論とは，機能主義を前提として，特に経済的な面に焦点を絞り，教育のもたらす便益を理論化したものだ。そのアイディアは，18 世紀のアダム・スミスに由来し，1960 年代にセオドア・シュルツやゲーリー・ベッカーによって確立された。

　事業や商売を行う元手となるのが資本である。個人が教育により知識や技能を習得することで，自分の収入を上げられる。だから教育は，人々にとっての資本となる。したがって，個人が授業料などのコストを支払って，教育を受ける行為は，将来所得を増やして利益を回収する投資行為と見なせる。

　さらに教育は，投資した本人のみにメリットをもたらすわけではない。より高いスキルによって生産されるものは，社会的にも価値を生む。結果的にそれらは高く取引され，めぐりめぐって社会全体の富を増やすことにつながる。そうして社会全体が豊かになる。

　政府にとって，学校などの教育システムの維持は一時的なコストとなる。しかし，それは将来社会に対する投資と見なすことも可能だ。つまり，教育への投資は将来世代を育成し，彼ら彼女らが活躍すれば社会的な利益となって還元される。教育を受ける者の多くは若者で，ハイレベルの教育を受けた若者が社会に出て，富を生み豊かになれば，結果として税収を増やし，社会保険料が納められ，政府の運営や社会保障制度の維持に貢献する。

　また教育により，道徳的な規範意識が高まったり，健康に気を遣うようになれば，治安維持や医療に対する政府の金銭的コストを減らすことにもなる。人々の意識は教育によって高められ，生活は安定し，文化的で民主主義的な社会が成立する。

　以上のように，教育は投資をした本人以外の他者にも，利益をもたらすといえる。これが経済学でいう，正の外部性である。正の外部性があるからこそ，社会が教育費

を負担する，つまり教育に税金を投入することが正当化されるのである。

第4章　教育の社会的貢献

スキル・バイアス理論

　本書の冒頭では，教育が社会的に正の貢献をするという機能主義や，機能主義を経済学的により精緻化した人的資本論に触れた。そして機能主義や人的資本論を背景に，OECD や世界銀行のような国際機関は統計的エビデンスを示したり，あるいはPISA をはじめとする国際比較調査を実施したりする。国際機関が政策に資するエビデンスの作成に寄与しつつ，それぞれの政府に対して教育の重要性を訴える。そこには，知識社会化がグローバルな形で展開しており，より高度な知識をもつ人材への需要が高まっているという認識がある。

　トルコ生まれで，アメリカで活躍する経済学者ダーロン・アセモグルは，人的資本論を支持する有力な経済学者の一人である。賃金の二極化と，それに伴う中間層の弱体化というのは，多くの先進国に共通する問題だ。では，なぜ賃金の二極化や中間層の弱体化が起きているのか。アセモグルは，その根拠をスキル・バイアス（技術の偏り）に求めている。

　技術革新で合理化が進むと，人間がしていた作業を機械が行い，仕事がなくなると考えがちだが，そうとは限らない。むしろ技術革新は，機械ができないような高いレベルのスキルの需要を高める。

　たとえばクラウディア・ゴールディンとローレンス・カッツは，時系列データから，職業間の賃金格差が拡大したのは，技術革新に対応できる人材が供給不足に陥り，高学歴者の賃金プレミアが上昇したためと考えた。

　技術革新のスピードは非常に速く，進学率の上昇はそれに追いついていない。アメリカで賃金格差が拡大したのは，低階層出身者の高等教育進学率が伸び悩んでいた1980 年代以降である。進学率が停滞して，高いスキルを備えた高学歴者の供給が増えないので，労働市場における高学歴者の賃金が割り増され，それが格差の拡大につながった。だから　　　　a　　　，というのがゴールディンらの主張である。

過剰教育論

　それに対する反論も，もちろん存在する。たとえば，大学レベルの知識や技能を求められる仕事が，そこまで多いわけがない。実際，大学で学んだ知識を仕事で使うこ

とはまずない。そのような大学を，必要以上に設置するのは社会にとって無駄である。日本の大学院重点化政策などはその最たる例で，労働市場における需要を無視した大学院定員の拡大により，多数の就職できない高学歴者を生み出した。高学歴化に対して疑問を投げかける発言は，巷に溢れている。

このように，機能主義や人的資本論に対する批判は，いくつも存在する。代表的なのが，過剰教育論，シグナリング，もしくはスクリーニングの理論である。スキル・バイアス理論に対する批判としては，グローバル・オークション・モデルがある。順を追って説明しよう。

アメリカは，高等教育進学率の上昇と大衆化が最初に起きた国である。少数者が大学などの高等教育を受けた時代は，その修了者は社会のエリートでありえた。しかし進学率が上昇すれば，大卒者は社会にとって稀少な存在ではない。さらには，社会的に要請されている高度な知識や技能をもつ人の需要は，無限というわけではない。今や，その需要を上回る大卒者が生み出されている，とするのが過剰教育（オーバーエデュケーション）論である。

過剰教育の結果，せっかく大学を出たのに，大卒でなくてもできる仕事しか就職口がない，という事態が生じる。社会的な需要に比して，高学歴者が多く生み出されるので，学歴と仕事内容のミスマッチが起こるのだ。過剰教育論の急先鋒は，アイヴァー・バーグで，彼の著作には「偉大なる訓練泥棒」という副題がついている。これはもちろん，過剰教育を揶揄したものだ。

日本研究者としても知られるイギリスのロナルド・ドーアは，イギリス，日本，そしてスリランカやケニアといった第三諸国を比較する。比較の結果，彼は産業化が遅く始まった国ほど，（需要と無関係に）急激に教育制度が整備されるため，社会に学歴信仰が蔓延する「学歴病（ディプロマ・ディジーズ）」が観察されると述べた。新興国ほど学歴病が深刻となる現象は，後発効果とよばれる。

社会政策的に進学率を上昇させるのは，学校を多く設置して入学者を増やせばいいので，財源の問題さえ乗り切れれば，難しいことではない。一方で労働市場は，社会構造と密接に絡み合っているため，そう簡単に変わらない。つまり高知識・高スキルを要求するような仕事は，進学率上昇のスピードほど速く生み出されない。得てして，高学歴・高スキルを要求される職業の社会的地位は高い。結局，そのような地位を獲得するには，学歴が必要となる。

社会的に高い地位に就くためには高学歴が必要だという認識が広まれば，多くの人

が進学競争に参入する。競争が激化すれば，その弊害も目立ってくる。政策的に競争を緩和するもっとも手っ取り早い手段は，入学の枠を拡大することだ。しかしそれは競争緩和が目的であって，社会の需要とは関係がない。いったん進学率が上昇すると，それまで進学を諦めていた人々も，チャンスが自分にも回ってきたと考えるだろう。こうして需要に見合わない進学率の上昇が起こり，高学歴の稀少性が失われ，学歴　(2)　（学歴の価値の相対的な低下）が起こる。

　ドーアはなぜこの動きを「病」とよんだのか。本来，教育は知識や技能を身につけるためのものであり，学歴はそれらを獲得した証明である。ドーアからすれば，教育で得たものは，社会で使われなければ意味がない。ところが，後発国で多くみられる学歴獲得競争には，何のために進学し，勉強するのか，という視点がなくなっている。

　学歴獲得競争からの撤退は，その社会の敗者であることを意味してしまう。したがって，教育によって得た知識や技能を社会で役立てる（知識やスキルの獲得証明である学歴を取得する）のではなく，ただ高い学歴の獲得自体が　(3)　する。だから学歴獲得競争への参入者は，理由もわからず，競争に勝つために競争に加わることになる。こうした競争のための競争は必要以上に進学熱を高め，社会にはそこで学んだ知識や技能を活かせない高学歴者が職を求めて彷徨することになる。

シグナリング理論

　シグナリング理論は，機能主義や人的資本論への対抗理論として，もっともよく知られているものだ。いわゆる「　(4)　」に関する理論の一種で，これはジョージ・アカロフによる中古車市場（俗にレモン市場と言われる）に端を発する。

　理想的な市場（マーケット）では，取引を行う当事者は，お互いの情報を完全に掌握し，いくつかの選択肢が存在して互いに鎬（しのぎ）を削り，競争していると仮定している。市場で競争が起こることで，生産者はよりよいサービスを提供しようと努める。消費者も，いくつかの選択肢から，より安く良質なサービスを求めようとする。このような市場原理が機能すれば，結果として，より安く，また最良のサービスが提供される均衡点に達すると考えるわけだ。つまり理想的な市場モデルでは，「　(5)　」と「　(6)　」が仮定されている。競争が起こらない状態（独占や寡占など）では，低コスト・高品質へのインセンティブが失われる。また選択肢からベストなものを選ぶには，きちんと情報が提供されているのが前提である。そうでなければ，競争はフェアなものになりえない。

　中古車の売り手は，もちろん高い値段で売りたいが，消費者は中古車であるがゆえに，安く手に入れたいと考えている。ところが，中古車に由来する独特の取引の困難さがある。中古車の来歴はさまざまだ。何か欠陥があるかもしれないし，事故車だったかもしれない。しかし，その情報を詳しく知っているのは売り手のみだ。売り手は，中古車を高く買い取ってもらうために，不利な情報を消費者に提供しない可能性がある。

　しかし買い手も慎重だ。欠陥車を高い値段で買うわけにはいかない。中古なのだからと，より安い価格を要求する。つまり買い手は情報を握っていないので，不信感を抱きながら取引するのだ。これでは，正直な売り手が高品質の中古車を売ろうとしても，それは売れないだろう。売り手と買い手の中古車に対する情報量は一致せず，買い手の売り手に対する疑いの目は完全には消えないからだ。

　結局，売り手は，商品が売れなければ生活できないので，高い中古車を売ることは諦めるだろう。その結果，安い中古車（粗悪な商品）ばかりが市場に出回るという社会的不利益が生じる。これは逆選抜とよばれる現象である。

　この　　(4)　　の理論を，労働市場に適用したのがマイケル・スペンスである。

　雇用主は，高い職務能力のある者を求めている。そこに多くの求職者が応募する。ところが，求職者の能力を判断する時間や資源には限界がある。そもそも働かせてみなければ，わからないともいえる。しかし採否は決定しなければならない。

　雇用主は，経験的に高学歴者ほど職務能力が高いと考えている。あるいは，高学歴であるということは，一定の競争を勝ち抜いて残った人たちであり，就職後の競争でも勝ち残る可能性が高いだろうと考える。つまり，高学歴者を採用しておけば，はずれは少ない。だから雇用主は採否の判断材料として，学歴を重視する。つまり雇用主からみて，学歴は篩（ふるい）の役割を担っている。そこで，このプロセスをスクリーニング（篩い分け）とよぶこともある。

　求職者は高学歴ほど就職に有利になるという実情を知っているので，高い学歴を得ようと努力する。学歴が，採否にあたって，求職者の「有能さ」を示すシグナルとして機能しているのである。

　シグナリングやスクリーニングの理論と，機能主義・人的資本論の決定的な違いは何か。それは，シグナリングやスクリーニングの理論は，教育によって求職者の知識や技能が実質的に高まったことを前提としない点にある。実証的なデータでは，　　(7)　　という点は同じ傾向が観察される。問題は，その解釈であり，いずれを重

視するかで採用するスタンスは全く異なる。

　機能主義や人的資本論は，高学歴ほど高い知識や技能など，何らかの付加価値が実質的に身についていると考える。だから　　b　　と考える。

　一方シグナリングやスクリーニングの理論によれば，雇用主が応募者の学歴を重視するのは，それが便利だからに過ぎない。雇用主は，学校で何か習得したこと自体を重視しているのではない。高学歴者が競争を勝ち抜いた存在だとすれば，それは厳しい競争への耐性がある証明かもしれない。また受験勉強と同様に，提供した職業訓練プログラムを，早く習得してくれるかもしれない。雇用主からすれば，企業内訓練にはコストがかかるから，そのコストは安く済ませたい。だとすれば，職業訓練プログラムに対して訓練可能性をもつ者が望ましい。以上のような理由から，雇用主にとって高学歴者を雇うのは合理的だ。

　学歴がそうした訓練可能性のシグナルであると考えれば，もちろん学校の存在自体に一定の社会的合理性はある。ただ裏を返せば，学歴にはシグナリングの機能しかないと考えると，膨大なコストをかけて学校教育制度を維持すべきものなのか，議論が分かれるだろう。

　一般の人々にとって，高学歴なら就職に有利という事実に変わりはない。だから学校で学ぶ内容が職務で活用されなくても，進学意欲は低下しない。過剰教育は，こうした教育熱によって生み出される。その結果，　　c　　。

　また高学歴ほど訓練可能性がある，というのは経験的な傾向に過ぎず，学歴と職務能力の高さは必ずしも一致しない。スクリーニングやシグナリング理論に従うことで，学歴が高くないけれども職務能力の高い人を採用できない，という不合理を生んでいる可能性がある。

　さらに，シグナリングやスクリーニングの理論が機能するには，学歴によって求職者の特性がより露わになる(つまり他者より訓練可能性が高いことを示す)ことが期待されている。高学歴者が少ないから，高学歴がシグナルとして機能する。しかし高学歴化は，数として高学歴者を増やすだけなので，むしろ学歴のシグナリング効果を薄める。つまりシグナリングやスクリーニングの理論に立てば，　　d　　という結論に行きつく。

グローバル・オークション・モデル

　最後に，スキル・バイアス理論に対する反論として，イギリスのフィリップ・ブラ

ウン，ヒュー・ローダー，デビッド・アシュトンの提唱したグローバル・オークショ
ン・モデルを紹介しよう。

　このモデルの成立には四つの前提がある。それは，発展途上国でも起きている爆発
的な教育拡大（特に高等教育の拡大），品質の低下を伴わない価格破壊，デジタル・テ
イラー主義の浸透，そして才能をめぐる競争の発生である。

　先進国の人口の伸びが停滞する一方，経済発展の著しい中国，インドなどでは高等
教育進学率が急速に伸びている。これらの国は人口規模が大きいし，インドの高等教
育機関の教育は一般に英語で実施されている。また中国も（高等教育機関発展の歴史
が相対的に浅いため）高等教育の英語化に柔軟に対応している。その結果，大量の英
語のできる技術者の候補が生み出されている。

　インドや中国などの発展途上国における賃金・物価水準は，欧米より低い。しかし
高等教育を終えた者であれば，それがインドや中国であっても，一定の知識やスキル
レベルを習得している。特に応用科学や技術分野の知識に国境はなく，教える内容に
大きな違いはない。

　だから発展途上国の高等教育修了者の水準が低いわけではないし，彼らが生み出す
商品の質が下がることもない。だとすれば，賃金は高いが凡庸な先進国の高等教育修
了者と，安く雇え，英語もでき，能力が低いわけでもない発展途上国の高等教育修了
者を比較したとき，雇用者が後者を雇おうとするのは当然だ。グローバル化が進み，
競争に打ち勝つ必要に迫られる企業は，コストカットの圧力にも晒されているから，
そのインセンティブは余計強まる。

　スキル・バイアス理論は，国内の労働市場に目を向けて，高等教育修了者と，非高
等教育修了者の賃金格差の拡大に注目した。その結果，需要に対して高等教育修了者
が少ないため，その人々の市場価値が上昇し，それが賃金格差の拡大につながったと
解釈した。なぜならアメリカにおける高等教育進学率の停滞期に，賃金格差が上昇し
たからである。だから教育拡大（進学率の上昇）が，社会的にメリットをもたらすこと
になる。

　しかしグローバル・オークション・モデルによれば，国内市場のみに目を向けるの
は誤りである。また　　(8)　　のだが，そのことはスキル・バイアス理論で説明でき
ない。

　英語はグローバル言語なので，労働市場の取引は国内で完結しない。さらにインタ
ーネット社会では，知的活動をウェブ上でやり取りすることがかなり可能になってい

る。だとすれば，仕事によっては，労働者を特定の場所に拘束する必要も薄れ，遠隔地の労働者に仕事を依頼することも可能だ。

　最近注目される人工知能（Artificial Intelligence：AI）も，知的労働者にとっての脅威だ。さまざまなソフトウェアの開発で，知的労働と見なされていたものも，どんどん「外注」したり，そうしたソフトに「丸投げ」することも可能になっている。

　生産現場に，ノルマを設定して課業と定め，ノルマの達成程度に応じて報酬を与える課業管理を提唱したのがフレデリック・テイラーであった。課業管理で作業が標準化され，労働現場の効率化が進んだ（その反面，労働者の人間性の軽視という批判もある）。デジタル・テイラー主義とは，労働の標準化や効率化の波が，製造業のような生産現場だけではなくて，ソフトウェアなどの利用により，知的労働にも波及してきたことを意味する。

　つまり知的活動であっても，ある程度ルーティン化されたものであれば，高い賃金を払って人を雇う必要がなくなってきたということだ。むしろ労働市場で必要とされている知識や技術のレベルは一層上昇し，大衆化した高等教育では，その知識・技術レベルを（大学の側も，その教育を受ける学生も）満たすのは難しい。

　企業が欲しいのは，ソフトウェア自体を開発できてしまうような，突出して優れた才能をもつ人材である。そのような人材の有無が，企業活動の成否にかかわる。彼ら彼女らの発明が，その後の企業業績に連動するからだ。傑出した能力をもつ人材は，引く手あまたである。そして，有名絵画がオークションにかけられるのと同様，賃金水準が大幅にアップする。

　他方で，多数派の高等教育修了者は，賃金の安い発展途上国の高等教育修了者との競争に晒される。そうすると，発展途上国の高等教育修了者に合わせて，安くてもいいから雇ってくれと，自らを叩き売りする状況が生まれる。こうして高等教育修了者の間でも，賃金の格差が生じる。このように考えれば，　　e　　など，ありえない話となってしまう。

教育の費用対効果

　もちろん，以上の説明はかなり単純化したものだ。現実には，学校教育で習ったことが直接職務に結びついて役立っていると感じる人もいれば，他方でシグナリング論やグローバル・オークション・モデルの方が実感に合う，という人もいるだろう。

　また，機能主義とシグナリング理論は対抗理論であるかのように説明したが，現実

には，この両者を相互に排他的な理論と考える必然性はない。機能主義を否定して，学校で習ったことは何の役にも立たないし，教育によって身につけたものは何もないと考えるのも，逆に教育にシグナリングやスクリーニングの機能が全くないと考えるのも，かなり極端な解釈だ。

　さらにシグナリング理論が成立したから，教育が無意味だということにもならない。学歴が何らかの能力を示しており，労働市場における選抜に一定の寄与をしているならば，選抜にかかるコストを縮減できたことになるからだ。

　そしてこれらの理論は，基本的にモデルであって，統計的データのレベルで実証されるものだ。だから，実際は特定の個人に当てはめて妥当性を問うのはおかしい。問題なのは，社会全体として，どの説明がより妥当性があるか(説明力があるか)なのだ。どの理論に依拠しても，学歴の高い人が高く評価されていることに変わりはない。

　しかし，学歴が高いことを評価する根拠は異なっており，採用すべき政策は全く正反対になってしまう。政策は，政府が市民から徴収した税を投入することになるから，全体としての利益の有無が争点となる。

　財政が厳しい状況で，政策の費用対効果が問われるのは日本だけではない。多くの先進諸国に共通する問題だが，その中でアメリカは費用対効果を問う研究を先導してきた。そう考えると，コストカットばかり考えているかのようだが，費用対効果を考えれば，教育がもつ実質的な社会的効用が見直せる。日本では，シグナリング理論のような教育への懐疑論がかなり浸透しているように思われるが，OECD の推進する政策のトレンドから明らかなように，世界的には教育の正の機能を評価する動きが有力である。

　(略)

正味現在価値法による収益率の計算

　個票データがなくても，私たちがよく用いる表計算ソフトの Excel(エクセル)と，政府がすでに公開している集計データをウェブ上から収集すれば，比較的容易に収益率を計算できる。これは正味現在価値(Net Present Value：NPV)法とよばれるものである。教育に限らず，投資に見合ったリターンが得られるかどうかの意思決定を行う際に用いる，標準的な計算方法である。

　ここで理解しておくべき重要な概念は，マネー(金銭)の時間価値である。たとえば

自分が100万円の元本をもっていると仮定しよう。この100万円を今使うこともできるが，1年使わずに貯蓄して利子をつけるのも可能だ。利子が高ければ，貯蓄しようというインセンティブがわくだろう。たとえば年利5パーセントの利子がつけば，100万円は1年後105万円になる。つまり，元本に，元本×利子を足せば算出できる。このケースでは，この5万円が時間価値となる。もし年利5パーセントの状態で，100万円を3年間置いておけば，複利計算で100万円は116万円弱になる（式は $100(1 + 0.05)^3 = 115.7625$）。

逆に，116万円弱の金が3年前には100万円の価値と同等だったとなれば，この場合，5パーセントの数値は割引率とよばれる（式は $115.8 \div (1 + 0.05)^3 \fallingdotseq 100$）。

私たちが投資を行うとき，投資した額を回収しないと損したことになる。ただ回収するのは将来なので，投資時点の額を将来に適用できない。投資した額が，将来も同等の価値をもつとは限らないからだ。だから時間価値を考慮する必要がある。そして投資額と，現在価値に換算した回収額を比較し，後者が投資額を上回れば，投資に値すると判断できるのだ。

私的収益率

次に収益率の計算に入るが，投資の主体や，メリットを享受する対象の範囲の定義によって，収益率の計算結果は変わってくる。ここでは矢野眞和（2015）の分類と定義に則って，教育の収益率を三つに分類する。ただし矢野も述べているように，これらの収益率の計算方法は，OECDの統計に則ったオーソドックスなものである。

まず，私たち個人の立場から考えてみよう。個人の立場に立てば，高等教育を受けることで，社会的に望ましいとされる高収入を得られる職業に就ける可能性が高まる。その際，個人が支払うコストは，授業料や高等教育機関に通学することに付随する学習・修学費（教材費や通学費など）と，進学によって失われた（つまり進学せず就職していれば得られたであろう在学期間中の）収入にあたる機会費用となる。この両者の和が，投資額にあたる。

一方，現時点での賃金構造が維持されるという強い仮定を置けば，学校を卒業してから定年退職するまでの生涯得られる賃金も推測できる。JILPT（労働政策研究・研修機構）が刊行している『ユースフル労働統計』によれば，2014年現在，男性大卒（大学院も含む）は生涯賃金が2億6000万円を超え，女性大卒（大学院も含む）のそれは2億2000万円弱だ。高卒の場合，男性では2億700万円弱，女性では1億5000万円弱

である。

　ただしこれは賃金の総額であり，実際には税金が源泉徴収されている。したがって個人が得る私的利益は，賃金の総額から税金を差し引いた額となる。税金の計算は，簡便に，課税前所得から基礎控除と給与控除の合計 103 万円を差し引いた課税所得をもとに計算する。

　所得税の税率は累進課税制度をとっており，　　(9)　　。ここでは厚生労働省の『賃金構造基本調査』から性，学歴，年齢段階別の課税所得を計算し，それをもとに生涯納める所得税を割り出すことができる。さらに住民税は課税所得の 1 割なので，その分も考慮して総所得から差し引く。

　ちなみに正規就業者であれば社会保険料もあらかじめ給与から天引きされているが，税金は社会全体に還元されるのに対し，社会保険は将来の自分の生活を保障するものであって，天引きされるにしても，全く性質の異なるものだ。社会保険料は将来の自分の生活に返ってくるともいえるので，生涯所得から社会保険料を差し引くことはしない。

　こうして手元に残る生涯所得が，学歴別に計算できる。その生涯所得の大卒者と高卒者の差が，大学進学の私的便益である。

　私的収益率は，この私的便益（仮に D とおく）の現在価値が，初期投資の現在価値と同じになる割引率のことだ［出題者注：初期投資（個人が負担するコスト）は，大学在学期間中，継続的にかかるため現在価値を考える必要がある］。仮に 22 歳で大学を卒業して定年が 60 歳であると仮定すれば，その人は 38 年働くことになる。つまり 38 年で，投資額を取り戻すと考える。

　38 年間継続して就業し，生涯所得を得ると考えたとき，1 年あたりの私的便益は D ÷ 38 だ。これを仮に B とおくと，1 年ごとに B 円を回収するので，38 年たてば回収額は D 円になる。ただ毎年 B 円回収できるといっても，B 円の時間価値は異なる。たとえば，1 年後の B 円の価値は，r を仮に割引率と考えると，B ÷ (1 + r) になる。2 年後は，　(10)　だ。　(11)　。Excel に搭載されている IRR という関数を用いれば，r は瞬時に計算できる。

社会的収益率・財政的（公的）収益率

　私的便益はわかりやすいですが，社会的便益をどう計算するのかはなかなか難しい。しかし高等教育に限らず，教育の便益は，<u>教育を受けた本人のみに還元されるわけでは</u>
　　　　　　　　　　　　　　　　　　　ア

ない。高等教育機関で生み出された知が技術革新を生み出し，それが経済発展につながるとか，所得が増加することで税収が伸びるなどの便益をもたらすのは明らかである。

　高等教育運営のために社会が支払うコストは，個人が支払った授業料・修学費や機会費用と，政府が高等教育機関を運営するのに費やした(学生一人あたりの)コストの合計だ。一方，社会的な便益は，税引き前の(つまり額面通りの)賃金の総額と見なせる。個人は社会の一員であるし，その個人が生み出した所得の合計は国民全体の所得である。これも私的収益率と同様，生涯賃金を学歴別に計算し，その学歴間の差を求める。同様の式で導き出された割引率が，社会的収益率と解釈できる。

　そして教育は政府に対しても利益をもたらす。高等教育については，その機関運営に一定の額が支払われている。日本の私学経営は授業料に大きく依存しているが，一部は政府による補助金(いわゆる私学助成)が使われている。国公立大学では，政府による支出の割合が私立よりもずっと大きい。これが政府の高等教育の投資と見なせるので，生徒一人あたりの額を算出し，4年分の総投資額を求めることができる。

　一方，大卒者は高卒者より賃金が高い傾向にあり，累進課税制度もあって，生涯に納める税額も大卒者の方が多くなる。つまり高学歴化は税収を伸ばすことにつながり，政府にとって高等教育は一定の利益をもたらしていると見なせる。そして，政府の負担(投資)と，生涯の納入税額の大卒と高卒の差を求め，同様の計算をすることで，割引率が計算できる。こうして求められたのが，財政的(公的)収益率と見なせる。
(略)

収益率はどうなっているのか

　以上の説明に基づいて，筆者が計算した収益率を表4-2にまとめた。先行研究の計算結果とは若干数値が異なっているが，依拠する資料(データ)の年度や，男女別にしていることなどによるもので，数値の大きさ自体に特段の違いはない。重要なのは，国立大学は私立大学に比べて私的収益率が高く，反対に社会的収益率や財政的収益率は私立大学の方が高いという関係が成立していることだ。

　これは何を意味するのか。収益率が高いということは，投じた資源に対する見返りが大きいということだ。国公立大学は私立大学に比して相対的に授業料が安いため，その分個人にとっての見返りが大きい。だから私的収益率が高くなる。

　一方，私立大学の社会的収益率や財政的収益率が高いのは，私立大学の運営費の多

	社会的収益率	私的収益率	財政的収益率
国立・男	6.2 %	8.5 %	2.0 %
国立・女	8.3 %	8.3 %	3.3 %
私立・男	8.2 %	6.5 %	12.8 %
私立・女	10.9 %	6.2 %	17.8 %

表4-2　正味現在価値法(NPM)に基づく大学の収益率(2014年)

※生涯賃金は JILPT『ユースフル労働統計』。授業料・修学費は『学校生活調査』。機会費用，学歴別賃金と納税額の計算は厚労省『賃金構造基本統計調査』。大学の政府費用は財務省「文教及び科学振興費について」。学生一人あたりの政府予算算出にあたっては「学校基本調査」。課税所得は，課税前所得から基礎控除と給与控除103万円を引いたもの。いずれも2014年のデータを使用し計算している。

くが授業料で賄われており，相対的に社会的資源(税金)の投入される割合が低いことの反映だ。社会的に少ない投資しかしていないにもかかわらず，実際には社会が大きな便益を受けていることを意味する。

　もちろん個別には，大卒者より収入の多い高卒者を探すのは困難ではない。そして大学を卒業しても，それに見合った収入が得られず，投じた資源に対する見返りを回収できていない人もいる。繰り返しになるが，この計算はそうした個別事情は考慮していない。あくまで，全体の平均的な傾向をみたものだという点に注意されたい。

　正味現在価値法による収益率は，将来の学歴別賃金の構造は未知なので，現時点での賃金構造が将来も維持される前提で計算している。これは現実に照らせば，かなり強い仮定であり，将来その前提条件が満たされなくなる可能性はもちろんある。また，高卒者と大卒者の賃金格差が，現状のまま将来も永続的に維持されるとは限らない。

　ただ，こうした限界を指摘するのは，難しいことではない。欠点のみをあげつらうだけでは，生産的な議論をもたらさない。目安とはいえ，どれくらいの便益が得られるのか，それを具体的な数値で示すことの意義は大きい。こうした試算のベースがあって初めて，私たちは実感をもって便益をイメージできるし，それをもとに将来に向けた議論を展開できる。

　さらに，収益率の計算は経済的な側面に限定した効用だ。大学の効用は，経済的な側面に限定されないだろう。大学は教育だけではなく，研究機関でもある。そこで生

み出された知識や技術が，社会全体に大きな利益をもたらすことも十分ある。大学の知は，世の中の多様な業界や産業において活用され，また世間で利用されているはずである。

国際比較から見た日本の高等教育の経済的便益

　大学に限定されないが，高等教育全般の収益率については，OECD が国際比較できる統計表を公表している。それをまとめたのが表4-3である。〔出題者注：『日本の公教育』の表4-3ではなく，作成のもととなった OECD のデータを p.17～20 に **<資料>** として掲載した。ただし，出題の都合上，変更を加えている。〕

　収益率は正の値なので，データ上，高等教育には投資に見合う便益があると解釈できる。日本の特徴は，私的収益率が低く，財政的収益率が高いこと，また女性の私的収益率が非常に低く，進学の私的利益の男女差がもっとも大きな国の一つとして，OECD の報告書には特筆されている。

　私的収益率が低い大きな要因は，私的に支払うコスト(授業料など)が高いためである。また高校卒業者の賃金が相対的に高く，　　　　f　　　　が高くなるので収益率が下がる原因となる。オーストリア，デンマーク，フィンランド，ルクセンブルク，スロベニアの5カ国は，進学の直接費用はゼロであり，かかった私的コストは進学により放棄された所得，つまり機会費用のみである。それに対して，日本はアメリカと並んで，私的に支払うコストがもっとも多い国である。高い私的コストを支払っても，計算上，日本の高等教育には進学のメリットがあるということになる。

　財政的収益率をみると，日本は OECD 平均を上回っており，特に女性で著しい。その理由は，　　(12)　　からである。にもかかわらず，高等教育修了者の納める税で，わずかな政府の投資には十分すぎるほどの税収増(リターン)が期待できる，ということだ。

　このような国際比較のデータをみると，日本の高等教育の公的負担をもう少し増やし，授業料水準を下げることを期待するのは，一定の根拠があるといえよう。

<＜資料＞OECD, 2017, Education at a Glance: An OECD Indicator

Table A7.1a. Private costs and benefits for a man attaining tertiary education[1] (2013) As compared with a man attaining upper secondary education, in equivalent USD converted using PPPs for GDP[2]

	Direct costs	Foregone earnings	Total costs	Total benefits	Net financial returns	Rate of return
	(1)	(2)	(3)=(1)+(2)	(4)	(5)=(4)+(3)	(6)
OECD New Zealand	−13,200	−69,300	−82,500	245,300	162,800	8%
①	−3,900	−44,500	−48,400	356,100	307,700	17%
Latvia	−7,000	−23,600	−30,600	108,300	77,700	10%
②	0	−61,100	−61,100	220,100	159,000	8%
③	−6,900	−106,300	−113,200	259,500	146,300	7%
Germany	−2,600	−71,000	−73,600	357,600	284,000	12%
④	−44,700	−70,600	−115,300	355,200	239,900	8%
France	−5,900	−63,300	−69,200	375,100	305,900	11%
Australia	−21,200	−73,900	−95,100	291,100	196,000	8%
Slovenia	0	−37,300	−37,300	304,100	266,800	15%
⑤	−11,800	−58,400	−70,200	290,100	219,900	10%
Estonia	−3,500	−50,900	−54,400	143,700	89,300	8%
Slovak Republic	−5,000	−22,400	−27,400	187,400	160,000	14%
⑥	−40,700	−60,700	−101,400	569,600	468,200	13%
Canada	−18,300	−44,700	−63,000	302,300	239,300	10%
Norway	−2,400	−81,000	−83,400	243,900	160,500	7%
Portugal	−7,300	−23,500	−30,800	272,400	241,600	16%
Spain	−15,300	−33,800	−49,100	201,700	152,600	9%
⑦	−11,400	−26,400	−37,800	333,200	295,400	19%
Poland	−3,300	−28,400	−31,700	399,300	367,600	21%
Luxembourg	0	−67,900	−67,900	442,400	374,500	14%
Turkey	−3,700	−10,900	−14,600	246,700	232,100	23%
⑧	−11,100	−20,900	−32,000	413,800	381,800	24%
Finland	0	−50,800	−50,800	215,900	165,100	11%
Chile	−24,800	−59,400	−84,200	576,900	492,700	13%
Italy	−9,600	−34,800	−44,400	244,800	200,400	11%
Ireland	−500	−43,700	−44,200	449,300	405,100	21%
⑨	0	−91,700	−91,700	360,800	269,100	8%
OECD average	−9,800	−51,100	−60,900	313,000	252,100	13%
EU22 average	−4,600	−50,100	−54,700	306,100	251,400	13%

1　tertiary education：高等教育

2　USD converted using PPPs for GDP：GDP 購買力平価による米ドル換算額

Table A7.1b. Private costs and benefits for a woman attaining tertiary education (2013)
As compared with a woman attaining upper secondary education, in equivalent USD converted using PPPs for GDP

	Direct costs	Foregone earnings	Total costs	Total benefits	Net financial returns	Rate of return
	(1)	(2)	(3)=(1)+(2)	(4)	(5)=(4)+(3)	(6)
OECD						
New Zealand	−13,200	−56,600	−69,800	215,200	145,400	9%
①	−3,900	−43,400	−47,300	206,600	159,300	11%
Latvia	−7,000	−20,200	−27,200	92,500	65,300	10%
②	0	−62,600	−62,600	139,800	77,200	7%
③	−6,900	−105,400	−112,300	250,000	137,700	6%
Germany	−2,600	−66,600	−69,200	206,500	137,300	7%
④	−44,700	−71,500	−116,200	144,400	28,200	3%
France	−5,900	−53,100	−59,000	211,600	152,600	9%
Australia	−21,200	−59,100	−80,300	231,600	151,300	9%
Slovenia	0	−36,300	−36,300	245,500	209,200	13%
⑤	−11,800	−55,600	−67,400	269,700	202,300	9%
Estonia	−3,500	−30,200	−33,700	150,200	116,500	14%
Slovak Republic	−5,000	−23,500	−28,500	92,700	64,200	8%
⑥	−40,700	−47,300	−88,000	360,700	272,700	11%
Canada	−18,300	−34,100	−52,400	234,100	181,700	13%
Norway	−2,400	−60,000	−62,400	212,100	149,700	9%
Portugal	−7,300	−20,600	−27,900	239,700	211,800	16%
Spain	−15,300	−21,300	−36,600	231,900	195,300	13%
⑦	−11,400	−21,700	−33,100	204,600	171,500	15%
Poland	−3,300	−25,500	−28,800	258,900	230,100	17%
Luxembourg	0	−71,400	−71,400	399,300	327,900	14%
Turkey	−3,700	−10,400	−14,100	205,400	191,300	26%
⑧	−11,100	−19,800	−30,900	201,600	170,700	15%
Finland	0	−57,400	−57,400	183,500	126,100	9%
Chile	−24,800	−43,600	−68,400	342,200	273,800	12%
Italy	−9,600	−28,800	−38,400	146,400	108,000	8%
Ireland	−500	−39,300	−39,800	337,700	297,900	20%
⑨	0	−81,300	−81,300	207,800	126,500	6%
OECD average	−9,800	−45,200	−55,000	222,400	167,400	11%
EU22 average	−4,600	−46,300	−50,900	218,200	167,300	11%

Table A7.2a. Public costs and benefits for a man attaining tertiary education (2013)
As compared with a man attaining upper secondary education, in equivalent USD
converted using PPPs for GDP

	Direct costs	Foregone taxes on earnings	Total costs	Total benefits	Net financial returns	Rate of return
	(1)	(2)	(3)=(1)+(2)	(4)	(5)=(4)+(3)	(6)
OECD						
New Zealand	−32,900	−10,600	−43,500	109,000	65,500	7%
①	−28,700	17,700	−11,000	171,000	160,000	27%
Latvia	−27,100	−9,200	−36,300	61,400	25,100	5%
②	−80,500	−18,200	−98,700	233,500	134,800	6%
③	−77,300	−300	−77,600	448,400	370,800	11%
Germany	−70,700	−28,800	−99,500	364,800	265,300	9%
④	−32,600	15,300	−17,300	153,800	136,500	16%
France	−61,500	−4,500	−66,000	224,100	158,100	8%
Australia	−29,300	−13,100	−42,400	166,700	124,300	9%
Slovenia	−34,300	−7,300	−41,600	274,100	232,500	13%
⑤	−18,900	−5,700	−24,600	70,900	46,300	7%
Estonia	−33,000	−11,700	−44,700	46,100	1,400	2%
Slovak Republic	−34,400	1,500	−32,900	97,200	64,300	8%
⑥	−59,400	−14,400	−73,800	368,400	294,600	12%
Canada	−39,400	−9,400	−48,800	154,500	105,700	8%
Norway	−66,600	−25,800	−92,400	194,900	102,500	5%
Portugal	−23,900	−3,200	−27,100	227,500	200,400	12%
Spain	−49,700	−2,400	−52,100	135,000	82,900	6%
⑦	−22,500	−1,000	−23,500	187,800	164,300	14%
Poland	−23,200	1,100	−22,100	156,900	134,800	15%
Luxembourg	−151,700	−7,400	−159,100	421,300	262,200	7%
Turkey	−19,500	−2,000	−21,500	122,100	100,600	10%
⑧	−26,000	−5,200	−31,200	232,300	201,100	17%
Finland	−77,700	14,400	−63,300	197,300	134,000	8%
Chile	−21,300	−4,500	−25,800	55,300	29,500	5%
Italy	−40,600	−8,600	−49,200	224,700	175,500	9%
Ireland	−42,400	−4,500	−46,900	476,800	429,900	19%
⑨	−78,400	−31,700	−110,100	310,200	200,100	7%
OECD average	−48,100	−6,800	−54,900	208,900	154,000	10%
EU22 average	−53,400	−5,800	−59,200	249,500	190,300	11%

Table A7.2b. Public costs and benefits for a woman attaining tertiary education (2013)
As compared with a woman attaining upper secondary education, in equivalent
USD converted using PPPs for GDP

	Direct costs	Foregone taxes on earnings	Total costs	Total benefits	Net financial returns	Rate of return
	(1)	(2)	(3)=(1)+(2)	(4)	(5)=(4)+(3)	(6)
OECD						
New Zealand	−32,900	−4,900	−37,800	80,600	42,800	6%
①	−28,700	17,300	−11,400	115,500	104,100	22%
Latvia	−27,100	−7,600	−34,700	47,600	12,900	4%
②	−80,500	−18,700	−99,200	137,800	38,600	4%
③	−77,300	−300	−77,600	324,100	246,500	10%
Germany	−70,700	−20,700	−91,400	189,800	98,400	6%
④	−32,600	15,500	−17,100	145,300	128,200	21%
France	−61,500	5,400	−56,100	144,800	88,700	8%
Australia	−29,300	−6,300	−35,600	129,000	93,400	10%
Slovenia	−34,300	−7,100	−41,400	210,300	168,900	10%
⑤	−18,900	−5,400	−24,300	36,000	11,700	4%
Estonia	−33,000	−6,200	−39,200	45,200	6,000	3%
Slovak Republic	−34,400	1,600	−32,800	57,200	24,400	5%
⑥	−59,400	−9,500	−68,900	177,700	108,800	7%
Canada	−39,400	−4,700	−44,100	99,100	55,000	7%
Norway	−66,600	−13,300	−79,900	119,600	39,700	4%
Portugal	−23,900	−2,800	−26,700	168,400	141,700	10%
Spain	−49,700	−4,100	−53,800	111,900	58,100	5%
⑦	−22,500	−400	−22,900	71,100	48,200	8%
Poland	−23,200	1,000	−22,200	114,400	92,200	12%
Luxembourg	−151,700	−7,800	−159,500	353,900	194,400	6%
Turkey	−19,500	−2,000	−21,500	93,300	71,800	11%
⑧	−26,000	−4,900	−30,900	121,500	90,600	11%
Finland	−77,700	23,600	−54,100	150,700	96,600	8%
Chile	−21,300	−3,300	−24,600	21,000	−3,600	1%
Italy	−40,600	−5,100	−45,700	112,400	66,700	6%
Ireland	−42,400	−1,000	−43,400	262,800	219,400	15%
⑨	−78,400	−21,000	−99,400	179,900	80,500	4%
OECD average	−48,100	−3,700	−51,800	135,200	83,400	8%
EU22 average	−53,400	−3,000	−56,400	164,800	108,400	8%

以下の問1〜16に答えなさい。問1〜13は解答用紙(その1)の解答欄にマークし,問14〜16は解答用紙(その2)の解答欄に記述しなさい。

問1 空欄(1)に入る語句として適切なものを,下の選択肢の中から一つ選んで, $\boxed{1}$ にマークしなさい。

① 世界教育推進機関 ② 教育開発協力機構 ③ 経済発展協力機関

④ 世界開発協力機関 ⑤ 教育協力開発機構 ⑥ 経済協力開発機構

問2 空欄(2)に入る語句としてもっとも適切なものを,下の選択肢の中から一つ選んで, $\boxed{2}$ にマークしなさい。

① デフレ ② スフレ ③ インフレ ④ リフレ

問3 空欄(3)に入る語句としてもっとも適切なものを,下の選択肢の中から一つ選んで, $\boxed{3}$ にマークしなさい。

① 一般化 ② 陳腐化 ③ 形骸化

④ 自己目的化 ⑤ 弊害化

問4 空欄(4)〜(6)に入る語句の組み合わせとしてもっとも適切なものを,下の選択肢の中から一つ選んで, $\boxed{4}$ にマークしなさい。

① (4) 情報の不完全性 (5) 不完全競争 (6) 情報の独立性

② (4) 情報の不完全性 (5) 完全競争 (6) 情報の独立性

③ (4) 情報の不完全性 (5) 完全競争 (6) 情報の信頼性

④ (4) 情報の非対称性 (5) 不完全競争 (6) 情報の信頼性

⑤ (4) 情報の非対称性 (5) 完全競争 (6) 情報の対称性

⑥ (4) 情報の対称性 (5) 不完全競争 (6) 情報の非対称性

問5 空欄a〜eには,各理論の教育に対する見解が入る。それぞれ何が入るか,もっとも適切なものを,下の選択肢の中からそれぞれ一つずつ選んで,対応する解答欄にマークしなさい。解答欄は,空欄aが $\boxed{5}$,空欄bが $\boxed{6}$,空欄cが $\boxed{7}$,空欄dが $\boxed{8}$,空欄eが $\boxed{9}$ である。

① 教育機会の拡大によって，賃金格差が拡大する一方で，経済成長を導いたり
する

② 高学歴化は社会にとって生産的でも，効率的でもない

③ 大学でまじめに勉強することは大事である

④ 必要以上に高学歴者が生み出され，ランニング・コストばかりかさむという
社会的に非効率的な結果を生む

⑤ 教育に対する投資を減らし，高階層出身者に対する優遇を止めることで，進
学機会の平等化を進めることが重要なのだ

⑥ 教育に対する投資をもっと増やし，全体の進学率を上昇させるとともに，進
学機会の格差を縮小することが重要なのだ

⑦ 教育拡大が賃金格差を縮小したり，経済成長を導いたりする

⑧ 社会の高学歴化は悲観すべき事象ではなく，むしろ社会全体の発展や経済成
長に寄与する

問 6　空欄(7)に入る文章としてもっとも適切なものを，下の選択肢の中から一つ選ん
で 10 にマークしなさい。

① 学歴の良し悪しは関係がない

② 知識や技能が高いほど賃金が高い

③ 学歴が高くても知識や技能が高いわけではない

④ 学歴が高いほど就職に有利になる

問 7　空欄(8)に入る文章としてもっとも適切なものを，下の選択肢の中から一つ選ん
で，11 にマークしなさい。

① 先進国の高等教育修了者の賃金が下落する

② 先進国と発展途上国の高等教育修了者の間で賃金の格差が存在する

③ 発展途上国の高等教育修了者に知的労働が殺到する

④ 同じ高等教育修了者の中でも賃金の格差が存在する

⑤ 発展途上国の高等教育修了者の地位が上昇する

問 8　空欄(9)に入る文章としてもっとも適切なものを，下の選択肢の中から一つ選ん
で，12 にマークしなさい。

① 課税所得が増えると税率が上昇する

② 課税所得が増えると納税額が増加する

③ 可処分所得が増えると納税額が増加する

④ 可処分所得が増えても税率は変わらない

問9 空欄(10)に入る数式として適切なものを，下の選択肢の中から一つ選んで，$\boxed{13}$ にマークしなさい。

① $B \div 2(1+r)$　　　　　　② $B \div (1+r)^2$

③ $B \div (1+2r)$　　　　　　④ $2B \div (1+r)^2$

問10 空欄(11)には私的収益率 r が満たす条件が述べられている。それを数式で記述した場合，どのようになるか。下の選択肢の中から一つ選んで，$\boxed{14}$ にマークしなさい。なお，C は初期投資の現在価値を表している。

① $C = \dfrac{B}{38(1+r)^{38}}$

② $C = \dfrac{38B}{(1+r)^{38}}$

③ $C = \dfrac{B}{(1+r)} + \dfrac{B}{(1+2r)} + \dfrac{B}{(1+3r)} + \cdots + \dfrac{B}{(1+38r)}$

④ $C = \dfrac{B}{(1+r)} + \dfrac{B}{2(1+r)} + \dfrac{B}{3(1+r)} + \cdots + \dfrac{B}{38(1+r)}$

⑤ $C = \dfrac{B}{(1+r)} + \dfrac{B}{(1+r)^2} + \dfrac{B}{(1+r)^3} + \cdots + \dfrac{B}{(1+r)^{38}}$

問11 空欄(12)に入る文章としてもっとも適切なものを，下の選択肢の中から一つ選んで，$\boxed{15}$ にマークしなさい。

① 日本政府が，高等教育機関を運営するのに相対的に少ない支出しか行っていない

② 日本政府の財政的支援が，私立大学よりも国公立大学に対して充実している

③ 女性は男性と比べ，生涯に渡って受けることのできる公的サービスが少ない

④ 女性の高学歴化により，納税額が増えた

⑤ 高等教育修了者と比べて，非修了者に対する財政的支援が少ない

問12 　**＜資料＞**の４つの表において日本はどれか。本文の記述を参考に，表中の①〜
⑨のうちからもっとも適切なものを一つ選んで， 16 にマークしなさい。

問13 　本文の趣旨に照らして，次の文章の正誤をそれぞれ答えなさい。正しい場合は
１，誤っている場合は０を該当の解答欄にマークしなさい。

(1)　グローバルな教育改革運動は，低コストで最大限の教育パフォーマンスを生
み出すべきだとする機能主義的考えに基づいている。 17

(2)　アセモグルは，人的資本論の立場から米国における賃金の二極化の原因をス
キル・バイアスに求めた。 18

(3)　アセモグルの議論に基づくと，進学機会の拡大は，スキル・バイアスを広
げ，賃金の二極化を促進してしまうため，社会的に望ましくないとされる。
19

(4)　ロナルド・ドーアは，社会の高学歴化は不健全な学歴獲得競争を生む可能性
があるため，慎重に考える必要があると論じた。 20

(5)　高等教育のシグナリング効果によって，過剰教育の状態になる心配はないと
される。 21

(6)　実証研究によって，日本の高等教育にはシグナリング効果がある一方，人的
資本を高める効果はないことが明らかになっている。 22

(7)　グローバル・オークション・モデルに基づくと，高等教育のシグナリング効
果はないとされる。 23

(8)　日本は国際的に見て相対的に男女共に財政的収益率が高い。そのことは，日
本の国立大学の教育の質が非常に高いことを意味している。 24

(9)　男女共に日本の私的収益率が低いのは，社会全体の高学歴化によって，高等
教育修了者の賃金水準が下がっているためである。 25

(10)　男女共に国立大学よりも私立大学の私的収益率が低いのは，大学に対する政
府の補助金が，私立大学よりも国立大学に対して多いことが影響している。
26

(11)　国立大学の財政的収益率が低いのは，一人あたりの政府の教育費に対して公
的便益(生涯手取り総賃金)が低いことを意味している。 27

(12)　人的資本論とシグナリング理論のどちらの立場からも，財政的収益を向上さ
せるために，高等教育を拡大する政策を実施することが正当化される。 28

問14　下線部**ア**のことを，教育には何があると言うか。もっとも適切な語句を本文中から抜き出して答えなさい。

問15　空欄 f に入るもっとも適切な語句を本文中から抜き出して答えなさい。

問16　下線部**イ**について，筆者がこのように述べるのは，なぜだと考えられるか。理論的立場やデータから言える根拠(議論の前提・国際的状況・国内的状況)の 4 項目に言及しつつ，いかなる観点からそのようなことが言えるのか，250 字以内で答えなさい。

２０２４年度

社会情報

英語

解　答　編

英　語

①　**解答**　(1)—(1)　(2)—(4)　(3)—(3)　(4)—(1)　(5)—(4)　(6)—(1)
　　　　　　(7)—(4)　(8)—(3)　(9)—(2)　(10)—(1)

=== 解説 ===

(1)　「この試験の間は時間と知識を適切に使いなさい」

　proper は「適切な」の意。(1)appropriate「適切な」が近い意味となる。(2)explicit「明白な，明示的な」 (3)full「いっぱいの，十分の」 (4)intelligible「理解できる，わかりやすい」 put *A* to use「*A* を使う」

(2)　「チャット GPT の並外れた能力は大学教育を変えつつある」

　phenomenal は phenomenon の形容詞形。「自然現象の」の他に「並外れた」という意味もある。本問ではチャット GPT の能力を形容しているため，後者の意。よって(4)extraordinary「並外れた，異常な」が適切。(1)attractive「魅力的な」 (2)conspicuous「人目を惹く，顕著な」 (3)decisive「決定的な，断固とした」

(3)　「その大災害による死傷者数は増加するだろう」

　casualty (casualties) は「死傷者，被害者」の意。よって(3)victim(s)「犠牲者」が正解となる。(1)patient(s)「患者」 (2)refugee(s)「(避) 難民」 (4)witness(es)「目撃者」 catastrophe「大災害」

(4)　「新たな研究で，コロナウイルスの感染拡大に起因するストレスに効く可能性のある治療法が見つかった」

　remedy「治療法」に近い意味となるのは(1)cure「治療 (法・薬)」である。(2)effect「結果，効果，影響」 (3)plight「(悪い) 状態，苦境」 (4)symptom「兆候，症状」

(5)　「昨年の夏，東京で我々は記録的な暑さを経験した」

experience(d)「〜を経験する」に近い意味となるのは undergo「〜を経験する」の過去形(4)underwent である。(1)underlay「〜の根底にあった」(2)undermined「〜の下を掘った」(3)undertook「〜を引き受けた」record「記録的な」

(6)「政府は健康保険証をマイナンバーによる本人確認システムへ統合することで，健康保険証を廃止する方針を立てている」

下線部の scrap「かけら，（金属の）くず」は plans to に続くことから，本問では V で「〜を解体する，廃止する」の意。よって，(1)abolish「〜を廃止する」が正解。(2)disrupt「〜を崩壊させる，混乱させる」(3)enforce「〜を施行する，押し付ける」(4)restrain「〜を抑制する，規制する」integrate「〜をまとめる，統合する」

(7)「その容疑者は先週起きた事件に関与しているとされている」

allegedly は「〜だということになっている，伝えられるところでは」の意。近い意味となるのは(4)supposedly「推定では，おそらく〜だろう」である。(1)evidently「明白に」(2)inevitably「必然的に」(3)intentionally「意図的に」suspect「容疑者」be involved in 〜「〜に関与している」

(8)「あなたがそんな無礼な提案を断固として拒むのはもっともである」

decisively は「決定的に，断固として」の意。「断固として」の意味になるのは(3)firmly である。(1)adequately「十分に，適切に」(2)cruelly「残酷に，ひどく」(4)perpetually「永久に，絶え間なく」may well *do*「〜するのはもっともである」insulting「侮辱的な，失礼な」

(9)「先月，新しい交通規則が施行された」

take effect は「（薬が）効く，（法律などが）発効する，効力が生じる」の意。(2)came into force「効力を発した，施行された」が正解。名詞の force に「力，影響力，効力，施行」といった意味があることがヒントになる。(1)came in handy「役に立った」(3)came to light「（秘密などが）明るみに出た」(4)came true「実現した」regulation「規制，規定」

(10)「その地震で2,000人もの人が亡くなった」

as many as ＋数詞…で「〜もの（数の）…」の意。(1)No less than が言い換えとなる。(2)No more than 〜「〜しかない，たった〜」(3)Not so many as 〜「〜ほど多くはない」(4)Not more than 〜「せいぜい，多

くとも」

② 解答　(11)—(1)　(12)—(2)　(13)—(3)　(14)—(3)　(15)—(3)　(16)—(3)
　　　　　　(17)—(4)　(18)—(1)　(19)—(2)　(20)—(3)

━━━━━━━━━━━ **解 説** ━━━━━━━━━━━

(11)　「E メールで結婚式の招待状を送るのはいまだにタブーだと考えられ
ているが，慣習に従わずこのような現代的な方法をとるカップルもいる」

　空所後の this modern way が E メールで結婚式の招待状を送ることを
指していることに気づければ，空所には，E メールで結婚式の招待状を出
してはいけないという traditional な考え方を一部のカップルがしていない，
といった否定的な表現が入ると考えられる。よって，(1)anything but ～
「決して～ない」が適切である。(2)nothing but ～「～だけ，～にすぎな
い」(3)nothing short of ～「～以外の何ものでもない」(4)something
「(何か) ～なもの」　via「～経由で，～を用いて」

(12)　「『モンスター』ペアレントは先生に敬意を表さない」

　空所後の to より，be respectful to ～「～に敬意を表する」の可能性を
導きたい。S のモンスターペアレント (学校に対して利己的な要求をする
親) の性質を考えても，(2)respectful を補うのが適切である。(1)
respectable「尊敬すべき，ちゃんとした」(3)respecting「尊敬している，
～に関して」(4)respective「それぞれの」

(13)　「私はこれほど美しい夕焼けを見たことがない」

　副詞 so は名詞 (sunset) の前に置かれた形容詞 (beautiful) を修飾す
る場合，so＋形容詞＋a＋名詞 (so beautiful a sunset) の語順になる。よ
って(3)so beautiful a が正解である。

(14)　「私に関する限りでは，1 杯のコーヒーを飲んで一日を始めることに
決めている」

　空所後の I am concerned より，As〔So〕far as S be concerned「S に
関する限りでは，S としては」の表現を思いつきたい。(3)So far as が正
解。(1)As for ～「～に関しては」(2)As long as SV ～「～する限り
(間) は」(4)So that SV ～「～するために」

(15)　「会長はこの会議でこれから話をすることになっている」

　(3)is yet を補えば，be yet to *do*「これから～することになっている，

まだ～していない」という表現になり，文意が通る。よって(3)が正解。(1)
is not still は，The CEO is と空所後の to say を SVC とした場合，「会長
はまだ話をしないことである」となり，文意が通らない。is と to say の
部分を be to 不定詞で解釈した場合，「会長はまだ話すことになっていな
い」と意味は通るように思えるかもしれないが，still を否定語とともに用
いる場合，still は通例，否定語の前に置く。このことからも(1)は不適であ
る。be still to *do* なら(3)と同意になる。(2)is remained の remain は自動
詞。受動態（be *done*）の形で用いられることはないため，不適。(4)
leaves it は leave it to ～ で「～に任せる」の意。

⒃　「人間の活動によって引き起こされる気候変動を否定することはほと
んどできない」

　選択肢に共通する bring about は bring about ～ で「～をもたらす，引
き起こす」の意。空所前後の climate change「気候変動」と human
activities「人間の活動」の関係は，climate change が human activities
「によって引き起こされている」となる。よって，受動（過去分詞）と by
を含む(3)brought about by が正解。空所以降が climate change の後置修
飾となっている。

⒄　「ジャックはその問題を解決しようとしたが，うまくいかなかった」

　tried to solve the problem「問題を解決しようとした」と選択肢の fail
の関係を考えれば，この fail は自動詞で「失敗する」の意味になると判断
できる。よって，受動の要素を含む(1)being failed と(3)having been failed
は不適。空所前の only とともに使って意味を成す表現として…only to
do「…したが（結局）～」を思い出したい。(4)to fail が正解となる。

⒅　「私はいくつかの入学試験に合格するかもしれないが，その場合はこ
の学校を選ぶだろう」

　空所後の case より「受かった場合はこの学校を選ぶ」という文意にな
ると判断できる。「この場合は」は in this case と in を使って表現するこ
とから，in を含む(1)in which が正解。ちなみに，この which は関係形容
詞で，in which case「その場合は」の which は前の節全体を指している。
(3)which は後ろに S か O に抜けのある不完全文が続くが，S（I）も O
（this school）も存在するため，不成立。(2)whatever *A* SV ～「どんな *A*
を～したとしても」　(4)whichever *A* SV ～「どちらの *A* を～したとして

も」

⒆　「彼女は自分が英語の弁論大会で優勝するとは思ってもみなかった」

　　空所後の did she expect は否定語文頭による倒置が起こっている。選択肢はすべて否定語を含むが，続く did she expect that … より，「予測していなかった」となる動詞を修飾する否定語として使える⑵Little が適切。little は expect，believe，know といった V とともに用いると「ほとんど〜ない」という意味になる。⑴Few「少ししか〜ない」，⑶Not a few 〜「かなり多くの〜」は名詞の修飾に用いる表現であるため，不適。⑷Not until 〜「〜になって初めて，やっと」は後ろに SV 〜か名詞が続く。

⒇　「機密情報を扱っているため，我々のコンピュータファイアウォールを是が非でも維持することが不可欠である」

　　It is 〜 that SV … の〜の部分に essential「必要不可欠な」のような必要・判断を表す形容詞（necessary, desirable, important, right, wrong など）が入る場合，that 節内の V が原形あるいは should do となる。よって⑶maintain が正解。at all costs「いかなる犠牲を払っても，必ず」sensitive「秘密の，機密の」

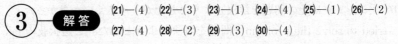

3　**解答**　⑵⒈—⑷　⑵⒉—⑶　⑵⒊—⑴　⑵⒋—⑷　⑵⒌—⑴　⑵⒍—⑵
　　　　　　　⑵⒎—⑷　⑵⒏—⑵　⑵⒐—⑶　⑶⒪—⑷

════════════════════ 解　説 ════════════════════

⑵⒈　that → what
「我々のリーダーにはアンガーマネジメント（怒りの管理方法）に関する指導が必要なのではないかと思っている。というのも，彼は耳にしたことで気に入らないことがあるとイラっとすることがあるからだ」

　　⑷の that は直前に先行詞となる名詞がないことから，関係代名詞ではなく名詞節を導く that であるとも考えられるが，that SV 〜「〜ということ」は SV 〜と後に完全文がくる。本問では he hears と O が抜けた不完全文が続くため，文法的に成立しない。関係代名詞 what ならば O が抜けた不完全文を後ろに続けることができる。what he hears で「彼が耳にすること」の意。⑴suspect は suspect that SV 〜で「〜ではないかと思う」の意。⑵some coaching「指導」は advice 同様，some coaching と表すことは可。⑶if は「〜すると，〜するときは（いつでも）」の意。

get annoyed「イラつく」

⑵　much more → many more

「あそこは思っていたよりもずっと多くの本があったので，私が今まで訪れた中で一番よい本屋だ」

　much は比較級を強調する語だが，本問では比較級 more の後ろに可算名詞（books）が続くため，much は使えない。比較級の後ろに可算名詞が続く場合は many を用いて強調する。

⑳　hardly some time → hardly any time / little time

「わざわざ図書館まで行く時間がほとんどなかったので，インターネットで情報を検索して宿題を仕上げた」

　hardly「ほとんど～ない」は否定語であるため，some は any となる。hardly any + 単数名詞で，little / few「少ししか～ない，ほとんど～ない」とほぼ同じ意味になるため，some を any とするのが正しい。また，hardly は always や often 同様，通例は一般動詞の前で使われる副詞であるため，had hardly という語順も(1)を疑うヒントになる。search は自動詞なら search for + 探し物，他動詞なら search + 場所 + for + 探し物の語順で使われる。all the way「はるばる，わざわざ」

⑳　him → his

「彼があの悪い癖をやめなければ失敗するであろうということは，彼を指導したどの教師の目にも明らかなことであった」

　「彼のあの悪い癖」を英語で表す際，所有格（his）と指示代名詞（that）を並べて his that bad habit や that his bad habit と表すことはできない。所有格に当たる「彼の」を名詞の後ろで of + 所有代名詞の形にする。「彼」の所有代名詞は his である。

⑳　Facing with → Facing もしくは Faced with

「複雑な状況に直面したとき，時間を無駄にしないよう，目の前のやるべきことを優先させるようにと我々はアドバイスされた」

　(1)は分詞構文で (Being) Faced with～「～に直面して」の形で用いられることが多い。「直面する」の意味の face は他動詞なので，能動の形では Facing となるべきである。prioritize「～を優先させる」lie ahead「目の前にある」

⑳　make it explicit → make explicit

2024年度　社会情報　英語

「アメリカのローコンテクストな労働文化では，関係者が明示することに基づいて取引がなされるが，それとは対照的に，アジアの文化はハイコンテクストで，そこでは暗に示されていることも（明示されていることと）同等に重要である」

　(2)を含む部分は deals are based on に続く前置詞 on の O として what the participants make it explicit が関係代名詞 what のカタマリになっている。関係代名詞 what の後ろには不完全文が続き，what 節内には S か O のいずれかが存在してはならないが，本問では S（the participants）も O（it）も存在しているため，(2)が不適。O となる it が不要となる。ちなみに，コミュニケーションが言語以外の文脈や背景（context）に大きく依存した文化を high-context culture，逆に言語に大きく依存し明確にコミュニケーションをとる文化を low-context culture という。in contrast to ～「～とは対照的に」　deal「取引」　explicit「明確な」　imply「～を暗示する」

(27)　attend to → attend

「その戦争で亡くなった推計300万の人々を悼むために追悼式が行われたが，死者の親族の中には台風のせいで式に参加できなかった人もいた」

　(4)attend to ～ は「～に注意を払う」の意。本問では下線部の後の the ceremony への出席が台風でかなわなかったという文意になるはずなので，他動詞の attend「～に出席する」とするのが正しい。memorial service「追悼式」　estimated「推定，推計」　relative「親戚」

(28)　reveal → reveals

「データをさらに検証することで新たな事実が明らかになるが，一般に何の仮説もない状態でデータを分析することは，困難なだけでなく偶発的な結果にもつながりやすい」

　(2)reveal「～を明らかにする」に対する S は A closer examination で単数であるため，3人称単数現在形の s が必要である。analyze「～を分析する」　hypothesis「仮説」　vulnerable to ～「～に脆弱な，～になりやすい」　coincidental「偶然に起こる」

(29)　we have never seen → we have seen

「原子や電子を目にしたことがないのと同様に，我々は自分の心を見たことなど一度もないが，心理学者らは制御すべき変動要素を慎重に考慮しな

がら実験を考案している」

we have <u>never</u> seen our mind, <u>any more than</u> we have … の下線部に注目。文の構造より，*A* is not *B* any more than *C* is *D*（＝*A* is no more *B* than *C* is *D*）「*C* が *D* でないのと同様に *A* は *B* ではない」の not が never になったものと判断できる。よって，any more than 以降の文には（意味は否定であっても）not はつかない。よって，never が不要となる。atom「原子，微粒子」 electron「電子」 variable「変数，変わるもの」

(30)　that was → which was

「心理学者らがピアジェの研究の重要性を正しく認識するようになった過程は遅々としたものであったが，その研究は遺伝的要因と環境的要因の相互作用に焦点を当てたものであった」

that was focused on … は Piaget's work の説明となる関係詞節。that の前にカンマがあるため，関係詞の非制限用法となる。この場合，カンマ＋that とすることはできず，who や which などの形をとる。本問では that 以降は Piaget's work の説明であるため，which となる。appreciate「～を正しく認識する」 interaction「相互作用」 nature「本質，気性」 nurture「養育，育成」

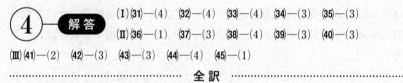

④ 解答

(I)(31)—(4)　(32)—(4)　(33)—(4)　(34)—(3)　(35)—(3)
(II)(36)—(1)　(37)—(3)　(38)—(4)　(39)—(3)　(40)—(3)
(III)(41)—(2)　(42)—(3)　(43)—(3)　(44)—(4)　(45)—(1)

・・・・・・・・・・・・・・・・・・・・・・・・・・・・・・　全 訳　・・・・・・・・・・・・・・・・・・・・・・・・・・・・・・

〔I〕《高齢化と出生率の低下がもたらす経済的課題》

① 1970年代以降，特にヨーロッパ中の先進経済国および韓国，シンガポール，日本などの比較的豊かなアジア諸国において，出生率が低下している。もっと最近では，発展途上国における出生率もまた低下している。出生率が低下するにつれ，こういった国々ではより多くの資金や支援を要する高齢者の割合が高くなり，それにより経済に影響が出るであろう。この問題は，出生率が減少している国々への労働移民が増えることで回避できる。しかし，多くの国で，人口減少を埋め合わせるための移民に国民が反対する可能性がある。このことで国独自の文化や伝統が崩壊する可能性が十分にあるからである。また，国内の労働者がこの解決策に反対し，外国

人労働者がその国に入ってきて職を求めて競うことに脅威を感じる可能性
もある。

② 移民が増えない限り，出生率の低下によって労働力は不足することにな
るだろう。それゆえ，国はより多くの資金や支援を高齢世代に投じなけれ
ばならないだけでなく，労働力の不足により賃金が上昇し，それにより今
度はインフレになる可能性がある。その上，こういった先進経済国への輸
出に依拠している新興経済諸国は輸出の失速に直面することになるであろ
う。肯定的な側面としては，出生率の低下で環境への負荷が軽減する可能
性はある。

③ 人口増加は 1960 年代後半のピーク時からすでに鈍化しており，国連の
推計によると，人口増加は 2100 年までに終息するという。世界では人口
増加が続く地域もある一方で，主に先進経済国においては人口減少が見ら
れる地域もあるだろう。医学が進歩している先進経済国においては，人々
の寿命が延びるにつれて死亡率が低下している。同時に，これらの国々に
おける出生率も減少しつつある。

④ 出生率の低下は決して一時的な現象ではなく，むしろ，長期間にわたる
構造の変化なのである。先進国では，出生率が低い状況が定着し，来る
50 年で人口が 20％も減少する見込みとなっており，それ以降もその減少
はさらに大きくなるであろう。ヨーロッパでは，出産適齢期の女性の数が
21.2％減少する見込みである。発展途上国でさえも，出生者数は減りつつ
あるのだ。

⑤ 日本と韓国は人口減少を経験している国々の最先端にいる。アジアのこ
の 2 カ国においては，出生者数がすでにその国の最高値の 50％となって
いる。日本はその出生率の低さゆえ，社会の高齢化がますます進んでいる。
さらに，日本政府が移民に厳しい制限をかけていることで，日本の人口減
少は悪化している。いずれは日本の労働人口の減少に生産性の上昇が追い
付かなくなり，結果的に国内総生産および 1 人当たりの国内総生産の減少
につながる恐れがある。

⑥ 日本は出生率が低いため，日本の労働人口は 6,700 万人（2008 年時点）
から 2050 年までには 4,200 万人にまで減少すると見積もられている。
2006 年，日本人の労働人口は 1995 年よりも少なくなった。この減少分を
補うために，日本政府は女性や高齢者，若者による労働力参加を促す政策

を検討する必要がある。

⑦　ヨーロッパの出生率は 1970 年に 2.534 人で，2019 年までに 1.523 人となった。1998 年，EU の出生率は 1.406 人という EU 史上最低値となったが，現在の日本の出生率とそう変わらない。先進国における人口減少は労働力の不足を招くことになるだろう。明白な解決策は，発展途上国からの労働移民を奨励することである。とはいえ，これらの発展途上国でも出生率は低下しており，そういった国々もまもなく労働力不足に陥るであろう。その結果生じる不足によって，発展途上国内では賃金が上がり，先進国に労働力として移住することがあまり魅力的ではなくなるだろう。その結果，出生率の低い国々の少なくなった労働人口によって生み出される税収は，生産的資産からより急を要する社会的ニーズへと回されることになる。このことは，財やサービスへの需要や投資水準だけでなく，生活水準の低下をも引き起こす可能性があり，そうなると，経済成長に悪影響が及ぶであろう。

⑧　出生率の低下，高齢化，持続不可能な年金システムへの対応は，ほとんどの先進国にとって深刻な懸念事項である。出生率が低下している国の経済は，各産業で働いたり，サービスを提供したりしてくれている労働力の不足に伴い，将来的に影響を受けることになるだろう。労働力の不足によって失業率は下がり賃金は上がるが，その結果，価格が上昇することになる。先進国では出生率が低いことによって高齢化が進み，より高額な医療費が必要となるであろう。高齢者を支える費用を補えるよう，国は経済的に移民労働者が不足分の労働力を補ってくれることを当てにしてもよいだろう。しかし，これは一時しのぎである。この移民たちもまた年をとり，その結果，政府による介護や支援が必要になるからである。加えて，移民が新しい環境に順応することができず，孤立し行き場がないと感じてしまうこともある。この人口統計学的な課題を解決するために移民に頼ることで，新しくやって来た移民を支援する政府のプログラムをもともとその国に住んでいた人々が廃止しようとする，という結果になりかねない。労働力の不足に対処するには，科学技術を用いてその不足分を補い，同時に一部の低賃金の仕事をなくすことが最良の策かもしれない。

〔Ⅱ〕《オープン AI の言語モデルの進化》

① オープン AI は，人類の役に立つ汎用人工知能（AGI）の開発に焦点を当てた組織である。2015 年にイーロン＝マスク氏やサム＝アルトマン氏などにより設立され，オープン AI は AI 研究の最先端に立ち，GPT-2 や GPT-3，ついにはチャット GPT といった革新的なモデルをいくつか開発してきた。GPT-3 の成功を踏まえてオープン AI はその研究・開発に取り組み続け，GPT-4 のアーキテクチャ（構造）を基にチャット GPT の構築に成功した。チャット GPT は会話を中心としたタスクを得意とするように作られており，GPT-3 と比べると，文脈の理解，応答の生成，全体的な一貫性の面で改善している。

② GPT-1 は 2018 年に公開された GPT 言語モデルの最初のバージョンである。その基になっているトランスフォーマーというアーキテクチャは，言語モデリングや機械翻訳といった自然言語処理のタスクを行うために考案されたニューラルネットワークアーキテクチャである。GPT-1 は言語モデリングタスクを使用して大量のテキストデータから成る言語資料に基づいて事前学習を行い，そのデータには書物，記事，ウェブページが含まれていた。GPT-1 モデルは一連のテキスト内でそれまでに登場した単語が与えられた場合に，同テキスト内で次の単語を予測するよう訓練されていた。この事前学習の過程のおかげで GPT-1 は大量のテキストデータから成る言語資料の中に出てくる複数の言葉のパターンとそれらの関連性を学習することができたのである。GPT-1 は比較的小さめのモデルであったにもかかわらず，広範にわたる自然言語処理のタスクにおいて目覚ましい実績を挙げ，言語理解力を向上させるために膨大なテキストデータに基づく事前学習の有効性を示した。

③ GPT-2 はパラメータ数が 15 億個になるという GPT-1 と比べて著しい改善点があり，公開当時では最大の言語モデルの 1 つとなった。GPT-2 は言語モデリングタスクを使用して膨大な量のテキストデータから成る言語資料に基づいて事前学習を行い，そのデータにはウェブページや書物などの文字で書かれた資料が含まれていた。GPT-1 同様に，GPT-2 モデルは一連のテキスト内でそれまでに登場した単語が与えられた場合に，同テキスト内で次の単語を予測するよう訓練されていた。しかし，GPT-2 はより長く，一貫性のあるテキストの流れを生成することができ，新しいタ

スクや領域に対して一般化する能力がより高いことを示した。事前学習後，GPT-2 はテキストの分類や感情分析，質問応答といったさまざまな下流タスクに基づいて微調整することができた。GPT-2 モデルはこれらのタスクの多くで最高水準の成果を出すことができ，質の高い自然言語テキストを生成するという点で特に効果的であった。GPT-2 の優れた特徴の 1 つが，人間が書いた文章と区別するのが難しいほどリアルで一貫性のあるテキストを生成する能力であった。このことは，フェイクニュースやでたらめのプロパガンダの生成といった，GPT-2 モデルが悪用される可能性に対する懸念を招くこととなった。その結果，オープン AI は当初，GPT-2 モデルの完全版の公開をしないこととし，代わりに性能を抑えた縮小版を公開した。

④　GPT-3 はそれまでに作られた言語モデルの中でも最大かつ最も性能の高い言語モデルの 1 つで，1,750 億個のパラメータを搭載しているが，これは GPT-2 の数倍である。GPT-3 は言語モデリングタスクを使用して膨大なテキストデータから成る言語資料を基に学習を行い，そのデータにはウェブページや書物などの文字で書かれた資料が含まれていた。GPT-3 モデルは一連のテキスト内でそれまでに登場した単語が与えられた場合に，同テキスト内で次の単語を予測するよう訓練されており，質の高い，高度な一貫性とリアルさを備えた自然言語テキストを生成することができた。GPT-3 の重要な特徴の 1 つは，テキストの分類，感情分析，質問応答などの広範にわたる自然言語処理のタスクを，特定のタスクに関する学習データを要することなく行うことができる能力である。これは，事前学習データからさまざまな言語特性や言語パターンを学習するそのモデルの能力によるもので，この能力によっていろいろなタスクや領域に対して一般化することができるのである。GPT-3 は現実世界のさまざまなアプリケーションで使用されており，チャットボットや言語翻訳，コンテンツの生成，コードの生成にも使用されてきた。GPT-3 モデルは人工知能界においてもかなりの関心と興奮をもたらしてきており，自然言語処理の分野においては新たな研究や開発が行われるきっかけとなってきた。

⑤　チャット GPT は大量のテキストデータから成る言語資料を基に事前学習を行っており，そのデータには書物，記事，ウェブサイトが含まれている。事前学習によりチャット GPT は自然言語における複数の単語や言い

回しのパターンや関連性を学習することができ，そのことにより，チャット GTP は会話の中で一貫性とリアルさを兼ね備えた返答を生成するのに効果を発揮する。

⑥　オープン AI は GPT-4 の公開に伴い，深層学習の機能向上を大きく進展させた。この新しいモデルは複合的な巨大言語モデルで，画像とテキストの入力データのどちらにも対応し，テキストとして出力することができる。現実世界のシナリオの中にいる人間ほどの能力はないかもしれないが，GPT-4 は多様な職業や学問の基準において人間並みの性能を示してきた。たとえば，司法試験模試では受験者の上位 10％程度の得点を獲得しており，その得点は下位 10％程度という GPT-3.5 の得点よりも良くなっている。GPT-4 の開発では，オープン AI の敵対的検証プログラムとチャット GPT からの教訓を活かして 6 カ月にわたる反復的な調整が行われた。その結果，依然として改善の余地があるものの，GPT-4 モデルは事実性や操縦性，既定の範囲から逸脱しないといった点でこれまでで最高の性能を示したのである。

Ⅲ　《ソーシャルメディア時代におけるメディア，世論，外交政策》

①　過去 20 年で情報環境は根本から変わったが，学問はそれに遅れずについていくことができていない。我々は新聞やテレビ放送，戦後コンセンサスに偏った枠組みの中ではメディア，世論，外交政策の関連性について多くのことを知っている。しかしながら，インターネットによる細分化した情報と非常に偏向した世論という背景においては，既存のモデルは崩壊している。何年にもわたり，学者らはこういった変化が及ぼす影響に十分に対処することができておらず，インターネット上のニュースの大半は今でも従来のメディアによって制作されており，ほとんどの人が今でも従来の情報源から情報を得ているという主張に頼ってきた。時間が経過するにつれ，このような守りの姿勢をだんだんと維持することができなくなってきている。ここでの我々の目標は，目下の科学技術情勢と政治情勢という背景の中でこれらの関連性を再評価するための課題を設定することである。

②　これらの変化の多くは因果的に関連している。メディア環境の変化とともに，多くの西欧民主主義国家では不平等やポピュリズム，国家主義の台頭が起こっている。これらの変革は，外交政策における指導者のアカウン

タビリティ（結果責任）に対して大きな問題を提起している。人工衛星とインターネット技術が登場した当初，多くの人々はそれらから得られる情報量が増し，その情報が民主化し，利用できるようになることで，新たなメディアの最盛期が訪れ，一般の人々がより積極的に関与し，より多くの知識を持ち合わせるようになることを期待していた。時が経つにつれ，この楽観的な見方は，情報のサイロ化（縦割りで情報を共有できない状態）や誤った情報によって一般の人々が生産的に民主政治全般と特に外交政策過程に関わることがますます難しくなるのではないかという懸念へと変わった。そこで我々が問うのは，今日の外交政策のほうが以前のメディア環境や情報環境，世論環境における外交政策よりも制約を受けるようになっているのか（それとも制約を受けなくなっているのか），ということである。

③　さらなる調査が必要ではあるが，外交政策に対する民主的な制約を全体的に受けなくなってきているということを圧倒的多数の証拠が示しているというのが我々の主張である。現在の情報環境と政治環境は，中立的なメディアから目立った意見が出たり，大衆が対立する意見に積極的に関与したりするような節度が著しく欠如しており，有権者らは反射的に「自分たちの」指導者を支持し，対立する指導者を非難する傾向にある。これらの影響は米国のような二大政党制という多数決型の政党システムにおいて特に顕著に現れ，そのようなシステムにおいては意見が対立している一般大衆は「自分たち」と「彼ら」というたった2つの枠組みのいずれかに収まる。これまでの研究では，関心も情報も持たない一般の人々ははじめのうちは指導者による外交政策に対して制約を加えられるほどの能力はないが，特定の条件下においては死傷者や支配的エリート層の間の不和といったヒューリスティック（発見的手法）を利用することで制約を加えられるようになるものとしている。現在のメディアを取り巻く環境や政治情勢は，このように一般の人々が更新していく過程を省いている。メディアが細分化・サイロ化すると，反対意見が出てくることが少なくなり，少数の反対意見が出たとしても「フェイクニュース」として簡単に退けられ，（世論が）二極化すると，これらのサイロ（孤立状態）内で支配的エリート階級間の不和はこれまで以上にめったに起こらなくなる。

④　しかし，このことは必ずしも指導者らが常に自分たちが欲するものを何

でも手に入れているということを意味しているわけではない。変わろうとしているところを過ぎても世論の支持を決まったところに保とうとするメカニズムは，世論が突如として不安定な変化を起こす原因になることがあり，比較的に稀にではあるが実際に起こることだ。世論は外交政策となると常に変わりやすいものである。それゆえ，世論は，外交政策における責務を無効にするような変化を急激に次々と起こしやすくなるのである。言い換えると，指導者らは現状ではより大きな「現実の弾力性」を享受しているのかもしれないが，無限に広がっていくものなど存在しない。かなり遠くまで広がったものが限界点に達すると，その結果は劇的なものになるであろう。

⑤　こういった変化には深い意味合いがある。指導者の実績を正しく評価するのに必要な情報を一般の人々が得られない，あるいはそういった情報を持ち合わせていないと，彼らは自分たちの指導者の責任を確実に問うことができない。その結果，外交政策に対する民主的な制約は弱まり，外交政策の場合には民主主義国家を特徴づけるメカニズムの多くが疑わしくなる。民主主義国家同士が互いに平和的な態度を取るものである，独裁国家よりも民主主義国家のほうが信頼性が高いものである，民主主義国家は自分たちが関与する戦いを選択的に行い，その結果，勝利する可能性が高まる，そして紛争に直面した際に一般の人々が自分たちの指導者を支援するために確実に集結するものである，と信じる根拠は少なくなる。言い換えると，これらの変化によって，民主主義国家が外交政策を遂行する方法について我々がわかっているつもりになっているものを全面的に再評価する必要性が生じているのである。

⑥　社会科学はトランプ時代に外交政策を推進していく動向に対して有意義な取り組みをまさに始めたところであり，その取り組みを踏まえると，我々の主張は，現在の政治情勢においては一般に特異な扱いを受けているものの多くが実は体系的なものだということだ。それゆえ，外交政策に対する一般の人々の制約への影響は予測可能である。短期的にこれらの動向の一部を誇張する人がいるかもしれないが，これらの動向が次の大統領選挙後に消えることはなさそうである。10年前に我々が構築したメディア，世論，外交政策を制約するモデルを再構築することで，より生産的な方向へと議論を向け直せることを我々は望んでいる。

出典追記：Media, Public Opinion, and Foreign Policy in the Age of Social Media, The Journal of Politics, Vol. 81, Issue 2 by Matthew A. Baum and Philip B. K. Potter, The University of Chicago Press

══════ 解 説 ══════

(I)(31) 「次の題名のうちこの文章に最も適切なものはどれか」

　本文では全体的に出生率の低下がもたらすさまざまな問題について論じられている。第1・2段で，先進国の出生率の低下，高齢化の進展とそれに伴う経済への影響と労働力不足，途上国で進みつつある出生率の低下に伴う労働人口の不足と経済への影響が概要的に述べられている。第3・4段では，世界的に人口増加はピークを過ぎていて出生率低下は一時的な現象ではなく長期的な構造的変化であること，第5・6段で出生率低下が進んでいるアジア，特に日本の状況，第7段でヨーロッパの状況に続いて世界的な労働人口減少から起こる経済的諸問題，第8段で特に労働人口不足に対する方策について述べられている。したがって，(4)「高齢化と出生率の低下がもたらす経済的課題」が正解。

(1)「21世紀の人口の増減」

　21世紀の人口の増減については第3段（Population growth has…）で述べられているだけなので，本文の題名として不適。

(2)「出生率と医療が発展途上国に及ぼす影響」

　medical care「医療」に関する記述は第3段第3文（In developed economies…）で医療が先進国に及ぼす影響について言及されているだけで，発展途上国への影響については言及がないため，不適。

(3)「労働力不足と移民の規制の世界的な傾向」

　労働力不足は世界的に今後進むという言及があるのみである。移民の規制については第5段第4文（Furthermore, Japan's declining…）で日本の移民の規制に関する情報は読み取れるが，他の国の移民の規制については述べられていない。よって，不適。

(32) 「本文によると，先進国では死亡率と出生率においてどのような傾向が見られるか」

　第3段第3文（In developed economies…）「先進経済国においては…死亡率が低下している」および，同段最終文（At the same…）「同時に，これらの国々における出生率も減少しつつある」より，(4)「死亡率と出生率がいずれも下がっている」が正解。(1)「死亡率と出生率がいずれも上が

っている」（2）「死亡率は上がっているが，出生率は下がっている」（3）「死亡率は下がっているが，出生率は上がっている」 mortality rate「死亡率」 fertility rate「（特殊）出生率」 分母は総人口ではなく再生産年齢にある女性人口であるため特殊出生率と呼ばれるが，本文では birth rate と区別して使われていないため「出生率」としてある。

(33)　「日本の人口減少の結果，どのような変化が起こりうるか」

　第1段第4文（This problem can …）「この問題は，出生率が減少している国々への労働移民が増えることで回避できる」や第2段第1文（Declining birth rates …）「移民が増えない限り，出生率の低下によって労働力は不足することになる」で，筆者が出生率の減少による経済問題の解決方法として移民の受け入れを挙げていること，日本の人口減少に関する記述となる第5段第4文（Furthermore, Japan's declining …）に「日本政府が移民に厳しい制限をかけていることで日本の人口減少は悪化している」とあることから，人口減少による経済問題解決の1つとして行われる可能性があると考えられる(4)「門戸の広い移民政策への転換」が正解。

(1)「技術革新の減速」

　技術革新に関する記述がないため，不適。

(2)「出生率の上昇」

　このような記述はない。

(3)「1人当たりの国内総生産の増加」

　GDP per capita を含む第5段第4・5文（Furthermore, Japan's declining … GDP per capita.）より，日本の労働人口の減少で「結果的に1人当たりの国内総生産が減少する」とあるため不適。

(34)　「本文によると，出生率の低下について次の文章のうち，どれが正しいか」

　第4段第1文（Declining birth rates …）「出生率の低下は…長期間にわたる構造の変化なのである」が(3)「長期にわたる構造の変化である」に一致する。

(1)「短期的な現象である」

　第4段第1文（Declining birth rates …）「一時的な現象ではない」より不適。

(2)「発展途上国でしか見られない」

第1段第1文（Since the 1970s, …）「1970年代以降，特にヨーロッパ中の先進経済国や，韓国，シンガポール，日本などの比較的豊かなアジア諸国において出生率が低下している」より，出生率の低下は先進国でも顕著に見られる傾向であるとわかるため，不適。

⑷「医学の進歩によって加速している」

第3段第3文（In developed economies …）「医学が進歩している先進経済国においては，人々の寿命が延びるにつれて死亡率が低下している」より，医学の進歩により加速しているのは死亡率の低下であると判断できるため，不適。

㉟「本文によると，出生率の低下に起因する労働力の不足を解決する方法として可能性のあるものはどれか」

第8段第5文（To help offset …）「移民労働者が不足分の労働力を補ってくれることを当てにしてもよいだろう」が immigration，同段最終文（In response to …）「労働力の不足に対処するには，科学技術でその不足分を補うこと…が最良の策かもしれない」が technological advancements に一致するため，⑶「移民を増やし，技術の向上もさせること」が正解。

⑴「入国移民を増やすことのみ」

第8段第5文（To help offset …）に「移民労働者が不足分の労働力を補ってくれることを当てにしてもよいだろう」とあるが，続く第6〜最終文（Yet this is … low-wage labor jobs.）に，移民による対策は一時しのぎで，移民の高齢化や孤立といった問題点があるとして最良の策が挙げられているため，これだけが解決策とはなりえない。

⑵「技術を向上させ，低賃金の仕事を増やすこと」

第8段最終文（In response to …）の「低賃金の仕事をなくすことが最良の策かもしれない」に不一致。

⑷「国内の労働力への依存度のみを高めること」

日本で国内の労働参加を増やす政策の必要性は書かれているが，国内の労働力への依存度のみを高めるという記述はない。

⑵㊱「この文章の主な目的は何か」

第1段でオープンAIという組織が汎用人工知能の開発に取り組んでいることが述べられ，第2〜最終段にかけ，開発した言語モデルである

GPT-1，GPT-2，GPT-3，チャット GPT，GPT-4 の進化についてそれぞれ詳しく説明がなされている。よって，⑴「オープン AI イニシアチブ内での言語モデルの進化について説明すること」が正解である。

⑵「AI 開発の倫理的意味を調査すること」

AI 開発の倫理的意味についての言及が本文中にないため，不適。ethical「倫理的な」 implication「意味，包含」

⑶「汎用人工知能の経済効果を分析すること」

汎用人工知能が経済に与える影響については，本文で述べられていない。artificial general intelligence「汎用人工知能」

⑷「イーロン゠マスク氏による AI 研究への貢献の歴史を紹介すること」

第 1 段第 2 文（Founded in 2015…）にオープン AI の創設者の一人としてイーロン゠マスク氏の名前が挙がっているが，その他の段落で彼の AI 研究への貢献についてはまったく触れられていないため，不適。

⑶⑺ 「本文によると，チャット GPT のアーキテクチャについて，以下の文のうち正しいものはどれか」

第 1 段第 3 文（Building upon the…）の the creation of ChatGPT based on the GPT-4 architecture より，⑶「GPT-4 を基にしている」が正解。⑴「GPT-2 のアーキテクチャと同一のものである」 ⑵「GPT-3 と同じアーキテクチャである」 ⑷「返答が GPT-2 ほど明瞭ではない」 identical to〜「〜と同一の」 articulate「明瞭な」

⑶⑻ 「本文によると，以下のうちどの分野でチャット GPT は並外れた能力を示しているか」

第 1 段最終文（ChatGPT is designed…）「チャット GPT は会話を中心としたタスクを得意とするように作られている」から，⑷「会話を中心としたタスクを行うこと」を選ぶ。⑴「テレビゲームをすること」 ⑵「科学の実験を行うこと」 ⑶「数学の問題を計算して解くこと」 exceptional「例外的な，並外れた」 proficiency「能力」

⑶⑼ 「本文によると，GPT-2 のテキスト生成機能の重要な特徴は何か」

GPT-2 の説明となる第 3 段に注目。設問の a key feature「重要な特徴」に似た表現を含む第 3 段第 7 文（One of the notable features…）の「人間が書いた文章と区別するのが難しいほどリアルで一貫性のあるテキストを生成する能力」より，⑶「人間のような一貫性のあるテキストを作

ることができた」が適切である。capability「能力」 coherent「一貫した」

(1)「一貫性のあるテキストの流れを作るのが困難であった」

　第3段第4文（However, GPT-2 was …）の「しかし，GPT-2 はより長く，一貫性のあるテキストの流れを生成することができた」に不一致。sequence「連続するもの」

(2)「自然言語で質の高いテキストを生成することができなかった」

　第3段第6文（The model was …）の「質の高い自然言語テキストを生成するという点で特に効果的であった」に不一致。generate「〜を生む」

(4)「短いテキストの羅列しか生成できなかった」

　第3段第4文（However, GPT-2 was …）「しかし，GPT-2 はより長く，一貫性のあるテキストの流れを生成することができた」に不一致。

⑷「本文によると，GPT-4 の性能について以下の文章のうち正しくないものはどれか」

　GPT-4 に関する記述となる第6段を確認する。第3文前半に While it may not be as capable as humans in real-world scenarios「それ（＝GPT-4）は現実世界のシナリオの中にいる人間ほどの能力はないかもしれないが」とある。人間の能力にはまだ及ばない，ということは，(3)「現実世界のシナリオにおいて無限の可能性がある」とは言えない。よって，(3)が正解である。unlimited「果てしない」

(1)「画像とテキストの入力データのどちらにも対応できる」

　第6段第2文（This new model is a …）「この新しいモデルは…画像とテキストの入力データのどちらにも対応できる」に一致。input「入力」

(2)「さまざまな職業や学問の基準において人間並みの性能を示してきた」

　第6段第3文（While it may …）「GPT-4 は多様な職業や学問の基準において人間並みの性能を示してきた」に一致。demonstrate「〜を証明する」

(4)「司法試験模試において GPT-3.5 よりも良い結果を出した」

　第6段第4文（For instance, it …）「たとえば，司法試験模試では受験者の上位 10％程度の得点を獲得しており，その得点は下位 10％程度という GPT-3.5 の得点よりも良くなっている」に一致。outperform「〜より

性能が優れている，〜を上回る」 simulated「似せた」 bar exam「司法
試験」

(Ⅲ)(41) 「次の題名のうちこの文章に最も適切なものはどれか」

　第1段に，メディア，世論，外交政策の関係性について情報環境の変化
を踏まえて見直すことを目的とするとある。第2段で，情報環境の変化に
よって外交政策に対する世論の制約が減ったのではないかという疑問を投
げかけ，第3段以降で制約が減ったという主張を展開している。第3段は
情報環境の変化が一般の人々の政治，特に外交政策への関与や制約にもた
らす影響，第4・5段は世論の不安定化と，外交政策における民主主義へ
の信頼の脆弱性，第6段はメディア，世論，外交政策の制約モデルの再構
築の必要性，となっている。したがって，(2)「ソーシャルメディア時代に
おけるメディア，世論，外交政策」が適切である。Social Media という語
句が本文中に登場していないため不安があったかもしれないが，第1段第
1文（The information environment …）「過去20年で情報環境は根本か
ら変わった」がソーシャルメディア時代の到来を指していることは明らか
である。

(1)「情報時代における従来のメディアの成功」

　従来の情報環境が変わったという内容であり，不適。第1段第4文
（For years, scholars …）の「インターネット上のニュースの大半は今で
も従来のメディアによって制作されており，ほとんどの人が今でも従来の
情報源から情報を得ている」が選択肢に近い意味ではあるが，これは情報
環境の変化についていけていない学者らが頼っている主張であるため，不
適である。

(3)「メディアと世論の変わらない状況」

　第1段にメディアの変化，第4段に世論の変化に関する記述があるため，
不適。

(4)「近代の民主主義国家において政治指導者に責任を取らせる方法」

　第5段第2文（If citizens cannot …）に hold their leaders to account
「指導者に責任を取らせる」という表現は登場するが，本文中でその方法
について述べられている箇所はないため，不適。hold *A* accountable＝
hold *A* to account「*A* に責任を問う」

⑷2　「本文によると，なぜメディアや世論に関する従来のモデルでは不十分になってきているのか」

　設問の「メディアや世論に関する従来のモデルでは不十分である」に近い意味となるのは第1段第3文（However, existing models …）の「既存のモデルは崩壊している」で，同文は「インターネットによる細分化した情報と偏向した世論という背景においては」と続くため，原因はここにあると考えられる。よって，⑶「メディア情勢がより分断され，二極化している」が正解。polarized「二極化した」

⑴「感染症の蔓延以降，世論は劇的に変化した」

　pandemic「（感染症の）蔓延，大流行」に関する言及はない。

⑵「人々はもはや新聞やテレビ放送から新しい情報を入手しなくなった」

　第1段第4文（For years, scholars …）に学者らが情報環境の変化の影響に対処できず「ほとんどの人が今でも従来の情報源から情報を得ているという主張に頼ってきた」とはあるが，これは，新聞やテレビ放送といった従来の情報源から新しい情報を入手しなくなったことを意味しているわけではない。また，本文中にそのような記述はないため，不適。

⑷「今日のグローバル社会において外交政策の重要性が失われている」

　第3段第1文（While additional research …）に「外交政策への民主的制約の全体的な減少」とあるが，外交政策の重要性が低下しているわけではないため，不適。ちなみに，democratic constraint「民主的制約」とは第2段第5文（Over time, this …）の「一般の人々が生産的に外交政策過程に関わること」を指している。

⑷3　「本文によると，現在のメディア情勢や政治情勢は世論にどのように影響を及ぼしているか」

　第3段第2文（The current information …）「現在の情報環境と政治環境は，中立的なメディアから目立った意見が出たり，大衆が対立する意見に積極的に関与したりするような節度が著しく欠如しており，有権者らは反射的に『自分たちの』指導者を支持し，対立する指導者を非難する傾向にある」の内容が，同段第3文（These effects become …）の a polarizing public sorts into just two baskets: "us" and "them" に言い換えられており，一般の人々は「自分たち」と「（自分たちを含まない）彼ら」というたった2つの枠組みだけに当てはまりがちになっていることが

わかる。さらに，同段最終文（Contrary views less …）に「メディアが細分化・サイロ化すると，反対意見が出てくることが少なくなり，少数の反対意見が出たとしても『フェイクニュース』として簡単に退けられる」とあるため，⑶「さまざまな見解が聞かれることがより難しくなっている」が正解となる。

⑴「一般の人々がさまざまな観点に積極的に関与することを促している」

　第3段第2文（The current information …）に不一致。engagement「関与」diverse「多様な，異なる」

⑵「正確な情報の伝播を促進している」

　このような記述はない。facilitate「～を促進する」accurate「正確な」

⑷「団結して意見が一致しやすい環境を可能にしている」

　第3段第2文（The current information …）の「反射的に『自分たちの』指導者を支持し，対立する指導者を非難する」が，unity「団結，統一」やconsensus「意見の一致」に不一致。

(44)「この文章の終わりに新たに1段加えるとすると，以下のテーマのうち，どれに関するものになる可能性が最も高いか」

　第6段最終文（Our hope is …）では10年前に構築したメディア，世論，外交政策の制約のモデルを再構築し，もっと生産性を高める方向に向かいたい，とある。その実現のためには第1段第2文（We know a …）「我々は新聞やテレビ放送，戦後コンセンサスに偏った枠組みの中ではメディア，世論，外交政策の関連性について多くのことを知っている」にあるように，現代におけるメディア，世論，外交政策の関連性についての十分な検討が必要とされる。第3段第1文（While additional research …）に，メディア環境の変化による世論の傾向が外交政策への民主的制約を弱めているという主張について「さらなる調査が必要である」とある。よって，⑷「メディアと世論の関連性に関するさらなる調査の必要性」が続くと考えられる。further「さらなる」public opinion「世論」

⑴「新たな科学技術を教育システムに取り入れる努力」

　本文中に教育システムに関する記述が一切ないため，不適。integrate「～を組み込む」emerging「新たに出現した」

⑵「ソーシャルメディアのインフルエンサーになる過程」

　「インフルエンサーになる」といったソーシャルメディアの活用に関す

る記述はないため，不適。

(3)「米国の外交政策の決断が世界経済に及ぼす潜在的影響」

　米国の外交政策と世界経済の関連性に関しては一切論じられていないことから，不適。

(45)　「この文章の出典は次のうち，どの出版物である可能性が最も高いか」

　本文は情報環境の変化に伴う世論と政治，特に外交政策との関連性について論じている。問題を提起して目的を述べ主張を展開していくという研究論文の形式になっている。よって，(1)「科学学術雑誌」が正しい。研究で得られた知見を公開し科学の発展を目指すことを目的とした学術出版刊行物の総称である。(2)「ライフスタイル誌」(3)「ニュースの報道」(4)「政治解説ブログ」

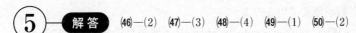

⑤　　**解答**　　(46)—(2)　(47)—(3)　(48)—(4)　(49)—(1)　(50)—(2)

・・・ **全訳** ・・・

ナンシー：日本の京都に行ったことある？　訪れる価値のあるとても素晴らしい街よ！

ジェリー：いや，行ったことないな。なんで京都はそんなに特別なの？

ナンシー：文化と歴史がたくさん詰まっているのよ。寺院や神社が息をのむほど美しいの。

ジェリー：それは面白そうだね。街の近代的な面はどんな感じなの？

ナンシー：新しいものと古いものがいい感じに融合しているの。昔ながらのお茶屋が現代的なお店の隣にあるのよ。

ジェリー：食べ物はどう？

ナンシー：あなたは絶対に気に入ると思うわ。京都は懐石料理っていうコース料理からなる食の体験で有名なのよ。

ジェリー：寺院についてもっと教えてよ。美しい寺院がいくつかあるって聞いたことがある。

ナンシー：その通りよ。京都には目を見張るような寺院があるのよ。金閣寺や伏見稲荷大社とかね。

ジェリー：京都の街を見て回るのにお金はかかる？

ナンシー：お金がかかることもあるけれど，それほどお金がかからない選

　　択肢もあるわよ。京都の公園は美しくて無料よ。

ジェリー：君は僕を説得して行くことを決断させたね。公共の交通手段は
　　　　　どうなってるの？

ナンシー：しっかり整ってるわよ。バスと電車に乗れば街のどんな場所で
　　　　　も簡単に見て回ることができるわ。

ジェリー：京都が見せてくれるものを見るのが待ちきれないな。

ナンシー：後悔のない決断だと思うわ。現在がねじれて過去に戻るような
　　　　　感覚になるわ。

=========================　解　説　=========================

(46)　(1)「それは甘く見てはいけないことよ」

(2)「そこには文化と歴史がたくさん詰まっているのよ」

(3)「あなたはその伝統について知りたいのね」

(4)「訪問者数が増えているのよ」

　　空所前の What makes Kyoto so special?「何が京都をそんなに特別な
場所にしているの？」というジェリーの問いに対し，ナンシーは空所後で
京都の素晴らしい面として，まず寺院や神社を挙げていることから，(2)が
正解となる。take ～ lightly「～を軽く受け止める，甘く見る」

(47)　(1)「それらを街中で見つけることができるわ」

(2)「あなたに言っても信じないでしょうね」

(3)「新しいものと古いものが完全に融合しているの」

(4)「そこはかつて日本の首都だったの」

　　京都の現代的な側面について問われたナンシーは，空所後（Traditional
tea houses …）で，伝統的なお茶屋と現代的な店が並ぶ様子を伝えている。
よって，伝統的な建物と現代的な建物が混在する様子を表す(3)が適切であ
る。(1)も正解に思えたかもしれないが，them は複数形で，the city's
modern side（単数）を指すことができないため，不適。

(48)　(1)「ディナーがおすすめみたいよ」

(2)「メニューから選ぶのが一番よ」

(3)「私の友達は私に賢く選ぶようにって言ってたわ」

(4)「あなたは絶対に気に入ると思うわ」

　　京都での食事について，ナンシーは空所後で懐石料理を勧めている。(1)
は空所後で懐石料理を勧める流れがディナーに結びつかないため，不適。

(2)，(3)はいずれも自分で好きなものを選ぶことを勧めている。それなのに空所後で懐石料理を勧めるのは流れが不自然となるため，不適。よって，(4)を補い，京都を推しているナンシーがジェリーに京都への期待感を抱かせる流れが適切であろう。dining「食事」　absolutely「絶対的に」

⑷　(1)「君は僕を説得して行くことを決断させたね」

(2)「前に聞いたことあるな」

(3)「まぁそんなもんだろうね」

(4)「まさにその通りだよ」

　京都の魅力を次々と語るナンシーに対し，ジェリーは最後の発言（I can't wait …）で「京都が見せてくれるものを見るのが待ちきれないな」と京都に行く前提の発言をしていることから，行く気になったことを表す(1)が正解である。sell *A* on *doing*「*A* を説得して〜させる，*A* に〜を売り込む」

⑸　(1)「それは私が勧めてきたのよ」

(2)「後悔のない決断だと思うわ」

(3)「遅れても何もしないよりはマシよ」

(4)「それはあなたが自分自身で自由に選ぶべきよ」

　ここまでのナンシーによる京都おすすめキャンペーンの甲斐もあり，空所前のジェリーの発言（I can't wait …）「京都が見せてくれるものを見るのを待ちきれないな」から，ジェリーは京都に行く前提で話をしている。また，空所後のナンシーの発言（It's like going …）が，京都に行くことで現在と過去が融合した感覚になる，と京都に行くことの魅力をさらに伝えようとしていることからも，空所にはジェリーの京都に行こうという気持ちを肯定する表現が入るはずである。よって，(2)が適切である。

講評

　2024 年度の問題構成は 2023 年度までのものをそのまま踏襲した形であり，文法・語彙問題 3 題，読解問題 1 題，会話文問題 1 題という大問構成や，大問ごとの設問数にも変化は全くなかった。

　❶の同意表現問題は，選択肢の語句・表現がほとんど頻出のもので，2023 年度と同程度の難易度であったが，下線部の語句・表現について

は(2)の phenomenal の意外な意味や(3)の casualty，(7)の allegedly などはあまりなじみのないもので，難しく感じたかもしれない。

2 の空所補充問題は否定，形容詞，副詞，接続詞，分詞，態，不定詞，関係詞，助動詞，仮定法からの出題で，10問中3問が否定語からの出題であった。否定語そのものの知識も重要だが，(11)や(15)のような否定語を含む慣用表現および否定語を用いないが否定の意味となる慣用表現は，字面から意味の予測をつけるのがなかなか難しい表現であるため，事前学習の有無が正解不正解に大きく影響したであろう。(11) anything but ～と nothing but ～の違いや(12)の respect の派生語など，類似表現を識別する力が問われた。

3 の誤り指摘は2023年度と異なり，文法的な要素に関する誤りを指摘する設問がほとんどで，関係詞，否定，代名詞，時制，呼応（主語と述語動詞の一致）からの出題であった。特に関係詞関連の出題が10問中2問となっていた。ほぼ例年，時制や関係詞に関する誤りを指摘する問題が含まれているため，関係詞を含む文のルールを今一度確認し，関係詞を含む文はその使用法が適切かどうかをきちんと確認するとよいだろう。

4 は読解問題3つの構成で，(I)「高齢化と出生率の低下がもたらす経済的課題」については，本文そのものは読みやすいもので，選択肢の英文も短めであったものの，(33)と(35)は potential change, potential solution のように，本文にはっきりと正解が出てくるものではなく，本文内容を読み取った上で可能性として起こりうるものを選ばせるタイプの問題であったため，解答に少し迷ったかもしれない。(II)「オープンAIの言語モデルの進化」は本文内容が専門的なものであったため読み進めづらい印象を受けたかもしれないが，専門的で難しく感じられた箇所はほとんどが設問を解く上で支障のない部分であったはずである。設問に関しては比較的易しめで，本文で使用されている語でほとんどの選択肢が構成されており，○×の判断を付けやすいものばかりであった。(III)「ソーシャルメディア時代におけるメディア，世論，外交政策」もまた，比較的専門性の高い文章で，言わんとしていることを理解するのに時間がかかったかもしれない。また，設問に関しても内容がしっかりと理解できていないと解くことが難しいものも含まれており，2024年度

の読解問題３つの中では最も難易度が高かった。

　５の会話文は，会話の前後の流れをつかんでいけば容易に解答できるものに加えて，選択肢中の会話独特の表現を知らなければ解答が困難な問題も含まれていた。会話の流れさえわかれば正解を容易に見つけることのできていた他の年度の問題と比べると，難易度が少し上がったと言える。

　全体としては，１の同意表現問題と４の読解問題，５の会話文問題が若干難化したと言えるため，全体としてはやや難化。文法・語彙・誤り訂正・読解問題・会話問題と，多種多様な問題が多く出題されるが，大問や設問の数はここ数年ずっと同じであるため，過去問を利用してきっちり自分なりの時間配分を決めてから演習に取り組むとよいだろう。設問の難易度は年度により若干の差はあるものの，基本的には自分が定めた時間配分内ですべての問題を解き切ることを意識することが大切である。４の読解問題では，情報（機器）関連の問題が必ずと言ってよいほど含まれるため，情報（機器）関連の読解問題に多く触れておきたいところである。できるだけ多く過去問にあたるとよいだろう。

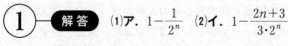

数　学

◀B　方　式▶

① 解答　(1)ア. $1-\dfrac{1}{2^n}$　(2)イ. $1-\dfrac{2n+3}{3\cdot 2^n}$

(3)ウ. $1-\dfrac{2n^2+7n+9}{9\cdot 2^n}$

━━━━━━━ 解説 ━━━━━━━

《n 個のサイコロの出る目の積についての確率》

(1)　余事象は「出る目の積が奇数」であり，これは n 個のサイコロすべてで奇数の目が出るときなので，求める確率は

$$1-\left(\dfrac{3}{6}\right)^n=1-\dfrac{1}{2^n}　（→ア）$$

(2)　余事象は「出る目の積が 4 の倍数ではない」であり，これは

(i)　n 個のサイコロすべてで奇数の目が出るとき

(ii)　n 個のサイコロのうち，1 個だけ 2 または 6 の目が出て，残り $n-1$ 個はすべて奇数の目が出るとき

の 2 通りがあるから，求める確率は

$$1-\left(\dfrac{3}{6}\right)^n-\dfrac{{}_n\mathrm{C}_1\cdot 2\cdot 3^{n-1}}{6^n}=1-\dfrac{1}{2^n}-\dfrac{2n}{3\cdot 2^n}$$

$$=1-\dfrac{2n+3}{3\cdot 2^n}　（→イ）$$

(3)　余事象は「出る目の積が 8 の倍数ではない」であり，これは

(i)　n 個のサイコロすべてで奇数の目が出るとき

(ii)　n 個のサイコロのうち，1 個だけ偶数の目が出て，残り $n-1$ 個はすべて奇数の目が出るとき

(iii)　n 個のサイコロのうち，2 個が 2 または 6（2 が 2 個，6 が 2 個も含む）の目が出て，残り $n-2$ 個はすべて奇数の目が出るとき

の 3 通りがあるから，求める確率は

$$1-\left(\frac{3}{6}\right)^n-\frac{{}_nC_1 \cdot 3 \cdot 3^{n-1}}{6^n}-\frac{{}_nC_2 \cdot 2^2 \cdot 3^{n-2}}{6^n}$$

$$=1-\frac{1}{2^n}-\frac{n}{2^n}-\frac{2n(n-1)}{9 \cdot 2^n}=1-\frac{2n^2+7n+9}{9 \cdot 2^n}\quad(\rightarrow\text{ウ})$$

② 解答 **エ.** -3　**オ.** 3　**カ.** x^2-2x+1

━━━━━━━━━━━ **解説** ━━━━━━━━━━━

《整式の割り算》

条件(i)から $Q(x)$ を商とすると，$P(x)=f(x)Q(x)+x^2-x$ であり

$$\{P(x)\}^2=\{f(x)\}^2\{Q(x)\}^2+2f(x)Q(x)(x^2-x)+(x^2-x)^2$$

$$=f(x)[f(x)\{Q(x)\}^2+2Q(x)(x^2-x)]+x^4-2x^3+x^2$$

なので，$\{P(x)\}^2$ を $f(x)$ で割った余りは，$x^4-2x^3+x^2$ を $f(x)$ で割った余りと等しい。

実際に割ると

$$
\begin{array}{r}
x-a-2 \\
x^3+ax^2+bx-1\ \overline{\smash{\big)}\ x^4-2x^3+x^2} \\
\underline{x^4+ax^3+bx^2-x} \\
(-a-2)x^3+(1-b)x^2+x \\
\underline{(-a-2)x^3+(-a^2-2a)x^2+(-ab-2b)x+a+2} \\
(a^2+2a-b+1)x^2+(ab+2b+1)x-a-2
\end{array}
$$

ここで，条件(ii)より，$\{P(x)\}^2$ を $f(x)$ で割った余りの定数項は 1 であるから

$$-a-2=1 \iff a=-3\quad(\rightarrow\text{エ})$$

さらに $\{P(x)\}^3=\{f(x)Q(x)+x^2-x\}^3$

$$=f(x)[\{f(x)\}^2\{Q(x)\}^3+3f(x)\{Q(x)\}^2(x^2-x)$$

$$+3Q(x)(x^2-x)^2]+(x^2-x)^3$$

から，$\{P(x)\}^3$ を $f(x)$ で割った余りは，$(x^2-x)^3$ を $f(x)$ で割った余りと等しい。

実際に割ると

$$
\begin{array}{r}
x^3+(3-b)x+(9-3b) \\
x^3-3x^2+bx-1{\overline{\smash{\big)}\,x^6-3x^5\ \ \ \ \ +3x^4-x^3}} \\
\underline{x^6-3x^5\ \ \ \ \ +bx^4-x^3} \\
(3-b)x^4 \\
\underline{(3-b)x^4-(9-3b)x^3+(3b-b^2)x^2-(3-b)x} \\
(9-3b)x^3+(b^2-3b)x^2+(3-b)x \\
\underline{(9-3b)x^3-(27-9b)x^2+(9b-3b^2)x-(9-3b)} \\
(b^2-12b+27)x^2+(3b^2-10b+3)x+9-3b
\end{array}
$$

条件(iii)より，$\{P(x)\}^3$ は $f(x)$ で割り切れるので，余りは 0 であるから

$$(b^2-12b+27)x^2+(3b^2-10b+3)x+9-3b=0$$

$$(b-3)(b-9)x^2+(b-3)(3b-1)x-3(b-3)=0$$

$$(b-3)\{(b-9)x^2+(3b-1)x-3\}=0$$

これがどんな x についても成り立つから　　$b=3$　（→オ）

であり，$\{P(x)\}^2$ を $f(x)$ で割った余りは

$$(a^2+2a-b+1)x^2+(ab+2b+1)x-a-2$$

で，$a=-3$，$b=3$ より

$$\{(-3)^2-6-3+1\}x^2+(-9+6+1)x+3-2=x^2-2x+1\quad（→カ）$$

③ 解答 (1)キ. $-\dfrac{1}{2}$　ク. $\dfrac{1}{4}$　(2)ケ. $\dfrac{1}{3}$　(3)コ. $\dfrac{\sqrt{35}}{8}$

===== 解　説 =====

《2つのベクトルが垂直となる条件，三角形の面積》

(1)　点 M は辺 OA の中点，点 N は辺 OB を

1:3 に内分する点より

$$\overrightarrow{\mathrm{OM}}=\dfrac{1}{2}\overrightarrow{\mathrm{OA}},\ \overrightarrow{\mathrm{ON}}=\dfrac{1}{4}\overrightarrow{\mathrm{OB}}$$

であるから

$$\overrightarrow{\mathrm{MN}}=\overrightarrow{\mathrm{ON}}-\overrightarrow{\mathrm{OM}}=-\dfrac{1}{2}\overrightarrow{\mathrm{OA}}+\dfrac{1}{4}\overrightarrow{\mathrm{OB}}$$

（→キ，ク）

(2)　点 P は線分 MN を $t:(1-t)$ に内分する点より

$$\overrightarrow{\mathrm{OP}}=(1-t)\overrightarrow{\mathrm{OM}}+t\overrightarrow{\mathrm{ON}}=\dfrac{1-t}{2}\overrightarrow{\mathrm{OA}}+\dfrac{t}{4}\overrightarrow{\mathrm{OB}}$$

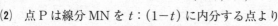

これより

$$\overrightarrow{CP}=\overrightarrow{OP}-\overrightarrow{OC}=\frac{1-t}{2}\overrightarrow{OA}+\frac{t}{4}\overrightarrow{OB}-\overrightarrow{OC}$$

　$CP \perp MN$ となるのは，$\overrightarrow{CP}\cdot\overrightarrow{MN}=0$ をみたすときであるから，この式をみたす t の値 $(0<t<1)$ を求める。ここで，四面体 OABC は 1 辺の長さが 2 の正四面体であるから

$$|\overrightarrow{OA}|=|\overrightarrow{OB}|=|\overrightarrow{OC}|=2$$

$$\overrightarrow{OA}\cdot\overrightarrow{OB}=\overrightarrow{OB}\cdot\overrightarrow{OC}=\overrightarrow{OC}\cdot\overrightarrow{OA}=2\times2\times\cos\frac{\pi}{3}=2$$

であり，これらを用いると

$$\overrightarrow{CP}\cdot\overrightarrow{MN}=0$$

$$\Longleftrightarrow \left(\frac{1-t}{2}\overrightarrow{OA}+\frac{t}{4}\overrightarrow{OB}-\overrightarrow{OC}\right)\cdot\left(-\frac{1}{2}\overrightarrow{OA}+\frac{1}{4}\overrightarrow{OB}\right)=0$$

$$\Longleftrightarrow \frac{t-1}{4}|\overrightarrow{OA}|^2+\frac{1-t}{8}\overrightarrow{OA}\cdot\overrightarrow{OB}-\frac{t}{8}\overrightarrow{OA}\cdot\overrightarrow{OB}+\frac{t}{16}|\overrightarrow{OB}|^2$$
$$+\frac{1}{2}\overrightarrow{OC}\cdot\overrightarrow{OA}-\frac{1}{4}\overrightarrow{OB}\cdot\overrightarrow{OC}=0$$

$$\Longleftrightarrow t-1+\frac{1-t}{4}-\frac{t}{4}+\frac{t}{4}+1-\frac{1}{2}=0$$

$$\Longleftrightarrow \frac{3}{4}t=\frac{1}{4}$$

$$\Longleftrightarrow t=\frac{1}{3}$$

　これは $0<t<1$ をみたすので，$CP \perp MN$ となる t の値は

$$t=\frac{1}{3} \quad (\to ケ)$$

(3) (2)より，$MN \perp CP$ であるから

$$\triangle CMN=\frac{1}{2}\times MN\times CP$$

である。MN, CP の長さは，それぞれ

$$|\overrightarrow{MN}|^2=\left|-\frac{1}{2}\overrightarrow{OA}+\frac{1}{4}\overrightarrow{OB}\right|^2$$
$$=\frac{1}{4}|\overrightarrow{OA}|^2-\frac{1}{4}\overrightarrow{OA}\cdot\overrightarrow{OB}+\frac{1}{16}|\overrightarrow{OB}|^2$$

$$=1-\frac{1}{2}+\frac{1}{4}$$

$$=\frac{3}{4}$$

$|\overrightarrow{MN}|>0$ から　　$|\overrightarrow{MN}|=\frac{\sqrt{3}}{2}$

$$|\overrightarrow{CP}|^2=\left|\frac{1}{3}\overrightarrow{OA}+\frac{1}{12}\overrightarrow{OB}-\overrightarrow{OC}\right|^2$$

$$=\frac{1}{9}|\overrightarrow{OA}|^2+\frac{1}{144}|\overrightarrow{OB}|^2+|\overrightarrow{OC}|^2+\frac{1}{18}\overrightarrow{OA}\cdot\overrightarrow{OB}-\frac{1}{6}\overrightarrow{OB}\cdot\overrightarrow{OC}$$

$$-\frac{2}{3}\overrightarrow{OC}\cdot\overrightarrow{OA}$$

$$=\frac{4}{9}+\frac{1}{36}+4+\frac{1}{9}-\frac{1}{3}-\frac{4}{3}$$

$$=\frac{35}{12}$$

$|\overrightarrow{CP}|>0$ から　　$|\overrightarrow{CP}|=\frac{\sqrt{35}}{2\sqrt{3}}$

以上から

$$\triangle CMN=\frac{1}{2}\times\frac{\sqrt{3}}{2}\times\frac{\sqrt{35}}{2\sqrt{3}}=\frac{\sqrt{35}}{8}\quad(\rightarrow \text{コ})$$

④ 解答 (1)　3直線 $3x+4y=12$, $-x+4y=8$, $9x+4y=48$ をそれぞれ l_1, l_2, l_3 とおく。

l_1 と l_2 の交点の座標は $\left(1,\ \frac{9}{4}\right)$, l_2 と l_3 の交点の座標は $(4,\ 3)$, l_3 と l_1 の交点の座標は $\left(6,\ -\frac{3}{2}\right)$ であり

$$3x+4y\geqq12\iff y\geqq-\frac{3}{4}x+3$$

$$-x+4y\leqq8\iff y\leqq\frac{1}{4}x+2$$

$$9x+4y\leqq48\iff y\leqq-\frac{9}{4}x+12$$

なので，連立不等式の表す領域 D は，直線 l_1 を含む直線 l_1 の上側と，直

線 l_2 を含む直線 l_2 の下側と，直線 l_3 を含む直線 l_3 の下側の領域の共通部分であるから，下図の網かけ部分である。ただし，境界線を含む。

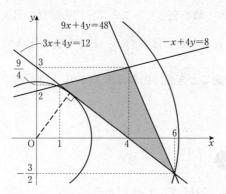

(2)　原点は領域 D に含まれていないので，正の実数 k を用いて，$x^2+y^2=k$ とおく。

　　これは，原点を中心とする半径 $\sqrt{k}$ の円を表す。

　　点 (x, y) が領域 D を動くとき，半径が最大となるのは，点 $\left(6, -\dfrac{3}{2}\right)$ を通るときで，k の値は

$$k=6^2+\left(-\dfrac{3}{2}\right)^2=\dfrac{153}{4}$$

　　また，最小となるのは，原点を通り，直線 $l_1: y=-\dfrac{3}{4}x+3$ に垂直な直線である $y=\dfrac{4}{3}x$ と直線 l_1 の交点 $\left(\dfrac{36}{25}, \dfrac{48}{25}\right)$（この点は l_1 上で領域 D に含まれる）を通るときで，k の値は

$$k=\left(\dfrac{36}{25}\right)^2+\left(\dfrac{48}{25}\right)^2=\dfrac{12^2(3^2+4^2)}{625}=\dfrac{144}{25}$$

以上から，x^2+y^2 の
$$\left.\begin{array}{l}最大値は　\dfrac{153}{4}\quad\left(x=6,\ y=-\dfrac{3}{2}\right)\\[2mm]最小値は　\dfrac{144}{25}\quad\left(x=\dfrac{36}{25}, y=\dfrac{48}{25}\right)\end{array}\right\}$$ ……(答)

======= 解　説 =======

《領域と2次式の最大・最小》

(1)　交点の座標を求め，各直線の上側の領域か，下側の領域かを確認し，

図示する。

(2)　$x^2+y^2=k$（k は正の実数）とおくことで，図形的にとらえることができる。k の最大・最小を考えることは，円の半径の最大・最小を考えることであり，最大となるのは点 $\left(6,\ -\dfrac{3}{2}\right)$ を通るときで，最小となるのは点 $\left(1,\ \dfrac{9}{4}\right)$ を通るときか，円が直線 $3x+4y=12$ に接するときかのどちらかとなる。

⑤ ── 解答 ── $\left(\dfrac{1}{2}\right)^x=t$ とおく。

すべての実数 x に対して，$t>0$ である。

$$f(x)=\left(\dfrac{1}{8}\right)^x-2\left(\dfrac{1}{4}\right)^{x-1}+5\left(\dfrac{1}{2}\right)^x$$

$$=\left\{\left(\dfrac{1}{2}\right)^x\right\}^3-8\left\{\left(\dfrac{1}{2}\right)^x\right\}^2+5\left(\dfrac{1}{2}\right)^x$$

$$=t^3-8t^2+5t$$

なので，$g(t)=t^3-8t^2+5t$ とおく。

$$g'(t)=3t^2-16t+5=(3t-1)(t-5)$$

から，$g'(t)=0$ となるのは，$t=\dfrac{1}{3}$，5 のとき。

これより，$t>0$ における増減表は右のようになる。

よって，$t=5$ すなわち $x=\log_{\frac{1}{2}}5$ のとき，$f(x)$ は最小値 -50 をとる。

……（答）

t	0	$\cdots$	$\dfrac{1}{3}$	$\cdots$	5	$\cdots$
$g'(t)$		+	0	−	0	+
$g(t)$	(0)	↗	$\dfrac{22}{27}$	↘	-50	↗

また，$x\geqq0$ のとき，$t=\left(\dfrac{1}{2}\right)^x$ のグラフを考えることにより，$0<t\leqq1$ であるから，右上の増減表より，$t=\dfrac{1}{3}$ すなわち，$x=\log_{\frac{1}{2}}\dfrac{1}{3}$ のとき，$f(x)$ は最大値 $\dfrac{22}{27}$ をとる。　……（答）

<hr>

解 説

《指数関数，3次関数の最大・最小》

$\left(\dfrac{1}{2}\right)^x$ を t と置き換えることで，$f(x)$ は t の3次式で表すことができ

るので，これを $g(t)$ とし，$g(t)$ の最大・最小を考えるとよい。$t>0$ で

あることに注意して増減表を書き，最大・最小を求めるとよい。

講 評

　B方式は「数学Ⅰ・Ⅱ・A・B（数列，ベクトル）」からの出題で，
2024年度は大問5題，試験時間は90分であった。1～3は空所補充問
題，4・5は記述問題で，丁寧な誘導のついた問題となっている。

　1　n 個のサイコロを投げたときの出る目の積が2の倍数，4の倍数，
8の倍数となる確率を求める問題で，いずれも余事象を考えるとよい。

　2　整式の割り算に関する問題。実際に割り算を行うことで，出てく
る余りについて考えると条件がわかる。

　3　正四面体に関するベクトルの問題で，誘導に沿って進めていくと，
(3)で(2)の結果をみたす点を利用することに気付くことができる。

　4　直線で囲まれた領域の図示と，領域を利用した最大・最小の問題。
円の半径が最大・最小となる場合を考えるので，三角形の頂点を通ると
きか，三角形の辺と接するときがあることに注意したい。

　5　指数関数と微分法の融合問題。置き換えることで3次関数となる
問題で頻出なので，誘導はなかったが落ち着いて解くことができたと思
われる。

◀C 方 式▶

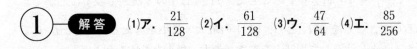

① ─ 解答 ─ (1)ア. $\dfrac{21}{128}$ (2)イ. $\dfrac{61}{128}$ (3)ウ. $\dfrac{47}{64}$ (4)エ. $\dfrac{85}{256}$

━━━━━ 解 説 ━━━━━

《サイコロとコインを用いた確率》

(1) A の得点が 0 になる確率は，サイコロを投げて出た目の分だけコインを投げ，すべて裏が出る確率であるから

$$\frac{1}{6}\times\left\{\frac{1}{2}+\left(\frac{1}{2}\right)^2+\left(\frac{1}{2}\right)^3+\left(\frac{1}{2}\right)^4+\left(\frac{1}{2}\right)^5+\left(\frac{1}{2}\right)^6\right\}$$

$$=\frac{1}{6}\times\frac{\frac{1}{2}\left\{1-\left(\frac{1}{2}\right)^6\right\}}{1-\frac{1}{2}}$$

$$=\frac{21}{128}\quad(\to\text{ア})$$

(2) A，B の得点が 0，1，2，3 となる確率はそれぞれ等しく，これを p_0，p_1，p_2，p_3 とおく。

(1)より $p_0=\dfrac{21}{128}$ であり

$$p_1=\frac{1}{6}\times\left\{\frac{1}{2}+{}_2C_1\left(\frac{1}{2}\right)^2+{}_3C_1\left(\frac{1}{2}\right)^3+{}_4C_1\left(\frac{1}{2}\right)^4+{}_5C_1\left(\frac{1}{2}\right)^5+{}_6C_1\left(\frac{1}{2}\right)^6\right\}$$

$$=\frac{1}{6}\times\frac{32+32+24+16+10+6}{2^6}$$

$$=\frac{5}{16}$$

$$p_2=\frac{1}{6}\times\left\{{}_2C_2\left(\frac{1}{2}\right)^2+{}_3C_2\left(\frac{1}{2}\right)^3+{}_4C_2\left(\frac{1}{2}\right)^4+{}_5C_2\left(\frac{1}{2}\right)^5+{}_6C_2\left(\frac{1}{2}\right)^6\right\}$$

$$=\frac{1}{6}\times\frac{16+24+24+20+15}{2^6}$$

$$=\frac{33}{128}$$

$$p_3=\frac{1}{6}\times\left\{{}_3C_3\left(\frac{1}{2}\right)^3+{}_4C_3\left(\frac{1}{2}\right)^4+{}_5C_3\left(\frac{1}{2}\right)^5+{}_6C_3\left(\frac{1}{2}\right)^6\right\}$$

$$= \frac{1}{6} \times \frac{8+16+20+20}{2^6}$$

$$= \frac{1}{6}$$

これらを用いると，A の得点が 2 であるとき，A が勝つのは，B の得点が 0 または 1 のときであるから，求める確率は

$$p_0 + p_1 = \frac{21}{128} + \frac{5}{16} = \frac{61}{128} \quad (\to イ)$$

(3)　(2)の p_0, p_1, p_2, p_3 を用いると，A の得点が 3 であるとき，A が勝つのは，B の得点が 0，1，2 のときであるから，求める確率は

$$p_0 + p_1 + p_2 = \frac{21}{128} + \frac{5}{16} + \frac{33}{128} = \frac{47}{64} \quad (\to ウ)$$

(4)　「A が出したサイコロの目が 3 である」という事象を C，「A が勝つ」という事象を D とする。求める確率は $P_C(D)$ であり，$P_C(D) = \dfrac{P(C \cap D)}{P(C)}$ を利用する。

$$P(C) = \frac{1}{6}$$

$P(C \cap D)$ は A がコインを 3 枚投げて A が勝つ確率で，A は「1 点で勝つ」，「2 点で勝つ」，「3 点で勝つ」の 3 つの場合があるから

$$P(C \cap D) = \frac{1}{6} \times \left\{ {}_3C_1 \left(\frac{1}{2} \right)^3 \times p_0 + {}_3C_2 \left(\frac{1}{2} \right)^3 \times (p_0 + p_1) \right.$$
$$\left. + {}_3C_3 \left(\frac{1}{2} \right)^3 (p_0 + p_1 + p_2) \right\}$$

$$= \frac{1}{6} \times \left(\frac{3}{8} \cdot \frac{21}{128} + \frac{3}{8} \cdot \frac{61}{128} + \frac{1}{8} \cdot \frac{47}{64} \right)$$

$$= \frac{85}{6 \cdot 256}$$

よって　　$P_C(D) = \frac{85}{6 \cdot 256} \times 6 = \frac{85}{256} \quad (\to エ)$

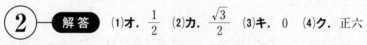

②　**解答**　(1)オ. $\dfrac{1}{2}$　(2)カ. $\dfrac{\sqrt{3}}{2}$　(3)キ. 0　(4)ク. 正六

(5)ケ. $3\sqrt{3}$

═══════════ 解　説 ═══════════

《立方体を平面で切った切り口の面積》

(1)　辺 AB の中点が M，辺 BC の中点が N より，各座標は

$$M(0,\ -1,\ -1),\ N(1,\ 0,\ -1)$$

であるから　　$\overrightarrow{OM}=(0,\ -1,\ -1),\ \overrightarrow{ON}=(1,\ 0,\ -1)$

これより

$$\cos\theta=\frac{\overrightarrow{OM}\cdot\overrightarrow{ON}}{|\overrightarrow{OM}|\times|\overrightarrow{ON}|}=\frac{1}{\sqrt{2}\times\sqrt{2}}=\frac{1}{2}\quad(\to\text{オ})$$

(2)　△OMN の面積は

$$\triangle OMN=\frac{1}{2}\sqrt{|\overrightarrow{OM}|^2\times|\overrightarrow{ON}|^2-(\overrightarrow{OM}\cdot\overrightarrow{ON})^2}=\frac{\sqrt{3}}{2}\quad(\to\text{カ})$$

(3)　平面 OMN と辺 CG の交点を P と
おく。点 P は平面 OMN 上の点である
から

$$\overrightarrow{OP}=\alpha\overrightarrow{OM}+\beta\overrightarrow{ON}\quad(\alpha,\ \beta\text{は実数})$$

とおくことができる。これより

$$\overrightarrow{OP}=(\beta,\ -\alpha,\ -\alpha-\beta)\quad\cdots\cdots①$$

また，点 P は直線 CG 上の点である
から

$$\overrightarrow{CP}=t\overrightarrow{CG}\quad(t\text{は実数})$$

とおくこともできる。

$$\overrightarrow{OP}=(1-t)\overrightarrow{OC}+t\overrightarrow{OG}$$
$$=(1,\ 1,\ 2t-1)\quad\cdots\cdots②$$

①，②から各成分を比較して

$$\beta=1,\ -\alpha=1,\ -\alpha-\beta=2t-1$$

これらを解いて，$\alpha=-1,\ \beta=1,\ t=\dfrac{1}{2}$ であり，$\overrightarrow{OP}=(1,\ 1,\ 0)$ なの
で，交点 P の座標は

$$(1,\ 1,\ 0)\quad(\to\text{キ})$$

(4)　(3)と同様にして，平面 OMN と辺 AE の交点を Q とおくと，点 Q の
座標は $(-1,\ -1,\ 0)$ となり，点 P は辺 CG の中点，点 Q は辺 AE の中点

である。平行な平面に 1 つの平面が交わるとき交線は平行となるから，平面 OMN による立方体 ABCD-EFGH の切り口の図形は，点 M，N，P，Q とこれ以外に，辺 HE の中点と，辺 HG の中点の計 6 個を頂点とする六角形となる。立方体より各辺の長さは等しいので，切り口の六角形の各辺の長さも等しくなる。よって切り口の図形は正六角形である。（→ク）

(5)　(4)から切り口は正六角形であるから，面積を S とおくと

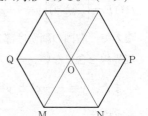

$$S = \triangle\text{OMN} \times 6$$
$$= \left(\frac{1}{2} \cdot \text{OM} \cdot \text{ON} \cdot \sin 60°\right) \cdot 6$$
$$= \frac{1}{2} \cdot \sqrt{2} \cdot \sqrt{2} \cdot \frac{\sqrt{3}}{2} \cdot 6$$
$$= 3\sqrt{3}　（→ケ）$$

③　**解答**　(1)　直線 $l : y = ax + a^2$ が点 $(1, 2)$ を通るから

$$2 = a + a^2$$
$$\Longleftrightarrow \quad a^2 + a - 2 = 0$$
$$\Longleftrightarrow \quad (a+2)(a-1) = 0$$
$$\Longleftrightarrow \quad a = -2, \ 1 \quad \cdots\cdots(\text{答})$$

(2)　$y = ax + a^2 \iff a^2 + xa - y = 0$

とし，a についての 2 次方程式として考える。

　a がすべての実数値をとることから，上式が実数解をもつ条件を考えればよい。これは（判別式）$\geqq 0$ であるから

$$x^2 + 4y \geqq 0 \iff y \geqq -\frac{1}{4}x^2$$

　よって，直線 l が通る点全体の集合である領域 D は，右図の網かけ部分である。ただし，境界線を含む。

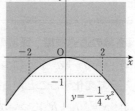

(3)　(2)と同様に考えると，直線 m が通る点全体の集合である領域 E は

$$x = 2by + b^2 \iff b^2 + 2yb - x = 0$$

とし，b についての 2 次方程式が実数解をもつ条件を考えるとよいから，

（判別式）$\geqq 0$ より

$$(2y)^2 - 4 \cdot 1 \cdot (-x) \geqq 0 \iff y^2 \geqq -x$$

をみたす点の集合である。これより，$\overline{D} \cap \overline{E}$ をみたす点全体の集合である領域は，

$$\overline{D} \cap \overline{E} = \left\{ (x,\ y) \,\middle|\, y < -\frac{1}{4}x^2 \text{ かつ } y^2 < -x \right\}$$

なので，右図の網かけ部分である。ただし，境界線を含まない。

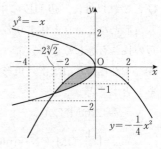

また，$y = -\dfrac{1}{4}x^2$ と $y^2 = -x$ の共有点の x 座標は

$$\left(-\frac{1}{4}x^2 \right)^2 = -x \iff x^4 = -16x$$
$$\iff x(x^3 + 16) = 0$$
$$\iff x = 0,\ -2\sqrt[3]{2}$$

であるから，求める面積は，$y^2 = -x\,(x \leqq 0)$ の $y \leqq 0$ の部分は，$y = -\sqrt{-x}$ なので

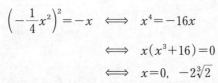

$$\int_{-2\sqrt[3]{2}}^{0} \left\{ -\frac{1}{4}x^2 - (-\sqrt{-x}) \right\} dx = \int_{-2\sqrt[3]{2}}^{0} \left(-\frac{1}{4}x^2 + \sqrt{-x} \right) dx$$
$$= \left[-\frac{1}{12}x^3 - \frac{2}{3}(-x)^{\frac{3}{2}} \right]_{-2\sqrt[3]{2}}^{0}$$
$$= 0 - \frac{1}{12} \cdot 16 + \frac{2}{3}(2^{\frac{4}{3}})^{\frac{3}{2}}$$
$$= \frac{4}{3} \quad \cdots\cdots \text{(答)}$$

=== **解 説** ===

《直線の通過領域，領域の面積》

(2) $y = ax + a^2$ を a についての 2 次方程式と見て，a がすべての実数値をとって変化することから，実数解をもつ条件を考える。

(3) $x = 2by + b^2$ についても b の 2 次方程式と見て，実数解をもつ条件を考え，領域 D と E の補集合の共通部分を図示する。面積の計算では $-2\sqrt[3]{2} = -2^{\frac{4}{3}}$ を用いる。

④ 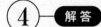 （1）　点 P は双曲線 $3y^2=5x^2+30$ 上の第一象限の点であり，x 座標が t なので，y 座標は

$$3y^2=5t^2+30$$

$y>0$ より　　$y=\sqrt{\dfrac{5}{3}t^2+10}$　……（答）

（2）　点 P における接線 l の方程式は

$$3\sqrt{\frac{5}{3}t^2+10}\,y=5tx+30$$

$\iff\ 5tx-\sqrt{15t^2+90}\,y+30=0$　……（答）

（3）　点 P における法線 m の方程式は

$$\sqrt{15t^2+90}\,(x-t)+5t\left(y-\sqrt{\frac{5}{3}t^2+10}\right)=0$$

$\iff\ \sqrt{15t^2+90}\,x+5ty-\dfrac{8}{3}t\sqrt{15t^2+90}=0$

$\iff\ 3\sqrt{15t^2+90}\,x+15ty-8t\sqrt{15t^2+90}=0$　……（答）

（4）　(2)で求めた接線 l と x 軸との交点が Q より，点 Q の x 座標は

$$5tx+30=0\ \iff\ x=-\frac{6}{t}$$

また，法線 m と x 軸との交点が R より，点 R の x 座標は

$$3\sqrt{15t^2+90}\,x-8t\sqrt{15t^2+90}=0\ \iff\ x=\frac{8}{3}t$$

$t>0$ より，$-\dfrac{6}{t}<\dfrac{8}{3}t$ なので，QR の長さ $f(t)$ を L とおくと

$$L=f(t)=\frac{8}{3}t-\left(-\frac{6}{t}\right)\ \iff\ f(t)=\frac{8}{3}t+\frac{6}{t}$$

$$f'(t)=\frac{8}{3}-\frac{6}{t^2}=\frac{2(4t^2-9)}{3t^2}$$

から，$f'(t)=0$ となるのは　　$t=\pm\dfrac{3}{2}$

これより，$t>0$ で増減表は下のようになる。

t	0	$\cdots$	$\dfrac{3}{2}$	$\cdots$
$f'(t)$		$-$	0	$+$
$f(t)$		$\searrow$	（極小）	$\nearrow$

$f\left(\dfrac{3}{2}\right)=4+4=8$

$\displaystyle\lim_{t\to+0}f(t)=\infty$

2024年度

社会情報

数学

また，$\lim_{t\to\infty}\left\{f(t)-\dfrac{8}{3}t\right\}=\lim_{t\to\infty}\dfrac{6}{t}=0$ から，漸近

線は

$$t=0,\quad L=\frac{8}{3}t$$

よって，$L=f(t)$ のグラフの概形は，右図の
ようになる。

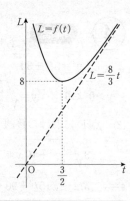

============ 解 説 ============

《双曲線上の点における接線と法線，関数のグラフ》

(2)　双曲線 $\dfrac{x^2}{a^2}-\dfrac{y^2}{b^2}=-1$（$a$ と b は定数）上の点 $(x_1,\ y_1)$ における接

線の方程式は，$\dfrac{x_1x}{a^2}-\dfrac{y_1y}{b^2}=-1$ である。

(3)　点 $(x_2,\ y_2)$ を通り，直線 $px-qy+r=0$（$p,\ q,\ r$ は定数）に垂直な
直線の方程式は，$q(x-x_2)+p(y-y_2)=0$ である。

(4)　2 点 Q，R はともに x 軸上の点なので，QR の長さは x 座標の差で表
すことができる。定義域が $t>0$ であるから $t\to+0$ の極限や漸近線を調
べておく。

⑤　**解 答**　(1)　部分積分法を用いると

$$\int xe^{-x}dx=x\cdot(-e^{-x})-\int(x)'\cdot(-e^{-x})dx$$

$$=-xe^{-x}+\int e^{-x}dx$$

$$=-xe^{-x}-e^{-x}+C_1$$

$$=-(x+1)e^{-x}+C_1\quad（C_1 は積分定数）\ \cdots\cdots(答)$$

(2)　部分積分法を用いると

$$\int x^2e^{-x}dx=x^2\cdot(-e^{-x})-\int(x^2)'\cdot(-e^{-x})dx$$

$$=-x^2e^{-x}+2\int xe^{-x}dx$$

$$= -x^2e^{-x} - 2(x+1)e^{-x} + C_2 \quad (\because \text{ (1)の結果から})$$

$$= -(x^2+2x+2)e^{-x} + C_2 \quad (C_2 \text{ は積分定数})\ \cdots\cdots\text{(答)}$$

(3) 部分積分法を用いると

$$\int x^5 e^{-x}dx = x^5\cdot(-e^{-x}) - \int (x^5)'\cdot(-e^{-x})dx$$

$$= -x^5e^{-x} + 5\int x^4 e^{-x}dx$$

$$= -x^5e^{-x} + 5x^4\cdot(-e^{-x}) - 5\int (x^4)'\cdot(-e^{-x})dx$$

$$= -(x^5+5x^4)e^{-x} + 20\int x^3 e^{-x}dx$$

$$= -(x^5+5x^4)e^{-x} + 20x^3\cdot(-e^{-x}) - 20\int (x^3)'\cdot(-e^{-x})dx$$

$$= -(x^5+5x^4+20x^3)e^{-x} + 60\int x^2 e^{-x}dx$$

$$= -(x^5+5x^4+20x^3)e^{-x} - 60(x^2+2x+2)e^{-x} + C_3$$

$$(\because \text{ (2)の結果から})$$

$$= -(x^5+5x^4+20x^3+60x^2+120x+120)e^{-x} + C_3$$

$$(C_3 \text{ は積分定数})\ \cdots\cdots\text{(答)}$$

=== 解 説 ===

《不定積分の部分積分法》

(1)〜(3) いずれも部分積分法 $\int f(x)\cdot g'(x)dx = f(x)g(x) - \int f'(x)g(x)dx$ を用いる。(2)・(3)に関しては，くり返して用い，(1)や(2)の結果を用いるとよい。

（講 評）

　C方式は「数学Ⅰ・Ⅱ・Ⅲ・A・B（数列，ベクトル）」からの出題で，2024年度は1・2が空所補充問題，3〜5は記述問題の大問5題で，試験時間は90分であった。2・3・5は典型的な問題で完答しやすい。

　1 確率の問題であるが，計算量もあり，2024年度の中では最も難しかったと思われる。〔解説〕のようにA，Bの得点が0，1，2，3

となる確率をそれぞれ p_0, p_1, p_2, p_3 とおくと，各小問で問われている確率を求めやすくなる。

2　空間ベクトルの問題。丁寧な誘導がついており，内積や三角形の面積など解き進めやすい大問であった。

3　図形と方程式からの出題で，直線の通過領域に関する図示や面積を求める問題。数学Ⅲで扱う放物線 $y^2 = -x$ もあるが，計算はそれほど難しくはない。

4　2次曲線と数学Ⅲの微分法からの出題。接線や法線など教科書の内容をしっかり復習できていれば，問題はなかったと思われる。グラフの概形では漸近線に注意したい。

5　数学Ⅲの積分法の問題。(1)〜(3)すべて部分積分法を用いる計算であるため，特に符号のミスがないように注意したい。

総合問題

解答　問1．⑥　問2．③　問3．④　問4．⑤
問5．a—⑥　b—⑧　c—④　d—②　e—⑦　問6．④
問7．④　問8．①　問9．②　問10．⑤　問11．①　問12．④
問13．(1)—0　(2)—1　(3)—0　(4)—1　(5)—0　(6)—0　(7)—0
(8)—0　(9)—0　(10)—1　(11)—0　(12)—0
問14．正の外部性　問15．機会費用
問16．人的資本論の立場からは，教育は投資した本人だけでなく，社会全体に利益をもたらす。したがって，教育の経済的便益は，私的収益率と財政的収益率の両面から考えなければならない。国際比較すると，日本の高等教育は公的負担が低く，個人的負担が過重であり，結果，財政的収益率が高く，私的収益率が低くなっており，国内的には私立・国立間，男女間の私的収益率と財政的収益率に格差が生じているので，国が高等教育への財政支出を増やし，授業料水準を下げることで私的収益率を高め，私立・国立間，男女間の格差を是正すべきである。(250字以内)

━━━━━━━ **解説** ━━━━━━━

《教育の公共的意義と社会的貢献》

問2．③が適切。空欄(2)の直後に「(学歴の価値の相対的な低下)」とある。高学歴者が増えすぎて学歴の価値が相対的に低下することを，貨幣の流通量が増えすぎて貨幣の相対的な価値が低下するインフレに例えて，「学歴インフレ」と呼んでいる。

問4．⑤が適切。

(4)　商品の売り手と買い手の間で商品に関する情報格差が生じていることを「情報の非対称性」という。労働市場においては，売り手である労働者は，自分の労働能力を知っているが，買い手である雇用主は知らないという「情報の非対称性」が存在する。

(5)・(6)　理想的な市場モデルである「完全競争」市場が成立する条件の1つは売り手と買い手の間で商品に関する情報格差のない「情報の対称性」

の状態にあることである。

問5．a. ⑥が適切。「スキル・バイアス理論」の項中，空欄aを含む段落において，「進学率が停滞して，高いスキルを備えた高学歴者の供給が増えない」ことがアメリカの賃金格差拡大の理由であることが述べられているので，⑥「……全体の進学率を上昇させ……進学機会の格差を縮小することが重要なのだ」が当てはまる。

b. ⑧が適切。空欄bに入るのは「機能主義や人的資本論」の考え方である。「人的資本（ヒューマン・キャピタル）の考え方」の項の第6段落にあるように，機能主義や人的資本論では「教育は社会に対して何らかのポジティブな（正の）貢献をしている」とみなしており，シグナリング理論のように高学歴化に対する悲観的（マイナス）な考え方をしないので，⑧「社会の高学歴化は悲観すべき事象ではなく…」が当てはまる。

c. ⑦が適切。「グローバル・オークション・モデル」の項の最終段落によれば，「賃金の安い発展途上国の高等教育修了者との競争に晒される」ことも考慮しなくてはならないので，英語圏の先進国では⑦「教育拡大が賃金格差を縮小したり，経済成長を導いたりする」ことはありえない話となる。

問8． ①が適切。課税所得とは収入から必要経費と各種の所得控除を引いた金額のことで，課税所得が増えるほど高い税率をかけるのが累進課税制度である。

問9・問10. rを割引率とし，1年後のB円の価値が$B \div (1+r)$であれば，2年後のB円の価値は$B \div (1+r)^2$となる。同様にして，38年後までを計算すればよいが，この38年分の総和を表す式は⑤で示される。そして，この38年分の総和Cが回収額Dと同じになるrの値が私的収益率である。

問12. ④が適切。4つの表のうち，第1表「TableA7.1a」は，「後期中等教育（高校・高専）を受けている男性と比較した高等教育（大学以上）を受けている男性の私的費用と収益（便益）」，第2表「TableA7.1b」は，「後期中等教育（高校・高専）を受けている女性と比較した高等教育（大学以上）を受けている女性の私的費用と収益（便益）」，第3表「TableA7.2a」は，「後期中等教育（高校・高専）を受けている男性と比較した高等教育（大学以上）を受けている男性の財政的（公的）費用と収益（便益）」，

第4表「TableA7．2b」は「後期中等教育（高校・高専）を受けている女性と比較した高等教育（大学以上）を受けている女性の財政的（公的）費用と収益（便益）」を示すものである。また，各表の項目は，それぞれ(1)直接的費用，(2)断念した利益，(3)総費用，(4)総収益，(5)純利益，(6)収益率を示している。

(1)は第1表・第2表では，個人が支払った授業料など，第3表・第4表では政府の高等教育への財政支出を，(2)は第1表・第2表では，個人が大学へ進学せずに，その間働いた場合に得られたであろう所得，第3表・第4表では同様に政府が得られたであろう所得税などの税収を，(3)は(1)と(2)の合計をそれぞれ，負の値で表している。(4)は第1表・第2表では，個人の生涯所得，第3表・第4表ではそれによる政府の税収，(5)は(4)の総収益から(3)の総費用を差し引いた（(3)が負の値なので，計算上は(4)+(3)）純利益，(6)は第1表・第2表では私的収益率，第3表・第4表では財政的（公的）収益率を表している。

これらの表の中で，日本はどれに該当するか考える。まず，「国際比較から見た日本の高等教育の経済的便益」の項中の第3段落の「日本はアメリカと並んで，私的に支払うコストがもっとも多い国である」という記述から，第1表・第2表の中で私的な費用が高い③，④，⑥に絞り込むことができる。

また，同じ項中の第2段落に「日本の特徴は，私的収益率が低く，財政的収益率が高いこと，また女性の私的収益率が非常に低」いと述べられていることに注目すると，第1表・第2表の(6)（私的）収益率は④がそれぞれ8％，3％と低く，また，第3表・第4表の(6)（財政的）収益率は④がそれぞれ16％，21％と高い。このことから④が適切と判断できる。

問13. **(1)** 誤文。機能主義は，教育は社会に対してポジティブな貢献をしているという立場に立つ考え方であり，「低コストで最大限の教育パフォーマンスを生み出すべきだとする」ものではない。

(3) 誤文。アセモグルは人的資本論の立場から教育が社会的な利益になるという考え方に立っている。したがって，進学機会の拡大は社会的に望ましくないというのは誤り。

(5) 誤文。空欄cの直前に「学校で学ぶ内容が職務で活用されなくても，進学意欲は低下しない。過剰教育は，こうした教育熱によって生み出され

る」と述べられている。

(6)・(7)　誤文。このようなことについては問題文で触れられていない。

(8)　誤文。「日本は国際的に見て相対的に男女共に財政的収益率が高い」が、それは第3表・第4表の(3)総費用が低いことからわかるように財政上のコストを払っていない（高等教育にお金をかけていない）ことを意味する。それが、むしろ大学教育の質の低さに結びつく可能性はあっても、「国立大学の教育の質が非常に高いことを意味している」とは言えない。

(9)　誤文。日本の私的収益率が低いのは、授業料などの私的に支払うコストが高いことと、高校卒業者の賃金が相対的に高く、「断念した利益」（機会費用）が高くなるためである。

(11)　誤文。国立大学の財政的収益率は私立大学と比較すると低い。それは、「社会的収益率・財政的（公的）収益率」の項の第3段落に書いてあるように「国公立大学では、政府による支出の割合が私立よりもずっと大きい」からである。

(12)　誤文。シグナリング理論の立場では、財政的収益の向上は問題とされないし、また、高等教育の拡大は社会にとって生産的でも効率的でもないとされる。

問14.　「正の外部性」が適切。「人的資本（ヒューマン・キャピタル）の考え方」の項の最終段落の「教育は投資をした本人以外の他者にも、利益をもたらすといえる」というのは下線部アの内容と同じであり、続けて「これが経済学でいう、正の外部性である」となっていることから、教育には正の外部性があると言える。外部性とは、ある経済主体の行動が市場を通さずに他の経済主体に影響を与えることである。他の主体に利益を与える場合を正の外部性（外部経済）、不利益を与える場合を負の外部性（外部不経済）という。

問15.　「私的収益率」の項の第2段落に、「進学によって失われた（つまり進学せず就職していれば得られたであろう在学期間中の）収入にあたる機会費用」とあるのが該当する。日本の場合、問12の〔解説〕で触れたように国際的に比較して相対的に私的収益率が低い。その要因の一つとして高卒者と大卒（以上）者との賃金格差が小さく、そのため機会費用が大きいことが挙げられる。

問16.　設問における「理論的立場」は、教育は投資した本人だけでなく、

社会全体に利益をもたらすという「人的資本の考え方」である。そしてこの立場から，「議論の前提」として，教育の経済的便益については，私的収益率と財政的（公的）収益率の両面から検討しなければならないことになる。「国際的状況」に関しては，日本の高等教育においては，財政的（公的）収益率が高く（第3表・第4表），私的収益率が低い（第1表・第2表）こと，裏返せば，高等教育への財政的（公的）費用負担が小さく，私的費用負担（授業料負担）が大きいことを指摘するとよいだろう。また「国内的状況」に関しては，表4-2で示されている国立大学と私立大学，男女間の各種収益率の格差について触れておくとよいだろう。

一般選抜（個別学部日程）：地球社会共生学部

問 題 編

▶試験科目・配点

テスト区分	教　科	科目（出題範囲）	配　点
大学入学共通テスト	外国語	英語（リーディング，リスニング）	100点
	国語・地歴・公民・数学	国語（近代以降の文章），日本史B，世界史B，地理B，現代社会，倫理，政治・経済，「倫理，政治・経済」，「数学Ⅰ・A」，「数学Ⅱ・B」のうち1科目選択	80点
独自問題	論　述	文章や図表などを読み，理解力，分析する能力，自分の文章を論理的に展開できる力，自分の意見や発想を十分に表現する力を総合的に問う論述等を課す。	120点

▶備　考

• 合否判定は総合点による。ただし，場合により特定科目の成績・調査書を考慮することもある。
• 大学入学共通テストの得点を上記の配点に換算する。英語の得点を扱う場合には，リーディング100点，リスニング100点の配点比率を変えずにそのまま合計して200点満点としたうえで，上記の配点に換算する。
• 大学入学共通テストの選択科目のうち複数を受験している場合は，高得点の1科目を合否判定に使用する。
• 試験日が異なる学部・学科・方式は併願ができ，さらに同一試験日であっても「AM」と「PM」で異なる試験時間帯に実施される学部・学科・方式は併願ができる。

試験日	試験時間帯	学　部	学科（方式）
2 月 18 日	AM	法	法（A） ヒューマンライツ（A）
		地球社会共生	地球社会共生
	PM	法	法（B） ヒューマンライツ（B）

論　述

（60 分）

設問 1　次の図を見て、問に答えなさい。

日本の生産年齢人口と高齢化率

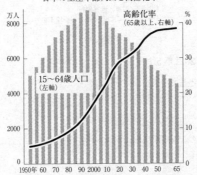

（出所）　国立社会保障・人口問題研究所「日本の将来推計人口（2017年推計）」、15年までは総務省「国勢調査」

図 1 - 1

出所　日本経済新聞電子版（2021年 5 月12日）

日本と韓国の外国人労働者数

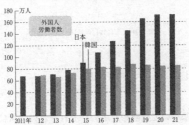

（注）　日本は10月末時点、韓国は 5 月末時点
（出所）　厚生労働省、総務省、韓国統計庁

図 1 - 2

出所　佐野孝治「実効的な監督・支援体制築け」　日本経済新聞（2022年11月 2 日）

（注）　図のタイトルを変更した。

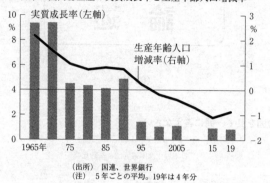

日本の国内総生産の実質成長率と生産年齢人口増減率

（出所）　国連、世界銀行
（注）　5年ごとの平均。19年は4年分

図 1 - 3

出所　日本経済新聞（2021年5月7日）

（注）　図のタイトルを追加した。

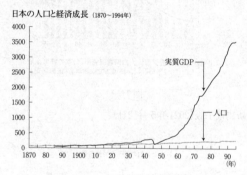

日本の人口と経済成長 （1870〜1994年）

出所）　Maddison（1995）
注）　人口、実質GDPともに1913年＝100とした指数。

図 1 - 4

出所　吉川洋『人口と日本経済』中公新書（2016）

問　これらの図のみに基づいて判断した場合、それぞれの文章について、A．正しい、
　　B．正しくない、C．グラフからは判断できない、のいずれであるかをアルファ
　　ベットで答えなさい。

1．日本では、第二次産業における生産年齢人口の減少を、外国人労働者で補っている。

2．日本は韓国に比べて、外国人労働者への依存が高い。

3．人口が増加すると、経済は比例して成長する。

4．生産年齢人口が減少すると、経済はマイナス成長となる。

設問2　次の文章を読み、問1と問2に答えなさい。

　最初に紹介するのは、労働生産性という指標である(式1)。これは労働者一人当たりどれくらいの生産量(または付加価値量)^(注1)が達成できているかで計測する、生産性の指標である。

> 労働生産性＝生産量(付加価値量)／労働投入量

　式1　労働生産性を表す式

〈中略〉

しかし労働生産性だけで、本当に企業の生産過程の効率性が測れるのであろうか。

〈中略〉

　本当に企業全体の生産効率性を測ろうとすれば、投入された生産要素全体に対してどれだけ生産が行われているか、または付加価値を生み出しているかということが測られなくてはならない。こうした考え方のもとに考え出された生産性の概念が、全要素生産性である。全要素生産性は、英語では Total Factor Productivity と書き、通常は TFP と略称されているため、以下では本書でもこの略語を使用することにする。

〈中略〉

　経済学者は通常 TFP を計測する際に、水準で考えるのではなく変化率で考えている。それは変化率であれば、数え方の異なる生産要素でもすべてパーセントで表すことができるからである。〈中略〉変化率で表すには、多少数学的な操作が必要なのだが、その過程を飛ばして結論だけを書くと式2のようになる。

> TFP 変化率＝生産量変化率－労働分配率×労働投入量の変化率－資本分配率×
> 資本投入量の変化率－中間投入量分配率×中間投入量の変化率

式 2　TFP 変化率

〈中略〉

　式 2 で、それぞれの生産要素の変化分に、各生産要素の分配率がかかっているのは、各生産要素の寄与の大きさを分配率でウェイト付けしたものと考えればよい。労働力、資本、中間投入の三つの生産要素で生産が行われる場合、各分配率の合計が100％となり、労働力と資本によって付加価値が生まれるから、それぞれの付加価値を分母とする各分配率の合計も100％となる。

　簡単な数値例で考えると、いま生産量の変化率が 3 ％で、労働投入量の変化率が 1 ％、資本の変化率が　　(ア)　　％、中間投入量の変化率が 2 ％とする。それぞれの分配率が、20％、10％、70％とすると、TFP 変化率は〈中略〉1.1％となる。

〈中略〉

　国内で生産されたものは、すべて生産に寄与した生産要素に分配される。つまり、GDP はすべて労働に対する報酬または資本所得に分配されることになる。このため、一人当たり GDP というのは、一人当たりの国民所得（労働所得＋資本所得）に等しい。その意味で、労働生産性の上昇は、一人当たりの国民所得を上昇させる。

　ただ資本所得というのは、銀行預金や保有株式に対する利子所得や配当所得のことなので、すべての人がこうした金融資産を多数保有しているわけではない。このため、一般的には、労働生産性の上昇が、労働所得すなわち賃金を上昇させるかどうかに注目が集まる。

　非常に単純化して考えると、労働生産性が上昇するということは、その労働者が生産した量が増えるということを意味するので、労働者一人当たりの売り上げが増加することになる。先ほども述べたように売り上げに対する労働者への分配割合が変わらなければ、売り上げの増加分の一部は賃金に回されるので、労働生産性の上昇とともに賃金は上昇する。

〈中略〉

　産業構造というのは、経済全体の中でどの産業の生産（付加価値）がどれくらいの割合を占めているかを示したものである。図 2 － 1 は、付加価値額で測った日本の産業

構造の推移である。これを見ると、日本の農林水産業や鉱業は高度成長期に急速に縮小したことがわかる。製造業は高度成長期には30％台のシェアがあったが、1970年代に入ってからは20％台のシェアとなり、さらに今世紀に入ってからは10％台へとシェアを落としている。代わってシェアを増やしているのが、卸・小売り、運輸・通信、サービス業などの第三次産業である。

〈中略〉

同じように産業ごとの就業者数の割合を計測することもできる。この就業構造の推移を見ても産業構造の推移と同じく、産業別の就業者割合は、第一次産業から第二次、第三次と重心が移っている。しかしよく見る

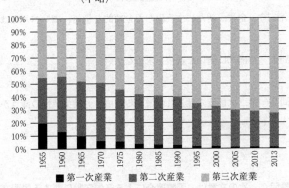

図2－1　産業構造の変化(1955〜2013)
出所　内閣府『国民経済計算』

と、産業構造と就業構造には微妙な違いがあることがわかる。実は製造業では、付加価値額のシェアが就業者数のシェアよりも大きく、逆に第三次産業の中のいくつかの産業(例えば、卸、小売り、運輸・通信、サービス)などでは付加価値額のシェアが就業者数のシェアよりも小さいのである。これは製造業の労働生産性が、サービス他の労働生産性を上回っていることを意味する(式3)。つまり労働生産性は、産業によって差があり、通常製造業の生産性が第三次産業内の産業の生産性を上回っている。

付加価値額(製造業)／就業者数(製造業)
＝労働生産性(製造業)＞労働生産性(サービス他)
＝付加価値額(サービス他)／就業者数(サービス他)

式3　労働生産性の産業別比較

米国の経済学者ウィリアム・ボーモルは、第三次産業を広義のサービス業と位置付けた上で、通常、サービス業の生産性は、製造業の生産性よりも低いという性質を明らかにした。これによりサービス業の拡大が、経済全体の生産性を低下させる要因に

なるという「ボーモル病」という現象を提起したが、このことは日本にもあてはまって
いる。

（出典）　宮川努『生産性とは何か－日本経済の活力を問いなおす』筑摩書房（2018）より
　　　　　抜粋。なお、原文の漢数字の一部は算用数字に変えた。式や図の番号は出題文
　　　　　に合わせてある。注を追記した。
（注1）　企業が新たに生み出した金額的な価値、国レベルではGDPにあたる。

問1　空欄(ア)に適切な数値を求めなさい。

問2　第三次産業の就業者が増える理由を労働生産性の観点から100字以上150字以内
　　　で説明しなさい。

**設問3　次の文章は、国際連合による気候変動に関する説明文です。文章を読み、問
　　　に日本語で答えなさい。**

　Climate change refers to long-term shifts in temperatures and weather patterns.
Such shifts can be natural, due to changes in the sun's activity or large volcanic
eruptions. But since the 1800s, human activities have been the main driver of
climate change, primarily due to the burning of fossil fuels like coal, oil and gas.
Burning fossil fuels generates greenhouse gas emissions that act like a blanket
wrapped around the Earth, trapping the sun's heat and raising temperatures.

[...]

　Many people think climate change mainly means warmer temperatures. But
temperature rise is only the beginning of the story. Because the Earth is a system,
where everything is connected, changes in one area can influence changes in all
others.

　The consequences of climate change now include, among others, intense
droughts, water scarcity, severe fires, rising sea levels, flooding, melting polar ice,
catastrophic storms and declining biodiversity.

　Climate change can affect our health, ability to grow food, housing, safety and work. Some of us are already more vulnerable to climate impacts, such as people living in small island nations and other developing countries. Conditions like sea-level rise and saltwater intrusion have advanced to the point where whole communities have had to relocate, and protracted droughts are putting people at risk of famine. In the future, the number of "climate refugees" is expected to rise.

引用　United Nations　"What is Climate Change?"
　　　https://www.un.org/en/climatechange/what-is-climate-change

(注)　drought：干ばつ　　　　　scarcity：欠乏
　　　intrusion：(場所への)侵入　relocate：転居する
　　　protracted：長引く

問　この文章では、気候変動に対して特に弱い立場に置かれている人々が受ける影響が説明されています。それらの影響が私たちの日本での生活におよぼす可能性の中から二つをとりあげて、あなたの考えを200字以上250字以内で述べなさい。

解　答　編

論　述

① **解答** 　1 － C　2 － C　3 － B　4 － B

―――――――――― **解説** ――――――――――

《日本の人口変動と経済成長》

　グラフ読解問題である。「日本の生産年齢人口と高齢化率」「日本と韓国の外国人労働者数」「日本の国内総生産の実質成長率と生産年齢人口増減率」「日本の人口と経済成長」の4つのグラフに関する1～4の文章について「正しい」「正しくない」「グラフからは判断できない」の3つの選択肢から正しい指摘を選ぶ問題である。

1．グラフからは判断できない。図1－2から日本において外国人労働者が年々増加傾向にあることが読み取れるが，外国人労働者がどの産業に従事しているかを示す資料はない。設問の資料だけでは第二次産業の労働者を外国人労働者で補っているとは判断できない。

2．グラフからは判断できない。図1－2から，日本における外国人労働者の数は韓国と比べて多いことが読み取れるが，外国人労働者への依存以外にも様々な要因があり得る。

3．正しくない。図1－4によると1945年以降，実質GDPは人口増加の割合を大きく超えて上昇しており，人口増加に比例して経済が成長しているとは言えない。

4．正しくない。図1－1と図1－3から，1990年代後半以降日本において生産年齢人口は減少していることがわかるが，図1－3によると実質経済成長率はマイナスとはなっていない。

② **解答**　問1．3

問2．〔解答例〕第二次産業の労働生産性の高さは資本投入と中間投入の寄与が大きい。これに対し労働投入量は抑えられるため就業者数は増えず第三次産業に吸収された。また、第三次産業は産業構造で生産シェアを伸ばしており、人の労働や技能によって達成された付加価値は労働投入に回され賃金を上げるため就業を希望する人が増えたから。（100字以上150字以内）

====================== 解　説 ======================

《労働生産性と産業構造》

問1． 労働生産性について解説している課題文を読み取って、文中の空欄に正しい数値を入れる問題である。解答は、課題文が示している全要素生産性（TFP）の変化率を求める式から正しい数値を導くことで得られる。

TPF変化率を求める式：

TPF変化率＝生産量変化率−労働分配率×労働投入量の変化率−資本分配率×資本投入量の変化率−中間投入量分配率×中間投入量の変化率

　この式に対し、課題文の数値例を当てはめて「資本の変化率」を求めればよい。ただし、各生産要素の分配率は課題文の数値（％）をそのまま当てはめるだけでは適当な計算ができない。「各生産要素の分配率がかかっているのは、各生産要素の寄与の大きさを分配率でウェイト付けしたものと考えればよい」という課題文の説明から適当な数値を割り振らねばならない。各生産要素の分配率はそれぞれ「0.2, 0.1, 0.7」と変換できる。これらをふまえて、「資本投入量の変化率」を X とすると、次の式が立てられる。

$$1.1=3-0.2\times1-0.1\times X-0.7\times2$$

　この式から X の値を求めればよい。解答は3％である。

問2． 課題文と資料をふまえて、第三次産業の就業者が増える理由を労働生産性の観点から説明する論述問題である。まず大きな理由として、課題文が指摘しているように、高度成長期以降、日本の産業別の付加価値において第三次産業のシェアが伸びたことが第三次産業の就業者の雇用増加や賃金の上昇にもつながっただろうと推察できる。

　これに加えて、課題文の後半で製造業の就業者割合に比して製造業の付加価値のシェアと労働生産性が第三次産業の就業者よりも高いことが指摘

されているが，これをふまえた理由説明も必要だろう。なぜなら，製造業の労働生産性のほうが第三次産業よりも高いならば，製造業の雇用が増大し，また就業者の賃金も高くなることも期待されるので，製造業への就業を希望する者も増え，就業者数は増えるのではないかと考えられるからだ。しかし，実際には第三次産業の就業者のほうが増えているのは，何らかの理由があると考えられる。そこで解答にあたっては，先に問1でふれた全要素生産性（TFP）の意味を理解することが手がかりになる。

　課題文では全要素生産性には労働投入，資本投入，中間投入といった要素があると示している。これらのうち，「労働投入」とは生産に必要な労働者と労働時間のことで，その量は労働者の数と労働時間の掛け算で求められる。また「資本投入」は生産ラインの機械化や設備の拡充，保全などに充てられるもの，「中間投入」は原材料の購入や外部サービスの利用費などに充てられる費用などを意味している。これらに関して，製造業の生産性は技術進歩による機械化や設備の拡充といった人による労働以外の要素によって高めることができるものが多い。つまり製造業では生産性向上に人の労働力が寄与する度合いが小さく，そのため労働者の数も労働時間も抑えられる。また賃金も抑えられるため，製造業で就業者数は伸びなくなり，仕事を求める人はそれ以外の第三次産業へと吸収される。また，第三次産業（サービス業）では人の労働や技能，専門性が全要素生産性においてより大きな要素を占めることになり，労働投入量（＝就業者の賃金）もそれに応じて高くなるため，より賃金の高い第三次産業での就業を選択する人が多くなる。課題文からこうした仕組みを読み取って，第二次産業の就業者が減っている理由と第三次産業での就業者が増えている理由の両方を明らかにしていくと設問の問いに適切に応答していける。

③ ──**解答例**── 気候変動に対して特に弱い立場に置かれている人々が受ける影響が私たちの日本での生活におよぼす可能性として，まず考えられるのは，食料安全保障の問題である。世界の食料生産地が気候変動の影響による干ばつや風水害によってその生産能力が失われることになれば食料自給率が低い日本にとって生存を脅かす問題となる。次に考えられるのは気候難民の問題である。地球温暖化による海面上昇により太平洋島嶼国の人々が住まいをなくしたりして，移住を余儀な

くされた場合，日本もその受け入れを検討しなければならなくなるだろう。
（200字以上250字以内）

=== 解　説 ===

《気候変動の影響が日本の生活におよぼす可能性》

　気候変動に対して特に弱い立場に置かれている人々が受ける影響について説明した文章（英文）を読んで，それらの影響が私たちの日本での生活におよぼす可能性の中から2つをとりあげて考えを述べる意見論述問題である。

　課題文は，気候変動が太陽の活動や火山の噴火などの自然が原因になっているものと，化石燃料の燃焼による温室効果ガスの排出といった人間の活動によるものがあることを指摘して，これに伴う気温上昇が干ばつや水不足，海面上昇，生物多様性の喪失といった自然環境への影響をもたらすだけでなく，私たちの健康や食料生産能力，住居と安全，仕事などにも影響を及ぼす可能性があること，またそれが特に発展途上国や小島嶼国（しょうとうしょこく）の人々に大きなリスクをもたらすことを述べている。設問はこれらの中で「特に弱い立場に置かれている人々が受ける影響」が「私たちの日本での生活におよぼす可能性」について意見を述べることを求めている

　〔解答例〕では，気候変動が世界の食料生産能力に影響を与えた場合，食料自給率の低い日本の食料安全保障が脅かされる可能性と，気候難民の受け入れを日本が迫られる可能性について述べた。これら以外にも，日本の製造業・流通業は製品・部品・原料などの供給を海外に頼っており，これらのサプライチェーンが気候変動によって脅かされる可能性なども考えられるだろう。

一般選抜（個別学部日程）：コミュニティ人間科学部

問 題 編

▶試験科目・配点

テスト区分	教　科	科目（出題範囲）	配　点
大学入学共通テスト	外国語	英語（リーディング，リスニング）	100 点
	国　語	国語	100 点
独自問題	論　述	文章を読み，分析する力，思考・判断する力，並びに文章を論理的に展開・表現する力を総合的に問う論述などを課す。	100 点

▶備　考

- 合否判定は総合点による。ただし，場合により特定科目の成績・調査書を考慮することもある。
- 大学入学共通テストの得点を上記の配点に換算する。英語の得点を扱う場合には，リーディング100 点，リスニング100 点の配点比率を変えずにそのまま合計して200 点満点としたうえで，上記の配点に換算する。
- 試験日が異なる学部・学科・方式は併願ができ，さらに同一試験日であっても「AM」と「PM」で異なる試験時間帯に実施される学部・学科・方式は併願ができる。

試験日	試験時間帯	学部	学科（方式）
2 月 11 日	終日	理工	物理科（B） 数理サイエンス（B） 化学・生命科（B） 電気電子工（B） 機械創造工（B） 経営システム工（B） 情報テクノロジー（B）
	AM	コミュニティ人間科	コミュニティ人間科

論 述

（60 分）

次の文章を読んで、あとの問いに答えなさい。

　　ここ数年、「子ども食堂」が全国で急速に普及している。「ＮＰＯ法人全国こども食堂支援センター・むすびえ」のホームページに掲載されている『全国箇所数調査 2019 年版』によると、2016 年 5 月の段階で、全国に 319 ヵ所あった子ども食堂は、2018 年に 2286 ヵ所、2019 年 6 月には 3718 ヵ所にまで急激に増加している。3 年間で 11 倍を超える伸び幅だ。しかもこの数は、法人の理事長を務める湯浅誠（まこと）が述べているように、全国の児童館数 4000 にほど近く、全国の中学校数 1 万、小学校数 2 万という数字と比較しても、いかに多いかがわかるだろう。地域の子どもたちや親が忙しかったり、貧困に悩まされていたり、経済的に満たされた家庭でも寂しかったり、単に地域の大人や子どもと一緒に過ごしたいと思ったりして、誰かとおいしいご飯が食べたい子どもたちのために、地域のボランティアが、運営費不足と人員不足に悩まされながらも、夕食を無償もしくは安価に提供する食堂である。

　　湯浅誠が繰り返し述べるように、子ども食堂は、貧困家庭の子どものためという目的だけで成り立っているのではない。地域の交流活性化（もう少し砕けた言い方をすればダベリ場）という目的も重要であり、これらの「二本足」で立つ実践だ、というところが興味深い。「縁食」がはらむ弱目的性と解放性を、子ども食堂は見事に体現しているからだ。「弱目的性」というのも私の造語だが、目的をあえて強く設定せず、やんわりと複数の目的に目配せしながら大きく広く構えてみる、という程度の意味である。

　　たしかに、子ども食堂勃興の背景には、貧困問題の深刻化があったことは間違いない。2015 年の日本の子どもの相対的貧困率は 13.9 パーセントで、7 人に 1 人が貧困状態であった。相次ぐ規制緩和の連発で企業の人的コストを削減するための非正規雇用労働が激増し、2008 年のリーマン・ショックが追い討ちをかけ、経済格差が広がるなか、いまも子どもの貧困がますます深刻化している。子どもの貧困を緩和するために、子ども食堂は、国家ではなく、地方自治体でもなく、地域という枠組みでボランティアの人びとが子どもたちの孤食を防ぎ、絵本の読み聞かせや、ミニ音楽会などの開催をし、貧困家庭を援助する役割を果たそうとしている。

　しかし、そればかりではない。愛知県の子ども食堂にボランティアとして関わっている社会学者の成元哲は、「コロナ禍の子ども食堂」という論文のなかで、子ども食堂は、東日本大震災の翌年に登場したが、それは震災や原発事故によって人間の関係性の欠陥があらわになり、そこを埋め合わせるように関係性が再編されるなか、生じたものであると説明している。そして子ども食堂の意義として「子ども食堂を支える側もこの居場所に救われるところがあった。子ども食堂は支える側にも新しい役割を与えたり、地域社会において思わぬかたちの出会いや地域のつながりをもたらしたりするなど、心の拠り所の一つとして機能している」と述べている。

　こうした「子ども食堂」の試みを「公衆食堂」の歴史の一部としてとらえ、その歴史的展開と現在の展望をある研究会で発表したとき、私は、ベテランの研究者から、「公共の食堂は国家の手の届かないところを補完するだけであって、その原因となる貧困や労働条件の問題そのものの解決にはならない」という批判を受けた。

　たしかに、国家が進める経済政策、とくに規制緩和の矛盾を緩和する補助機関として子ども食堂を位置づけることは間違いではない。地域のボランティア精神が社会保障の欠陥を補うために用いられているという見方もありえよう。

　だが、私のとらえ方は少し違う。子ども食堂にみられるような、家族の枠を超えた食のあり方は、人と人の交わる公共空間を活発化し、さらに創造していくポテンシャルを内包している。食べものを通じた人と人の結びつき方は、宗教や思想とは異なる率直さを持つ。すでに国家が市場経済の補完的役割をかなり強めている現在、国家が公共空間を設定することは、それこそ道徳的になってしまい面白くない。学校の場を離れ、しかも学習塾でもない場所で、人が、ただご飯をおいしく、しゃべりながら食べる、食べさせるという目的だけのために集まる。こんなシンプルな子ども食堂の理念を考えるとき(そこには貧困対策という目的は後景に退く)、じつはもう、孤食と共食というセットの概念はそれほど役に立たない。

　そのあいだにある、もっと別の食のあり方を説明する言葉が必要だ。

　なぜなら、子ども食堂は、孤食というには料理する側と食べる側の交流、子どもたちのあいだの交流が豊かである一方で、共食というには紐帯がゆるい。来たいときには来て、来たくなければ来ない。共同体意識を醸成するというよりは、食堂に通う子どもたちや大人たちはもう少しドライに、しかし、しっかりとつながっているように思えるからである。

[出典]藤原辰史『縁食論─孤食と共食のあいだ』ミシマ社、2020 より一部省略して作成

問1　下線部の意味するところを、80字以上100字以内で説明しなさい。

問2　「子ども食堂」の可能性と課題について、この文章を踏まえつつ、あなたの考えを600字以上800字以内で論じなさい。

解 答 編

論 述

解答例

問1. 孤食でも共食でもなく，各々が来たいときにやってきて食事空間を共有する「縁食」という食のあり方は，特定の目的をあえて強く設定しないため，共同体の束縛に捉われない公共空間をもたらすということ。(80字以上100字以内)

問2. 筆者は，「孤食」と「共食」のあいだにある「縁食」という食のあり方を体現するものとして「子ども食堂」を評価している。これは，独りで食事をする孤食とは異なり，人々の交流を豊かにする一方で，共食ほど固定的な集団への帰属意識が問われるものではなく，参加したいときに参加するというゆるい結びつきの中で人々がしっかりとつながるような，食のあり方である。

　この「子ども食堂」の可能性について，私が最も注目するのは，地域社会の活性化という点である。現代の日本社会は，核家族化の進行や共働き家庭の増加，単身者や高齢者の増加といった社会構造の変化や生活スタイルの多様化，個人主義的な価値観の広まりなどの様々な要因によって，地域社会の結びつきが希薄化してしまっている。かつてのような助け合いの精神や，「地域で子どもを見守る」という役割も弱まってしまっているのである。

　そんななかで，決して義務でも強制でもなく，自由なスタンスで関わることのできる「子ども食堂」は，子どもたちだけでなく大人たちにも，年齢や立場の異なる人々との結びつきを生み出す。課題文にあったように「ただご飯をおいしく，しゃべりながら食べる，食べさせるという目的だけのために集まる」というのであれば，参加するうえでのハードルも低く

なるのではないだろうか。

　一方,「子ども食堂」は貧困家庭の子どものためだけのもの,という認識を持っている人もまだまだ少なくない。そのため,自分とは無関係だと考える人々も多く,「多様な人々に開かれた」という特性が知られにくい。また,「子ども食堂に通うのは経済的,環境的に恵まれていない子どもである」という歪んだレッテルを貼られてしまうために,子どもの足が遠のいてしまうということも起こりうる。したがって,貧困対策という一面のみが強調され過ぎないよう,筆者が主張する「縁食」の場としての子ども食堂という認識を広めていくことが必要だ。(600 字以上 800 字以内)

==================== 解　説 ====================

《「子ども食堂」と「縁食」の可能性》

問 1. 下線部「『縁食』がはらむ弱目的性と解放性」の意味するところを説明する問題。下線部の「縁食」と,それがはらむ「弱目的性」「解放性」という言葉の意味を,それぞれ解きほぐしていくのがよいだろう。

　まず「縁食」について。課題文中で明確に定義されているわけではないが,「『縁食』がはらむ弱目的性と解放性を,子ども食堂は見事に体現している」(第 2 段落) という記述から,「縁食」と「子ども食堂」は深く関わっていることがわかる。さらに,「子ども食堂の理念」は「孤食と共食というセットの概念」には収まらず (第 7 段落),「そのあいだにある,もっと別の食のあり方を説明する言葉が必要だ」(第 8 段落) と言われていることから,子ども食堂の「縁食」もまた,「孤食」と「共食」のあいだにあると考えられる (課題文タイトル『縁食論—孤食と共食のあいだ』も手がかりになる)。さらに,「『孤食』と『共食』のあいだ」は,「孤食というには料理する側と食べる側の交流,子どもたちのあいだの交流が豊かである一方で,共食というには紐帯がゆるい」(最終段落) とも言い換えられている。したがって,「縁食」とは,「孤食」とは違って誰かとともに食事をするが,同時に「共食」とも異なり,学校や家族のような強い紐帯を作ろうとはせず,「来たいときには来て,来たくなければ来ない」(同段落) ことを許容する食のあり方だと言える。

　続いて,「弱目的性」とは,「目的をあえて強く設定せず,やんわりと複数の目的に目配せしながら大きく広く構えてみる」(第 2 段落) という意味だと言われている。子ども食堂は「貧困家庭の子どものためという目的

2
0
2
4
年
度

人間科
コミュニティ

論述

だけで成り立って」（同段落）いるのではなく，「人と人の交わる公共空間を活発化し，さらに創造していくポテンシャルを内包」（第7段落）していると言われるように，広く様々な目的に開かれている。

　最後に，「解放性」についてであるが，何からの「解放」を指すのか，課題文では明言されていない。だが，「縁食」が「共食」とは異なることが強調され，「家族の枠を超えた食のあり方」「学校の場を離れ，しかも学習塾でもない場所」（第7段落），「共同体意識を醸成するというよりは…もう少しドライに」（最終段落）と言われていることを踏まえると，「解放性」とは家族や学校などの共同体の束縛からの解放であると考えられる。

　以上のような「弱目的性」「解放性」を「縁食」が持っているということをまとめるとよい。

問2.「子ども食堂」の可能性と課題について，課題文を踏まえつつ，自分の考えを論じる問題。課題文を踏まえることが求められているので，まず冒頭で「子ども食堂」についての筆者の考えに触れておくのがよいだろう。問1でみたように，筆者は「子ども食堂」が「縁食」の可能性を体現するものだと考えている。すなわち，「子ども食堂」の特色は，孤食と共食のあいだにある「縁食」であり，強い共同体意識に基づくのではなく，ゆるい紐帯によって人々を結びつける役割を果たすのである。

　以上のように課題文を踏まえたうえで，「子ども食堂」の可能性について考えてみよう。〔解答例〕では，「地域社会の活性化」に着目して論じた。課題文でも述べられている「人と人の交わる公共空間を活発化し，さらに創造していく」（第7段落）という「子ども食堂」の意義を，現代の日本社会が抱える問題と関連させて，より具体的に展開することを試みた。「地域社会」における「出会いや地域のつながり」（第4段落）や「地域の交流活性化」（第2段落）が重要視されるのは，それだけ現代社会において地域社会でのつながりが希薄化しているからだとも言えるだろう。都市化や核家族化，共働き家庭の増加，高齢化の進行，生活スタイルの多様化，価値観の変化など，背景には様々な要因が複合しているが，それらを指摘したうえで，筆者が主張する「縁食」の特徴を活かせる方向性を提示した。

　一方，課題についてはどうか。課題文では「子ども食堂は，貧困家庭の子どものためという目的だけで成り立っているのではない」（第2段落）ことが強調されているが，これは逆に言うと，それだけ「貧困家庭の子ど

ものため」という印象が一般的に強く根付いているということでもある。したがって、〔解答例〕では、「貧困家庭の子どものため」という認識がもたらす弊害を課題として取り上げた。「貧困家庭の子どものため」という目的に矮小化されることで先に述べた可能性が閉ざされてしまうこと、限定されたイメージが子どもたちを遠ざけてしまうことなどが弊害として挙げられる。たしかに、「貧困支援」という目的は決して蔑ろにされるべきものではない。ただ、その側面だけを強調してしまうことは、せっかくの活動がもたらす可能性を閉ざしてしまうことになりかねないのである。

〔別解〕として、まず「子ども食堂」の可能性については、食堂を利用する子どもの視点に立って考察することもできる。たとえば、「家族の枠を超えた食のあり方」(第7段落)が、子どもにとって貴重な場となることがあるだろう。家族が無条件に子どもを守ってくれるということが決して当たり前のものではなく、むしろ親からの虐待など、家族との関係によって苦しんでいる子どもも多い現代においては、家族以外の大人の存在が心の支えになることもあるだろう。また、家庭内に問題を抱えているわけではなくとも、親には話しにくいことがあったときに、適度な距離感で話を聞いてくれる大人は貴重な存在である。親、学校や塾の先生以外の大人と関わる機会が少ない子どもにとって、それ以外の大人との関わりが視野を広げてくれることになる場合もある。

さらに、課題文でも「子ども食堂を支える側もこの居場所に救われるところがあった」(第4段落)と言われている点に着目して、「子ども食堂」に携わる大人の視点からその可能性を考えることもできるだろう。たとえば、「子ども食堂」は、高齢化が進む現代社会において、高齢者が活躍できる場となることができる。かつては地域の高齢者が子どもたちを見守る役割を果たしていたが、家庭単位での交流が少なくなっている現代において、高齢者が近所の子どもと関わる機会は乏しい。子どもだけでなく、他の世代の人々との関わりも薄れ孤独を感じている高齢者にとって、人との関わりを持つことができる場は生きがいになりうる。

同じく〔別解〕として、「子ども食堂」の課題については、課題文でも挙げられている「運営費不足」「人員不足」(第1段落)に着目して論じることもできるだろう。いずれも難しい問題であるが、「運営費不足」については、たとえば、食品ロス(まだ食べられるのに廃棄される食品)の問

　題と関連づけて論述することもできるだろう。企業や店舗と提携し，品質
に問題がないのに廃棄対象になる食品を提供してもらうことで，少しでも
経費を削減するという取り組みである。「人員不足」については，前述し
た地域の高齢者の参加も含めて，まず地域社会の支えが必要である。また，
高齢者施設との提携という提案もできるだろう。いずれにせよ，課題を提
示するだけでなく，解決に向けての方向性についても言及することが望ま
しい。

//////////////////// · **memo** · ////////////////////

//////////////////// · **memo** · ////////////////////

2023
年度

問題と解答

■一般選抜（個別学部日程）：総合文化政策学部

問題編

▶試験科目・配点

方　式	テスト区分	教　科	科目（出題範囲）	配　点
A方式	大学入学共通テスト	英語資格・検定試験	指定する英語資格・検定試験のスコアを「出願資格」とする。	—
		国　語	国語（近代以降の文章）	100 点
		地歴・公民・数学	日本史 B，世界史 B，「倫理，政治・経済」，「数学Ⅰ・A」，「数学Ⅱ・B」のうち 1 科目選択	100 点
	独自問題	総合問題	「国語総合（近代以降の文章）」「地歴公民（主に「世界史 B（現代史）」「日本史 B（現代史）」「倫理，政治・経済」）」	100 点
B方式	大学入学共通テスト	外国語	英語（リーディング，リスニング）	100 点
		地歴・公民・数学	日本史 B，世界史 B，「倫理，政治・経済」，「数学Ⅰ・A」，「数学Ⅱ・B」のうち 1 科目選択	50 点
	独自問題	論　述	文章やデータを読み，分析する能力，自分の文章を論理的に展開できる力，自由に発想する力，自分の意見や発想を十分に表現する力を総合的に問う論述等を課す。	200 点

▶備　考

• 合否判定は総合点による。ただし，場合により特定科目の成績・調査書を考慮することもある。

• 大学入学共通テストの得点を上記の配点に換算する。英語の得点を扱う場合には，リーディング 100 点，リスニング 100 点の配点比率を変えずにそのまま合計して 200 点満点としたうえで，上記の配点に換算する。

• 大学入学共通テストの選択科目のうち複数を受験している場合は，高得点の 1 科目を合否判定に使用する。

- A 方式の受験を希望する者は，以下のスコア・証明書等の提出が必要※①。

TEAP※②	260 点以上
実用英語技能検定	従来型，英検 S-CBT，英検 CBT，英検 2020 1day S-CBT，英検 S-Interview，英検 2020 2days S-Interview を有効とする。	CSE スコア 2100 点以上（CSE スコアの総合点が基準を満たしていれば，受験級ならびにその合否は問わない。）
IELTS※③	4.5 以上
TOEFL iBT® ※④	50 点以上
TOEIC®L&R および TOEIC®S&W ※⑤	940 点以上（［L&R］と［S&W］の合計）
GTEC※⑥	1100 点以上

- ※① 出願時に提出する英語資格・検定試験は 1 種類のみとする。また，異なる実施回の各技能のスコアを組み合わせることはできない。英語資格・検定試験のスコアおよび級は，合否判定では使用しない。
- ※② 4 技能パターンに限る。TEAP CBT は除く。
- ※③ Academic Module オーバーオール・バンド・スコアに限る。Computer-delivered IELTS を含む。
- ※④ TOEFL iBT® Home Edition，TOEFL iBT® Special Home Edition を含む。Test Date Scores のスコアに限る。
  MyBest™Scores は不可。
  ITP（Institutional Testing Program）は不可。
- ※⑤ IP（Institutional Program）は不可。
- ※⑥ CBT タイプおよび検定版に限る。

- 試験日が異なる学部・学科・方式は併願ができ，さらに同一日に実施する試験であっても「AM」と「PM」の各々で実施される場合は併願ができる。
- 試験時間帯が同じ学部・学科・方式は併願できない。

試験日	試験時間帯	学部	学科（方式）
2 月 9 日	AM	総合文化政策	総合文化政策（A）
		社会情報	社会情報（C・D）
	PM	社会情報	社会情報（A・B）
2 月 15 日	AM	経営	経営（A・B）マーケティング（A・B）
	PM	総合文化政策	総合文化政策（B）

■総合問題■

(60 分)

問　次の文章を読んで，あとの問いに答えなさい。

　まず資本主義の歴史をどう見るかという時に，カール・ポランニー『大転換——市場社会の形成と崩壊』を軸にして考えてみたいと思います。ポランニーの『大転換』は 21 世紀に入ってから再び注目を集めています。というのも，<u>金融資本主義の歪み</u>が
(a)
様々な形で出てきている現在，<u>国際社会</u>が直面している問題は，ポランニーが『大転
(b)
換』を書いたその時代と<u>コクジ</u>しているところがあるからです。そのため，開発とグ
(ア)
ローバル化の歴史を批判的に検証し，ポスト資本主義・ポスト新自由主義パラダイムの構想を試みる批判理論家・人類学者・社会学者たちの間で再評価されているのです。

　『大転換』は，イギリスで産業革命が起こった時に，どのようなロジックで市場社会が成立したのかを，歴史的に分析しています。ポランニーによると，もともと地域コミュニティの中に埋め込まれていた(embedded)土地・労働・貨幣が，産業革命が進展する中で商品化されました。彼は，この特殊な商品化の過程を<u>擬制的商品</u>
(c)
(fictitious commodities)の誕生と名づけています。本来は商品の性質を持つはずではなかった土地・労働・貨幣が商品化され，地域コミュニティの社会関係の網の目から<u>リショウ</u>(dis-embedded)してしまったのだと。それによって<u>市場経済が際限なく拡</u>
(イ)　　　　　　　　　　　　　　　　　　　　　　　(d)
大成長する圧力が生じたのです。

　18 世紀末頃までは，市場はあくまでもさまざまな社会制度の一部にすぎませんでした。しかもそれぞれの地域社会の中には，市場をどのように規制し運営するかというローカル・ルールもあったわけです。ところが，<u>産業革命期の英国では，一国規模</u>
<u>の市場経済という抽象的な経済空間を想定して</u>経済を発展させるという見方が出てき
(e)
て，当時の英国政府もそのための制度作りを推進していきました。囲い込み運動(エンクロージャー)によるコモンズの解体がその代表例です。

その結果，市場経済に依存する社会が誕生しました。ポランニーはそのような社会を「市場社会(market society)」と呼んでいます。各地域コミュニティの社会関係に埋め込まれた具体的で顔の見えるローカルな市場とは異なり，市場社会では，抽象的な市場原理によって社会が統治されていきます。つまり，社会と市場の関係が逆転してしまったのです。20 世紀の最後の四半期に現れた経済のグローバル化は，市場社会が地球規模で拡大し，本来商品化されるものではない土地(自然)・労働・貨幣の商品化が一層進み，世界全体が市場原理によって統治されている過程であると捉えることができます。しかし，ポランニーが『大転換』で見たように，社会の市場化は様々な構造的矛盾を生み出します。21 世紀の現在，その構造的矛盾が世界規模で，特に地球環境との関わりにおいて生じてきていると言えるでしょう。
(f)

　ポランニーは市場社会の拡大過程に伴う複雑な力学を，二重運動論という理論で説
(g)
明しています。二重運動論とは次のようなことです。まず，市場経済には拡大局面があります。しかし，それは地域コミュニティの社会関係や自然環境を破壊します。そうなると，人々が自らの生活基盤を防衛するための対抗運動を組織するようになります。つまり，資本主義(ポランニーの言葉では「市場社会」)の発展には，一方で市場経済の拡大成長の力学が存在し，他方ではそれを制御しようとする社会的保護(social protection)の力学が存在する。この相矛盾するふたつの力学の弁証法的過程が資本主義発展の歴史である，ということです。社会的保護を求める運動は，ポランニーが生きた 1930 年代に，一方ではニューディール政策のような福祉国家の確立へと向か
(h)
いましたが，他方ではナチス・ドイツやイタリアのファシズムといった全体主義を生
(i)
み出す方向にも進んでいきました。

　先程，ポランニーの『大転換』の再評価が近年進んでいると述べましたが，同書を再評価する研究者は，一様に彼の二重運動論に注目し，それをグローバル化時代の資本主義の分析に応用しています。1980 年代以降の新自由主義反革命によって，先進工業国でも発展途上国でも社会の市場化が進んでいきました。しかし，1990 年代になると，新自由主義イデオロギーに基づく経済グローバル化に反対するさまざまな社会運動が世界各地の市民社会から出現しました。これら反グローバリズムの運動は，当初，主に左派陣営によって組織されてきました。左派の反グローバリズム運動は，グローバル化の名の下で進められる社会の行き過ぎた市場化に歯止めをかけ，公正なグローバル経済の構築を目指しているので，「グローバル・ジャスティス運動」と呼ばれ

ています。このシチョウの中には，ポランニーの影響を受け，市場とも国家とも異な
るコミュニティ経済の再生を目指す社会的・連帯的経済運動も存在します。これら社
会的・連帯的経済運動に加え，アグロエコロジー運動，オルタナティブ・テクノロジ
ー運動，新しい職人のネットワーク，エコビレッジ運動，トランジション・タウン運
動など，様々な市民アソシエーションによるオルタナティブ経済運動が出現していま
す。自律的で持続可能な地域社会の構築を目指すローカリゼーションの取り組みが世
界各地で展開するようになっています。

　ところが 2008 年の金融危機以降，左派の反グローバリズム運動だけではなく，こ
れまで水面下でくすぶってきた右派の反グローバリズム運動も目立ってきました。現
在(2019 年 3 月)メディアで注目を集めている反グローバリズムの運動は，例えばド
ナルド・トランプの支持層であるとか，フランスの国民戦線であるとか，ドイツにお
ける「ドイツのための選択肢(A f D)」であるとか，ナショナリズムと結びついた排外
主義的な反グローバリズム運動です。二重運動論の観点から見ると，過去 20 ～ 30 年
の間に，左派と右派の各陣営から社会的保護を求める異なる運動が現れてきていると
言えます。

　一方では，左派の反グローバリズム運動のように，より民主的で開かれたコミュニ
ティの構築という提案が出てきていますが，他方では排他的でナショナリスティック
なコミュニティを求める運動も出てきています。そのせめぎ合いが起こるわけです。
これが現在の状況ではないでしょうか。この状況の中で，どのようなコミュニティを
構築していくのかが，現代の重要なテーマになってきます。

　では，なぜコミュニティという領域が，現在浮上しているのでしょうか。

　一つ目は，ポランニーが当時予期していなかった事態が起こっているからです。ポ
ランニーは，『大転換』の結論部分で当時の全体主義の台頭に警鐘を鳴らしています。
他方で，彼自身はキリスト教社会主義や社会民主主義にケイトウしていましたので，
ヨーロッパにおける福祉国家の発展に全体主義を克服する道を期待していた側面があ
ると思います。

　けれども 1970 年代以後になりますと，戦後の欧米諸国が確立してきた福祉国家体
制が限界に直面し，産業社会の逆生産性が顕在化してきます。特に際立つ問題は，経
済成長が生み出す富の分配を通じて生活を保障するという成長主義的な福祉政策が，
地球環境の側面から限界に達しているわけです。

　二つ目には，ウルリッヒ・ベックが定式化した「リスク社会」の台頭が挙げられます。この時代に科学技術の急速な発展とともに工業化が進みましたが，その結果，先
⟨j⟩
進工業国は原発事故などの様々な科学技術リスクを抱えるようになりました。科学技術の進歩の思想が根本から問われるようになり，先端技術を応用して生産力を上げていく従来の経済発展モデルの限界が顕在化してきました。

　三つ目は文化的側面です。イヴァン・イリイチが指摘していることですが，福祉国家体制は，同時に消費者を作っていく体制だったわけです。人々は学校教育や会社勤
⟨k⟩
めの生活といった産業社会のルーティンの中で，消費者に仕立てられていきました。より多く消費することで，より大きな生活満足感を得ることを良しとする消費主義の価値観が社会の中に浸透していきました。その結果，消費社会から自立した市民生活を構築することが次第に難しくなっていきました。イリイチは，商品世界に閉じ込められた現代人が生活づくりの能力を失っている状況を「現代化された貧困」と呼びました。

　福祉国家体制の矛盾が顕在化した後，1980 年代には新自由主義政策が英国・米国
⟨l⟩
を中心に進められていきました。消費社会のグローバル化が進む中で，国家と市場の
⟨m⟩
関係は大きく変容していきます。1970 年代まで，国家は市場と社会のバランスを調整し，公共の福祉のために市場を規制する役割を担っていました。しかし新自由主義体制の下では，国家は市場の規制緩和を推し進め，市場原理によって社会を統治しようとします。国家が社会的保護の役割を放棄するようになったのです。

　国家と市場の間の弁証法が変わってしまったのです。今や国家は，市民の生活の質を犠牲にしてまでも巨大ビジネスを裨益する役割を担うようになっている。ポランニーの二重運動論を援用するなら，国家が社会的保護よりもむしろ市場化を進める方に振り子を切るようになってしまった。その結果，先進工業国では不安定労働者が増加し，貧富の格差が拡大しましたし，地球温暖化対策に対する国際協調も進まなくなっています。

　かつての福祉国家の時代のように国家に社会的保護の役割を期待できなくなっている現在，新たな社会的保護の担い手を創出していかなければならなくなっている。そこで注目されているのが，国家とも市場ともイソウを異にするコミュニティの領域な
⟨オ⟩
のです。

出典：中野佳裕「ポスト資本主義コミュニティ経済はいかにして可能か？——脱成長

論の背景・現状・課題──」，中島隆博（編），2021，『人の資本主義』東京大学
出版会（一部表記に変更を加えている）

問 1 下線部(ア)～(オ)を漢字に改めた場合，同じ漢字を含むものを，次の①～⑤のうち
　　から一つ選べ。

　(ア)　コクジ（解答欄番号は　1　）

　　　① シュクジを述べる　　　　　　② ジゼン事業に取り組む

　　　③ 複数の条件をテイジする　　　④ 二つの作品はルイジしている

　　　⑤ トウジキを買う

　(イ)　リショウ（解答欄番号は　2　）

　　　① 隣国とコウショウする　　　　② 朝早くキショウする

　　　③ 損害をバイショウする　　　　④ 権利がショウメツする

　　　⑤ 予防接種をスイショウする

　(ウ)　シチョウ（解答欄番号は　3　）

　　　① 資金をチョウシュウする　　　② 苦境をチョウコクする

　　　③ 事情をチョウシュする　　　　④ チョウカが上がる

　　　⑤ 時代のチョウリュウに逆らう

　(エ)　ケイトウ（解答欄番号は　4　）

　　　① 資産をトウケツする　　　　　② 山頂にトウタツする

　　　③ 借金でトウサンする　　　　　④ 問題点をトウギする

　　　⑤ 音楽にトウスイする

　(オ)　イソウ（解答欄番号は　5　）

　　　① シュイに躍り出る　　　　　　② 苗をイショクする

　　　③ イギョウを達成する　　　　　④ 事件のケイイを述べる

　　　⑤ 明治イシンを研究する

問 2　下線部ⓐに「金融資本主義の歪み」とあるが，**それには該当しないもの**を，次の
①～⑤のうちから一つ選べ。（解答欄番号は　6　）
①　市場経済に依存する社会の誕生
②　地球環境問題の発生
③　本来商品化されるものではないものの商品化
④　国家による社会的保護の放棄
⑤　ＩＴ社会の訪れ

問 3　下線部ⓑに関連して，国際社会に関する次の文章を読んで，下の問いに答え
よ。

　　現在の地球では，80 億人に近い人間が 190 をこえる国々で暮らしている。そ
れぞれの国々はいずれも主権国家であり，お互いに独立性を保ちながら国際社会
を構成している。このような主権国家による国際社会が成立するきっかけとなっ
たのは，ヨーロッパ諸国が参戦した三十年戦争の講和条約として 1648 年に締結
された　ア　条約であった。
　　しかし，20 世紀の初めまでは，ヨーロッパ諸国以外の主権国家は限られてお
り，多くの植民地が存在していた。第二次世界大戦後に相次いでこれらの植民地
が独立したことによって，主権国家の数は激増することになった。
　　現在の国際社会は，主権国家だけではなく，国際連合の諸機関のような国際機
関，主権国家の連合体である地域統合，さまざまな分野で国境をこえて活動して
いる非政府組織である　イ　などによって構成されている。また，国境をこ
えて世界的な規模で生産活動や販売活動などを行っている　ウ　も，国際社
会の重要なメンバーとなっている。

　　文章中の空欄　ア　～　ウ　に当てはまる語句の組合せとして最も適
当なものを，次の①～⑧のうちから一つ選べ。（解答欄番号は　7　）
①　ア　ウェストファリア　　イ　ＮＧＯ　　ウ　多国籍企業
②　ア　ウェストファリア　　イ　ＮＧＯ　　ウ　複合企業
③　ア　ウェストファリア　　イ　ＮＰＯ　　ウ　多国籍企業
④　ア　ウェストファリア　　イ　ＮＰＯ　　ウ　複合企業

⑤　ア　ベルサイユ　　　　　イ　NGO　　ウ　多国籍企業

⑥　ア　ベルサイユ　　　　　イ　NGO　　ウ　複合企業

⑦　ア　ベルサイユ　　　　　イ　NPO　　ウ　多国籍企業

⑧　ア　ベルサイユ　　　　　イ　NPO　　ウ　複合企業

問 4　下線部ⓒに関連して，資本主義を分析して社会主義思想を築いたマルクスが，人間と労働について主張したこととして最も適当なものを，次の①〜④のうちから一つ選べ。（解答欄番号は　8　）

①　人間は本来的に他の人々と結びつき社会をつくるのであるが，労働は他者との結びつきを弱め，人間らしい生き方を失わせた。

②　人間は自己を外から確かめる生きものであるが，労働が生み出す生産物は自己を確かめるものではないので，自己を確かめることができなくなった。

③　生産物の価値は本来的には人間の労働であるが，資本主義は生産物である商品そのものに価値があるように思わせ，人間は商品を崇拝するようになった。

④　資本主義では人間と人間の関係が商品の交換に置き換わることで，労働を通じた本来的な人間同士の関係を強めることになった。

問 5　下線部ⓓに関連して，ある商品の需要供給曲線に関する次の文章を読んで，下のA・Bの問いに答えよ。

次の図の需要供給曲線は，輸入が禁止されているある商品の国内市場の需要量と供給量とを示している。

この商品の国際市場での価格が 100 円であった場合に，この商品の輸入が全面的に解禁されると，輸入量は　ア　個となる。また，輸入品に 1 個につき100 円の関税が課せられると，輸入量は　イ　個となり，この場合の関税による税収は　ウ　円となる。

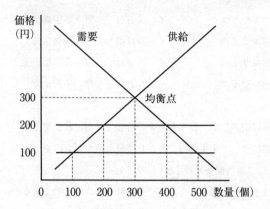

A　文章中の空欄　**ア**　～　**ウ**　に当てはまる数字の組合せとして最も適
当なものを，次の①～⑧のうちから一つ選べ。（解答欄番号は　9　）

①　ア　400　　イ　200　　ウ　20,000

②　ア　400　　イ　200　　ウ　40,000

③　ア　400　　イ　400　　ウ　20,000

④　ア　400　　イ　400　　ウ　40,000

⑤　ア　500　　イ　200　　ウ　20,000

⑥　ア　500　　イ　200　　ウ　40,000

⑦　ア　500　　イ　400　　ウ　20,000

⑧　ア　500　　イ　400　　ウ　40,000

B　文章中の下線部に関連して，需要供給曲線について述べた文として最も適当な
ものを，次の①～④のうちから一つ選べ。（解答欄番号は　10　）

①　メーカーのCMなどによって商品の市場での人気が高まると，需要曲線は左
に移動する。

②　商品を購入したいと思っていた消費者の所得が増加すると，需要曲線は右に
移動する。

③　生活必需品は価格が変化しても需要量があまり変化しないので，需要曲線の
傾きは小さい。

④　ぜいたく品は価格が変化すると需要量が大きく変化するので，需要曲線の傾
きは大きい。

問 6　下線部ⓔに「産業革命期の英国では，一国規模の市場経済という抽象的な経済空間を想定して」とあるが，どういう考えに基づいてそのような空間を想定したのか。その説明として最も適当なものを，次の①～⑤のうちから一つ選べ。（解答欄番号は　11　）

①　国家の財政を際限なく潤すために，一方では土地・労働・貨幣を商品の類いにあえて加え，他方ではコモンズを解体して細分化したものを比較的安い価格で市場に提供しようとする考え。

②　外国資本に負けないために，一方ではあらゆる商品を擬制化し，他方ではコモンズを擬制化の対象から外し，英国の財政を他国に引けを取らない豊かで継続可能なものに改革しようとする考え。

③　市場における競争に勝利するために，商品として擬制化できないものは除外し，経済発展に支障をきたすものは市場経済の対象とせず，国家の財政を際限なく豊かにすることだけを目的にしようとする考え。

④　国の財政を豊かにするためには何より経済を発展させる必要があるという考えから，一方では土地・労働・貨幣を商品化し，他方では観念的な経済中心の社会を想定し，それに馴染まないコモンズを解体しようとする考え。

⑤　国家として資本主義社会に臨むために経済発展を重視する必要から，地方に根ざした土地・労働・貨幣を商品化する一方で，地方に根ざしたコモンズも重視しようとする考え。

問 7　下線部ⓕに関連して，地球環境問題に対する国際的な取り組みに関する次の文章を読んで，下のA・Bの問いに答えよ。

　地球環境問題は 20 世紀の後半から国際的な問題となり，しだいに深刻化してきた。この問題に対して，国際社会は半世紀以上にわたってその解決に向けて取り組んできている。

　1972 年には，スウェーデンのストックホルムで「かけがえのない地球(only one earth)」をスローガンにして　ア　が開催され，国連環境計画（ＵＮＥＰ）が設置されることになった。

　1992 年には，ブラジルのリオデジャネイロで「持続可能な開発(sustainable development)」という共通理念に基づいて　イ　が開催され，アジェンダ

21 や気候変動枠組み条約，生物多様性条約などが採択された。

　2002 年には，南アフリカ共和国のヨハネスブルグで　ウ　が開催され，アジェンダ 21 についての検証やさまざまな新たな課題について話し合われ，ヨハネスブルグ宣言と各国の環境政策の指針と実施計画が採択された。

　2015 年には，国連持続可能な開発サミットにおいて，ミレニアム開発目標（MDGs）の後継として持続可能な開発目標（SDGs）が採択され，2030 年までに達成すべき 17 の目標と，より具体的な 169 のターゲットが設定された。

A　文章中の空欄　ア　～　ウ　に当てはまる国際会議の組合せとして最も適当なものを，次の①～⑥のうちから一つ選べ。（解答欄番号は　12　）

① ア　環境開発サミット　　イ　国連環境開発会議　　ウ　国連人間環境会議

② ア　環境開発サミット　　イ　国連人間環境会議　　ウ　国連環境開発会議

③ ア　国連環境開発会議　　イ　環境開発サミット　　ウ　国連人間環境会議

④ ア　国連環境開発会議　　イ　国連人間環境会議　　ウ　環境開発サミット

⑤ ア　国連人間環境会議　　イ　環境開発サミット　　ウ　国連環境開発会議

⑥ ア　国連人間環境会議　　イ　国連環境開発会議　　ウ　環境開発サミット

B　文章中の下線部について述べた文として最も適当なものを，次の①～④のうちから一つ選べ。（解答欄番号は　13　）

① 21 世紀に向けての環境保護についての行動計画であるアジェンダ 21 は，ケニアのナイロビに本部が設置された。

② 1997 年に開催された地球温暖化防止会議（COP3）で，名古屋議定書が採択されその数年後に発効した。

③ 2010 年に開催された生物多様性条約の締約国会議で，遺伝資源の利益配分などについて京都議定書が採択された。

④ 2015 年に新たな温暖化防止の法的な枠組みとして採択されたパリ協定では，温度目標が規定された。

問 8　下線部⑧の「二重運動論という理論」の説明として最も適当なものを，次の①～⑤のうちから一つ選べ。（解答欄番号は　14　）

① 市場経済には拡大局面とコミュニティの社会関係などを破壊する側面があ

る。

② 相矛盾するふたつの力学の弁証法的過程が資本主義であり，その歴史である。

③ 一方で市場経済の拡大成長があり，他方ではそれを制御する社会保護の力学がある。

④ 一方では福祉国家への道があり，他方ではファシズムといった全体主義を生み出す特質がある。

⑤ 先進工業国，発展途上国を問わず異なるふたつの社会状況の国で社会の市場化が進む。

問 9 下線部ⓗに関連して，福祉国家を正当化する思想とされるジョン・ロールズの正義原理について述べたものとして最も適当なものを，次の①～④のうちから一つ選べ。（解答欄番号は 15 ）

① 公正や権利ではなく効率的であることが正義である。正義は社会を構成する各人が自己の属性を考慮することのない無知のヴェールのもとで選択される。

② 他の構成員の権利を考慮せずに，各人には基本的な財や自由を与えなければならない。

③ 社会を構成する全員に平等な機会を与えたうえでも，生じる社会的また経済的な不平等は認められるべきでない。

④ 競争によって生じる不平等が許されるのは，その不平等が最も不遇な人々の生活改善につながる場合である。

問10 下線部ⓘに関連して，ムッソリーニについて述べたものとして最も適当なものを，次の①～④のうちから一つ選べ。（解答欄番号は 16 ）

① ムッソリーニが「戦士のファッシ」として創設したファシスト党は，戦争への国民総動員を目指し，全体主義を否定する立場であった。

② ムッソリーニは，対外侵略による苦境を脱するため，1935 年にポーランドを侵攻し，翌年全土を征服した。

③ ムッソリーニは，経済基盤の回復を名目にオーストリアを併合し，ズデーテン地方の割譲を求めた。

④ ムッソリーニとヒトラーは親密な関係であり，1936 年にはベルリン＝ロー

マ枢軸を結成した。

問11　下線部①に関連して，20世紀の文化に関する次の文章を読んで，下のA〜Cの
問いに答えよ。

　　20世紀は「科学技術の世紀」とも言われる。20世紀初めに「相対性理論」を発表
したアインシュタインや，飛行機を発明したライト兄弟などが代表的である。ま
た，ソ連の人工衛星「スプートニク1号」の打ち上げ成功や，アメリカの「ＮＡＳ
Ａ」の設置なども挙げられる。
　　　　a
　　医学や生物学も急速に進んだ。抗生物質の発見や遺伝子組み換え技術の発展な
　　　　　　　　　　　　　　　　b
どが挙げられる。他にも精神分析学など，さまざまな思想や文化が進んだ。
　　　　　　　　　　　　　　　　　　　　　　　c

A　文章中の下線部ａに関連して，20世紀の科学技術に関して述べた次の文のⅠ
　〜Ⅲについて，古いものから年代順に正しく配列したものを，下の①〜⑥のうち
　から一つ選べ。（解答欄番号は　17　）
Ⅰ　アメリカは，アポロ11号の月面着陸に成功した。
Ⅱ　ソ連では，ガガーリンが初の有人宇宙飛行を成功させた。
Ⅲ　アメリカは宇宙ステーションを建設し，スペース＝シャトルによる宇宙往環
　が可能となった。
①　Ⅰ→Ⅱ→Ⅲ　　　　②　Ⅰ→Ⅲ→Ⅱ　　　　③　Ⅱ→Ⅰ→Ⅲ
④　Ⅱ→Ⅲ→Ⅰ　　　　⑤　Ⅲ→Ⅰ→Ⅱ　　　　⑥　Ⅲ→Ⅱ→Ⅰ

B　文章中の下線部ｂに関連して，次の文Ｘ・Ｙとそれに該当する人物ａ〜ｄの組
　合せとして最も適当なものを，下の①〜④のうちから一つ選べ。（解答欄番号は
　18　）
Ｘ　1929年にペニシリンを発見した。
Ｙ　1943年にストレプトマイシンを発見した。
ａ　ワトソン　　　ｂ　フレミング　　　ｃ　ワクスマン　　　ｄ　クリック
①　Ｘ—ａ　Ｙ—ｃ　　　　②　Ｘ—ａ　Ｙ—ｄ
③　Ｘ—ｂ　Ｙ—ｃ　　　　④　Ｘ—ｂ　Ｙ—ｄ

C　文章中の下線部 c に関連して，20 世紀の思想や文化について述べたものとして最も適当なものを，次の①～④のうちから一つ選べ。（解答欄番号は 19 ）

①　ドイツの哲学者ニーチェは，ヨーロッパ文化が衰退している原因はイスラム教の支配にあると主張した。

②　ドイツの社会学者・経済史学者マックス＝ウェーバーは，東欧における資本主義と官僚制の発展傾向は，プロテスタンティズムの倫理と深く関わっていると主張した。

③　アメリカの哲学者デューイは，経験よりも理論や信念などの観念的体系を重視するプラグマティズムを大成した。

④　インドの詩人・思想家タゴールは，現代ベンガル文学を集大成し，被抑圧民族の苦悩を描き解放を呼びかけた。

問12　下線部⑥に関連して，日本の学校教育に関する次の文章を読んで，下のA・Bの問いに答えよ。

　　日本の教育制度は，第二次世界大戦の前後で大きく変化した。敗戦までは，忠君愛国の国家主義的教育が推進されており，特に戦争突入後は，政府は学生を労働力や兵力とみなし，さまざまな形で戦争に協力させた。

　　戦後はそうした教育を改め，民主的な教育制度・教育内容が実施された。その基礎として制定された法律のひとつが　ア　である。その規定により，いわゆる「六・三・三・四」制の新たな学校制度が定められた。また，軍国主義的な教科内容などが問題視され，　イ　・日本歴史・修身の授業が，連合国軍最高司令官総司令部（ＧＨＱ）の指示によって一時禁止された。

A　文章中の空欄　ア　・　イ　に当てはまる語句の組合せとして最も適当なものを，次の①～④のうちから一つ選べ。（解答欄番号は 20 ）

①　ア　教育基本法　　イ　地理

②　ア　教育基本法　　イ　国語

③　ア　学校教育法　　イ　地理

④　ア　学校教育法　　イ　国語

B　文章中の下線部に関連して，敗戦までの教育制度や政策について述べたものとして**適当でないもの**を，次の①〜④のうちから一つ選べ。(解答欄番号は $\boxed{21}$)

①　小学校は国民学校に改められ，戦争が激化して空襲が頻発すると，安全のため，政府によって全ての児童に強制的に集団疎開が命じられた。

②　1943 年には大学・高等学校及び専門学校に在学中の徴兵適齢法文系学生を軍に徴集する学徒出陣が実施された。

③　学校に残る男子学生や女子挺身隊に編成された女子学生などを軍需工場で働かせる勤労動員が行われた。

④　朝鮮半島では 1937 年「皇国臣民の誓詞」が広く用いられ朝鮮人に対して学校，官庁，工場など人の集まる所で唱えさせた。

問13　下線部①に関連して，1980 年代の新自由主義に関する次の文章を読んで，下のA・Bの問いに答えよ。

　　物価の上昇を避けるためには，通貨を安定的に供給することが重要だとするフリードマンらのマネタリストの考え方は，1980 年代にはアメリカやイギリス，日本などの経済政策にも大きな影響を与えることになった。

　　イギリスでは，「鉄の女」ともよばれた $\boxed{\text{ア}}$ 首相が登場して，ＢＴ(ブリティッシュテレコム)など国営企業の民営化を断行し，「英国病」と言われたイギリス経済の立て直しをはかった。

　　アメリカでは，$\boxed{\text{イ}}$ 大統領が登場して，「強いアメリカ」をめざして軍備を拡張しながら，経済的には大幅な減税政策と大胆な規制緩和を推し進めた。これらはやがて 1990 年代以降のアメリカ経済の躍進へとつながった。

　　日本では，$\boxed{\text{ウ}}$ 首相が登場して，三公社の民営化を進め，日本国有鉄道は分割されてＪＲ各社に，日本電信電話公社はＮＴＴに，日本専売公社はＪＴとなった。

　　これらの政策は，第二次世界大戦後，欧米諸国や日本などが福祉国家となるために少し大きくなりすぎた政府をスリム化することによって，小さな政府をめざすものであった。

A　文章中の空欄 $\boxed{\text{ア}}$ 〜 $\boxed{\text{ウ}}$ に当てはまる人名の組合せとして最も適

当なものを，次の①〜⑧のうちから一つ選べ。(解答欄番号は $\boxed{22}$)

① ア　サッチャー　　イ　クリントン　　ウ　小泉純一郎

② ア　サッチャー　　イ　クリントン　　ウ　中曽根康弘

③ ア　サッチャー　　イ　レーガン　　ウ　小泉純一郎

④ ア　サッチャー　　イ　レーガン　　ウ　中曽根康弘

⑤ ア　メージャー　　イ　クリントン　　ウ　小泉純一郎

⑥ ア　メージャー　　イ　クリントン　　ウ　中曽根康弘

⑦ ア　メージャー　　イ　レーガン　　ウ　小泉純一郎

⑧ ア　メージャー　　イ　レーガン　　ウ　中曽根康弘

B　文章中の下線部に関連して，各国の社会保障政策について述べた文として**適当でないもの**を，次の①〜④のうちから一つ選べ。(解答欄番号は $\boxed{23}$)

① ドイツでは，ビスマルクの時代に世界で初めて社会保険制度を導入したが，同時に社会主義者を弾圧するような政策をとった。

② イギリスでは，第二次世界大戦中に出されたベバリッジ報告に基づいて，「ゆりかごから墓場まで」をスローガンとする社会保障制度が確立された。

③ 日本では，1960 年代のはじめに全国民が医療保険と年金保険に加入する国民皆保険・皆年金の制度が実現された。

④ アメリカは，自助努力が中心の国であったが，オバマ・ケアによって全国民が加入する医療保険制度が確立された。

※問 13 の B については，選択肢に不明瞭な部分があり，正解が一義的に決まらない可能性があることから，当該設問について受験者全員を正解とする措置が取られたことが大学から公表されている。

問14　下線部⒨に「国家と市場の関係は大きく変容していきます」とあるが，それはどういうことか。その説明として最も適当なものを，次の①〜⑤のうちから一つ選べ。(解答欄番号は $\boxed{24}$)

① 国家の役割を無視して市民による市場の開放が進められること。

② 国家の持つ役割や任務が市民や民間によって代行されること。

③ 国が富や利益を追求するあまり市民生活が無視されて苦しくなること。

④ 市場を規制していた国家が市場原理によって支配されるようになること。

⑤ 国家の役割が軽減し市民生活が自由でしまりのないものになること。

問15 本文の内容に合致するものを，次の①〜⑥のうちから一つ選べ。(解答欄番号は 25)

① 市場経済が拡大することによって地域経済は発展した。

② 経済グローバル化への反対運動は民主的市民社会を形成した。

③ 左派の反グローバル化運動は過度の市場化の健全化を図った。

④ ナショナリスティックな共同体は人々の理想とする社会である。

⑤ 社会民主主義に全体主義の克服を期待したのは間違いであった。

⑥ 市場化を進めたことで共同体は貧困から抜け出し生活が安定した。

■論述■

（80 分）

1 以下の文章を読み，設問に答えなさい。解答は**解答用紙（その 1）**に記入すること。

迷惑メールを判定するアルゴリズムを考える。

仮に，一般的な日本人に届くメールの 1 割（10 ％）が迷惑メールであるとする。また，迷惑メールの 1 割には件名に「celebrity」というキーワードが含まれることがわかったとする。他方，迷惑メールでない通常のメールの件名に「celebrity」というキーワードが含まれる確率は 0.01 ％だったとする。

上記の条件を前提として，あるメールの件名に「celebrity」というキーワードが入っていた場合，このメールが迷惑メールである確率を，全メール数が 10 万通だった場合を仮定し，下記図 1 のツリーを用いて計算したいと考えた。

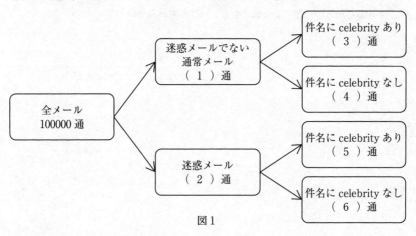

図 1

この条件下で，件名に「celebrity」が含まれている場合，そのメールが迷惑メールである確率は

$$\frac{\textit{件名に celebrity とある迷惑メールの数}}{\textit{件名に celebrity とあるメールの数}} = \frac{(\ 5\ )}{(\ 3\ )+(\ 5\ )}$$

となり，これをパーセントで表すと約（　7　）％となる。

設問

問1　（　1　）～（　6　）に入る数値について，最も適切なものを以下から選べ。

① 1　　　　　　② 9　　　　　　③ 10　　　　　　④ 99

⑤ 100　　　　　⑥ 900　　　　　⑦ 999　　　　　⑧ 1000

⑨ 8000　　　　⓪ 9000　　　　ⓐ 9991　　　　ⓑ 10000

ⓒ 89991　　　ⓓ 90000

問2　（　7　）に入る数値について，最も適切なものを以下から選べ。

① 11.1　　　　② 52.6　　　　③ 88.9　　　　④ 89.9

⑤ 99.1　　　　⑥ 99.9

問3　日本人が受け取る迷惑メールの割合が，全メールの1割ではなく，実際には4
　　割だったと判明した場合，設問2で答えた確率に比べ，正しい確率はどうなる
　　か。どうなるかを（　8　）として，次の選択肢から最も適切なものを選べ。

① より高くなる　　② より低くなる　　③ 変わらない

2　以下の文章を読み，設問に答えなさい。なお，解答は**解答用紙（その2）**に記入すること。

　……キリスト教で人民を教化し，心を改めさせて徳の門に入らしめ，たとえ天の道の究極のところには到達しなくても，親子夫婦の道を明らかにして孝行や貞節の心を励まし，子どもを教育する義務を知らしめ，妾を持ちみだれた生活をすることは悪であることをわきまえさせるのは，世の中の文明に関して，最も効能の大きいものだといえる。だから，ここには文句をつけようがないように思われるかもしれないが，しかし，いまのわが国の状況においてその得失を論じるときには，私は，まったく以上の考えには賛成できないのである。というのは，「キリスト教を政治上に拡大して，一国独立の基礎を築こう」というこの学者の考えについて，少し考えを異にするところがあるからだ。

　そもそもキリスト教は，永遠を目的とする宗教である。幸福や安全も永遠。災いや苦しみも永遠。現在の罪よりも未来の罪を恐れ，現世での裁判よりも死後の裁判を重んじる。結局，いまのこの世と彼岸の世界を区別して論を立てているから，その説くところはつねにスケールが大きく，他の学問とはまったく趣が異なっている。人類に対する博愛を説き，まるで地球を一つの家のように，人類をすべて兄弟のように考えて，その間に優先順位をつけない。人類全体が一つの家であれば，家の中に境界など作る必要はない。しかし，いま，この地球をいくつかに区分けして国境を作り，その境界内に集団を作って国民などと言い，その仲間内の便宜をはかるために政府を作り，はなはだしくは武器を持って，外にいる兄弟を殺して，その土地を奪い，商売の利益を争う。これは決して宗教の目指すところではない。これらの悪行を見れば，死後の裁判の話はおくにしても，この世での裁判も機能していないと言うべきである。キリスト教からすれば罪人である。

　そうは言っても，いま世界中の有様を見れば，国がないところなどはどこにもないし，政府を持たない国もない。政府がよく人民を保護し，人民がよく商売に励み，政府がよく戦い，人民がよく利益を得れば，「富国強兵」と言われる。これは自国の人間が誇りにすることであり，他国の人間もうらやむものである。では，なぜこの富国強兵を目指して努力するのか。宗教的な教えには反するものの，世界の「勢い」がそうなっている以上，やむをえないのである。

　したがって，今日の文明における世界各国同士の関係を言えば，人民同士，個人的な交際においては遠く離れた人とも友人となり，たちまち親しくなることもあるだろう。しかし，国同士の交際については，ただ以下の二つの関係しかない。普段は，物を売買して利益を争うこと。有事には武器を持って殺しあうこと。言いかえれば，いまの世界は貿易と戦争の世の中，と言ってもよい。

　もちろん，戦争にもいろいろある，中には戦争を止めるための戦争もあるだろう。貿易も，そもそも互いのものを融通しあうことであり，最も公明正大な仕事である。だから，戦争も貿易もそれ自身を一概に悪ということはできないが，しかし，いまの世の中で行なわれている戦争と貿易の実際を見れば，「敵を愛する」宗教の本質から出てきたものとは到底思えないだろう。

　以上のように宗教的観点から評価すれば，貿易と戦争とはたいへん粗野で卑しむべきことのように思えるが，いまの物事の有様にしたがってこれを見れば，またちがった評価もできる。なぜなら，貿易は利益を争うものではあるが，腕力ずくでそれを行なっているわけではない。必ず智恵を必要とする仕事である。であれば，人民に貿易を許さないわけにもいかない。かつ，外で貿易しようと思えば，国内でも努力が必要とされる。よって，貿易が盛んになることは，国内の人民に知見が開かれ学問や技術が盛んになることの余波であり，これは国の繁栄の徴候となるのである。

　戦争も同様である。これを単なる殺人といえば憎むべきもののようだが，いま大義名分のない戦争を起こそうとする者がいれば，たといいまのような不十分な文明の状況でも，不十分なりに条約の文章もあり，駆け引きもあり，国際法もあり，学者の議論もあり，ということで暴挙が容易に許されることはない。あるいは，利益のためではなく，国の誇りのため，道理のために起こす戦争もないわけではない。したがって，殺人とか利益を争うものとしての戦争は，宗教の観点からすればけがらわしく，その敵とされるのは免れがたいが，いまの文明の状態ではやむをえない勢いがあるのだ。戦争は，独立国としての権理^(注)を伸ばす手段であり，貿易は，国が光を放つ徴候と言わざるを得ないのである。

　自国の権理を伸ばし，自国の人民を富まし，自国の智徳を修め，自国の名誉を輝かそうとして努力する者を，「報国の民」と言い，そのような気持ちを「報国心」と言う。その眼目は，他国と自国を区別し，たとえ他国を害するつもりはなくても，まずは自国を優先して考え，自国は自国として独立しようとすることにある。したがって，この「報国心」は，個人的な利己主義ではないが，一国にとっての利己主義であ

る。すなわち，地球をいくつかの地域に区分けして，その区分の中で集団を作り，その集団のためをはかる利己的で偏った心である。報国心は，偏った心情なのだ。

　この観点からすれば，人類に対する博愛と，報国心を持って忠誠を尽くし自国の独立を願う気持ちとは両立できないものであることがわかる。したがって，宗教的な発想を政治の上にまで拡大し，それを一国独立の基礎に据えようなどという考えは，理屈が通っていないのである。

　宗教は個人の徳にかかわるもので，国を独立させる精神とは目指すところが異なるのであり，たとえ，宗教が人民の心を維持するのに役立ったとしても，人民とともに国を守ることについては大きな効果は見込めないのだ。おおまかにいって，いまの世界各国の様子と宗教の教えとを比較すれば，宗教は広大すぎ，善いものすぎ，美しすぎ，高遠すぎ，公平すぎるし，各国対立の様子は，狭隘すぎ，卑劣すぎ，浅すぎ，偏りすぎていて，その両者が交わることはできないのだ。

出典：福澤諭吉，2013 年，『現代語訳　文明論之概略』，齋藤孝訳，筑摩書房（ちくま文庫。原著は 1875 年）。

注：現代では「権利」と表記するのが通例だが，福澤は「権理」を用いる。ここではあえて後者を生かしている。

設問

問1　本文の主張を，200 字以内の日本語で要約しなさい。

問2　問1で要約した主張に対する論理的に可能な反論を，200 字以内の日本語で述べなさい。

問3　問1と問2を踏まえた上で，あなたはどちらの立場に立つかを表明し，現代の具体的な事例をあげながら，300 字以内の日本語でその結論を論証しなさい。

（※解答においては段落を設けてもよい。その場合は通例の原稿用紙の書き方に準拠し，段落冒頭は1マス下げること。）

解答編

■総合問題■

解答　問 1．(ア)—④　(イ)—②　(ウ)—⑤　(エ)—③　(オ)—①

　　　　問 2．⑤　問 3．①　問 4．③　問 5．A—①　B—②

問 6．④　問 7．A—⑥　B—④　問 8．③　問 9．④　問 10．④

問 11．A—③　B—③　C—④　問 12．A—③　B—①

問 13．A—④　B—※

問 14．④　問 15．③

> ※問 13 の B については，選択肢に不明瞭な部分があり，正解が一義的に決まらない可能性があることから，当該設問について受験者全員を正解とする措置が取られたことが大学から公表されている。

◀解　説▶

≪資本主義の変化とコミュニティの変容≫

問 2．金融資本主義とは，銀行を中心に企業グループが国内外の産業界を支配する資本主義の進んだ段階。⑤誤文。本文では IT 社会には触れていない。①市場経済に依存する「市場社会」については，4 段落に書かれている。②5 段落に市場経済は「自然環境を破壊」するとある。③4 段落に「本来商品化されるものではない」土地などの商品化が一層進んだとある。④14 段落に「国家が社会的保護の役割を放棄するようになった」とある。

問 4．①誤文。類的存在である人間は，労働を通して他者と結びついていく。②誤文。生産物に反映される技術や労力を通して，人間は自己を意識する。③正文。マルクスによれば，商品の価値は実際には労働によって決定されるが（労働価値説），資本主義社会においては商品そのものに価値があるとみなされる。④誤文。類的存在からの疎外によって，人間同士の関係は失われる。

問 5．A．100 円の場合，需要量は 500 個，供給量は 100 個なので，超過需要の 400 個が輸入量となる。また，100 円の関税を課すと価格は 200 円

なので，需要量は 400 個，供給量は 200 個となり，超過需要の 200 個が輸入量となる。そのため，関税による税収は 100 円×200 個＝20,000 円。

B．何らかの理由で同じ価格の商品に対する需要または供給が増える場合に，曲線は右へ，減る場合には左へ移動する。①誤文。需要曲線は右に移動する。③誤文。野菜のような生活必需品は価格が上昇しても需要の減少は小さい（弾力性が小さい）ので，需要曲線の傾きは大きい。④誤文。宝石のようなぜいたく品は価格が下がると需要が増える（弾力性が大きい）ので，需要曲線の傾きは小さい。

問 6．①誤文。国は国家財政を潤すためにコモンズを売却したのではなく，コモンズそのものを解体して市場経済に組み込んだ。②・③誤文。コモンズも含め，あらゆるものを資本主義推進のための商品にしようとした。⑤誤文。経済発展のためにコモンズは重視されなくなった。

問 7．A．1972 年の国連人間環境会議は，公害などの環境問題についての最初の国際会議。1992 年の国連環境開発会議（地球サミット）は，環境と持続可能な開発をテーマに開かれた。2002 年の環境開発サミットは，持続可能な社会作りの具体策を議論する国際会議。

B．①誤文。ナイロビに本部があるのは「国際連合環境計画（UNEP）」。②誤文。COP3 で採択されたのは京都議定書。③誤文。生物多様性条約の第 10 回締約国会議で採択されたのは名古屋議定書。④正文。パリ協定では，世界の平均気温上昇を産業革命以前に比べて，1.5℃ に抑える共通目標が決められた。

問 8．二重運動論とは，市場経済の拡大成長の力学，他方では社会的保護の力学の双方によって資本主義の発展を説明する理論であるので，③が正解。②は抽象的な表現にとどまっており，二重運動論の説明としては不十分。①誤文。市場経済の 2 つの特徴である。④誤文。5 段落にある社会保護の 2 つの方向である。⑤誤文。「二重運動」とは「異なるふたつの社会状況」を指すのではない。

問 9．ロールズは『正義論』において，公正としての正義の原理を追求した。①誤文。効率ではなく公正が正義となる。②誤文。他の構成員の自由も考慮される。③誤文。平等な自由による不平等は認められる（正義の第一原理）。④正文。最も不遇な人々の生活を最大限保証する格差是正も必要であるとした（正義の第二原理）。

問 10.　①誤文。ファシスト党は全体主義を目指した。②・③誤文。いずれもヒトラーのナチスによるもの。

問 11.　A．冷戦を背景とした Ⅰ は 1969 年，Ⅱ は 1961 年。国際宇宙ステーションは 1998 年から建設された。

B．1929 年にフレミングがペニシリンを，1943 年にワクスマンがストレプトマイシンを発見した。

C．①誤文。ニーチェが批判したのはキリスト教。②誤文。ウェーバーはオランダ，イギリス，アメリカのようなプロテスタントの国で資本主義が発達した理由を考えた。③誤文。プラグマティズムは行動を重視する。④正文。タゴールはベンガル語詩集『ギーターンジャリ』で 1913 年ノーベル文学賞を受賞した。

問 12.　A．教育基本法は教育の基本方針に関するもので，その理念に従い学校教育法は「六・三・三・四」制を定めている。地理は対外膨張政策を正当化しているとして禁止された。

B．①誤文。農村への集団疎開は全ての児童ではなく，大都市部の児童を対象とするもの。④正文。朝鮮の皇民化政策の一つで，大日本帝国の臣民であることを唱和させた。

問 13.　1980 年代のサッチャリズムとレーガノミクスは小さな政府を目指した，新自由主義的な経済政策。同時期の中曽根首相も国鉄の分割民営化などを断行した。小泉純一郎首相が，2000 年代に郵政民営化を進めた。

問 14.　国家は「巨大ビジネスを裨益する役割を担う」（15 段落）ようになったなどの記述から，国家が市場原理に支配されていると読めるので④が正解。①不適。国家が市場開放を進めた。②不適。社会的保護という国家の役割は市民や民間にゆだねられることなく，放棄されている。

問 15.　6 段落で「左派の反グローバリズム運動」は，「行き過ぎた市場化に歯止めをかけ」るとされているので，③が正解。以下誤文。①地域経済は衰退した。②・④反グローバル化運動には民主的市民社会と相いれない排他的でナショナリスティックなものもあり，そうした運動は理想的なものとは言えない。⑤社会民主主義が間違いであったとは書いていない。⑥13 段落に現代人がおかれた「現代化された貧困」とある。

論述

1 解答
問1．1—ⓓ　2—ⓑ　3—②　4—ⓒ　5—⑧
6—⓪
問2．7—⑤　問3．8—①

◀解　説▶

≪迷惑メールを判定するアルゴリズム≫

　全メールから迷惑メールを分類，分析するアルゴリズム（計算方法）を示して，それぞれのカテゴリーに当てはまる数値を計算し，また条件の変化によって数値がどう変動するかについて答えるものである。解答はすべてマークシートによる選択解答である。

問1．設問文が示した条件に従って，全メール 10 万通の中から迷惑メールの数，また「celebrity」というキーワードが含まれている迷惑メールの数を，示されたアルゴリズムに従って計算するものである。いずれも簡単なパーセント計算であるが，位取りに注意すること。

問2．問1で明らかになった数値をもとに，「celebrity」というキーワードが含まれているメールが迷惑メールである確率を計算する。計算式は与えられているので空欄3・5の数値を入れて計算をすればよい。

問3．全メールのうち迷惑メールの割合が1割から4割になった場合，確率がどう変動するかを答える問題である。迷惑メール4割として問1・問2を再計算してもよいが，問2で示された計算式を見ると，迷惑メールの割合が4割に上がった場合，分子・分母に関わる空欄5の数値が動いても迷惑メールの確率に影響はないが，分母のみに関わる空欄3の数値は小さくなり，それによって分母がわずかに小さくなるので，迷惑メールの確率はわずかに上がることが推測できる。

2 解答例
問1．キリスト教で一国独立の基礎を築こうとする意見には賛成できない。キリスト教は人類に対する博愛を説く。しかし現実の世界は多くの国家が「富国強兵」に努め，世界は貿易と戦争の中にある。その中で自国を優先して自国の独立をになうのは

「報国心」である。その観点からいえば，キリスト教が説く人類に対する博愛と一国にとっての利己主義である「報国心」は両立しない。キリスト教で一国独立の基礎を築くのには無理がある。(200 字以内)

問2．筆者は，人類に対する博愛と一国の独立を願う報国心は両立できないとする。たしかに現実の世界では各国が富国強兵に努め，貿易や戦争で競い合っている。しかし諸国が「一国にとっての利己主義」である報国心のみに支えられて行動し続けるかぎり，国家間の抗争は止むことはなく一国の独立もあやうい。むしろ人類に対する博愛の視点があってこそ国際社会の安定とともに一国の独立が維持されるのであり，博愛と報国心は両立しうる。(200 字以内)

問3．私は一国にとっての利己主義である「報国心」に反対する。いま地球温暖化の問題が人類に差し迫った問題となっているが，国際社会は有効な地球温暖化対策をなかなか打ち出せていない。その背景には莫大なエネルギー消費やこれまでの環境汚染の責任についての，先進国と発展途上国間における対立がある。また具体的な温暖化対策には各国の利害や思惑が複雑に絡み，国際的な合意を妨げている。報国心はこの状況を乗り越える手立とはならない。報国心とは自国を最優先する利己主義だからだ。全人類が直面する課題を乗り越えるためには人類全体に対する博愛こそが必要である。地球温暖化問題は我々に平等に迫っているのである。(300 字以内)

———— ◀解　説▶ ————

≪博愛と報国心の相剋≫

　これまでは記述問題の課題文には，西欧近代思想の著名な思想家の文章が選ばれてきたのだが，2023 年度論述問題の課題文は，福沢諭吉が近代化を急ぐ日本が西欧社会から何を学び用いていくべきかについて論じた『文明論之概略』であった。ただ，福沢諭吉は明治期の日本に近代西欧思想の紹介と普及に努めた啓蒙思想家なので，課題文の方向性が大きく変わったというわけではない。

　ここでは福沢は，人類全体を結ぶものであるが，具体的な実践の手立てを示せない「博愛」と，一国独立を支えてはいるが国境を超えて人々が結びつく手立てのない「報国心」を対照させ，人類が多くの国に分かれて貿易と戦争で競い合っている世界の現状をふまえ報国心の有効性を示してい

る。ただ福沢は,「富国強兵」について「世界の『勢い』がそうなっている以上, やむをえない」と述べており,「報国心」を「その区分の中で集団を作り, その集団のためをはかる利己的で偏った心」と評するなど,「報国心」による一国独立というあり方を理想的なものとして称揚しているわけではない。近代合理主義を信奉する啓蒙思想家であるとともに, 当時（明治初期）の国際社会と日本の現実を見据えたリアリストでもあった福沢諭吉の思想的特徴がよく表れている。

問 1. 要約問題である。2500 字程度の課題文を 200 字以内に要約しなければならない。段落ごとに内容をまとめるが, その要約には①課題文の問題提起（キリスト教を政治上に拡大して一国独立の基礎を築くという考えについての意義）, ②その理由（世界が国家によって分断され, 各国が「富国強兵」に向かい, 戦争と貿易で競い合っている現状, 一国独立と一国の利己主義「報国心」との関連など）, ③筆者の結論（人類に対する博愛と, 報国心をもって忠誠をつくし自国の独立を願う気持ちとは両立できない）という 3 点を盛り込む必要があるだろう。ただし, 論述字数が 200 字以内なので, これらをそれぞれ 1 〜 2 文, 全体でも 4 〜 6 文におさめる必要がある。

問 2. 課題文の主張に対する反論を述べる。「論理的に可能な反論」という条件がついているが, これは感情的な反論や些末な部分を取り上げて批判するのではなく, 課題文の主旨に向き合った反論を求めているということである。課題文の主張は, 世界がいくつにも区切られ, 国家が「富国強兵」に走って貿易と戦争を繰り返している現状では, 一国の独立の基礎に据えるものとして自国を優先して考え行動する報国心を評価し, 人類に対する博愛と報国心は両立しないといったものだった。これに対する反論を考えるとよい。

問 3. 福沢の課題文の主張（問 1）とその反論（問 2）を受けて, いずれかの立場に立って意見論述をするものである。「現代の具体的な事例をあげながら」という条件がついているが, どのような事例を取り上げるかによって, 福沢の主張に賛成するか反対するか, その立場は決まることになるだろう。

　この『文明論之概略』が発表された 1875 年は欧米列強諸国による帝国主義が世界を席巻していた時代で, 日本がこれらの国に飲み込まれること

なく独立国として発展するために，福沢は「一身独立して一国独立」を説いた。福沢の主張は，キリスト教倫理に代表される「人類に対する博愛」は理想ではあるが，世界の現状を見ると未だ非現実的だというところにあったのだろう。はたして現代はどうなのだろうか。

　〔解答例〕では，地球温暖化問題を例にとって，地球規模での対応が叫ばれながら各国の利害がからんで有効な対策が取られていない現状を取り上げた。一国にとっての利己主義である「報国心」の意義を認めている福沢の議論を批判するものとした。

■一般選抜（個別学部日程）：社会情報学部

問題編

▶試験科目・配点

方　式	テスト区分	教　科	科目（出題範囲）	配　点
A方式	大学入学共通テスト	国　語	国語（近代以降の文章）	100 点
		地歴・公民	日本史B，世界史B，地理B，現代社会，倫理，政治・経済，「倫理，政治・経済」のうち1科目選択	100 点
	独自問題	外国語	コミュニケーション英語Ⅰ・Ⅱ・Ⅲ，英語表現Ⅰ・Ⅱ	200 点
B方式	大学入学共通テスト	外国語	英語（リーディング，リスニング）	100 点
		国　語	国語（近代以降の文章）	100 点
	独自問題	数　学	数学Ⅰ・Ⅱ・A・B	200 点
C方式	大学入学共通テスト	外国語	英語（リーディング，リスニング）	100 点
		数　学	「数学Ⅰ・A」，「数学Ⅱ・B」	100 点
	独自問題	数　学	数学Ⅰ・Ⅱ・Ⅲ・A・B	200 点
D方式	大学入学共通テスト	外国語	英語（リーディング，リスニング）	100 点
		国語・地歴・公民	国語（近代以降の文章），日本史B，世界史B，地理B，現代社会，倫理，政治・経済，「倫理，政治・経済」のうち1科目選択	100 点
	独自問題	総合問題	日本語の文章やデータを読み解き，物事を論理的に考察し，的確に表現する力を問う論述等を課す。	200 点

▶備　考

• 合否判定は総合点による。ただし，場合により特定科目の成績・調査書を考慮することもある。

• 数学Bは「数列，ベクトル」から出題する。

• 大学入学共通テストの得点を上記の配点に換算する。英語の得点を扱う

場合には，リーディング 100 点，リスニング 100 点の配点比率を変えず
にそのまま合計して 200 点満点としたうえで，上記の配点に換算する。
- 大学入学共通テストの選択科目のうち複数を受験している場合は，高得
点の 1 科目を合否判定に使用する。
- 試験日が異なる学部・学科・方式は併願ができ，さらに同一日に実施す
る試験であっても「AM」と「PM」の各々で実施される場合は併願が
できる。
- 試験時間帯が同じ学部・学科・方式は併願できない。

試験日	試験時間帯	学部	学科（方式）
2 月 9 日	AM	総合文化政策	総合文化政策（A）
		社会情報	社会情報（C・D）
	PM	社会情報	社会情報（A・B）

■ 英語 ■

(90 分)

第1問　次の(1)～(10)の下線部の意味に最も近いものを，それぞれ下の(1)～(4)の中から一つ選びなさい。

(1) Do not waste time <u>pondering</u> a multiple-choice question for which you cannot be sure of the answer.

  (1) choosing

  (2) contemplating

  (3) putting

  (4) reading

(2) The reviewer said Yukio Mishima's "Beautiful Star" is an <u>absurd</u> parody of society.

  (1) astonishing

  (2) considerate

  (3) intriguing

  (4) ridiculous

(3) According to the security agreement between China and the Solomon Islands, Chinese naval <u>vessels</u> would be permitted to call at the island nation's ports.

  (1) aircraft

  (2) authorities

  (3) ships

  (4) troops

(4) Okinawa celebrated its 50th anniversary of independence from the United States but still <u>bears</u> significant base-related burdens.

  (1) backs

  (2) eyes

  (3) hands

  (4) shoulders

(5) President Joe Biden vowed to <u>tame</u> soaring inflation in his first State of the Union address.

  (1) deduce

  (2) induce

  (3) produce

  (4) reduce

(6) Humans can be viewed as a computer able to perform <u>complex</u> information processing.

  (1) complicated

  (2) duplicated

  (3) implicated

  (4) replicated

(7) Russia and China used their <u>veto</u> power as permanent members of the Security Council to nullify any UN action.

  (1) denial

  (2) diplomatic

  (3) military

  (4) political

(8) People in Japan remove their shoes and place them <u>neatly</u> at the entryway.

  (1) ingeniously

(2) intimately

(3) spontaneously

(4) tidily

(9) <u>At any rate</u>, you had better apologize for not replying to her email message.

(1) At the moment

(2) At any cost

(3) In any case

(4) In the meantime

(10) Recently, many older people have been <u>taken in</u> by a group of swindlers.

(1) conceived

(2) deceived

(3) perceived

(4) received

第2問　次の英文の(11)～(20)のそれぞれの下線部にはいるのに最も適切なものを(1)～(4)の中から一つずつ選びなさい。

(11) It seems like I am coming _____ a cold.

(1) down to

(2) down with

(3) up to

(4) up with

(12) If you abuse the overtaking lanes of a highway, you may be convicted of _____ driving, a type of motoring offense in the UK.

(1) considerable

(2) considerate

(3) inconsiderable

(4) inconsiderate

(13) This folk remedy is not effective against the common cold, _____ a killer disease.

(1) much less

(2) much more

(3) less than

(4) more than

(14) I _____ in Kyoto for three years when I was young.

(1) lived

(2) had lived

(3) have lived

(4) would live

(15) Although the work to restore services is still ongoing, only a few technical details _____.

(1) have yet to solve

(2) have yet to be unsolved

(3) remain to be solved

(4) remain to be unsolved

(16) _____ books are interesting.

(1) Both of

(2) Both the

(3) The both

(4) The both of

(17) The audience got _____ excited because an unexpected guest appeared

on stage.

(1)　all the best

(2)　all the more

(3)　all the most

(4)　all the same

(18)　He talks as if he ＿＿＿＿＿ everything about the subject, but actually he knows little about it.

(1)　is to know

(2)　knew

(3)　know

(4)　would know

(19)　The loss of income ＿＿＿＿＿ the levels of food insecurity in Africa.

(1)　followed from the COVID-19 pandemic increased

(2)　following from the COVID-19 pandemic rose

(3)　resulted from the COVID-19 pandemic rose

(4)　resulting from the COVID-19 pandemic increased

(20)　Not until the article was published, ＿＿＿＿＿ notice the typographical error.

(1)　did the author

(2)　has the author

(3)　the author

(4)　the author did

第3問 次の英文(21)～(30)の下線部で間違っている箇所を(1)～(4)の中から一つずつ選びなさい。

(21) Kazumi recently <u>had</u> her hair <u>dyeing</u>, and <u>come</u> to think of it, <u>so did Ken</u>.
               (1)   (2)   (3)   (4)

(22) Since Mike seems to be <u>in a hurry</u>, and there are several items <u>to discuss</u>
                     (1)   (2)
<u>about</u> on the agenda, let's get started, <u>shall we?</u>
 (3)   (4)

(23) It's <u>a bad news</u> because, <u>as far as</u> I know, he is always <u>as good as</u> <u>his word</u>.
    (1)   (2)   (3)   (4)

(24) Everyone <u>has</u> a personal space around <u>them</u> that <u>they</u> may not want <u>nobody</u>
           (1)   (2)   (3)   (4)
to enter.

(25) I hope <u>you to succeed</u> and <u>am convinced</u> that you will, but if you <u>should fail</u>,
       (1)   (2)   (3)
I <u>would help you try</u> again.
(4)

(26) Andrew Carnegie once said that people who are unable to <u>motivate</u>
                                               (1)
<u>themselves</u> must be content <u>with</u> mediocrity, <u>no matter what</u> impressive
 (2)   (3)
their other <u>talents</u>.
      (4)

(27) Our school welcomes students of diverse academic backgrounds and
provides them <u>with</u> an interdisciplinary education, <u>giving them</u> a chance to
        (1)   (2)
<u>expanding</u> their horizons in ways <u>rarely available anywhere else</u>.
 (3)   (4)

(28) The new study focused on the brain differences between men and women
while <u>listening to</u> a narrative text and discovered that men pay only <u>half</u>
     (1)   (2)
<u>attention to</u> what they hear while women use both sides of their brain,
confirming that women had long suspected.
 (3)   (4)

(29) <u>Central to</u> the Darwinian theory is the notion that fitness is <u>all that counts</u>,
 (1)   (2)

as a gene can do nothing except for as fit as it can be to produce more
$\quad\quad\quad\quad\quad\quad\quad\quad$ (3) $\quad\quad\quad\quad\quad$ (4)
offspring than other genes.

(30) Although research has shown that students' ratings of their teachers are
$\quad\quad\quad\quad\quad\quad$ (1)
impacted to a large extent by their grades in that subject, less is known
$\quad\quad\quad$ (2) $\quad\quad\quad\quad\quad\quad\quad\quad\quad\quad\quad\quad\quad$ (3)
about whether and to what extend students' ratings are impacted by their
$\quad\quad$ (4)
grades in other subjects.

第4問 次の(I)～(Ⅲ)に答えなさい。

(I) 次の英文を読んで小問(31)～(35)について，それぞれ最も適切なものを(1)～(4)の中から一つ選びなさい。

Technology has changed the face of higher education. Initially, traditional face-to-face learning was the only form of instruction where both instructor and students met physically in a brick-and-mortar school. During the 1990s, online learning also started gaining popularity, as students were able to complete their coursework asynchronously without coming to campus and being physically present in the classroom.

It is also important to note that academic administrators felt that online learning could replace in-person learning, as it was an economically viable option for students. As a result, there was an increased push to increase online course offerings in the mid-1990s. Despite increased efforts to launch additional courses, online education was not as effective as predicted, as learning was primarily a passive activity.

Over the years, a third method of teaching, commonly known as *blended learning,* has gained wide acceptance among instructors and researchers. By combining the strengths of different technologies, web-based tools, and learning theories, this approach promises the best of both worlds (online and traditional face-to-face systems). Research suggests that a combination of on-campus and online work is ideal and can prove to be very effective when compared to the sole use of one form or the other. Blended learning has the potential to create additional opportunities as it allows students to be included in in-person instruction on a regular basis while giving them much-needed flexibility to progress at their own pace.

Prior evidence suggests that students who complete course work using blended/hybrid modality (combination of in-person and online instruction) excel compared to peers who may have access to only one form of instruction. Blended/hybrid learning offers a creative option to faculty and academic leaders so they can make information available to students even outside the four walls of the classroom. This helps in optimizing and maximizing the productivity of individual students during in-person sessions.

The history of blended learning dates back to the 1840s when Sir Isaac Pitman launched the first distance education course. Shorthand texts were sent to students via postcards, and they were required to complete the work and send it back for grading and feedback. It is important to note that feedback and evaluation were extremely important even though mobile devices and computers were not involved. During the 1960s and 1970s, employers were able to deliver training to several employees using computers. This was a ground-breaking revolution because for the first time employees completed their training without traveling or attending face-to-face live sessions.

During the 1970s and 1980s, multiple organizations adopted a video networking model to provide training to their employees. Learners used technology to communicate, watch training courses and ask clarifying questions if needed. This allowed instructors to complete different types of training and educational programs without traveling to the work site. This form of training can be considered as a predecessor to video-learning and modern day webinars. Stanford University, one of the early adopters in the world of online education, utilized video networks for teaching and learning practices. This enabled faculty to hold classes at several sites without traveling to distant locations. Students were encouraged to submit assignments online rather than using mail or courier.

With technology there have been advancements in the field of hybrid learning strategies. Employers and academic organizations started using CD-ROMs that could contain larger amounts of information. The usage of these new devices provided more interactive learning experiences to learners. Additionally, computer-based courses were utilized to deliver "live" content in an online environment. The first learning management system (LMS) was also introduced at the same time and allowed organizations to track and monitor learners' progress as they completed the training.

In the past two to three decades, online learning, including blended learning, has witnessed significant changes. In early 1998, the world witnessed the first set of internet-based instructional content. Computers, especially personal computers, were no longer a luxury as more families and employers started purchasing this equipment for higher educational studies, leisure activities, and work-related activities. Organizations started to upload learning material on web-based platforms, which could be accessed from anywhere in the world (even in remote and rural locations). This revolution changed the way organizations conducted their business, and even traditional CD-ROM developers realized that existing online content, such as large video files, needed to be adapted to meet the needs of learners.

As time progressed, we have entered the new era of blended/hybrid learning. This form of content delivery/methodology has a record of combining different forms of instruction and then transforming learning into a more engaging and interactive experience. Because of technology, students have access to vast amounts of resources such as webinars, tutorials, and other tech tools. Instructors have the opportunity to work with the changing schedules of their students and offer training opportunities in a more flexible format.

(31) Which of the following titles is the most appropriate for this passage?

(1) Blended vs. Classroom Learning Strategies

(2) Theory and Practice of Educational Technology

(3) The Impact of Blended Learning on Higher Education

(4) The Failures of Face-to-Face Education

(32) The passage mentions each of the following advantages of blended learning, EXCEPT _____.

(1) providing access to a wide range of materials, including webinars and tutorials

(2) allowing students to digest books and other educational materials only in class

(3) enabling teachers to hold classes in different places without traveling far

(4) uploading materials to web-based platforms that can be accessed from anywhere

(33) According to the passage, which of the following statements about blended learning is false?

(1) It provides a way to make knowledge accessible to students outside the classroom.

(2) It combines the advantages of various technologies, tools, and theories.

(3) It aids in diminishing the productivity of individual students during in-person classes.

(4) It integrates on-campus and online work, which can be more successful than either form alone.

(34) According to the passage, which of the following points about the history of blended learning is true?

(1) It has experienced substantial changes over the past few decades.

(2) Companies trained all workers with computers during the 1960s and

1970s.

(3)　Its origins can be traced back to the late 19th and early 20th centuries.

(4)　Lessons delivered via the Internet were first introduced in the early 21st century.

(35)　The author of this passage is most likely an expert in which of the following fields?

(1)　educational technology

(2)　computational linguistics

(3)　engineering

(4)　artificial intelligence

(Ⅱ)　次の英文を読んで小問(36)〜(40)について，それぞれ最も適切なものを(1)〜(4)の中から一つ選びなさい。

Machines have made jobs obsolete for centuries. The spinning jenny replaced weavers, buttons displaced elevator operators, and the Internet drove travel agencies out of business. One study estimates that about 400,000 jobs were lost to automation in U.S. factories from 1990 to 2007. But the drive to replace humans with machinery is accelerating as companies struggle to avoid workplace infections of COVID-19 and to keep operating costs low. The U.S. shed around 40 million jobs at the peak of the pandemic, and while some have come back, some will never return. One group of economists estimates that 42% of the jobs lost are gone forever.

This replacement of humans with machines may pick up more speed in the coming months as companies move from survival mode to figuring out how to operate while the pandemic drags on. Robots could replace as many as 2 million more workers in manufacturing alone by 2025, according to a recent paper by economists at MIT and Boston University. "This pandemic has created a very strong incentive to automate the work of human beings," says

Daniel Susskind, a fellow in economics at Balliol College, University of Oxford, and the author of *A World Without Work: Technology, Automation and How We Should Respond.* "Machines don't fall ill, they don't need to isolate to protect peers, they don't need to take time off work."

As with so much of the pandemic, this new wave of automation will be harder on people of color like Larry Collins, who is Black, and on low-wage workers. Many Black and Latino Americans are cashiers, food-service employees, and customer-service representatives, which are among the 15 jobs most threatened by automation. Even before the pandemic, a global consulting company estimated that automation could displace 132,000 Black workers in the U.S. by 2030.

The deployment of robots as a response to the coronavirus was rapid. They were suddenly cleaning floors at airports and taking people's temperatures. Hospitals and universities deployed Sally, a salad-making robot created by tech company Chowbotics, to replace dining-hall employees; malls and stadiums bought Knightscope security-guard robots to patrol empty real estate; companies that manufacture in-demand supplies like hospital beds and cotton swabs turned to industrial robot supplier Yaskawa America to help increase production.

Companies closed call centers employing human customer-service agents and turned to chatbots created by technology company LivePerson or to AI platform Watson Assistant. "I really think this is a new normal — the pandemic accelerated what was going to happen anyway," says Rob Thomas, senior vice president of cloud and data platform at IBM, which deploys Watson. Roughly 100 new clients started using the software from March to June.

In theory, automation and artificial intelligence should free humans from dangerous or boring tasks so they can take on more intellectually stimulating assignments, making companies more productive and raising worker wages. And in the past, technology was deployed piecemeal, giving employees time to transition into new roles. Those who lost jobs could seek retraining, perhaps using severance pay or unemployment benefits to find work in another field. This time the change was abrupt as employers, worried about COVID-19 or under sudden lockdown orders, rushed to replace workers with machines or software. There was no time to retrain. Companies worried about their bottom line and cut workers loose instead, and these workers were left on their own to find ways of mastering new skills. They found few options.

In the past, the U.S. responded to technological change by investing in education. When automation fundamentally changed farm jobs in the late 1800s and the 1900s, states expanded access to public schools. Access to college expanded after World War Ⅱ with the GI Bill, which sent 7.8 million veterans to school from 1944 to 1956. But since then, U.S. investment in education has stalled, putting the burden on workers to pay for it themselves. And the idea of education in the U.S. still focuses on college for young workers rather than on retraining employees. The country spends 0.1% of its GDP to help workers navigate job transitions, less than half what it spent 30 years ago.

"The real automation problem isn't so much a robot apocalypse," says Mark Muro, a senior fellow at the Brookings Institution. "It is business as usual of people needing to get retraining, and they really can't get it in an accessible, efficient, well-informed, data-driven way."

This means that tens of thousands of Americans who lost jobs during the pandemic may be unemployed for years or, in Collins' case, for good. Though he has access to retraining funding through his union contract, "I'm too old to think about doing some other job," says Collins, who is 63 and planning on taking early retirement. "I just want to go back to what I was doing."

Check into a hotel today, and a mechanical butler designed by robotics company Savioke might roll down the hall to deliver towels and toothbrushes. ("No tip required," Savioke notes on its website.) Robots have been deployed during the pandemic to meet guests at their rooms with newly disinfected keys. A bricklaying robot can lay more than 3,000 bricks in an eight-hour shift, up to 10 times what a human can do. Robots can plant seeds and harvest crops, separate breastbones and carcasses in slaughterhouses, pack pallets of food in processing facilities.

That doesn't mean they're taking everyone's jobs. For centuries, humans from weavers to mill workers have worried that advances in technology would create a world without work, and that's never proved true. ATMs did not immediately decrease the number of bank tellers, for instance. They actually led to more teller jobs as consumers, lured by the convenience of cash machines, began visiting banks more often. Banks opened more branches and hired tellers to handle tasks that were beyond the capacity of ATMs. Without technological advancement, much of the American workforce would be toiling away on farms, which accounted for 31% of U.S. jobs in 1910 and now account for less than 1%.

But in the past, when automation eliminated jobs, companies created new ones to meet their needs. Manufacturers that were able to produce more goods using machines, for example, needed clerks to ship the goods and marketers to reach additional customers.

(36) What is the primary purpose of this passage?

(1) to describe how robots disproportionately affect ethnic communities

(2) to analyze how humans plan to shift to the imitation of machines

(3) to emphasize the significance of utilizing AI in the modern world

(4) to describe how people are being replaced by automation in various jobs

(37) Which of the following words is closest in meaning to the underlined word "shed" in the first paragraph?

(1) add

(2) shelter

(3) remove

(4) store

(38)　Which of the following key points about the loss of jobs in the marketplace does the author make?

(1)　Many jobs in the banking industry have been lost.

(2)　Jobs have been rendered obsolete by technology for a long time.

(3)　Most workers who lose their jobs get employed again after a year.

(4)　Most people are choosing to retire early as a result of automation.

(39)　According to the passage, which of the following points about how the pandemic has impacted the economy is NOT true?

(1)　Minorities are hit the hardest by the loss of jobs caused by the fresh wave of automation during the pandemic.

(2)　Most Americans who lost their jobs during the pandemic may be out of work for a while.

(3)　The rate at which humans are being replaced by machinery increases as businesses try to prevent COVID-19 infections.

(4)　Some businesses are hesitant to use machines because they might be too difficult to repair when malfunctioning.

(40)　Which of the following points about automation and jobs is NOT mentioned in the passage?

(1)　One advantage of automation is that, on average, factory workers work fewer hours per week.

(2)　Without technological advancement, a large portion of the American workforce might still be working on farms.

(3)　When automation eliminated jobs in the past, businesses created new ones to fill the void.

(4)　Automation can free people from dangerous or tedious tasks to do more challenging work.

(Ⅲ)　次の英文を読んで小問(41)～(45)について，それぞれ最も適切なものを(1)～(4)の中

から一つ選びなさい。

The use of smartphones and social media apps is widespread in adolescence: 89% of US adolescents aged 13-17 years old own a smartphone, and 70% check their social media accounts multiple times per day. Social media provide several benefits to adolescents. It allows them to maintain their current friendships and form new ones. It allows teenagers to find and exchange information of various kinds, including health-related information. In addition, social media allows teenagers spaces to express and share their creativity. More generally, in this virtual space teenagers can explore and shape their identity and modify their self-presentation based on feedback and reaction received from peers. Among social media apps, highly visual social media platforms, such as Instagram and Snapchat, have gradually outgrown Facebook in popularity among teenagers; Instagram, in particular, is now the most used social media app by US teenagers.

Created in 2010, Instagram provides users with the ability to share photos and videos on a personal profile "wall," as well as to post temporary visual messages, also called "stories." Wall posts and temporary messages are visible to the user's followers (i.e., Instagram users who have subscribed to the user's profile updates) who, in turn, can view, like, comment on, and share any content posted by the user. Two indicators provide information on the standing of the user among the Instagram community: (1) the number of Instagram followers obtained by the user (i.e., the Instagram follower count) and (2) the number of other Instagram users the user has subscribed to (i.e., the Instagram "following" count). Although both these indicators are expected to reflect individual differences in the overall size of the user's social network, the follower count provides a specific indication of the level of the user's popularity among other Instagram users. Highly popular Instagram users (i.e., "influencers") typically have a large followers/following ratio, with higher values indicating higher popularity.

The massive popularity of social media platforms among adolescents has attracted the interest of scholars and policymakers, fostering research aimed at establishing their influence on users' risk behaviors and well-being. In particular, a large recent survey conducted in the UK identified Instagram as the most harmful among existing social media platforms in terms of its consequence for adolescents' well-being. Results from the survey highlighted potential associations between Instagram use and heightened risk of mental health problems, including depression and anxiety, as well as sleep disturbance, body image concerns, and exposure to cyberbullying victimization. The negative impact of Instagram use on adolescents' mental health is supported by recent studies conducted in other cultural contexts, including the US, Belgium, Italy, and Turkey, as well as cross-cultural samples. With regard to cyber-victimization, there are no studies in Italy on the prevalence of it specifically connected to Instagram; however, some data report that in adolescents the prevalence of cyber-victimization ranges between 11% and 26%.

For adolescents, the sense of belonging to a group and social self-esteem are important aspects for their psychological well-being and social functioning. Social media use appears to fulfill these needs. Some evidence suggests that those who have a stronger sense of belonging and more positive relationships with their peers show lower social media use, whereas those with a greater feeling of loneliness and social isolation tend to use it more frequently. In line with social compensation theory, adolescents may look at the online environment as a context in which they are able to extend their network of contacts, increase their popularity, and affirm their status among peers. Some authors have used the expression "digital status seeking" or "feedback seeking" to indicate a set of behaviors aimed at improving social media-based indicators for peer status, such as the number of "likes," comments, or, in the case of Instagram, followers. Recent literature shows that these specific aspects of the SNS experience (i.e., receiving likes, comments, and followers) may activate the reward system and potentially lead to the development of addictive social media behaviors. During adolescence, executive functions improve as a result of pruning and myelination in the frontal and parietal lobes. In this period, the adolescent brain is characterized by the heightened sensitivity of areas involved in affect and reward processing. The reward system is also activated following social stimuli, such as positive social feedback (example: "likes" on Instagram). Positive social feedback has been linked to the intensity of social media use.

Indeed, the literature has long shown that the use of social media can induce typical behaviors relating to behavioral dependence, which is characterized by the six specific components of salience, mood modification, tolerance, withdrawal symptoms, conflict, and relapse. In particular, studies seem to indicate that younger people and females are the two groups most at risk of developing social media addiction, although not all studies agree. In turn, as regards specifically Instagram, addictive social media use has been shown to be associated with depressive symptoms, loneliness, anxiety, negative moods, low self-esteem, and dissatisfaction with one's appearance, all of which are factors that contribute to a reduction in the subjective well-being.

Engaging in "feedback seeking" and "digital status seeking" behaviors on SNS may also have negative consequences on adolescents' psychological well-being due to an increased risk of cyber victimization. Cyber victimization refers to "any behavior performed through electronic or digital media by individuals or groups that repeatedly communicate hostile or aggressive messages intended to inflict harm or discomfort on others" (Tokunaga, 2010). Cyber victimization includes direct forms (such as sending insulting messages) or indirect attacks (such as spreading fake news or excluding others from the group of peers online). In Europe, it is estimated that between 20% and 40% of adolescents have experienced some form of cyber victimization, with females and older adolescents seeming to be most at risk. Literature indicates that adolescents who use the Internet most frequently, and

SNS in particular, are at greater risk of being cyber-victimized when compared with peers reporting lower online activity. In the context of SNS, the need for online popularity may act as a factor in increasing the risk of cyber victimization: adolescents may be inclined to accept individuals that they do not know as online "friends" in order to increase the size of their online social networks, which in turn may increase their chance of interacting with hostile peers, and strangers. Further, there is evidence indicating that in the online context, popularity might represent a risk factor for cyber victimization by itself. In fact, popular teenagers are not necessarily those most accepted by peers, but popularity refers to forms of social status reflecting impact, visibility, and social dominance among peers.

Ultimately, exposure to cyber victimization can lead to a decrease in the psychological well-being of the individuals involved, as it is associated with internalizing and externalizing symptoms, as well as academic problems.

(41)　Which of the following titles is the most appropriate for this passage?

(1)　How SNS Negatively Affects Young People

(2)　Social Media Cyberbullying Prevention Strategies

(3)　Popularity of Social Media Apps Among Teenagers

(4)　How to Assist Cyberbullying Victims

(42)　All of the following features of social media use and addiction are mentioned in the passage, EXCEPT _____.

(1)　suggesting that teenage girls are especially at risk for social media addiction

(2)　providing a sense of belonging and social self-esteem, both vital for mental health

(3)　a greater chance of developing mental health issues such as anxiety

(4)　resulting in teens spending more money on personal items

⑷ Which of the following characteristics of cyberbullying is NOT true, according to the passage?

(1) A desire for online popularity may contribute to an increase in the risk of victimization.

(2) It can cause psychological and academic problems.

(3) According to some estimates, at least 50% of teenagers have been victimized.

(4) It can be indirect, such as excluding others from the group of peers online.

⑷ If a new paragraph were added at the end of this passage, it would probably be about which of the following themes?

(1) Instagram is introducing new features to combat cyberattacks.

(2) What steps can be taken to increase social media usage?

(3) How to assist victims of social media cyberbullying.

(4) What is the next big social media platform to dethrone Instagram?

⑷ This passage is most likely from which of the following publications?

(1) popular magazine

(2) journal article

(3) book report

(4) encyclopedia entry

第 5 問　次の会話の(46)～(50)の空欄に入れるのに最も適切なものを(1)～(4)の中から一つ
ずつ選びなさい。

Jun:　I am so glad you could finally visit Tokyo.

Julie:　Thank you. (46)_____.

Jun:　I believe you'll like exploring Tokyo.

Julie:　(47)_____?

Jun:　I really like Tokyo's fantastic shopping and restaurants.

Julie:　I've also heard that Tokyo has some fantastic parks.

Jun:　That's correct. Shinjuku Gyoen is my favorite.

Julie:　(48)_____?

Jun:　Why not? You might also enjoy Ueno Park. It's in a great location, close
to the zoo and art museums.

Julie:　(49)_____. I also read about a shopping street called
Ameyoko.

Jun:　Oh, that's a must-see. I'll definitely take you there.

Julie:　Sounds terrific. Perhaps we can also visit a sushi restaurant?

Jun:　Sure, (50)_____.

(46)　(1)　I regret not telling you sooner

　　　(2)　I'm thrilled to be here at last

　　　(3)　I'm delighted you are happy

　　　(4)　I recently found your address

(47)　(1)　What would make this trip memorable for you

　　　(2)　What do you think about going out this evening

　　　(3)　What distinguishes Tokyo from other cities

　　　(4)　What kind of food do you recommend

(48)　(1)　Don't you think it's a little crowded on sunny days

⑵　Wouldn't I be better off seeing a different park

⑶　Is it a long distance from my hotel

⑷　Will we be able to check it out

⒆　⑴　It sounds like a great idea

⑵　I am ignorant of that point

⑶　You can use this book of mine

⑷　We should take this with us

㊿　⑴　we might eat it

⑵　we certainly can

⑶　it may cost a lot

⑷　I'm unaware of it

数学

◀ B 方 式 ▶

(90 分)

注意：問題 4，問題 5 の解答については，論述なしで結果だけ記しても，正解とは見なさない。

$\boxed{1}$　解答を解答用紙（その 1）の $\boxed{1}$ 欄に記入せよ.

　　野球の A と B の 2 チームが，優勝をかけて試合を行う．試合は，最大 7 試合を行い，先に 4 勝したチームが優勝とし，その時点で残りの試合は行わない．試合に引き分けはないものとし，チーム A が勝つ確率は $\frac{2}{3}$，チーム B が勝つ確率は $\frac{1}{3}$ とする．このとき，次の問に答えよ.

(1)　5 試合目で A が優勝を決める確率は，$\boxed{ア}$ である.

(2)　5 試合目で優勝チームが決まる確率は，$\boxed{イ}$ である.

(3)　6 試合目で優勝チームが決まる確率は，$\boxed{ウ}$ である.

2 解答を解答用紙(その1)の **2** 欄に記入せよ.

a を実数とする. 不等式
$$x^2 + x + a \leqq 2x \leqq x^2 + 3x - 2 \quad \cdots(*)$$
について，次の問に答えよ.

(1) 不等式(*)を満たす整数 x がちょうど1個であるような a の値の範囲は，
$$\boxed{エ} < a \leqq \boxed{オ}$$
である.

(2) 不等式(*)を満たす整数 x がちょうど4個であるような a の値の範囲は，
$$\boxed{カ} < a \leqq \boxed{キ}$$
である.

3 解答を解答用紙(その1)の **3** 欄に記入せよ.

$\triangle$OAB が，OA $= 5$，OB $= 8$，$\angle$AOB $= \dfrac{\pi}{3}$ を満たすとする.

(1) 辺 AB の長さは，$\boxed{ク}$ である.

(2) $\triangle$OAB で $\angle$A の二等分線と対辺 OB との交点を C とおくと，線分 OC の長さは，$\boxed{ケ}$ である.

(3) $\triangle$OAB の内心を I とする. このとき，
$$\overrightarrow{OI} = \boxed{コ}\,\overrightarrow{OA} + \boxed{サ}\,\overrightarrow{OB}$$
である.

4 解答を解答用紙(その 2)の **4** 欄に記入せよ.

⑴　xy 平面において連立不等式

$$\begin{cases} x^2 + y^2 - 4x \leqq 0 \\ x^2 + y^2 + 2y \geqq 0 \end{cases}$$

の表す領域を図示せよ.

⑵　k を実数とする. 直線 $4x + 3y = k$ が⑴の領域と共有点をもつような k の値の範囲を求めよ.

5 解答を解答用紙(その 3)の **5** 欄に記入せよ.

　a を正の実数とする. 方程式

$$\log_2 |x| + \log_4 |x - 2| = \log_4 a \quad \cdots (*)$$

について, 次の問に答えよ.

⑴　方程式 $(*)$ が, ちょうど 4 個の実数解をもつような a の値の範囲を求めよ.

⑵　方程式 $(*)$ が, ちょうど 3 個の実数解をもつとき, 負の実数解を求めよ.

◀ C 方 式 ▶

(90 分)

注意：問題 3，4，5 の解答については，論述なしで結果だけ記しても，正解とは見な
さない。

1　解答を解答用紙(その1)の　**1**　欄に記入せよ.

　2人でじゃんけんをくり返し行い，先に2勝した方を勝者とする．このとき，
勝者が決まるまでに行うじゃんけんの回数がちょうど n 回である確率を p_n とす
る．ただし，あいこもじゃんけんの回数に含めるものとする.

(1)　$p_2 = $ ｜　ア　｜　であり，$p_3 = $ ｜　イ　｜　である.

(2)　ちょうど n 回目に2勝0敗で勝者が決まる確率は　｜　ウ　｜　である.

(3)　p_n を n を用いて表すと，$p_n = $ ｜　エ　｜　である.

(4)　2次関数 $f(x)$ を

$$\frac{f(n)}{3^n} - \frac{f(n+1)}{3^{n+1}} = p_n$$

　が成立するように定めると，$f(n) = $ ｜　オ　｜　である.

(5)　勝者が決まるまでに行うじゃんけんの回数が n 回以下である確率 $\displaystyle\sum_{k=2}^{n} p_k$ は
｜　カ　｜である.

2 解答を解答用紙(その1)の **2** 欄に記入せよ.

xyz 空間において, 点 O$(0, 0, 0)$, 点 A$(1, 1, 1)$, 点 B$(2, 1, 0)$, 点 C$(2, 4, 8)$ を考える.

(1) △OAB の面積は ┌ **キ** ┐ である.

(2) $\overrightarrow{\text{OA}}$ と $\overrightarrow{\text{OB}}$ の両方に垂直なベクトルを成分表示するとき, 大きさが 1 で x 成分が正のものは (┌ **ク** ┐ , ┌ **ケ** ┐ , ┌ **コ** ┐) である.

(3) 四面体 OABC の体積は ┌ **サ** ┐ である.

3 解答を解答用紙(その2)の **3** 欄に記入せよ.

連立不等式

$$\begin{cases} 3x + 2y \leqq 18 \\ x + 4y \leqq 16 \\ x \geqq 0 \\ y \geqq 0 \end{cases}$$

の表す領域を D とする.

(1) 領域 D を図示せよ.

(2) 点(x, y)が領域 D を動くとき, $x + y$ の最大値を求めよ.

(3) 点(x, y)が領域 D を動くとき, $2x + y$ の最大値を求めよ.

(4) a を正の定数とする. 点(x, y)が領域 D を動くとき, $ax + y$ の最大値を求めよ.

4 解答を解答用紙(その3)の **4** 欄に記入せよ.

関数 $f(x) = e^{2x} \sin 2x$ について,次の問に答えよ.

(1) $-\dfrac{\pi}{2} \leqq x \leqq \dfrac{\pi}{2}$ の範囲で,$y = f(x)$ の増減,極値,グラフの凹凸および変曲点を調べて,そのグラフの概形をかけ.

(2) 定積分 $\displaystyle\int_0^{\frac{\pi}{2}} f(x)\,dx$ を求めよ.

5 解答を解答用紙(その4)の **5** 欄に記入せよ.

$0 \leqq t \leqq 1$ とする.xy 平面において,連立不等式

$$\begin{cases} t \leqq x \leqq t+1 \\ 0 \leqq y \leqq xe^{-x} \end{cases}$$

の表す領域の面積を $S(t)$ とする.このとき,次の問に答えよ.

(1) $S(t)$ を求めよ.

(2) $S(t)$ を最大にする t の値と,最小にする t の値を求めよ.

（90 分）

　以下の　資料　は，『行動経済学：経済は「感情」で動いている』友野典男著　光文社
新書(2006 年)の第 4 章からの抜粋である。（ただし出題の都合上，順番を入れ替える
など一部変更を加えている。）最初に　資料　を読み，内容を学んだうえで，別の著
者らによって執筆された　課題文Ⅰ　を読み，【大問 1】に答えなさい。その後，
課題文Ⅱ　を読み，【大問 2】に答えなさい。文中に知らない語句がいくつか出てくる
かもしれないが，解答に際して支障のない構成になっているので安心して読み進める
こと。

資料

プロスペクト理論……リスクのもとでの判断
「われわれがいい境遇からわるい境遇に転落するときには，わるい境遇からいい境遇
へと上昇するときにつねに享受するよりも，おおくの受難を感じる」アダム・スミス
『道徳感情論』(水田洋訳，岩波文庫)
「山水に得失なし。得失は人心にあり」夢窓疎石「夢中問答」

変化の感覚
　真冬に 20 度の日があれば暑いと感じ，真夏に 20 度の日があれば寒くてしょうがな
い。同じ気温なのに。真夜中の月はまぶしいくらい輝いているのに，朝方にはほんや
りとしている。同じだけ光っているのに。
　ドイツの料理は，日本から旅行に行って食べるとたいして美味しいとは思わない
が，イギリスから行って食べるとすごく美味しい。同じ料理なのに。
　人間は，温度，明るさ，味などについて，絶対値ではなく相対的な変化に鋭敏に反
応する。触覚，視覚，味覚などの感覚だけでなく，金銭や物に対する評価も相対的な
ものであり，何らかの基準との比較で判断される。年収 100 万円だった人が 300 万円

に昇給すれば飛び上がりたくなるほど嬉しいだろうし，年収500万円の人が300万円に減給されれば，死にたくなるほど悲しいだろう。同じ300万円なのに。

　人は変化に反応する，というのがカーネマンとトヴェルスキーの創始したプロスペクト理論の出発点である。

　プロスペクトとは，見込みとか，予期といった意味であるが，特に重要な意味は持っていない。そこで，プロスペクト理論という名称に若干違和感を覚える人がいるかもしれない。カーネマンとトヴェルスキーはもともと「価値理論」という一般的な名称を付けていたが，この理論が知られるようになった時に独自の名前があった方が有利だと考え，プロスペクト理論という大して意味のない名称を選んだとカーネマン自身が述べている。

　プロスペクト理論は，期待効用理論の代替理論として考案されたものであり，標準的経済学の効用関数に対応する「価値関数」と確率の重み付けに関する「確率加重関数」によって構成されている。期待効用理論とは異なり，価値はある基準からの利得と損失で測られる。また確率は重み付けがされており，われわれは，確率が1/3という事象をそのまま1/3とは受け取らないという心理的な性質が表現されている。

　この章では，この価値関数と確率加重関数という，標準的経済学とは異なる新しい考え方について，紹介する。

価値関数

　まず，プロスペクト理論の要である価値関数から見ていこう。図1には，プロスペクト理論で用いられる価値関数が描かれている。評価の基準となる点を参照点といい，図1では原点が参照点である。

　横軸には，原点の右側に参照点と比べた場合の利得の大きさが，左側に損失の大きさが測られている。縦軸は，利得や損失がもたらす価値であり，原点より上方はプラス，下方はマイナスの値で測られている。ここでいう価値は経済学で使われる「効用」と同じ意味である。

　価値関数を v で表わし，たとえば，5000円得られることでもたらされる価値を，$v(5000)$ と表わす。同様に5000円失うことでもたらされる価値（不効用）を，$v(-5000)$ と表わすことにしよう。

　図1に描かれているＳ字形の価値関数には，効用の評価に関する三つの顕著な性質が示されている。これがプロスペクト理論の大きな特徴の一つである。

　ただし，ここに描かれているのは，価値関数の典型的な例あるいは特徴的な性質を
ピックアップした関数である。すべての人が同じ形の価値関数を持っているというわ
けではもちろんなく，関数の形には個人差があるし，また一人の個人でも決定すべき
問題によって異なることもある。現在の状態(参照点)が 100 万円の場合と，1000 万
円の場合とでは価値関数は異なるのがふつうであろう。

　しかし，次の三つの特徴は，すべての価値関数に共通しているとプロスペクト理論
は想定している。

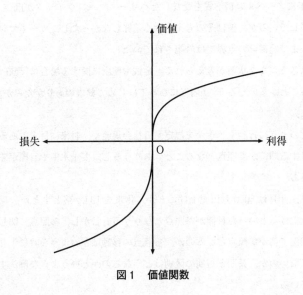

図 1　価値関数

参照点依存性

　その一番目は「参照点依存性」であり，前述のように，価値は参照点(原点)からの変
化またはそれとの比較で測られ，絶対的な水準が価値を決定するのではないというも
のである。経済学における効用概念の出発点となったのは，ダニエル・ベルヌイの効
用理論であるが，そこでは，効用は富の水準で測られている。長期的な合理的行動を
するためにはこの仮定は妥当であるが，現実の人間行動からはかなり隔たっている。

　カーネマンは，効用を富の水準で測ることを「ベルヌイの誤り」と呼んでいる。次の
ような例を考えてみよう。2 人の人が自分の最近 1 ヶ月の金融資産の増減に関する報
告を受けた。A は資産が 4000 万円から 3000 万円に減ったと，B は 1000 万円から
1100 万円に増えたと伝えられた。どちらが幸せだろうか？

最終的な富の水準が効用の担い手であるとする標準的理論ではAであるが，Bだと考える人が多いであろう。Aにとっては4000万円がBにとっては1000万円が参照点であり，そこからのプラス方向への変化は利得となり効用をもたらすが，マイナス方向への変化は損失となって負の効用をもたらすからである。なお，参照点からの移動が価値をもたらすのであるから，参照点の価値はゼロ，つまり $v(0)=0$ であることに注意しよう。

効用または不効用をもたらすのは富の変化であって絶対量ではないという考え方は，1990年にノーベル経済学賞を受賞したハリー・マーコウィッツが既に1952年の論文で主張しているが，彼はその考えを深く追究しなかったし，カーネマンらが新風を吹き込むまで経済学の世界では無視されていた。

参照点はさまざまな状態が考えられる。金銭や健康に関する場合は「現在の状態（現状）」であることが多いだろう。「病気になってはじめて健康のありがたみがわかる」というように。

また，どのように行動すべきかを規定する社会規範や，将来に対するあるいは他者の行動に対する期待が参照点となることもありうるし，要求水準や目標が参照点となることもある。

たとえば，今月は5000万円売上げるとか，体重を10 kg落とすとか，レポートを今日中に仕上げるといった目標が参照点となりうる。しかし，参照点に関しては，どのような状況で何が参照点となるのか，参照点の移動はどのような時に生じるのかあるいは生じないのか，長期と短期の区別はどうなるのかというような解決すべき課題が残されている。

感応度逓減性

価値関数の性質の二番目は「感応度逓減性」と言われ，利得も損失もその値が小さいうちは変化に対して敏感であり，利得や損失の小さな変化が比較的大きな価値の変化をもたらすが，利得や損失の値が大きくなるにつれて，小さな変化の感応度は減少するという性質である。標準的経済学で仮定されている限界効用逓減性と同様の性質であって，利得や損失の限界価値が逓減することを意味する。

図1では，利得も損失も額が大きくなるにつれて，価値関数の傾きはだんだん緩やかになっていく。これが逓減という言葉の意味である。この性質の正当性は感覚的にわかりやすい。気温が1度から4度に上がった場合の方が，21度から24度に上昇し

た場合よりも，同じ3度の差であっても，より温かくなったと感じられるであろう。

　このことは実験的に検証されている。カーネマン，トヴェルスキー，セイラーらが経済学に先駆的に取り入れた，簡単な選択に関する質問に対して回答を得るというこの実験（あるいは調査）方法は，それ以降行動経済学や実験経済学で盛んに用いられるようになった。称して「紙と鉛筆実験」と言われることもある。被験者らは主として大学生や大学教員である。

　まず表記法をまとめて確認しておこう。

　(1000，0.5；2000，0.1)というのは，1000円（貨幣単位は何でも構わない）が確率0.5で当たり，2000円が確率0.1で当たり，0.4の確率で何も当たらない（利得＝0円の）くじか賭けのようなものだと考えて欲しい（このようなくじや賭けのことをカーネマンらは「プロスペクト」と呼んでいる）。表現上は利得が0の部分は省略されている。(1000，1)は1000円が確実に（確率1で）得られるという意味である。さらに，(−1000，0.5)というのは，確率0.5で1000円損をするという（いささか非現実的であるが）くじであるとする。

質問 1

　　A：(6000，0.25)　[18]

　　B：(4000，0.25；2000，0.25)　[82]

質問 1'

　　C：(−6000，0.25)　[70]

　　D：(−4000，0.25；−2000，0.25)　[30]

リスクに対する態度

　実験例を見てみよう。すべての質問は，2つの選択肢のうちどちらを選ぶか，という形式である。（出題者注：上の四角枠で囲まれた例をみてほしい。）[　　]内の数値は，その選択肢を選んだ人の割合（％）を示している。

　質問1では，6000が確率0.25で得られるより，4000が確率0.25でかつ2000が確

率 0.25 で得られる方が選ばれている。（出題者注：これを式で表すと
$v(6000) \times 0.25 < v(4000) \times 0.25 + v(2000) \times 0.25$ となる。）

　すべての確率が 0.25 であるから，これを消去すると，

　　　$v(6000) < v(4000) + v(2000)$

となり，6000 のもたらす価値が 4000 の価値と 2000 の価値の和より小さいことになり，すなわち感応度逓減を意味している。

　質問 1' でも同様に，

　　　$v(-6000) > v(-4000) + v(-2000)$

となって，やはり感応度逓減が示されている。

　感応度逓減性から，リスクに対する重要な態度の相違が生じる。すなわち，人々は利得に関してはリスク回避的，損失に関してはリスク追求的であることがわかる。このことはさらに，次のような実験によって裏付けられている。この例では不等号は選んだ人の割合の大小を示している。

質問 2　　　　$(4000, 0.8) < (3000, 1)$
　　　　　　　　　[20]　　　　　　[80]

質問 2'　　　$(-4000, 0.8) > (-3000, 1)$
　　　　　　　　　[92]　　　　　　[8]

質問 3　　　　$(4000, 0.2) > (3000, 0.25)$
　　　　　　　　　[65]　　　　　　[35]

質問 3'　　　$(-4000, 0.2) < (-3000, 0.25)$
　　　　　　　　　[42]　　　　　　　[58]

　質問 2，3 は利得に関する選択であり，質問 2'，3' は損失に関する質問であるが，金額はちょうど正負が逆になっただけで確率は同一である。

　この結果を見ると不等号の向きが逆になっていることがわかる。つまり質問 2 では (4000，0.8) より (3000，1) が選択され，質問 2' では (− 3000，1) より (− 4000，0.8) の方が選ばれているのであり，利得と損失とで選択が反対になるのである。同じことは質問 3 と 3' に関しても成立している。このような性質は，ちょうど鏡に映しているような関係なので「反射効果」と言われる。

　そして質問 2 では (4000，0.8) のくじの期待値は 4000 × 0.8 ＝ 3200 であるから，期待値は小さくても確実に手に入る (3000，1) が選ばれていることがわかる。このように確実な選択肢が過大評価されることは「確実性効果」と言われるが，この場合には，利得に関してリスク回避的であることを意味する。

　一方，質問 2' では，金額は (絶対値で) 小さいが確実な損失 (− 3000，1) よりも，期待値では大きいが損失を免れる可能性もある (− 4000，0.8) の方が選ばれている。つまり損失に関してはリスク追求的なのである。(ただし，後述のように [出題者注： 資料] では詳しく説明しないが 課題文Ⅰ で説明する価値関数と確率加重関数を組み合わせて考えると]，この性質は確率が中くらいから大きいときには成り立つが，確率が小さいときには逆に，利得に関してはリスク追求的，損失に関してはリスク回避的となる。)

質問 4
　　A：(500 万，0.10；100 万，0.89)

　　B：(100 万，1)

質問 4'
　　C：(500 万，0.10)

　　D：(100 万，0.11)

確実性効果

（出題者注：原著の通りの順番だとこの節から「損失回避性」の説明が始まり，「確実性効果」の節はもっと後に配置されている。ただし，本試験では，| 資料 |の出題範囲の都合上，順番を入れ替えてここに「確実性効果」についての説明を挿入している。）

　人々が確実なことを特に重視する傾向は，「確実性効果」と言われている。この性質はフランスのノーベル経済学賞受賞者モーリス・アレが，期待効用理論に対する批判の実証的根拠を与えるものとして発見したもので，期待効用理論に対する最も古い批判の一つでもある。（出題者注：心理的満足の度合いを効用と呼ぶ。以下の U はそれを関数で表わしたものである。）

　半数以上(53％)の被験者は，質問4ではAよりBを，かつ質問4′ではDよりCを選好した。期待効用理論に従えばこれは矛盾である。なぜなら，AよりBを選んだということは，

$$U(100万) > 0.10\,U(500万) + 0.89\,U(100万) + 0.01\,U(0)$$

を意味し，一方DよりCを選んだということは，

$$0.10\,U(500万) + 0.90\,U(0) > 0.11\,U(100万) + 0.89\,U(0)$$

という結果が導かれるが，第1式を変形すれば，

$$0.11\,U(100万) > 0.10\,U(500万)$$

となり，第2式からは，

$$0.10\,U(500万) > 0.11\,U(100万)$$

という不等号が逆向きの式が得られ，明らかに矛盾しているからである。

　アレは，被験者が確実に（すなわち確率1で）得られる結果を重大に評価するという傾向を示していることから，このような現象を「確実性効果」と名付けたのだが，発見者のアレにちなみアレ・パラドックスと呼ばれることも多い。

損失回避性

価値関数の性質の三番目は「損失回避性」と言われる性質である。

損失は，同額の利得よりも強く評価される，つまり，同じ額の損失と利得があったならば，その損失がもたらす「不満足」は，同じ額の利得がもたらす「満足」よりも大きく感じられるという意味である。

たいていの人は，(1000，0.5；－1000，0.5)というくじを選ぶことを拒否するだろう。たとえ 1000 円失う確率と 1000 円得られる確率が五分五分であるとしても，このくじを拒否するということは，同額の損失と利得では損失の方を大きく評価していることを意味する。

同じ額の利得と損失の絶対値の大小を式で表わすと，

$$- v(-x) > v(x)$$

と表わされる。この式をくじに関する選択から導いてみよう。

$x > y \geqq 0$ とすると，$(x，0.5；-x，0.5)$ よりも $(y，0.5；-y，0.5)$ の方が好まれる。

（出題者注：これを式で表すと
$$v(y) \times 0.5 + v(-y) \times 0.5 > v(x) \times 0.5 + v(-x) \times 0.5 となる。）$$

すなわち，

$$v(y) + v(-y) > v(x) + v(-x)$$

したがって，

$$v(-y) - v(-x) > v(x) - v(y)$$

となる。
ここで $y = 0$ とおけば，

$$-v(-x) > v(x)$$

となる。

　カーネマンとトヴェルスキーの計測では，同じ大きさの利得と損失，つまりたとえば 1000 円の利得と 1000 円の損失では，その絶対値は後者の方がおよそ 2 倍から 2.5 倍も大きい。同じ大きさの損失は利得よりもだいぶ大きく感じられるのである。

　損失回避性は図 1 では，利得よりも損失に関して価値関数の傾きが大きくなり，曲線が原点で滑らかにつながらず屈折していることで表わされている。

　本章冒頭に引用したように，損失回避性は既にアダム・スミスも気づいていた性質である。

　トヴェルスキーは損失回避性について，次のような面白い説明をしている。「人間が快感を得る仕組みの最も重要で大きな特徴は，人々はプラスの刺激よりもマイナスの刺激に対してずっと敏感である，ということである。……あなたが今日，どの程度良い気分かを考え，そしてどれくらいもっと良い気分になりうるかを想像してみるとよい。……あなたの気分をより良くしてくれるものはいくつかあるだろうが，今の気分を害するものの数は無限大である」（バーンスタイン『リスク』，青山護訳，日本経済新聞社，170 頁）。

　　　　　　　　　　　　資料　ここまで

　以下の 課題文Ⅰ は，『医療現場の行動経済学：すれ違う医者と患者』（大竹文雄・平井啓編著　東洋経済新報社，2018 年）の第 1 部第 2 章「行動経済学の枠組み」（大竹文雄・佐々木周作　著）より一部抜粋のうえ，出題のために変更を加えたものである。先に 資料 を読んでプロスペクト理論について学んだうえで，以下の 課題文Ⅰ を読み，後につづく【大問 1】に答えなさい。解答に際して， 資料 を適宜参照すること。

課題文Ⅰ

　プロスペクト理論は，┌──────(1)──────┐によって提唱されたもので，リスクへの態度に関する人々の意思決定の特徴を示したものである。確実性効果と損失回避という 2 つの特徴からなりたっている。（出題者注： 資料 と 課題文Ⅰ ではプロスペクト理論の特徴としてあげている点が異なる。これは著者らが書籍の中でフォーカスしている点が異なるためである。）

　医療における意思決定の多くは，不確実性のもとでの意思決定である。ある治療法によって治癒する確率は x ％とか，副作用が発生する確率は y ％という情報が与えられて，医師も患者も治療方針を決定する。このような確率的な環境での意思決定をする際に，私たちの確率の認識そのものが，客観的な数字から少し異なっているのだ。

つぎの 2 つのくじから 1 つのくじを選ぶとき，読者はどちらのくじを好むだろうか。
　問題 1

　A　確率 80 ％で 4 万円が当たる。

　B　100 ％確実に 3 万円が当たる。

　多くの実験から， (2) を好む人が多いことが知られている。
では，つぎの 2 つのくじでは，どちらのくじを好むだろうか。

問題2

C　確率20％で4万円が当たる。

D　確率25％で3万円が当たる。

　この2つであれば，| (3) |を選ぶ人が多いことが知られている。

　問題1で| (2) |を選び，問題2で| (3) |を選ぶ人は，伝統的な経済学における合理性の仮定と矛盾している。そのことを示してみよう。x万円のくじに当たったときに感じる満足度を，"満足度(x万円)"と書くとしたとき，最初の選択でBのくじを選ぶ人は，

　　満足度(3万円) > 0.8×満足度(4万円)

という好みをもっていると表現できる。

　ここで，この式の両辺に0.25をかけても，この関係は変わらないはずである。すなわち，

　　0.25×満足度(3万円) > 0.2×満足度(4万円)

という関係がなりたっていると予想できる。この式の意味するのは，3万円が25％の確率でもらえる方が，4万円が20％の確率でもらえるよりも嬉しいということだ。つまり，問題1でBを選んだ人は，問題2では| (4) |を選ぶはずである。しかし，実際には，多くの人が| (5) |の選択肢を選んでおり，この点が伝統的な経済学の合理性の仮定と矛盾している。

　つまり，行動経済学では，客観的確率と主観的確率の間には乖離（かいり）があると考えられているのだ。具体的には，80％や90％という比較的高い確率のものを主観的にはより低く感じる傾向がある一方で，10％や20％という比較的低い確率をより高く感じる傾向がある。私たちは，このような確率認識のもとで，不確実性が伴う意思決定を行っている。確実なものとわずかに不確実なものでは，確実なものを強く好む傾向があり，これを| (6) |と呼ぶ。

|　　　　　　　　(1)　　　　　　　　| によると，私たちの認識する主観的確率と客観的確率は，つぎのように乖離しているという。30％から 40％の間では，客観的確率と主観的確率はおおよそ一致する。しかし，確実に発生しないという，0％の状況から小さな確率で発生するという状況のときには，その確率を実際よりも高い確率で発生するように私たちは認識する。逆に，確実に生じるという，100％の状況からわずかにリスクが発生すると，確実性が大幅に低下したように感じるのだ。以上のことを図に表したものが図 2 であり確率加重関数と呼ばれている。

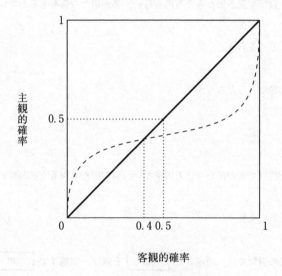

図 2　確率加重関数

（出題者注：－ － － － －が確率加重関数を表している）

　医療の現場では，このように主観的確率と客観的確率が乖離するような状況で，意思決定を迫られることが多い。例えば，ワクチンの予防接種の副作用が 0.01％の確率で発生するとか，後遺症は 1％の確率で生じるということが多い。私たちは，このように小さな数字であっても，実際よりも発生率が高いように感じてしまう。もし，小さな確率であるにもかかわらず，それを過大に感じて，合理的な判断をすることが難しいというのであれば，確率で表現することを避けるというのも一つである。例えば，1％の確率で悪い状況が発生するものについては，「100 人中 99 人には副作用が

発生しません」という表現の方が，副作用の危険性を小さく感じるのである。

　プロスペクト理論のもう一つの柱は，損失回避である。損失回避を理解してもらうために，コイントスのくじについてどちらを好むのかを考えてもらいたい。

　　問題 3

　　A　コインを投げて表が出たら 2 万円もらい，裏が出たら何ももらわない。

　　B　確実に 1 万円もらう。

では，つぎの問題はどうだろうか？

　　問題 4

　　C　コインを投げて表が出たら 2 万円支払い，裏が出たら何も支払わない。

　　D　確実に 1 万円支払う。

　このコイントスの質問では，問題 3 で　(8)　を選び，問題 4 で　(9)　を選ぶ人が多い。平均的な利得は，問題 3 ではどちらの選択肢も 1 万円の利得であり，問題 4 ではそれぞれ 1 万円の損失である。もし，平均利得が同じならリスクが少ない方がいいという　(10)　な好みをもつ人であれば，問題 3 でも問題 4 でも　(11)　選択肢を選ぶはずである。しかし，問題 3 のような利得局面ではリスクのある選択よりも確実な選択を好む人が，問題 4 のような損失局面ではリスクが大きい選択肢を選ぶ傾向にあるのだ。つまり，損失局面では，　(12)　な好みをもつことになる。

　では，つぎの場合は，どちらの選択肢を選ぶだろうか。

　　問題 5　あなたの月収が 30 万円だったとする。

　　E　コインを投げて表が出たら今月は月収が 28 万円，裏が出たら 30 万円のま
　　　ま。

　　F　今月の月収は確実に 29 万円。

　　問題 5 は，「〇万円支払う」という損失表現でなく，「月収〇万円を得る」という利得
表現で書かれているところに違いがあるが，問題 4 と本質的に同じものである。それ
にもかかわらず，問題 4 では　　(13)　のリスクのある選択肢を選んでいた人でも，
問題 5 では　　(14)　の確実な選択肢を選ぶ人が出てくる。
　　このような私たちの意思決定の特性が損失回避と呼ばれるものであり，図 3 を使っ
　　　　　　　　　　　　　　　　　　A
て説明されることが多い。この図では，横軸に利得と損失を示している。原点はなん
らかの参照点を表している。典型的には，今もっている所得水準を**参照点**とする。
　　(15)　。縦軸は，それぞれの利得や損失から得られる価値である。利得を得られ
れば，嬉しいという正の価値を感じる。それが，原点から上にいくと正の価値が大き
くなることが表現される。逆に，原点から下にいくと損失からの負の価値が大きくな
ることを意味する。

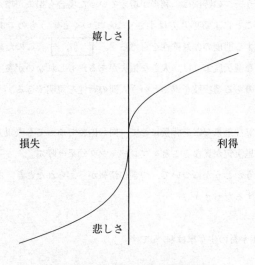

図 3　プロスペクト理論の価値関数

　損失回避とは，図 3 において，原点である参照点の左右で，価値を示す曲線の傾き
B

が大きく異なることを言う。具体的には，利得を生じた場合の価値の増え方と損失が生じた場合の価値の減り方は，　(16)　ということである。つまり，利得・損失と価値の関係を示す曲線が原点の右と左で傾きが異なっていて，損失の局面の傾きが大きい。これは，損失の場合は，少しの損失でも大きく価値を失うということを意味する。つまり，利得よりも損失を大きく嫌うということである。これが損失回避である。

　伝統的経済学では，消費や余暇の水準そのものから価値を感じるとされる。しかし，プロスペクト理論では，人々は参照点からの差分から価値を感じるとされている。参照点は，通常現在の状況を基準に考えることが多い。しかし，参照点には，自分が購入した価格，自分の過去の所得や消費水準，他人の所得水準や消費水準など様々なものが考えられる。問題5の例で言えば，参照点は，コインを投げる前の所得水準であり，私たちはその水準から所得が増えた額や減った額から価値を感じると考えられている。

　人々はこの参照点を上回る利得と，それを下回る損失では，同じ金額の動きであっても損失を大きく嫌うとされている。同じ額の利得と損失では，損失の方を2倍から3倍嫌うということが実験結果から示されている。

　<u>損失回避</u>のもう一つの特徴は，利得が増えていった場合も損失が増えていった場合_cも，増えていくことによる感じ方は小さくなっていくというものである。この特性が，リスクに対する態度の非対称性をもたらす。　(17)　。このため，損失を確定するという安全な選択肢よりは，大きな損失があるかもしれないが参照点を維持できるというリスクのある選択肢を選ぶという人間の特性を説明できる。

　損失回避や確実性効果などを背景にして，同じ内容であっても表現方法が異なるだけで，人々の意思決定が異なることをフレーミング効果と呼ぶ。

　ある手術を行うかどうかについて，つぎの情報が与えられたとき，あなたは手術をすることを選択するだろうか。

　　A　「術後1か月の生存率は90％です。」

では，つぎの情報が与えられたときのあなたの選択はどうだろう。

B　「術後 1 か月の死亡率は 10 ％です。」

　　医療者にこの質問をした場合に，Aの場合なら約 80 ％の人が手術をすると答えたが，Bの場合なら約 50 ％の人しか手術をすると答えなかったという研究がある。AもBも情報としては，同じ内容である。しかし，損失を強調したBの表現の場合には，手術を選びたくないと考えるのである。これは，人々のフレーミングによって死亡率という損失が強調されることで，<u>損失回避行動が引き起こされている</u>のである。
　　　　　　　　　　　　　　　　　　　　　　　　　　　D
　　「テストの成績が前回よりも上がれば 2000 円渡す」と言うのと，「2000 円渡すけれど，テストの成績が前回よりも下がればそれを返してもらう」と言うのとでは，実質的には同じ提案を子どもにしている。しかし，後者の方は，<u>損失回避を強調したフレー</u>
　　　　　　　　　　　　　　　　　　　　　　　　　　　　　　　　E
<u>ミング</u>になっている。

　課題文 I 　ここまで

【大問 1】　課題文 I について以下の問 1 〜問 18 に答えなさい。解答用紙（その 1 ）を用いること。

問 1　プロスペクト理論を提唱したのは誰か。空欄(1)に入る最も適切な組み合わせを一つ選んで　1　にマークしなさい。

　① ダニエル・カーネマンとリチャード・セイラー

　② アダム・スミスとピーター・バーンスタイン

　③ ダニエル・カーネマンとエイモス・トヴェルスキー

　④ ジョナサン・バロンとダニエル・エルズバーグ

　⑤ モーリス・アレとハリー・マーコウィッツ

問 2　課題文 I 中の問題 1 の二つの選択肢（AとB）のうち，空欄(2)に入る選択肢として適しているものを一つ選んで　2　にマークしなさい。

　① A　「確率 80 ％で 4 万円が当たる」くじ

　② B　「100 ％確実に 3 万円が当たる」くじ

問 3　課題文 I 中の問題 2 の二つの選択肢（CとD）のうち，空欄(3)に入る選択肢

として適しているものを一つ選んで $\boxed{3}$ にマークしなさい。

① C 「確率 20 ％で 4 万円が当たる」くじ

② D 「確率 25 ％で 3 万円が当たる」くじ

問 4 　$\boxed{課題文Ⅰ}$ 中の問題 1 で B を選んだ人は，問題 2 では二つの選択肢（C と D）のうち，どちらを選ぶと著者は述べていると思うか。空欄(4)に入る選択肢として適しているものを一つ選んで $\boxed{4}$ にマークしなさい。

① C 「確率 20 ％で 4 万円が当たる」くじ

② D 「確率 25 ％で 3 万円が当たる」くじ

問 5 　$\boxed{課題文Ⅰ}$ 中の空欄(5)に入る選択肢として適しているものを一つ選んで $\boxed{5}$ にマークしなさい。

① C 「確率 20 ％で 4 万円が当たる」くじ

② D 「確率 25 ％で 3 万円が当たる」くじ

問 6 　$\boxed{課題文Ⅰ}$ 中の空欄(6)に入る語句として最も適切なものを一つ選んで $\boxed{6}$ にマークしなさい。

① 客観的確率　　② 損失回避性　　③ 主観的確率　　④ 確実性効果

問 7 　$\boxed{課題文Ⅰ}$ 中の下線部(7)に示す内容を医者から告げられた人はどのように感じると思うか。人々の一般的な反応の説明として最も適切なものを以下の選択肢から一つ選んで $\boxed{7}$ にマークしなさい。

① 客観的確率は 0.01 ％にも関わらず，主観的確率は 0.01 ％よりも大きく感じて，副作用が自分に起きるのではないかと過剰に心配する。

② 客観的確率も主観的確率も 0.01 ％だと感じ，両者は乖離しないため，副作用について合理的に判断できる。

③ 主観的確率は 0.01 ％にも関わらず，客観的確率が 0.01 ％よりも大きいため，混乱を感じて，副作用について正しい判断ができなくなる。

④ 客観的確率 0.01 ％という小さな数字は，あまりに小さすぎるため，副作用については気にならない。

問 8　課題文 I 中の問題 3 の二つの選択肢（A と B）のうち，空欄(8)に入る選択肢として適しているものを一つ選んで ⑧ にマークしなさい。

①　A　「コインを投げて表が出たら 2 万円もらい，裏が出たら何ももらわない。」

②　B　「確実に 1 万円もらう。」

問 9　課題文 I 中の問題 4 の二つの選択肢（C と D）のうち，空欄(9)に入る選択肢として適しているものを一つ選んで ⑨ にマークしなさい。

①　C　「コインを投げて表が出たら 2 万円支払い，裏が出たら何も支払わない。」

②　D　「確実に 1 万円支払う。」

問10　課題文 I 中の空欄(10)に入る語句として最も適切なものを一つ選んで ⑩ にマークしなさい。

①　リスク中立型　　　②　リスク回避的　　　③　リスク客観的

④　リスク追求的　　　⑤　リスク主観的

問11　課題文 I 中の空欄(11)に入る語句として最も適切なものを一つ選んで ⑪ にマークしなさい。

①　確実な　　　　②　不確実な　　　　③　利益を重視した

④　合理的な　　　⑤　ギャンブル性の高い

問12　課題文 I 中の空欄(12)に入る語句として最も適切なものを一つ選んで ⑫ にマークしなさい。

①　リスク中立型　　　②　リスク回避的　　　③　リスク客観的

④　リスク追求的　　　⑤　リスク主観的

問13　課題文 I 中の空欄(13)に入る選択肢として適しているものを一つ選んで ⑬ にマークしなさい。

①　C　　　　　　②　D

問14 | 課題文Ⅰ | 中の問題 5 の二つの選択肢（E と F）のうち，空欄(14)に入る選択肢
として適しているものを一つ選んで | 14 | にマークしなさい。

① E　　　　　　　② F

問15 | 課題文Ⅰ | 中の下線部 A から E について， | 資料 | で説明された「感応度逓減
性」の意味で用いられているものはどれか。感応度逓減性の意味で用いられてい
る場合は 1，そうではない場合は 0 を該当の解答欄 | 15 | から | 19 | にそれぞれ
マークしなさい。

下線部A | 15 |　　　　下線部B | 16 |　　　　下線部C | 17 |
下線部D | 18 |　　　　下線部E | 19 |

問16 図 3 の説明として | 課題文Ⅰ | 中の空欄(15)に入る文章として最も適切なものを
以下の四つの中から一つ選んで | 20 | にマークしなさい。

① 右側にいくほど，参照点からの利得が多いことを示している。逆に，左側に
いくと参照点と比べて損失が大きくなることを示している

② 右側にいくほど，参照点からの利得も損失も少ないことを示している

③ 右側にいくほど，参照点からの損失が大きくなることを示している。逆に，
左側にいくと参照点と比べて利得が大きくなることを示している

④ 右側にいくほど，参照点からの利得も損失も大きいことを示している

問17 | 課題文Ⅰ | 中の空欄(16)に入る文章として適しているものを一つ選んで | 21 |
にマークしなさい。

① 前者の方が大きい　　　　　② 後者の方が大きい

③ ほぼ同じ　　　　　　　　　④ 比較できない

問18 | 課題文Ⅰ | 中の空欄(17)には利得局面と損失局面においてリスクの非対称性が
どのように異なるのかについての説明が入る。空欄(17)に入る説明として最も適切
なものを以下の四つの中から一つ選んで | 22 | にマークしなさい。

① 利得局面ではリスクがあるものよりも確実なものの方を好むというリスク回
避的な傾向があるのに対し，損失局面ではリスクがあるものと確実なものの両
方を好むという特徴である

②　利得局面ではリスクがあるものと確実なものの両方を好むのに対し，損失局面ではリスクがあるものよりも確実なものを好むという特徴である

③　利得局面では確実なものよりもリスクがある方をより好むというリスク追求的な傾向があるのに対し，損失局面ではリスクがあるものよりも確実なものを好むというリスク回避的だという特徴である

④　利得局面ではリスクがあるものよりも確実なものの方を好むというリスク回避的な傾向があるのに対し，損失局面では確実なものよりもリスクがあるものを好むというリスク追求的だという特徴である

　以下の 課題文Ⅱ は， 課題文Ⅰ と同じ『医療現場の行動経済学：すれ違う医者と患者』(大竹文雄・平井啓編著　東洋経済新報社，2018 年)の第 2 部第 6 章「なぜ子宮頸がんの予防行動が進まないのか」(上田豊・八木麻未・木村正　著)より一部抜粋のうえ，出題のために変更を加えたものである。

　資料 と 課題文Ⅰ を踏まえたうえで， 課題文Ⅱ を読み，後に続く【大問 2】に答えなさい。

課題文Ⅱ

〈ある産婦人科クリニックでの会話〉

産婦人科医師

「子宮頸がんが若い女性で急増しているのですが，その原因となるＨＰＶ(ヒト・パピローマウイルス)というウイルスの感染を予防できるワクチンがあるんです。小学 6 年生から高校 1 年生までが定期接種の対象になっていますが，お嬢さんは接種されましたか？」

中学生の娘をもつ女性患者

「そのワクチンって，副反応がすごく出るそうですね。テレビで何度も放送されているのを見ました。怖くて娘には接種させられません。そもそも子宮頸がんってあまり聞かないですし，娘も罹らないと思います。だから検診も特に勧めるつもりはありません。乳がんはよく聞くし，怖いから，娘にも大人になったらしっ

かり検診に行くように話をしています。」

産婦人科医師

「……。」

　これは，ある産婦人科クリニックを受診した女性が担当医と交わしている会話である。乳がんについては心配をしており，検診の大切さも理解しているようであるが，子宮頸がんについてはあまり心配していない。検診の大切さの認識が乏しく，特に子宮頸がんを予防できるHPVワクチンについては，副反応に関する情報をメディアで得て，娘には接種させないでおこうと考えている。どうして子宮頸がん検診の重要性の認識が低く，また，どうして定期接種に位置付けられているHPVワクチンが接種されないのだろうか。

1　子宮頸がんとHPV

　子宮頸がんの多くは，性交渉によってHPVが子宮頸部細胞に感染することをきっかけに発生する。HPVには多くの型があり，現在100以上の型が知られている。特に悪性度が高いHPV−16・18型が子宮頸がん症例で検出される割合は海外の報告では約70％，日本では約60％である。子宮頸がんは日本においては子宮頸がん検診の導入により減少していたものの，近年，増加に転じた。国立がん研究センターの調査によれば，特に20代・30代での増加が著しい。子宮頸がんによる死亡率も増加傾向となっている。最近のデータでは，全国で1年間に新たに約1万人が子宮頸がんと診断され，約2800人が子宮頸がんで死亡している。

2　子宮頸がんの予防

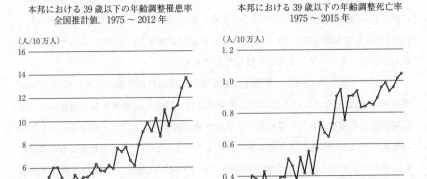

本邦における 39 歳以下の年齢調整罹患率
全国推計値，1975 ～ 2012 年

本邦における 39 歳以下の年齢調整死亡率
1975 ～ 2015 年

（出所）　http://ganjoho.jp/professional/statistics/statistics.html

図 4　若年女性の子宮頸がん罹患率・死亡率が上昇（出題者文末脚注 1）

　日本でのＨＰＶワクチンによる子宮頸がん減少効果は約 60 ％と考えられている。子宮頸がんはワクチンと検診でそのほとんどが予防できる。すなわち，ＨＰＶワクチンによりＨＰＶ－16・18 型が原因の子宮頸がんは予防できることから，子宮頸がんの発生自体が約 6 割減少し，このワクチンでは予防できない型のＨＰＶ感染がおこった場合も，子宮頸がん検診を継続的に受診することで，そのほとんどを前がん病変のうちに診断・治療でき，子宮頸がんへの進展は防げるはずである。

3　日本におけるＨＰＶワクチン問題

　日本では，ＨＰＶワクチンは 2010 年度にワクチン接種緊急促進事業として国および地方自治体による公費助成が開始され，中学 1 年生から高校 1 年生（相当年齢）を対象として低額での接種が可能となった。学校での接種ではなかったにもかかわらず全国的に高い接種率で，1994 ～ 1999 年度生まれの女子はその約 7 割が接種を行った。2013 年 4 月には小学 6 年生から高校 1 年生（相当年齢）を対象とした定期接種となったが，ＨＰＶワクチン接種後に発生した多様な症状が繰り返しメディアで報道され

た。いわゆる副反応報道である。そして同年6月，厚生労働省はＨＰＶワクチンの「積極的な接種勧奨の差し控え」を発表した。この後，ＨＰＶワクチンの接種率は劇的に減少し，ほぼ停止状態となり，この状態が現在(2018年4月執筆時)も継続されている(出題者文末脚注2)。12・13歳の男女を接種対象とし，その約75％が3回接種を完了しているオーストラリアとは対照的である。

　ＨＰＶワクチンの安全性・有効性は世界で広く認められており，ＷＨＯ(世界保健機関)の諮問委員会は，日本における積極的勧奨一時中止の継続を弱い根拠に基づく政策決定と指摘し，有効で安全なワクチンが使われないことで，子宮頸がんの増加という真の害につながり得るとの非難の声明を発出している。また，世界的な学術誌にもＨＰＶワクチンを支持する論説が発表されている。しかし，こういった情報がメディアで取り上げられることはほとんどない。

　厚生労働省の部会・審議会資料等によると，接種延べ回数(推計)889.8万回において，医師が重篤な症状(疑い)として報告した症例の頻度は0.007％程度で，10万接種あたり7件程度であった(接種人数単位では10万人あたり52.5人)。厚生科学審議会では，接種の痛みを契機に痛みの悪循環(破局的思考)が起こり，痛みや緊張，恐怖，不安等が身体の不調として表出する，いわゆる心身の反応(機能性身体症状)がその発生のメカニズムとして提唱された。

　厚生労働省の「慢性の痛み診療・教育の基盤となるシステム構築に関する研究」の研究班資料によると，慢性痛と心理社会的要因は相互に作用していることから，慢性痛の原因(身体)に対する治療に加え，原因にこだわらず，物事の受け取り方や考え方である「認知」に働きかけて物事の捉え方を改善し，身体づくりを行っていくことを目指した認知行動療法的アプローチにて，約7割の人に症状の改善がみられている。

　また，厚生労働省の指定研究である「子宮頸がんワクチンの有効性と安全性の評価に関する疫学研究」(いわゆる祖父江班研究)の一環として行われた「全国疫学調査」においては，ＨＰＶワクチンを接種していない女子においても，接種後に報告されている症状と同様の多様な症状を呈する者が一定数存在することが明らかにされた。すなわち，多様な症状が必ずしもＨＰＶワクチン接種者に固有のものではないことが示された。さらに最近，名古屋市の「子宮頸がん予防接種調査」の結果が名古屋市立大学の研究者によって論文発表された。それによると，調査対象の24種類の多様な症状の発生頻度は，接種者と非接種者で統計的に有意な差が検出されなかったのである。

　一方，ＨＰＶワクチンの有効性を示す国内のデータも次々に発表されている。日本

医療研究開発機構「革新的がん医療実用化研究事業」等として新潟県において実施中の
ＮＩＩＧＡＴＡ　ＳＴＵＤＹの中間解析において，20 ～ 22 歳におけるＨＰＶ-16・
18 型の感染は非接種者に比して接種者で有意に低率であり，大阪府で行われている
ＯＣＥＡＮ　ＳＴＵＤＹでも同様の結果であった。

　前がん病変についても，宮城県における 2014 ～ 2015 年度の 20 ～ 24 歳女性の子宮
頸がん検診データの解析において，ＨＰＶワクチン接種者の細胞診（子宮頸がん検診）
異常率やＣＩＮ1 以上・2 以上という前がん病変の頻度は有意に減少していた。秋田
県の子宮頸がん検診においてもＨＰＶワクチン接種者の細胞診異常率の有意な減少が
示されている。

（出題者文末脚注 1）年齢調整罹患率とは，人口構成の異なる集団間での罹患率を比較
するために，年齢階級別罹患率を一定の基準人口にあてはめて算出した指標のことで
ある。年齢調整死亡率とは，上と同様の考え方を用い，年齢構成の異なる集団間で死
亡状況の比較ができるように年齢構成を調整した死亡率である。なお，図 4 は原典
（p.134）に掲載されている図を再現するために，国立がん研究センターが運営する
「がん情報サービス」サイトのグラフデータベースよりデータを入手し，それを元に，
出題者が作成したものである。

（出題者文末脚注 2）　課題文Ⅰ　が出版された 2018 年の状況から現在までに下記に
説明する変化が生じている。厚生労働省が 2022 年 3 月 11 日に公表した「ＨＰＶワ
クチンに係る自治体向け説明会資料」によると，2013 年の勧告以降，厚生労働省では①
ＨＰＶワクチンのリスク（安全性）とベネフィット（有効性）を整理し，②ＨＰＶワクチ
ン接種後に生じた症状に苦しんでいる方に寄り添った支援をどう進めていくのか，③
ＨＰＶワクチンの安全性・有効性等に関する情報提供をどう進めていくのかについて
検討を重ねてきた。その結果，最新の知見を踏まえ，改めてＨＰＶワクチンの安全性
について特段の懸念が認められないことが確認され，接種による有効性が副反応のリ
スクを明らかに上回ることが認められた。そのため，2021 年 11 月 26 日付けで厚生
労働省健康局長通知が発出され，積極的勧奨を差し控えている状態を終了させ，厚生
労働省として 2022 年度からの積極的な勧奨の再開が決定されたことが発表された。

課題文Ⅱ　ここまで

【大問2】　課題文Ⅱ について以下の問1～問3に答えなさい。問1～問2は解答
　　　　用紙（その1）を用い，問3は解答用紙（その2）を用いなさい。

問1　図4に記載のある「本邦」の意味として最も適切なものを一つ選んで 23 にマー
　　クしなさい。

　　①　現状　　　　　　②　本調査　　　　　③　わが国

　　④　今後　　　　　　⑤　現実問題

問2　次の文章(1)～(9)について，図4から読み取ることができる内容として，それぞ
　　れ適切かどうか答えなさい。適切な場合には1を，適切ではない場合には0を対
　　応する解答欄にマークすること。

　　(1)　子宮頸がんの年齢調整罹患率と子宮頸がんの年齢調整死亡率との間には，正
　　　　の相関が存在しているが，ＨＰＶワクチン接種率との間では負の相関が存在し
　　　　ている。 24

　　(2)　ＨＰＶワクチン接種率は年々，減少している。 25

　　(3)　年齢調整を行ったデータでは，1975 年には 39 歳以下の若年女性のうち，子
　　　　宮頸がんに罹患するのは 10 万人中たった 4 人程度だったが，二十年後にはお
　　　　よそ倍増している。 26

　　(4)　年を追うごとに 39 歳以下の若年女性の間における子宮頸がんの年齢調整罹
　　　　患率も年齢調整死亡率も上昇する傾向にある。 27

　　(5)　ＨＰＶワクチン接種率と子宮頸がんの年齢調整罹患率は無相関である。 28

　　(6)　子宮頸がんの年齢調整罹患率も年齢調整死亡率も共に 10 万人あたりで考え
　　　　ると同程度である。 29

　　(7)　39 歳以下の女性の子宮頸がんの年齢調整罹患率が上昇傾向にあるのは，若
　　　　年女性の食生活が欧米化したためである。 30

　　(8)　40 歳以上の女性についても同様のパターンを示している。 31

　　(9)　1975 年から 2010 年までの年齢調整罹患率と年齢調整死亡率を比較すると，
　　　　年齢調整死亡率の増加率の方が大きい。 32

問3　資料 や 課題文Ⅰ で学んだ内容を踏まえたうえで，以下の質問に解答し
　　なさい。なお，解答に際して 資料 ， 課題文Ⅰ ， 課題文Ⅱ で出てきた用

語や数値を適切に用いること。

問 3_1　課題文Ⅱ の下線部 1 について，ＨＰＶワクチンの副反応に関して，なぜこのような発言が出るのか。確率加重関数の観点から，70 字以内で答えなさい。

問 3_2　図 5 では，さまざまな死因の発生件数（横軸）とその主観的見積もり（縦軸）の関係が示されている。課題文Ⅱ の下線部 2 のように子宮頸がんのリスクについて，なぜ多くの人はこのように認識するのだろうか。図 5 を使って，プロスペクト理論から考えられることを 70 字以内で答えなさい。

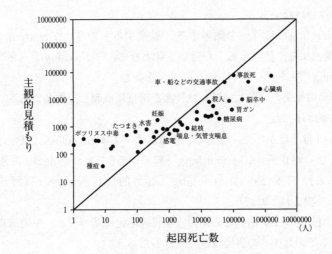

図 5　年間の死因の発生件数（統計による）

（出題者注：図の出典は 資料 と同じ『行動経済学：経済は「感情」で動いている』友野典男著　光文社新書　2006 年　p.131 より一部修正）

解答編

■英語■

1　解答

(1)—(2)　(2)—(4)　(3)—(3)　(4)—(4)　(5)—(4)　(6)—(1)
(7)—(1)　(8)—(4)　(9)—(3)　(10)—(2)

◀解　説▶

(1)「答えに確信の持てない選択問題について，じっくり考えて時間を無駄にしてはいけない」

ponder (ing) は「〜を熟考する，思案する」の意。(2)contemplating「〜を凝視する，熟考する」が近い意味となる。(1)choosing「〜を選ぶ」(3)putting「〜を置く」　(4)reading「〜を読む」

(2)「三島由紀夫の『美しい星』は社会を滑稽に風刺した作品である，とその評論家は述べた」

absurd は「ばかげた，滑稽な」の意。よって(4)ridiculous「ばかげた，おかしな」が正解。(1)astonishing「驚くべき」　(2)considerate「思いやりがある，慎重な」　(3)intriguing「魅力的な」　reviewer「評論家」parody「物まね，風刺」

(3)「中国とソロモン諸島との間の安全保障協定に基づくと，中国海軍の船舶によるその島国への寄港は許可されるだろう」

vessels は「容器，船」の意。よって(3)ships「船」が正解となる。下線後の call at the island nation's ports「その島国の港に立ち寄る」がヒントになる。(1)aircraft「航空機」　(2)authorities「当局」　(4)troops「群れ，軍隊」　security「安全」　naval「海軍の，軍艦の」　permit「〜を許可する」　call at 〜「〜を訪れる，〜に寄港する」

(4)「沖縄は米国からの独立 50 周年を祝ったが，今でもなお，基地関連で大きな負担を負っている」

bears の O が burdens「重荷，負担」である点に注目。bear には「〜を運ぶ，身につける」の他に，O に費用や責任を意味する語を伴い，「〜

を負担する」という意味にもなる。選択肢はすべて体の一部を表す語だが，下線部が V であることから，それぞれ V として意味を考える必要がある。負担がのしかかるイメージが浮かべば「背中」の(1)backs か「肩」の(4)shoulders に絞れる。(1)backs は「～を支持する，後退させる」，(4)shoulders は「～を肩にかつぐ，～（責任や負担）を引き受ける」という意味なので，(4)が適切。(2)eyes「～を注意深く見る」 (3)hands「～を手渡す，～に手を貸して導く」 anniversary「記念日，～周年」 independence「独立」 base「基地」

(5)「ジョー＝バイデン大統領は初めての一般教書演説で，急激なインフレを抑制すると誓った」

　tame は「～を飼い慣らす，おとなしくさせる，制御する」の意。(4)reduce「～を減少させる」では合わないように思えたかもしれないが，reduce は質や大きさ，価格などをより少なく，小さくするという意味がある。よって，O の soaring inflation「急激なインフレ」を小さくする，つまり，抑えるイメージで使えるため，(4)が正解。(1)deduce「～（結論）に達する，～を推定する」 (2)induce「～を誘発する」 (3)produce「～を製造する，生産する」 vow「～を誓う」

(6)「人間は複雑な情報処理を行うことのできるコンピュータのようにみなされることもある」

　complex「複雑な」に近い意味になるのは(1)complicated「込み入った，困難な」である。(2)duplicated「複製された，重複した」 (3)implicated「関与している」 (4)replicated「複製の，反復の」 processing「処理」

(7)「ロシアと中国は，国連の活動を無効にするために安全保障理事会の常任理事国として拒否権を行使した」

　veto（power）は「拒否（権）」の意。deny「～を拒否する」の名詞となる(1)denial「拒否」が適切。(2)diplomatic「外交（官）の」 (3)military「軍（人）の」 (4)political「政治の」 permanent「永続的な」 nullify「～を無効にする，破棄する」

(8)「日本の人々は出入り口で靴を脱ぎ，きちんとそろえる」

　neat「きちんとした，こぎれいな」が tidy「きちんと整理された」とほぼ同意であることから，tidy の副詞となる(4)tidily「きちんと，きれいに」が正解。(1)ingeniously「巧みに，独創的に」 (2)intimately「親密に」 (3)

spontaneously「自発的に，自然に」 entryway「通路，通用門」

⑼「とにかく，君は彼女からの E メールに返答をしなかったことを謝罪しないといけないよ」

　at any rate は「とにかく，いずれにしろ，何はともあれ」の意。(3)In any case「どんな場合でも，とにかく」が最も近い意味になる。(1)At the moment「今すぐにも，いつでも」 (2)At any cost「金をいくら出しても，どんな犠牲を払っても，絶対に」 (4)In the meantime「その間に，そうこうしている間に，その一方では」 apologize for ～「～のことで謝罪する」

⑽「最近，詐欺集団に騙される高齢者が多い」

　take in には「～を中に入れる，取り込む，持ち込む，考慮に入れる」などたくさんの意味があるが，文末の by a group of swindlers「詐欺集団によって」されることだと考えれば deceive「～を騙す」の過去分詞である(2)deceived が適切である。(1)conceived「考え出される」 (3)perceived「認識される」 (4)received「受け取られる」 swindler「詐欺師」

2　解答　(11)—(2)　(12)—(4)　(13)—(1)　(14)—(1)　(15)—(3)　(16)—(2)　(17)—(2)　(18)—(2)　(19)—(4)　(20)—(1)

◀解　説▶

⑾「どうも私は風邪をひいているみたいだ」

　空所後の a cold は「風邪」。come down with ～ で「～（病気）にかかる」の意。よって(2)down with を補う。down には形容詞で「落ち込んだ，病気の，不安な」といった意味があること，with には原因の意味があることも押さえておこう。come と共に使われた場合の選択肢の意味は以下の通り。(1)come down to ～「結局は～になる」 (3)come up to ～「～（基準・期待）に沿う，～（望み）に合う」 (4)come up with ～「～を思いつく」

⑿「英国では，高速道路の追い越し車線の使い方を間違えると，軽率な運転という一種の交通違反で有罪となることもある」

　空所前の be convicted of ～「～の判決を受ける，～で有罪になる」および空所後の offense「罪，違反」から，空所には悪い意味の形容詞が入

ると推察できる。(4)inconsiderate「思いやりのない，軽率な」が適切。
(1)considerable「かなりの，重要な」と(2)considerate「思いやりのある，慎重な」の意味の違いにも注意。(3)inconsiderable「ささいな」 overtake「～に追いつく，～を追い越す」 lane「車線」 highway「主要道路，（英国では）高速道路」 motoring「車の」

⒀「この民間療法はよくある風邪に対してあまり効果がない。ましてや命に関わる病気に対する効果などなおさらない」

　空所前後の the common cold「よくある風邪」と killer disease「命に関わる病気」の関係から，「ましてや～はなおさらである」という意味となる(1)much less か(2)much more に絞りたい。(1)much less は否定文，(2)much more は肯定文の後に続けて使う。よって(1)much less が正しい。(3)less than ～「～より少ない」 (4)more than ～「～より多い」 folk「民衆の，民間に根差す」 remedy「治療法」

⒁「私は若いころ，3 年間京都に住んでいた」

　for three years「（京都に住んでいた）3 年間」は when I was young の中での出来事であるため，時制は過去形となる。よって(1)lived が正解。for three years と継続的なニュアンスがあるからといって完了の(2)had lived や(3)have lived を選ばないように注意。(2)の過去完了だと when I was young よりも前の 3 年間を指すことになる。本問では，空所以外の部分から when I was young よりも前を指すという根拠が見当たらないため，不適。(3)の現在完了は「今までのこと」であるため，今も京都に住んでいることになる。

⒂「設備の復旧作業はいまだ継続中だが，技術面の細部でまだ解決されていない部分はほんのわずかである」

　(1)，(2)の have yet to *do* は「まだ～していない」，(3)，(4)の remain to be *done* は「まだ～されていない」の意。(1)have yet to solve「まだ～を解決していない」は，solve に対する O が空所後になく，文法的に成立しないため不適だが，それ以外の選択肢に文法的な間違いはない。(3)，(4)は solved と unsolved が反対の意味となるため，文全体から空所に入る語のプラス・マイナスを判断しよう。Although … ongoing,「設備の復旧作業はいまだ継続中だが」というマイナスな内容であるため，主節はプラスな内容が続くはず。S の technical details の問題は解決されている，といっ

た意味になればよいため，(3)remain to be solved を補い，「技術面の細部でまだ解決されていない部分はほんのわずかである」とするのが正しい。

(3)は remain to be solved「まだ解決されていない」という意味から一見，否定的な選択肢に見えたかもしれないが，S に only a few 〜「ほんのわずかの〜」がついているため，主節全体では「未解決の部分がほんのわずか」→「ほとんど解決されている」という肯定的な意味になることに注意。restore「〜を復元する」　service「事業，設備」　ongoing「現在進行中の」　detail「細部」

⒃「その本はどちらもおもしろい」

　both の用法を確認しよう。代名詞 both は both of the＋名詞や both of ＋代名詞の形で使われる（例：both of the books / both of them）。形容詞 both は both＋冠詞のつかない名詞，both the（所有格・指示代名詞）＋名詞の形で使われる（例：both books / both the books / both my books / both these books）。いずれの用法でも，the や所有格，指示代名詞が both より前で使われることはない。よって後者の用法となる(2)Both the が正解。

⒄「思いがけないゲストが舞台に登場したので，観衆はより一層興奮した」

　all the＋比較級＋because Ｓ Ｖ 〜「〜だからこそより一層」の表現を用いる。(2)all the more が正解。(1)all the best「(All the best. で) 万事うまくいきますように，元気でね」　(4)all the same「全く同じで，それでもやはり，どちらでも構わない」　(3)all the most という表現はない。unexpected「予期せぬ」

⒅「彼はまるでその話題について何でも知っているかのように話しているが，実はそれについてほとんど知らない」

　空所前の as if 〜「まるで〜のように」は続くＳ Ｖ には仮定法過去（as if Ｓ＋過去形〜）・仮定法過去完了（as if S had *done* 〜）を用いる。後半の but actually he knows little about it が現在形であることから，as if 節内の know は仮定法過去となる。よって(2)knew が正解。

⒆「コロナウイルスの感染爆発によって生じた収入の喪失により，アフリカでの食糧不足率が上がった」

　まず，文構成を確認する。Ｓ の The loss of income 後に続く語は *doing*

/ *done* のいずれかであるため，分詞と考え，The loss of income［*doing*/ *done* from the COVID-19 pandemic］のカタマリが S である。よって(1)，(4)の increased および(2)，(3)の rose が述語動詞となる。空所後の O（the levels of food insecurity）より，自動詞の用法しかない rose（rise の過去形）は不適であるため，(1)と(4)に絞る。(1)の follow from 〜「〜に続いて起こる」および(4)の result from 〜「〜に起因する」はどちらも「〜から生じる」と解釈できる表現であり，いずれも能動で上記の意味となる。受動（過去分詞の followed）の形となってしまっている(1)は不適である。よって(4)が正解。income「収入」 pandemic「感染爆発」 insecurity「不安定，不安感」

⒇「その記事が出版されてはじめて著者は印刷ミスに気付いた」

　文頭の Not until S V 〜 は「〜してはじめて，〜してやっと」の意。この構文は not until S V 〜 の節が文頭で使われる場合，否定語文頭による倒置が起こり，主節が疑問の形となる。よって疑問の形でない(3)，(4)は不適。(1)は過去，(2)は現在完了と時制に違いがあるが，これは空所後の notice が原形であることから，(1)を選ぶ。(2)であれば has the author noticed と過去分詞が続くはずである。typographical「印刷（上）の」

3　解答

⑵1—(2)　⑵2—(2)　⑵3—(1)　⑵4—(4)　⑵5—(1)　⑵6—(3)
⑵7—(3)　⑵8—(4)　⑵9—(3)　⑶0—(4)

◀解　説▶

⑵1 dyeing → dyed
「カズミは最近，髪を染めた。そういえば，ケンもそうしていた」

　had her hair dyeing の部分に注目。dye は「〜を染める」の意。had 以降が have *A doing* の形であるため，have は使役の have と判断できる。使役動詞 have は have O C となり，C が分詞の場合は O C に入る2語に主述関係が成立する。「her hair は dye される」となるはずであるため，dyeing を dyed とするのが正しい。come to think of it「考えてみると，そういえば」

⑵2 to discuss about → to discuss
「マイクは急いでいるようだし，アジェンダには議論しないといけない項目がいくつかあるから，もう始めない？」

discuss は他動詞で「～について話し合う」の意。about は不要である。agenda「協議事項，議題一覧」

㉓a bad news → bad news

「私の知る限り，彼はいつも約束を守る人だから，それは残念なニュースだ」

news は不可算名詞であるため，a はつけない。as far as S know「Sの知る限りは」as good as *one's* word「約束を守る，有言実行する（人だ）」

㉔nobody → anybody

「誰でも，自分の周りに誰にも入ってほしくないパーソナルスペース（対人距離）というものがある」

(3)の前の that は関係代名詞（目的格）で，that 以降の関係詞節は a personal space を説明している。この関係詞節内に注目。nobody「誰も～ない」はすでに否定の意味が入っているため not と共に使えない。関係詞節内の may not want … に not がついてしまっているため，nobody が不適。not には下線がついていないため，nobody を anybody に変える。

㉕you to succeed → (that) you will succeed / for you to succeed

「君が成功することを祈っているし，きっと成功すると確信しているけれど，もし万一うまくいかなかった場合には，君が再挑戦するお手伝いをさせてもらうつもりだよ」

動詞の hope は want や expect と違い，hope *A* to *do* の形を取れない。「*A* が～することを願う」とする場合，hope that *A do* ～もしくは hope for *A* to *do* とする。be convinced that S V「～を確信している」

㉖no matter what → no matter how

「アンドリュー＝カーネギー氏はかつて，他にどんなに素晴らしい才能があったとしても，自分のやる気を起こすことの出来ない人は月並みに甘んじなければならない，と言った」

impressive「印象的な，見事な」は，their other talents にかかっていない点に注目したい（pretty a cat の語順が適切でないのと同じ）。よって，impressive と their other talents は文法構造上，別のカタマリ（no matter what impressive / their other talents）となっている。no matter what は疑問詞 what 同様，直後に名詞を置くことはできるが，形容詞単体を置くことはできない。直後に形容詞を置けるのは how であるため，

(3)の no matter what を no matter how とするのが正しい。ちなみに，no matter how＋形容詞＋ＳＶ〜「たとえどんなに〜だとしても」の V（are）は省略されている。motivate「〜に意欲を起こさせる」 be content with〜「〜に満足している，甘んじている」 mediocrity「平凡（な人）」 talent「才能」

⑵⑺ expanding → expand

「我々の学校ではさまざまな学歴の学生を喜んで受け入れ，学際的な教育を施し，他ではめったにできないやり方で学生の視野を広げる機会を提供している」

　(3)を含む to expanding their horizons…が a chance の説明となっていることから，a chance to *do*「〜する機会」の形を用いる。よって expanding を原形にするのが正しい。diverse「異なった，さまざまな」 academic background「学歴」 provide *A* with *B*「*A* に *B* を供給する」 interdisciplinary「学際的な，多くの学問分野にまたがる」 expand *one's* horizon「視野を広げる」 rarely「めったに〜ない」 available「〜を利用できる，得られる」

⑵⑻ that → what

「その新しい研究は，物語文を聞いている間の男女の脳の違いに焦点を当てたもので，男性は聞こえてくる話の半分しか聞いていない一方で，女性は左右の脳のどちらも使っているということがわかり，女性たちが長い間うすうす勘付いていたことの裏付けとなった」

　(3)の confirming の直後にある that 節に注目する。この that 節は confirm「〜を裏付ける，確かめる」という他動詞の後ろにあるため，「〜ということ」の名詞節で完全文が続くはずだが，that women had long suspected の suspected に対する O が見当たらないため，文法的に成立していない。よってこの that を関係代名詞 what（what ＳＶで「ＳがＶすること・もの」）にすればよい。「女性たちがうすうす勘付いていたこと」とは，男が人の話をちゃんと聞いていない，ということであろう。narrative「物語の」 text「本文」 suspect「〜を怪しいと思う，〜だとうすうす勘付く」

⑵⑼ except for → except for being（except to be）

「ダーウィン説の中心にあるのは，適応度が最も重要であるという考えである。というのも，遺伝子というものは，他の遺伝子よりも多くの子孫を

生み出すために，できる限り適応度を高めること以外，何もできないからである」

　(3)の except for ～「～を除いて」の for は前置詞であるため，for の直後は名詞か *doing* をとる。本問では，except for as fit as … の as ～ as …「…と同じくらい」の as と as の間にある fit は形容詞だと判断できる。名詞や *doing* にあたらないため，不適。except for を用いるなら形容詞の前に be を加え，except for being とするか，except to *do* を用いて except to be とするのが正しい。

⑶ whether and to what extend → whether and to what extent
「教師に対する学生の評価は，学生自身のその科目での成績によって大いに影響を受けるということが研究では示されてきたが，学生の評価が他の科目の成績によって影響を受けるかどうか，また，どの程度受けるかについては，ほとんどわかっていない」

　(4)の extend「～を延ばす，拡大する」は動詞。下線後に students' ratings are impacted … と S V が続くことから，この前に V の extend が来ることはない。what が前にあるため，extend を名詞の extent「程度」とするのが正しい。rating「格付け，評価」 to a large extent「大いに」 grade「成績」

4 解答

(I)(31)—(3)　(32)—(2)　(33)—(3)　(34)—(1)　(35)—(1)
(II)(36)—(4)　(37)—(3)　(38)—(2)　(39)—(4)　(40)—(1)
(III)(41)—(1)　(42)—(4)　(43)—(3)　(44)—(3)　(45)—(2)

◆全　訳◆

(I) ≪ブレンド型学習の可能性≫

　科学技術は高等教育の様相を変えてきた。初めは，従来の対面学習が唯一の指導形態で，教師と学生の双方が実在する学校に直接集うものであった。1990 年代，オンライン学習も人気が出はじめた。学生が大学に来て教室に実際にいることなく，非同期的に授業を履修できるからである。

　オンライン学習は学生にとって経済的に実現可能な選択肢であるため，オンライン学習が対面学習に取って代わることができる，と大学理事らが感じているということに注目することもまた重要である。その結果，1990 年代半ば，オンライン授業の提供数を増やそうという動きが強まった。オ

ンライン授業をさらに増やしていこうという取り組みが活発になったにも
かかわらず，オンライン教育には予想されていたほどの効果はなかった。
学習が主に受動的なものであったからである。

　ここ数年は，通称『ブレンド型学習』という第 3 の教授法が，指導者や
研究者の間で広く受け入れられてきている。さまざまな科学技術とウェブ
を基盤としたツールと学習理論の強みを組み合わせることで，この手法は
双方の世界（オンライン学習と従来の対面学習）の良いとこ取りができる
ことが期待できる。研究が示すところによると，大学のキャンパスでの学
習とオンライン学習のどちらか一方だけでの学習に比べ，それら両方を組
み合わせる方が理想的で，大変効果的であることが証明されている。ブレ
ンド型学習は，学生が自分のペースで学習を進めるという待望の柔軟性を
持ちつつ，彼らは定期的に対面指導を受けることもできるため，さらなる
機会を生み出す可能性を秘めているのだ。

　これまでに出てきた証拠は，ブレンド型・ハイブリッド型学習（対面指
導とオンライン指導を組み合わせたもの）を利用して講義を履修した学生
の方が，どちらか一方の指導法しか利用していない学生よりも良い結果を
出している，ということを示している。ブレンド型・ハイブリッド型学習
は，大学の教授陣や学術的指導者らに独創的な選択肢をもたらし，教室の
中だけでなく，教室の外にいる学生にも情報を手に入れられる環境を作る
ことができる。このことは，対面での授業中に学生一人一人の生産性を最
適化し，最大化するのに役立つのである。

　ブレンド学習の歴史は，サー＝アイザック＝ピットマンが初めて遠隔教
育を導入した 1840 年代にまで遡る。はがきを使って速記で書き写された
テキストを学生に送り，学生は課題を完成させて，成績評価やフィードバ
ックを行うためにそれを返信するよう求められた。携帯機器やコンピュー
タを使っていないにもかかわらずフィードバックと評価が極めて重要であ
ったということに注目することが重要である。1960 年代から 1970 年代の
間には，雇用主は一部の従業員にコンピュータを使って研修を行うことが
できるようになった。初めて従業員が移動したり，対面で実際に行う集ま
りに参加したりせずに研修を受けることができたため，これは画期的な大
改革であった。

　1970 年代から 1980 年代の間は，多数の組織が映像通信ネットワークを

導入し，従業員に研修を行っていた。学習者らは科学技術を用いて連絡を取り，研修の講座を見て，必要な場合には相手の発言を明確にするための質問をした。このおかげで，指導者らは現場に足を運ぶことなくさまざまな訓練や研修プログラムを行うことができた。この形の研修は，映像授業や現代のオンラインセミナーの先駆け的存在とみなされることができる。スタンフォード大学は，世界でもオンライン教育を早期に導入した大学の１つで，教育や学習の実践に映像通信ネットワークを活用した。これにより，教授陣が遠方に出向くことなく複数の場所で授業を開催することができた。学生たちは郵便や宅配を利用するのではなく，インターネット上で課題を提出することが推奨された。

　科学技術の発達により，ハイブリッド型学習方式の分野において進歩があった。雇用主や学術機関がより多くの情報を記録することのできる CD-ROM を使い始めたのである。このような新たな機器を使用することで，学習者はよりインタラクティブな学習を体験できるようになった。加えて，コンピュータを利用した授業は，オンライン環境で「ライブ」コンテンツ（授業）を配信するのに利用された。最初の学習管理システム（LMS）も同時に導入され，学習者が学習を終えると，その進捗状況を教育機関側が追跡・管理することができた。

　ここ 20〜30 年で，ブレンド型学習を含むオンライン学習は，ものすごい変貌を遂げてきた。1998 年初めに，世界で初めてインターネットを利用した教育コンテンツが登場した。コンピュータの中でも特にパソコンは，より高度な学習やレジャー，仕事関連の活動といった使用目的でますます多くの家庭や雇用主が購入するようになり，もはや高級品ではなくなった。さまざまな教育機関はウェブを基盤とするプラットフォームに教材をアップロードするようになり，そのプラットフォームは世界のどこからでも（人里離れた田舎でも）アクセスできた。この変革によって組織のビジネスのやり方が変わり，もともと CD-ROM を開発していた業者でさえも，容量の大きい動画ファイルなどの既存のオンラインコンテンツは学習者の必要性を満たすよう適応していく必要があるということに気付いたのである。

　時間が経過するにつれて，我々はブレンド型・ハイブリッド型学習の新たな時代に入っている。このような形のコンテンツ配信・手法には，さま

ざまな指導形態を組み合わせ，さらに学習をより魅力的でインタラクティブな体験へと変えてきた歴史がある。科学技術のおかげで，学生はオンラインセミナーやチュートリアル，その他のハイテク機器などの膨大な情報源を利用できるようになっている。指導者は学生の変わりゆく予定に合わせてより柔軟に，教育機会を提供できているのである。

出典追記: Combining the Best of Online and Face-to-Face Learning: Hybrid and Blended Learning Approach for COVID-19, Post Vaccine, & Post-Pandemic World, Journal of Educational Technology Systems Vol. 50, Issue 2 by Jitendra Singh, Keely Steele, and Lovely Singh, Sage Publications

〔Ⅱ〕　≪コロナ禍で加速したロボット導入による雇用の喪失≫

　何世紀にもわたって，機械によりさまざまな仕事が無用になってきた。織工はジェニー紡績機に取って代わられ，エレベーター係はボタンに仕事を奪われ，旅行代理店はインターネットによって廃業に追い込まれた。ある調査では，1990 年から 2007 年にかけての米国の工場におけるオートメーション化（自動化）の中で，およそ 40 万の雇用が失われたと推定されている。しかし，企業は必死に職場でのコロナウイルス感染を防ぎ，操業費を抑えようとしているため，人間を機械に置き換えようという動きは加速しつつある。米国では，コロナウイルス感染爆発のピーク時には約 4000 万の人員が削減され，一部の雇用は戻ってきているが，元に戻る見込みが全くないものもある。ある経済学者のグループの見積もりによると，今回失われた雇用の 42 パーセントは今後もずっと失われたままになる，としている。

　このように人間が機械へと置き換えられていくスピードは，今後数カ月でさらに増す可能性がある。企業が会社を存続させようとしている状態から，この感染爆発が延々と続く間に操業し続ける方法を見つけ出そうという動きへと移行するからである。マサチューセッツ工科大学とボストン大学の経済学者らによる最近の論文によると，2025 年までに製造業だけでも，ロボットはさらに 200 万人もの労働者に取って代わる可能性があるという。「この感染爆発は，人間の仕事のオートメーション化を図る大変強い誘因を生み出してしまったのです」と語るのはオクスフォード大学ベリオールカレッジ経済学部の特別研究員であり，『WORLD WITHOUT WORK —— AI 時代の新「大きな政府」論』の著者でもあるダニエル＝サスキンド氏である。「機械は病気にかからず，仕事仲間を守るために隔

離する必要もなく，仕事を休まなくてもよいのです。」

　感染爆発の多くがそうであるが，オートメーション化のこの新しい波は，黒人で低賃金労働者であるラリー＝コリンズ氏のような有色人種の人々にとって，より厳しいものとなるだろう。多くのアフリカ系アメリカ人やラテン系アメリカ人がレジ係，飲食店の従業員，顧客サービス担当といった仕事をしているが，これらの職種はオートメーション化によって最も脅かされている 15 の職種に入っている。今回の感染爆発以前でも，米国では 2030 年までに 13 万 2000 人の黒人労働者がオートメーション化により解雇される可能性があるという見積もりを，ある世界的なコンサルティング会社が出していた。

　コロナウイルスへの対応としてのロボットの展開はすばやいものであった。空港では突如としてロボットが床清掃や人々の体温測定をし始めた。病院や大学では，チャウボティックスという技術系企業が開発したサラダを調理するロボットのサリーが配備され，食堂の従業員に取って代わった。モールや競技場は，無人の物件を巡回するナイトスコープ社の警備ロボットを購入した。病院用ベッドや綿棒といった必需品を製造する企業は，増産を図ろうと産業用ロボットメーカーの米国安川に問い合わせをした。

　企業は人間の顧客サービス係を雇用している顧客電話窓口を閉鎖し，技術系企業のライブパーソンが開発したチャットボットや AI プラットフォームのワトソンアシスタントに頼った。「これが新しい常態であると本当に思います——感染爆発によって，いずれにしろ今後起ころうとしていたことに拍車がかかったのです」と語るロブ＝トーマス氏は，ワトソンを展開する IBM のクラウドデータプラットフォーム担当の上級副社長である。3 月から 6 月にかけ，およそ 100 社の新しい取引先がこのソフトウェアを導入し始めた。

　理論上，オートメーション化と人工知能は，人間がもっと知的好奇心を刺激するような仕事をして会社の生産性を上げたり，労働者の賃金を上げたりできるよう，人間を危険な作業や退屈な作業から解放するものであるはずだ。そして以前は，科学技術が少しずつ配備されることで，従業員は新たな役割へと移行する時間が持てた。失業者はことによると，別の分野の仕事を見つけるために退職金や失業手当を使って，再訓練を求めることができた。今回，変化は突如として起こった。雇用主がコロナウイルスに

対する懸念や突然のロックダウン命令により，急いで従業員を機械やソフトウェアに置き換えたからである。再訓練を行う時間などなかったのである。企業は自社の最終収益を心配して代わりとして従業員を解雇し，解雇された従業員は自己責任で新しい技術を習得する方法を見つけ出さなければならなくなった。彼らには選択肢がほとんどなかった。

　過去には，米国は教育に投資することで技術の変革に対応していた。1800 年代後半から 1900 年代にオートメーション化によって農作業が根本的に変わった際，各州で公立学校に進学する機会が広がった。大学に進学する機会が拡大したのは第二次世界大戦後，GI ビル（退役軍人援助プログラム）の導入に伴ってのことで，そのおかげで 1944 年から 1956 年にかけて 780 万人に及ぶ退役軍人が就学した。しかしそれ以降，米国の教育への投資は失速し，自身で学費を支払うという負担を労働者らに強いてきた。そして米国における教育の概念は依然として，従業員に再訓練を行うことよりもむしろ若い労働者に大学教育を与えることに重点を置いている。米国は労働者が転職活動を行う援助として，自国の GDP（国内総生産）の 0.1％を費やしているが，その割合は 30 年前の半分に満たない。

　「オートメーション化の本当の問題は，ロボットアポカリプス（ロボットによる反乱）ではないのです」と語るのはブルッキングス研究所の上級研究員のマーク＝ムロー氏である。「問題は，再訓練を受ける必要のある人々の普段の生活であり，彼らは，わかりやすく効率のよい，十分な情報，十分なデータに基づいた方法で，その日常を実際に手に入れることができていないのです。」

　これはつまり，感染爆発の間に職を失った何万人もの米国人が今後数年にわたって職がない状態になる可能性があるということで，コリンズ氏の場合は一生無職ということもある。労働組合協約を通して再訓練の資金を手に入れたが「私の場合，年を取りすぎていて何か他の仕事をするなんて考えもつかないよ」と言うコリンズ氏は現在 63 歳で，早期退職するつもりである。「私はもともと自分がやっていた仕事に戻りたいだけなんだよ。」

　今風のホテルにチェックインしてみるとよい。すると，ロボットメーカーのサビオーク社が開発した機械の執事が廊下を走行し，タオルと歯ブラシを配達してくれるかもしれない。（サビオーク社のウェブサイトには

「チップ不要」とある。）ロボットは感染爆発が起こっている間に配備され，消毒したての鍵を持って客室で客を出迎えている。レンガ積みロボットは8時間勤務で3,000個以上のレンガを積むことができるが，これは人間にできる作業量の10倍に相当する。ロボットは種をまいたり，作物を収穫したり，食肉処理場で肉から胸骨を引き剝がしたり，加工施設で食品をパレット梱包することもできる。

　ロボットが人間みんなの仕事を奪っているというわけではない。何世紀もの間，織工から工場労働者にいたるまで，人間は皆，技術の進歩によって仕事のない世界ができるのではないかと心配してきたが，それが実現したことなどない。例えば，ATM のせいで銀行の受付係の人数がすぐに減るということはなかった。実際には，ATM の登場により，顧客がその便利さにつられて銀行を訪れる頻度が以前よりも増え，銀行の受付係の仕事は増えた。銀行は支店をさらに開設し，ATM の能力を超える業務に携わる窓口係を雇った。技術の発展がなかったら，米国の労働者らの多くは今ごろ農場であくせく働き続けていることであろう。というのも，農場で肉体労働を行う人々の割合は1910年では米国の雇用の31%を占めていたが，今では1%未満となっているからだ。

　しかし，昔，オートメーション化によりさまざまな仕事がなくなったときには企業が自分たちのニーズに合う新たな仕事を作っていた。例えば，機械を使って生産量を上げることのできた製造業では，作った製品を輸送する係や，ターゲットとなる顧客をさらに増やすためのマーケティング担当者が必要となったのである。

(Ⅲ) ≪SNS が若者に及ぼす悪影響≫

　スマートフォンや SNS アプリの利用は青年期に普及する。米国の13〜17歳の若者の89%がスマートフォンを所有し，70%が1日に複数回，自身の SNS アカウントの確認をしている。SNS が10代の若者にもたらす利益はいくらかある。SNS を利用することで，目の前の友達との関係を維持したり，新しい友達を作ったりできる。健康関連などのさまざまな情報を見つけ，交換することができる。さらには，SNS は10代の若者が自分の創造性を表現し，それを共有する場を与えてくれる。もっと一般的なもので言うと，この仮想空間において10代の若者たちは自らのアイデン

出典追記：（Ⅱ）Millions of Americans Have Lost Jobs in the Pandemic — And Robots and AI Are Replacing Them Faster Than Ever, TIME on August 6, 2020 by Alana Semuels

ティティを探求・形成し，同世代の仲間からの意見や反応を基に自己呈示を修正することができるのである。SNS アプリの中でも，インスタグラムやスナップチャットなどの視覚要素の強い SNS プラットフォームが，10 代の若者の間ではフェイスブックよりもだんだんと人気が出てきている。特にインスタグラムは現在，米国の 10 代の若者に最も利用されている SNS アプリとなっている。

　インスタグラムは 2010 年に開発され，「ウォール」と呼ばれる個人のプロフィール欄で写真やビデオを共有できる機能や，一定時間のみ公開される動画を投稿できる「ストーリーズ」という機能を利用者に提供している。ウォールへの投稿とストーリーズの動画は，利用者のフォロワー（その利用者のプロフィールの更新を受け取れるよう設定しているインスタグラム利用者のこと）が見ることができ，次にフォロワーは自分がフォローしている人による投稿内容をどれでも閲覧したり，「いいね！」やコメントを付けたり，共有したりすることができる。インスタグラムの世界における利用者の地位に関する情報を 2 つの指標が提供している。⑴利用者が獲得したインスタグラムのフォロワーの数（インスタグラム累計フォロワー数）と⑵利用者がプロフィールの更新を受け取るよう設定している他のインスタグラム利用者の数（インスタグラム「フォロー」数）である。これら 2 つの指標はいずれも利用者の SNS 上でのつながり全体の規模の個人差を反映しているはずだが，フォロワー数は，その利用者が他のインスタグラム利用者の中でどれだけ人気があるかを明確に示すものとなっている。非常に人気のあるインスタグラム利用者（「インフルエンサー」とも言う）は，一般的にフォローする割合もフォローされる割合も高く，その数値が高ければ高いほど人気が高い，ということになる。

　若者の間でいくつかの SNS プラットフォームが圧倒的な人気を得ていることは，学者や政策立案者の注目を集め，それらが利用者のリスク行動や幸福に及ぼす影響力の確立を目的とした研究を助長してきた。特に，英国で近年実施された大規模な調査では，若者の幸福に及ぼす影響という観点では，インスタグラムが既存の SNS プラットフォームの中で最も有害であるとされた。その調査結果では，インスタグラムの利用と，精神衛生上の諸問題が発生する危険性が高まることとの間にある潜在的な関連性が強調されており，精神衛生上の問題には鬱や不安，および，睡眠障害，体

型の悩み，ネットいじめの被害にあうことなどが含まれていた。インスタグラムの利用が若者の精神衛生に及ぼす悪影響は，米国，ベルギー，イタリア，トルコといった英国以外の文化的背景の中で行われた最近の調査によっても，異文化間での実例によっても，裏付けられている。ネットいじめ被害に関しては，インスタグラムに明確に関連性のあるいじめの蔓延に関する研究がイタリアにはない。しかしながら，一部の資料では，若者の中でネットいじめ被害の蔓延は 11％〜26％ に及んでいると報告されている。

　若者にとって，ある集団に属しているという感覚と社会的な自己肯定感は，自分たちの気持ちを満たし，社会の中で機能していくために重要な側面なのである。SNS の利用はこのような欲求を満たしているように思われる。帰属意識が強めで同世代の若者とより良好な関係を築いている人々は，SNS を利用する頻度が比較的低いが，その一方で，孤独感や社会的に孤立している感覚が強い人々は，SNS を利用する頻度がより高い傾向にあるということを示している証拠もある。社会的な補償理論に従えば，若者はオンライン環境を，人脈を広げ，自分の評判を高め，仲間の中での自身の立場を確認することのできる場だと考えているのかもしれない。一部の著者らは「デジタル上での社会的地位の追求」や「フィードバック探索」といった表現を使い，「いいね！」やコメントの数，インスタグラムの場合はフォロワー数といった，仲間内での地位を示す SNS 上の指標を向上させることを目的とした一連の行動を示してきた。最近の資料では，こういった SNS での体験の特定の側面（いいね！やコメントを付けてもらったり，フォロワーが増えたりといった体験）によって脳内の報酬系が活性化し，SNS 依存的な行動に出るようになる可能性があるということが示されている。思春期の間，前頭葉と頭頂葉におけるシナプス刈り込みと髄鞘形成の結果，実行機能が向上する。この時期，思春期の脳は情緒や報酬に関する情報を処理する領域の感覚が研ぎ澄まされているという特徴がある。報酬系はまた，社会の中での肯定的な反応（例：インスタグラムの「いいね！」）などの社会的刺激を受けても活性化される。社会の中での肯定的な反応は，SNS の利用度に関連しているのである。

　事実，その資料によると，SNS の使用が行動依存に関連する典型的な行動を誘発する可能性があるということが長きにわたり示されており，その行動には，SNS が最も重要であると思う，利用中は情緒が安定する，

耐性が強化される，SNS を使っていない間に禁断症状が出る，葛藤，症状の再発という 6 つの特異な構成要素を特徴としている。すべての研究が同意しているわけではないが，複数の研究ではとりわけ若者と女性は SNS 依存になる危険性が最も高い二大グループであると示唆されているようである。次に，ことインスタグラムに関しては，SNS の利用にはまってしまうことで，鬱や孤独，不安感，消極的な気分，自己肯定感の低下，自分の外見に対する不満につながるということが示されており，これらはすべて，主観的幸福感の低下に寄与する要因である。

　SNS 上で「フィードバック探索」や「デジタル上での社会的地位の追求」といった行動にふけることで，ネットいじめの被害にあう危険性が増し，若者の心理的幸福に悪影響が及ぶ可能性もまたある。ネットいじめとは「電子媒体やデジタルメディアを通して個人や集団が行う，他者に危害や不快感を与えることを目的とした，悪意のある攻撃的なコメントを繰り返し伝える行動」（徳永，2010）を指す。ネットいじめには，直接的な形態（侮辱的なメッセージを送るなど）や間接的な攻撃（虚偽の情報を拡散したり，ネット上で特定のグループや仲間内から仲間外れにしたりするなど）がある。欧州では，20％〜40％の若者が何らかの形でネットいじめの被害にあった経験があり，女性や 10 代後半の若者がそうなる危険性が最も高いと推定されている。資料によると，インターネット，特に SNS を利用する頻度が大変高い若者の方が，使用頻度がより低い若者よりもネット上でいじめ被害にあう危険性が高いということが示されている。SNS の世界においては，インターネット上で人気を得る必要性がネットいじめの被害に遭う危険性を高める因子として作用しているのかもしれない。というのも，若者はインターネット上での人との付き合いの輪を広げるために，知らない人でもインターネット上での「友達」として受け入れる傾向があり，それにより，今度は悪意のある友人や他人と関わる機会が増えてしまっている可能性があるからである。さらに，インターネット上という背景においては，人気があるというだけでネットいじめ被害に遭う危険因子をはらむこともある，ということを示唆する証拠もある。実際に，人気のある 10 代の若者が必ずしも同年代の若者に最も受け入れられているというわけではなく，人気とは社会的地位の一つの形であり，若者たちの間で影響力，知名度，社会的優位性がどれだけあるかを表しているものなの

である。

　結局のところ，ネットいじめの被害に遭うと被害者の心理的幸福感は低下する可能性がある。それが学業面での問題だけでなく内在化障害や外在化障害に結びつくからである。

出典追記：Follow or be followed: Exploring the links between Instagram popularity, social media addiction, cyber victimization, and subjective happiness in Italian adolescents, Children and Youth Services Review Vol. 113, June 2020, 104955 by C. Longobardi, M. Settanni, M. A. Fabris, D. Marengo

◀解　説▶

(I)(31)「この文章に最も適切な題名は次のうちどれか」

　本文は第1段第1文（Technology has changed …）「科学技術は高等教育の様相を変えてきた」に始まり，第1〜2段で科学技術を用いた非対面型のオンライン学習の導入，第3〜4段で対面学習とオンライン学習を融合したブレンド型学習の効果，第5〜最終段でブレンド型学習の歴史とその利点についてそれぞれ述べられている。第3〜最終段という本文の大半が対面・オンラインの両方を用いた「ブレンド型学習」に関する情報とその利点となっていることから，(3)「ブレンド型学習が高等教育に及ぼす影響」が正解である。

(1)「ブレンド型学習対教室での対面学習」

　第3段第3文（Research suggests that …）「大学のキャンパスでの学習とオンライン学習のどちらか一方だけでの学習に比べ，それら両方を組み合わせる方が理想的で，大変効果的である」や第4段第1文（Prior evidence suggests …）「ブレンド型・ハイブリッド型学習（対面指導とオンライン指導を組み合わせたもの）を利用して講義を履修した学生の方が，どちらか一方の指導法しか利用していない学生よりも良い結果を出している」からは，確かに『ブレンド型学習＞対面学習のみ or オンライン学習のみ』という構図は読み取れるが，対比が行われているのはこの2箇所のみ。本文の題名としてはふさわしくない。

(2)「教育テクノロジーの理論と実践」

　Theory … of Educational Technology「教育テクノロジーの理論」に関する記述がないため，不適。

(4)「対面による教育の失敗」

　本文中に対面教育の失敗に関する記述がないため，不適。

⑶⑵「…以外は，次のブレンド型学習の利点がそれぞれ本文中で述べられている」

(2)「学生が授業中しか本やその他の教材から情報を得ることができないこと」は，文末の only in class「授業中しか〜ない」から，設問の advantages of blended learning「ブレンド型学習の利点」に合わないため，これが正解。また，第 4 段第 2 文（Blended / hybrid learning offers …）の they can make … of the classroom「彼ら（＝大学の教授陣や学術的指導者ら）は教室の中だけでなく，教室の外にいる学生にも情報を手に入れられる環境を作ることができる」からも，ブレンド型学習では授業外でも学生が情報に触れる機会がある，と判断できる。

(1)「オンラインセミナーやチュートリアルを含む幅広い資源を利用できるようにしていること」

最終段第 3 文（Because of technology, …）「科学技術のおかげで，学生はオンラインセミナーやチュートリアル，その他のハイテク機器などの膨大な情報源を利用できるようになっている」に一致。

(3)「教師が遠方に移動せずさまざまな場所で授業を実施できること」

第 6 段第 3 文（This allowed instructors …）「このおかげで，指導者らは現場に足を運ぶことなくさまざまな訓練や研修プログラムを行うことができた」に一致。

(4)「どこにいても利用できるウェブを基盤とするプラットフォームに教材をアップロードできること」

第 8 段第 4 文（Organizations started to …）の to upload learning … accessed from anywhere「ウェブを基盤とするプラットフォームに教材をアップロードする」に一致。

⑶⑶「本文によると，ブレンド型学習について次の文章のうち，間違っているものはどれか」

(3)「対面による授業中に個々の学生の生産性を下げるのに役立っている」の，ブレンド型学習と学生の生産性に関する記述は第 4 段最終文（This helps in …）参照。「このこと（＝学生が教室外でも情報に触れられるようになること）は，対面での授業中に学生一人一人の生産性を最適化し，最大化するのに役立つのである」より，(3)の diminishing the productivity の部分が一致しない。よって，(3)が正解。

(1)「教室にいない学生が知識を習得できるようにする方法を提供している」

　第4段第2文（Blended／hybrid learning offers…）の they can make … of the classroom「ブレンド型・ハイブリッド型学習は，大学の教授陣や学術的指導者らに独創的な選択肢をもたらし，教室の中だけでなく，教室の外にいる学生にも情報を手に入れられる環境を作ることができる」に一致。

(2)「さまざまな科学技術，手段，理論の利点を融合している」

　第3段第2文の By combining the … and learning theories,「さまざまな科学技術とウェブを基盤としたツールと学習理論の強みを組み合わせることで」に一致。

(4)「学校での学習とオンラインでの学習を一体化し，その方がどちらか一方だけの形の学習法よりも良い結果が出ている」

　第4段第1文（Prior evidence suggests…）の students who complete …「ブレンド型・ハイブリッド型学習（対面指導とオンライン指導を組み合わせたもの）を利用して講義を履修した学生の方が，どちらか一方の指導法しか利用していない学生よりも良い結果を出している」に一致。

(34)「本文によると，ブレンド型学習の歴史について，次の点のうち正しいものはどれか」

　第8段第1文（In the past…）「ここ20〜30年で，ブレンド型学習を含むオンライン学習は，ものすごい変貌を遂げてきた」が(1)「ブレンド型学習は過去数十年でかなり変化してきた」に一致するため，(1)が正解。

(2)「1960年代から1970年代にかけ，企業はコンピュータを用いて全社員の研修を行った」

　第5段第4文（During the 1960s…）「1960年代から1970年代の間には，雇用主は一部の従業員にコンピュータを使って研修を行うことができるようになった」に近いが，several employees の部分が(2)の all workers に不一致。

(3)「ブレンド型学習の起源は19世紀の終わりから20世紀初めにまで遡る」

　ブレンド型学習の起源については第5段第1文に The history of blended learning dates back to the 1840s とあるため，不適。

(4)「インターネット配信の講義は21世紀初頭に初めて導入された」

　第8段第2文（In early 1998,…）「1998年初めに，世界で初めてイン

ターネットを利用した教育コンテンツが登場した」より，インターネット配信の講義が初めて導入されたのは 20 世紀である。

㉟「この文章の著者は次のどの分野における専門家である可能性が最も高いか」

　㉛の解説参照。著者は本文で主に，科学技術を用いた非対面のオンライン授業と従来の対面授業を組み合わせたブレンド型学習の歴史や有用性について述べていることから，著者は教育分野と科学技術分野に詳しい人物であることが推察できる。よって⑴「教育テクノロジー」が正解。⑵「コンピュータ言語学」　⑶「工学」　⑷「人工知能」

(Ⅱ)㊱「この文章の主な目的は何か」

　本文は第 1・2 段と第 6 段がコロナ禍で加速したオートメーション化，第 3 段が危機にさらされている職種，第 4・5 段と第 10 段が世の中で活躍するロボットの例，第 7 ～ 9 段がオートメーション化により失業者が増加したコロナ以外の要因，最終 2 段がオートメーション化が進んでも失業者が急増することのなかった過去の例について述べられている。全体として，コロナ禍で加速したオートメーション化によりさまざまな職業がロボットに取って代わられ失業者が増加しているが，今までのケースと違って彼らが再就職できる見込みが少ないことを懸念する内容となっていることから，⑷「さまざまな職業でどのようにして人間がオートメーション化によって取って代わられつつあるかを説明すること」が適切である。

⑴「ロボットがいかにしてさまざまな民族社会に偏った影響を及ぼすかを説明すること」

　ロボットが一部の民族に影響を及ぼしている，といった内容は第 3 段第 2 文（Many Black and Latino …）「多くのアフリカ系アメリカ人やラテン系アメリカ人がレジ係，飲食店の従業員，顧客サービス担当といった仕事をしているが，これらの職種はオートメーション化によって最も脅かされている 15 の職種に入っている」にあたるが，本文全体でこの話題が主として取り上げられているわけではないため，不適。

⑵「どのように人間が機械の模倣へと変わっていく方針を立てているかを分析すること」

　人間が機械の模倣へと変わっていく，といった内容は本文中にない。

⑶「現代の世界において人工知能を利用する意義を強調すること」

　⑷の解説にある通り，本文は人間の仕事であったものがロボットに取って代わられつつあることについて，失業者の急増を問題点として取り上げていることから，人工知能（を用いたロボット）の有用性を論じることを目的にしているとは言えない。

⑶⑺「第1段下線部の shed に意味が最も近い語は次のうちどれか」

　shed は「～を噴出させる，流す，発する，落とす」といった，何かを離すイメージの動詞である。人が O になると「～を解雇する」という意味になるため，⑶remove「～を取り除く，移動させる，解雇する」が正解。また，下線部を含む The U.S. shed around 40 million jobs「米国は約 4000 万の人員を shed した」は，同段第 4 文（But the drive …）の the drive to replace humans with machinery「人間を機械に置き換えようという動き」から生じた結果であることを考慮すれば，機械が人間に取って代われば人間が不要となる，つまり仕事を奪われることになる，という意味になることは推察できるであろう。⑴add「～を加える」⑵shelter「～を保護する」⑷store「～を蓄える」

⑶⑻「市場における雇用の喪失に関する要点として著者が主張しているのは次のうちどれか」

　第 1 段第 1 文（Machines have made …）「何世紀にもわたって，機械によりさまざまな仕事が無用になってきた」が⑵「長きにわたり，科学技術によってさまざまな仕事が無用になってきた」に一致している。また，設問の about the loss of jobs in the marketplace「市場における雇用の喪失に関して」も，同段第 3 文（One study estimates …）「ある調査では，1990 年から 2007 年にかけての米国の工場におけるオートメーション化（自動化）の中で，およそ 40 万の雇用が失われたと推定されている」にあたるため，⑵が正解。

⑴「銀行業界の多くの仕事が失われてしまっている」

　第 11 段第 3 ～ 5 文（ATMs did not … capacity of ATMs.）の特に第 4 文 They（＝ATMs）actually led to more teller jobs に，ATM の登場により銀行の窓口係がむしろ増えたという記述があるため，不適。

⑶「仕事を失う労働者の大半が 1 年後には再び雇用されている」

　第 1 段最終 2 文（The U.S. shed … are gone forever.）に，感染爆発の

ピーク時に解雇された人員の 42%が仕事を失ったままになる可能性が示唆されている点に注目。残りの 58%は再び雇用されても，大半とは言えないため，不適。

⑷「大半の人々がオートメーション化を受けて早期退職を選んでいる」

　早期退職については第 9 段第 2 文（Though he has …）に，黒人で低賃金労働者にあたるコリンズ氏が planning on taking early retirement「早期退職するつもり」とあるものの，労働者全体の大半がそれを望んでいるという記述はない。

㊴「本文によると，感染爆発がどのようにして経済に打撃を与えたかについて，以下の点のうち正しくないものはどれか」

　機械の誤作動やその修理に関する記述は本文中にないため，⑷「機械が誤作動している場合，修理が難しすぎて行えないことがあるため，機械の使用をためらっている企業もある」が正解。

⑴「感染爆発が起こっている最中の新たなオートメーション化の高まりによって引き起こされた雇用の喪失によって，少数派の人々が最も大きな影響を受けた」

　「新たなオートメーション化の高まりによって最も大きな影響を受ける」のは第 3 段第 2 文（Many Black and …）の the 15 jobs most threatened by automation「オートメーション化によって最も脅かされている 15 の職種」で，同文にアフリカ系・ラテン系アメリカ人がこういった職業に就いている，とあることから，白人が半数以上を占める米国において，これらの人種が少数派であることを鑑みれば，⑴は本文に一致していると言える。

⑵「感染爆発の間に仕事を失ったアメリカ人の大半は，しばらくの間は無職でいるかもしれない」

　第 9 段第 1 文（This means that …）の tens of thousands … unemployed for years「感染爆発の間に職を失った何万人もの米国人が今後数年にわたって職がない状態になる可能性がある」に一致。

⑶「企業がコロナウイルスの感染を予防しようとする努力に並行して，人間が機械に取って代わられている割合は増加する」

　第 1 段第 4 文（But the drive …）「しかし，企業は必死に職場でのコロナウイルス感染を防ぎ，操業費を抑えようとしているため，人間を機械に

置き換えようという動きは加速しつつある」に一致。

⑷0「オートメーション化と雇用に関する点として，本文中で述べられていないものは次のうちどれか」

　(1)「オートメーション化の利点の1つは，概して，工場労働者の1週間あたりの労働時間が減ることである」という利点は本文中で述べられていないため，これが正解。

(2)「技術の進歩がなかったら，大部分のアメリカ人労働者がいまだに農場で働いているかもしれない」

　第 11 段最終文の Without technological advancement, … away on farms,「技術の発展がなかったら，米国の労働者らの多くは今ごろ農場であくせく働き続けていることであろう」に一致。

(3)「過去にオートメーション化によってさまざまな仕事がなくなった時は，企業がその不足分を埋めるために新たな仕事を作っていた」

　最終段第1文（But in the …）「しかし，昔，オートメーション化によりさまざまな仕事がなくなった時には企業が自分たちのニーズに合う新たな仕事を作っていた」に一致。

(4)「オートメーション化は人々を危険な作業や退屈な作業から解放し，もっとやりがいのある仕事をできるようにしてくれる」

　第6段第1文（In theory, automation …）の automation and artificial … intellectually stimulating assignments「オートメーション化と人工知能は，人間がもっと知的好奇心を刺激するような仕事をできるよう，人間を危険な作業や退屈な作業から解放するものであるはずだ」に一致。

(Ⅲ)⑷1「この文章に最も適切な題名は次のうちどれか」

　第1段は若者の間での SNS の普及，第2段はインスタグラムの仕組み，第3段はインスタグラムが精神衛生に及ぼす影響の調査，第4段は若者が SNS を好んで利用する理由，最終3段は SNS 依存により生じる健康への悪影響やいじめ被害，という構成になっている。若者と SNS の関係性と，それが及ぼす悪影響について主に論じられていることから，(1)「SNS がいかにして若者に悪影響を及ぼしているか」が正解。

(2)「SNS 上でのいじめの予防策」

　SNS 上でのいじめについては最終2段で主に論じられているが，その

中にいじめの予防策は含まれていないため，不適。

⑶「10 代の若者の間での SNS アプリの人気」

　第 1 段の題名としてはふさわしいかもしれないが，本文の大半で SNS が若者に及ぼす悪影響について述べられていることから，不適。

⑷「ネットいじめの被害者を支援する方法」

　SNS 上でのいじめについては最終 2 段で主に論じられているが，その中でいじめ被害者を支援する方法については触れられていない。

⑷⑵「…以外は，SNS の利用と SNS 依存について，以下の特徴がすべて本文中で述べられている」

　SNS の利用と SNS 依存に関する特徴について主に述べられているのは，第 4 段以降。その中に⑷「10 代の若者が私物にかけるお金が多くなること」に関する言及はない。よって，⑷が正解。

⑴「10 代の女の子は特に SNS 依存になる危険性が高いことを示唆していること」

　第 5 段第 2 文（In particular, studies …）の younger people and … social media addiction「若者と女性は SNS 依存になる危険性が最も高い」に一致。

⑵「心の健康にとって極めて重要な所属意識と社会的な自己肯定感のどちらも与えてくれること」

　第 4 段第 1・2 文（For adolescents, the … fulfill these needs.）「若者にとって，ある集団に属しているという感覚と社会的な自己肯定感は，自分たちの気持ちを満たし，社会の中で機能していくために重要な側面なのである。SNS の利用はこのような欲求を満たしているように思われる」に一致。

⑶「不安感といった精神衛生上の問題が起こる可能性が高くなること」

　第 5 段最終文（In turn, as …）の addictive social media … with one's appearance「SNS の利用にはまってしまうことで，鬱や孤独，不安感，消極的な気分，自己肯定感の低下，自分の外見に対する不満につながる」に一致。

⑷⑶「本文によると，ネットいじめの特徴として正しくないのは次のうちどれか」

　ネットいじめの特徴について詳しく論じられているのは第 6 段第 4 文の

In Europe, it … of cyber victimization, 「欧州では，20％～40％の若者が何らかの形でネットいじめの被害にあった経験がある…と推定されている」より，⑶「推定では，10 代の若者のうち少なくとも 50％が（ネットいじめの）犠牲になっている」の割合は間違っているとわかる。よって，⑶が正解。

⑴「インターネット上での人気を得たいという願望は，ネットいじめの被害に遭う危険性を高める一因となる可能性がある」

　第 6 段第 6 文（In the context …）「SNS の世界においては，インターネット上で人気を得る必要性がネットいじめの被害に遭う危険性を高める因子として作用しているのかもしれない」に一致。

⑵「ネットいじめは心理的問題や学業面での問題を引き起こすことがある」

　最終段（Ultimately, exposure to …）「結局のところ，ネットいじめの被害に遭うと被害者の心理的幸福感が低下する可能性がある。それが学業面での問題だけでなく内在化障害や外在化障害に結びつくからである」に一致。internalizing and externalizing symptoms が選択肢では psychological … problems となっている。

⑷「ネットいじめは，インターネット上で仲間の集団から仲間はずれにするといった間接的なものであることがある」

　第 6 段第 3 文（Cyber victimization includes …）「ネットのいじめには…間接的な攻撃（…ネット上で特定のグループや仲間内から仲間外れにしたりするなど）がある」に一致。

⑷⑷「この文章の終わりに新たに 1 段落加えるとすると，以下のテーマのうち，どれに関するものになる可能性が最も高いか」

　第 6 段が SNS 利用の弊害の 1 つであるネットいじめについて，そして最終段がネットいじめの被害者に起こり得る問題について述べられているという点に着目すれば，ネットいじめに関連した話題が続くと判断できる。よって，⑶「SNS 上でのいじめ被害者を支援する方法」が正解。⑴「インスタグラムはサイバー攻撃に対抗するために新しい機能を導入しようとしている」，⑵「SNS の利用率を上げるにはどんな段階を踏めばよいか」，⑷「インスタグラムを失脚させるべく次に登場する大きな SNS プラットフォームは何か」はいずれも，ネットいじめに関連性のない話題であるため，不適。

⑷「この文章の出典は次のうち，どの類の出版物である可能性が最も高いか」

　本文では資料やデータ（results from the survey / data / evidence / literature など）からの引用が多々あり，第 4 段第 7 文（During adolescence, executive …）「思春期の間，前頭葉と頭頂葉におけるシナプス刈り込みと髄鞘形成の結果，実行機能が向上する」など，専門的な内容も含まれていることから，⑵「学術論文」が適切である。⑴「大衆雑誌」⑶「読書感想文」　⑷「百科事典の見出し語」

5 　解答　⑷—⑵　⑷—⑶　⑷—⑷　⑷—⑴　⑸—⑵

◆━━━━◆全　訳◆━━━━◆

ジュン　：ついに君が東京に来てくれてうれしいよ。

ジュリー：ありがとう。私もやっとここに来ることができてワクワクしているわ。

ジュン　：君はきっと東京を散策するのを気に入ると思うよ。

ジュリー：東京のいいところは？

ジュン　：僕は，東京の素敵なお店や飲食店が大好きだよ。

ジュリー：東京には素敵な公園もあるって聞いたわ。

ジュン　：その通り。新宿御苑が僕のお気に入りだよ。

ジュリー：そこに行ってみることはできる？

ジュン　：もちろん。上野公園もいいかもしれないね。動物園と美術館の近くにあって，立地がかなりいいんだよ。

ジュリー：それはいい考えね。アメ横っていう商店街についても何かで読んだことがあるわ。

ジュン　：あぁ，そこは必見だね。そこには絶対に君を連れて行ってあげるよ。

ジュリー：すてきね。もしかして寿司屋も行けそう？

ジュン　：うん，必ず行こう。

■━━━◀解　説▶━━━■

⑷⑴「あなたにもっと早く伝えていればよかったと思っているわ」

⑵「私もついにここに来ることができてワクワクしているわ」

⑶「あなたが喜んでくれてうれしいわ」

⑷「最近あなたの連絡先を見つけたのよ」

　空所後はすべて東京訪問中に何をしたいかが話題になっていることから，空所にはそのワクワク感を表す表現を含む⑵を入れるのが適切。⑴，⑷は空所後の会話の流れによっては入ることもあるかもしれないが，本問では空所後の会話の中に⑴，⑷を入れる根拠が見当たらないため，不適。⑶は空所前の Thank you. がすでにほぼ同じ意味を表していることから，繰り返しとなるため，不適。regret *doing*「～したことを後悔する」 thrilled「興奮した」 delighted「喜んでいる」

⑷⑴「どうすればあなたにとってこの旅が忘れられないものになるかしら？」

⑵「今夜，出かけるのはどうかしら？」

⑶「東京が他の街と違うところは何？」

⑷「何系の料理がおすすめ？」

　空所後ではジュンが東京の好きなところを紹介していることから，ジュリーはジュンに東京のお勧めスポットを尋ねていることがわかる。⑶が「東京と他の街を区別しているものは何？」→「東京のいいところは？」といった意味になることから，これが正解。memorable「忘れられない，記憶しやすい」 distinguish *A* from *B*「*A* と *B* を区別する」

⑷⑴「晴れの日は少し混雑していると思わない？」

⑵「違う公園を見に行った方がよくないかしら？」

⑶「私のホテルからは遠い？」

⑷「そこに行ってみることはできる？」

　空所後の Why not? は「なぜ～しないの？」→「もちろんするよ」という承諾の返答。続く You might also enjoy Ueno Park. の also から，空所前の新宿御苑に加えて，上野公園にも行こうという流れが読み取れることから，空所にはジュンのお気に入りの新宿御苑に行ってみたいといった趣旨の発言が入る。よって，⑷が正解。be better off *doing*「～した方が賢明だ」 check out ～「～をチェックする，試しにやってみる，～に行ってみる」

⑷⑴「それはいい考えね」

⑵「その場所については知らなかったわ」

⑶「この私の本を使うといいわよ」

(4)「これを持って行くべきよ」

　空所前のジュンの発言 You might also enjoy Ueno Park.「君は上野公園も楽しめるかもしれないね」は，上野公園にも行ってみようという提案である。その提案に対する返答としては(1)が適切である。空所後でジュリーは自分の行きたい他の場所について話しており，上野公園の件は終わってしまっていることから，(2)や(3)ではジュンの提案に対する返答がなされないまま次の話題に移ることとなってしまうため，不適。(4)は this が指すものが見当たらないため，不適。be ignorant of〜「〜を知らない，〜に気付かない」

(50)(1)「それを食べるかもしれないよ」

(2)「必ず行こう」

(3)「すごく高いかもしれないよ」

(4)「それは知らないよ」

　寿司屋に行きたいというジュリーに対し，ジュンは空所前で Sure と答えていることから，寿司屋に行くことを承諾する意味の(2)が正解。ジュリーの we can also visit … に対する返答であることも(2)の we certainly can を選ぶヒントになる。can の後ろに visit a sushi restaurant が省略されている。

❖講　評

　2023 年度の問題構成は 2022 年度までのものをそのまま踏襲した形であり，文法・語彙問題 3 題，読解問題 1 題，会話文問題 1 題という大問構成や，大問ごとの設問数にも変化は全くなかった。

　1 の同意表現問題は，下線部および選択肢の語句・表現がほとんど頻出のものであり，2022 年度と同程度の難易度であった。

　2 の空所補充問題は，熟語表現，形容詞，比較，時制，否定，代名詞，仮定法，分詞，動詞の語法からの出題であった。例年通り，文法問題の中でも基本的な事項を問うものが大半であったが，(15)の否定の問題や(19)の分詞と熟語表現の意味，文構成から自動詞・他動詞を見分けさせる問題は，即答が難しかったかもしれない。

　3 の誤り指摘は，文法的な要素に関する誤りを指摘する設問と動詞や名詞など品詞関連の語法に関する誤りを指摘する設問がバランスよく出

題されていた。10 問中では⑵⑻, ⑵⑼のみ難易度が少し高めで, 特に⑵⑼は文全体の難易度が高めだったため, 文意を丁寧に考えながら解くと時間がかかってしまったかもしれない。

　4 は読解問題 3 つの構成で, (I)オンライン学習と対面学習を融合したブレンド学習も, (II)コロナ禍での雇用消失も, (III)若者の SNS 依存も, すべてなじみのある話題であった上, 専門的な内容について触れられていた箇所がそれぞれあったとしても設問の解答に影響しないため, 読み進めるのには苦労しなかったはずである。それゆえ, 2022 年度までと比べれば, やや易化したと言える。ただし, 選択肢一つ一つの正誤判断は易しめであるものの, 1 つの設問の選択肢の正誤判断を行うにあたりいろいろな段落に飛んで確認をしなければならない設問が多かったため, 少しずつ読み進めて少しずつ解いて…という方法ではうまくいかなかったであろう。

　5 の会話文は, 2022 年度同様, 会話の前後の流れをつかんでいけば容易に解答できるものであった。この大問は 2021 年度に難化したが, 2022 年度以降は元の難易度に戻っている。

　全体としては, 4 の読解問題が易しめであったことから易化したと言えるかもしれないが, 2 の空所補充と 3 の誤り指摘では, 2022 年度に比べて動詞の語法, 比較を用いた慣用表現, both や except の使い方, 単語の品詞に関する知識を問うものが多めに出題されていたため, そういった細かな知識に抜けがあった場合, 2・3 での失点が多くなってしまったかもしれない。動詞の語法・代名詞・否定・前置詞などは暗記すべき項目も多く, 学校の授業などでは扱われないことも多いかもしれないが, これらの単元は入試問題では落としやすい問題として頻出であるため, 覚えるべきことは覚え, 問題演習を通して定着を図ってほしい。また, 2022 年度の 4 の読解のように, 本文の英文が難しく, 専門的な内容であれば, 選択肢が単語のみの設問が多めに含まれたり, 設問の難易度が易しめになったりする傾向があるが, 2023 年度の 4 の読解問題のように身近なテーマで本文内容が把握しやすい場合, 設問の選択肢の英文が長くなる傾向にあることにも注意しておきたい。選択肢の語数が多くなれば, 当然設問に解答する時間も長くなるため, 注意しておきたい。

■数学■

◀B　方　式▶

1 **解答** (1)ア. $\dfrac{64}{243}$　(2)イ. $\dfrac{8}{27}$　(3)ウ. $\dfrac{200}{729}$

◀解　説▶

≪反復試行の確率≫

(1)　4 試合目までに A が 3 勝 1 敗で，5 試合目で A が勝つ確率を求めればよく

$$_4C_3\left(\frac{2}{3}\right)^3\left(\frac{1}{3}\right)^1\times\frac{2}{3}=\frac{64}{243}\quad(\to\text{ア})$$

(2)　5 試合目で B が優勝を決める確率は(1)と同様に考えて

$$_4C_3\left(\frac{1}{3}\right)^3\left(\frac{2}{3}\right)^1\times\frac{1}{3}=\frac{8}{243}$$

5 試合目で A か B のどちらかが優勝を決める確率を求めればよいので

$$\frac{64}{243}+\frac{8}{243}=\frac{8}{27}\quad(\to\text{イ})$$

(3)　6 試合目で A が優勝を決める確率は，5 試合目までに A が 3 勝 2 敗で，6 試合目で A が勝つ場合を考えればよく

$$_5C_3\left(\frac{2}{3}\right)^3\left(\frac{1}{3}\right)^2\times\frac{2}{3}=\frac{160}{729}$$

同様に 6 試合目で B が優勝を決める確率は

$$_5C_3\left(\frac{1}{3}\right)^3\left(\frac{2}{3}\right)^2\times\frac{1}{3}=\frac{40}{729}$$

6 試合目で A か B のどちらかが優勝を決める確率を求めればよいので

$$\frac{160}{729}+\frac{40}{729}=\frac{200}{729}\quad(\to\text{ウ})$$

2 　**解答**　(1)エ. −2　オ. 0　(2)カ. −12　キ. −6

◀解　説▶

≪連立 2 次不等式の整数解≫

(1)　$2x \leq x^2 + 3x - 2$ より

$\quad (x+2)(x-1) \geq 0$

$\quad x \leq -2,\ 1 \leq x$ ……①

$x^2 + x + a \leq 2x$ より

$\quad x^2 - x + a \leq 0$ ……②

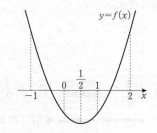

ここで $f(x) = x^2 - x + a$ とおくと

$\quad f(x) = \left(x - \dfrac{1}{2}\right)^2 + a - \dfrac{1}{4}$

$y = f(x)$ のグラフは軸：$x = \dfrac{1}{2}$ に関して対称だから，$f(1) = f(0)$，

$f(2) = f(-1)$ が成り立つ。したがって①と②の共通範囲に整数 x がちょうど 1 個だけあるような必要十分条件は

$\quad f(1) \leq 0$ かつ $f(2) > 0$

すなわち $a \leq 0$ かつ $2 + a > 0$ より

$\quad -2 < a \leq 0$ （→エ，オ）

このとき②の整数解は $x = 0$，1 で，①と共通の整数解は $x = 1$ のちょうど 1 個となる。

(2)　(1)と同様に $y = f(x)$ のグラフを考えると，①と②の共通範囲に整数 x がちょうど 4 個だけあるような必要十分条件は

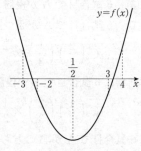

$\quad f(3) \leq 0$ かつ $f(4) > 0$

$\quad (f(-2) \leq 0$ かつ $f(-3) > 0)$

すなわち $6 + a \leq 0$ かつ $12 + a > 0$ より

$\quad -12 < a \leq -6$ （→カ，キ）

このとき，①，②の共通の整数解は $x = -2$，1，2，3 のちょうど 4 個となる。

3 **解答** (1)ク. 7　(2)ケ. $\dfrac{10}{3}$　(3)コ. $\dfrac{2}{5}$　サ. $\dfrac{1}{4}$

◀解　説▶

≪内心の位置ベクトル≫

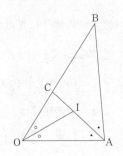

(1) 余弦定理より

$$AB^2=5^2+8^2-2\cdot5\cdot8\cos\frac{\pi}{3}$$

$$=49$$

AB>0 より　　AB=7　（→ク）

(2) OC：CB=OA：AB=5：7 より

$$OC=OB\times\frac{5}{5+7}$$

$$=8\times\frac{5}{12}$$

$$=\frac{10}{3}\quad（→ケ）$$

(3) AI：IC=OA：OC=5：$\dfrac{10}{3}$=3：2 より

$$\overrightarrow{OI}=\frac{2\overrightarrow{OA}+3\overrightarrow{OC}}{3+2}$$

$$=\frac{2}{5}\overrightarrow{OA}+\frac{3}{5}\cdot\frac{5}{12}\overrightarrow{OB}$$

$$=\frac{2}{5}\overrightarrow{OA}+\frac{1}{4}\overrightarrow{OB}\quad（→コ，サ）$$

4 **解答** (1) $x^2+y^2-4x\leqq0$

より

$$(x-2)^2+y^2\leqq2^2\quad\cdots\cdots①$$

$x^2+y^2+2y\geqq0$ より

$$x^2+(y+1)^2\geqq1^2\quad\cdots\cdots②$$

求める領域は①かつ②より

右図の網かけ部分（境界線を含む）である。

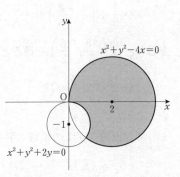

(2) 円 $(x-2)^2+y^2=2^2$　……①′ と 直

線 $4x+3y=k$ ……③ が接するとき，円①′の中心 $(2, 0)$ と直線③の距離が円の半径 2 に等しいから

$$\frac{|4\cdot2+3\cdot0-k|}{\sqrt{4^2+3^2}}=2 \quad \therefore \quad k=-2, \ 18$$

接点は直線③に垂直で円①′の中心 $(2, 0)$ を通る直線 $y=\frac{3}{4}(x-2)$ と円①′の交点で

$$(x-2)^2+\frac{9}{16}(x-2)^2=4 \iff (x-2)^2=\frac{64}{25} \iff x=\frac{18}{5}, \ \frac{2}{5}$$

より，その座標は

$$\left(\frac{18}{5}, \ \frac{6}{5}\right), \ \left(\frac{2}{5}, \ -\frac{6}{5}\right)$$

また，境界線を構成する 2 つの円，$x^2+y^2-4x=0$, $x^2+y^2+2y=0$ について辺々を引いて

$$-4x-2y=0 \iff y=2x$$

これを $x^2+y^2-4x=0$ に代入して解くと

$$x^2+4x^2-4x=0 \iff x=0, \ \frac{4}{5}$$

よって 2 円の交点の座標は

$$(0, 0), \ \left(\frac{4}{5}, \ -\frac{8}{5}\right)$$

直線③の傾きは $-\frac{4}{3}$，y 切片は $\frac{k}{3}$ であるから，直線③が点 $\left(\frac{4}{5}, \ -\frac{8}{5}\right)$ を通るとき，k の値は最小値

$$4\cdot\frac{4}{5}+3\cdot\left(-\frac{8}{5}\right)=-\frac{8}{5}$$

をとり，点 $\left(\frac{18}{5}, \ \frac{6}{5}\right)$ を通るとき，k の値は最大値

$$4\cdot\frac{18}{5}+3\cdot\frac{6}{5}=18$$

をとる。

よって，直線③が(1)の領域と共有点をもつような k の値の範囲は

$$-\frac{8}{5}\leqq k\leqq18 \quad ……(答)$$

◀ 解 説 ▶

≪直線と領域が共有点をもつ条件≫

(1) 平方完成し，境界線である円の中心と半径を求め図示する。

(2) 円①′と直線③の式を連立して考えることもできる。接点 $\left(\dfrac{2}{5}, \ -\dfrac{6}{5}\right)$

は(1)の領域には含まれないことに注意する。

5 解答

(1) 真数条件より $x \neq 0$, 2 である。$a > 0$ に注意して方程式（＊）を変形すると

$$\log_2|x| + \frac{1}{2}\log_2|x-2| = \frac{1}{2}\log_2 a$$

$$\iff \log_2|x||x-2|^{\frac{1}{2}} = \log_2 a^{\frac{1}{2}}$$

$$\iff |x||x-2|^{\frac{1}{2}} = a^{\frac{1}{2}}$$

$$\iff x^2|x-2| = a$$

よって，方程式（＊）がちょうど 4 個の実数解をもつとき，$y = x^2|x-2|$ のグラフと $y = a$ のグラフがちょうど 4 個の共有点をもつ。

$$y = x^2|x-2| = \begin{cases} x^2(x-2) & (x \geqq 2) \\ -x^2(x-2) & (x < 2) \end{cases}$$

ここで，$f(x) = -x^2(x-2)$ とおくと

$$f'(x) = -3x^2 + 4x$$
$$\qquad\quad = -x(3x-4)$$

よって，$f(x)$ の増減は右のようになる。

x	$\cdots$	0	$\cdots$	$\dfrac{4}{3}$	$\cdots$
$f'(x)$	$-$	0	$+$	0	$-$
$f(x)$	$\searrow$	0	$\nearrow$	$\dfrac{32}{27}$	$\searrow$

したがって，$y = x^2|x-2|$ のグラフは右のようになるので，$y = x^2|x-2|$ のグラフと $y = a$ のグラフが $x \neq 0$, 2 にちょうど 4 個の共有点をもつような a の値の範囲は

$$0 < a < \frac{32}{27} \quad \cdots\cdots \text{(答)}$$

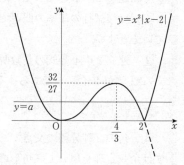

(2) (1)のグラフより，方程式（＊）がちょうど 3 個の実数解をもつのは $a = \dfrac{32}{27}$ のときである。$x < 0$ における

$y=x^2|x-2|$ のグラフと $y=\dfrac{32}{27}$ のグラフの共有点の x 座標が方程式（＊）の負の実数解となる。

よって，3 次方程式 $-x^2(x-2)=\dfrac{32}{27}$ を解いて，負の実数解は

$x=-\dfrac{2}{3}$　……（答）

━━━◀解　説▶━━━

≪対数方程式の実数解の個数≫

⑴　底を 2 にそろえ，真数部分に着目した後，方程式の実数解をグラフの共有点の x 座標で考える。

⑵　3 次 方 程 式 $-x^2(x-2)=\dfrac{32}{27}$ は $x=\dfrac{4}{3}$ に も つ の で $\left(x-\dfrac{4}{3}\right)^2\left(x+\dfrac{2}{3}\right)=0$ と変形できる。したがって解は $x=-\dfrac{2}{3},\ \dfrac{4}{3}$（重解）である。

❖講　評

　B 方式は「数学 I・II・A・B（数列，ベクトル）」からの出題で，2023 年度は大問 5 題，試験時間 90 分であった。①～③は空所補充問題，④⑤は記述問題であった。2020 年度までは空所補充問題でマークシート法が採用されていたが，2021 年度からは解答欄に記入する形となった。5 題とも小問の誘導に沿っていけば解きやすく，最後の小問で差がつく問題のセットとなっていた。

　① 反復試行の確率の問題で，小問で問われている順に丁寧に計算していくとよい。

　② 連立 2 次不等式の整数解を考える問題で，2 次関数のグラフを考えることがポイントである。その際にグラフが a の値にかかわらず常に $x=\dfrac{1}{2}$ に関して対称となっていることにも気付くと考えやすい。

　③ 角の 2 等分線の交点である内心の位置ベクトルを求める問題。まずは余弦定理を用いて三角形の辺の長さを求め，次に角の 2 等分線の性質から線分の比を求めていくという親切な誘導がついている。

4　直線と領域が共有点をもつ条件を求める問題で，(1)の領域の図示に関しては容易であるが，(2)では領域の第 4 象限における考察が難しい。

5　対数方程式の実数解の個数に関する問題で，底をそろえた後，3次関数のグラフを考える。この問題については(1)から差がついたと思われる。

◀C 方 式▶

1 解答 (1)ア. $\dfrac{2}{9}$ イ. $\dfrac{8}{27}$ (2)ウ. $\dfrac{2(n-1)}{3^n}$

(3)エ. $\dfrac{2(n-1)^2}{3^n}$ (4)オ. $3n^2-3n+3$ (5)カ. $1-\dfrac{n^2+n+1}{3^n}$

━━━━━━ ◀解 説▶ ━━━━━━

≪くり返し行うじゃんけんの確率≫

(1) A と B の 2 人でじゃんけんを行うとする。

1 回のじゃんけんで，2 人の手の出し方は 3^2 通りあり，A が勝つ確率は

$\dfrac{3}{3^2}=\dfrac{1}{3}$，A が負ける確率は B が勝つ確率と同じで $\dfrac{1}{3}$，あいこになる確

率は $1-\dfrac{1}{3}-\dfrac{1}{3}=\dfrac{1}{3}$ である。

2 回で A が勝者となる確率は

$$\dfrac{1}{3}\times\dfrac{1}{3}=\dfrac{1}{9}$$

2 回で B が勝者となる確率も同様にして $\dfrac{1}{9}$ であるから

$$p_2=\dfrac{1}{9}+\dfrac{1}{9}=\dfrac{2}{9} \quad (\to ア)$$

また，3 回で A が勝者となる確率は，2 回目までに A が 1 回だけ勝ち，
3 回目で A が勝つ確率であるから

$$_2C_1\dfrac{1}{3}\left(1-\dfrac{1}{3}\right)\times\dfrac{1}{3}=\dfrac{4}{27}$$

3 回で B が勝者となる確率も同様にして $\dfrac{4}{27}$ であるから

$$p_3=\dfrac{4}{27}+\dfrac{4}{27}=\dfrac{8}{27} \quad (\to イ)$$

(2) ちょうど n 回目に A が 2 勝 0 敗で勝者となる確率は，$n-1$ 回目まで
A が 1 勝 0 敗で，n 回目で A が勝つ確率であるから

$$_{n-1}C_1\dfrac{1}{3}\left(\dfrac{1}{3}\right)^{n-2}\times\dfrac{1}{3}=\dfrac{n-1}{3^n}$$

n 回目に B が 2 勝 0 敗で勝者となる確率も同様にして $\dfrac{n-1}{3^n}$ であるから，求める確率は

$$\frac{n-1}{3^n} \times 2 = \frac{2(n-1)}{3^n} \quad (\rightarrow \text{ウ})$$

⑶　ちょうど n 回目に A が 2 勝 1 敗で勝者となる確率は，$n-1$ 回目まで A が 1 勝 1 敗で，n 回目で A が勝つ確率であるから

$$_{n-1}\mathrm{P}_2 \frac{1}{3} \cdot \frac{1}{3} \left(\frac{1}{3}\right)^{n-3} \times \frac{1}{3} = \frac{(n-1)(n-2)}{3^n}$$

ちょうど n 回目に B が 2 勝 1 敗で勝者となる確率も同様にして $\dfrac{(n-1)(n-2)}{3^n}$ であるから，ちょうど n 回目に 2 勝 1 敗で勝者が決まる確率は

$$\frac{2(n-1)(n-2)}{3^n}$$

この事象と⑵の事象は排反であり，他に題意を満たす事象はないので

$$p_n = \frac{2(n-1)}{3^n} + \frac{2(n-1)(n-2)}{3^n} = \frac{2(n-1)^2}{3^n} \quad (\rightarrow \text{エ})$$

⑷　$f(x) = ax^2 + bx + c \ (a \neq 0)$ とおくと問題の方程式は

$$\frac{an^2 + bn + c}{3^n} - \frac{a(n+1)^2 + b(n+1) + c}{3^{n+1}} = \frac{2(n-1)^2}{3^n}$$

となる。両辺に 3^{n+1} をかけて

$$3(an^2 + bn + c) - \{a(n+1)^2 + b(n+1) + c\} = 6(n-1)^2$$

$$\Longleftrightarrow \quad 2an^2 - (2a-2b)n + 2c - a - b = 6n^2 - 12n + 6$$

これは n についての恒等式なので，係数を比較すると

$$a = 3, \ b = -3, \ c = 3$$

よって　　$f(n) = 3n^2 - 3n + 3 \quad (\rightarrow \text{オ})$

⑸　$\displaystyle\sum_{k=2}^{n} p_k = \sum_{k=2}^{n} \left\{ \frac{f(k)}{3^k} - \frac{f(k+1)}{3^{k+1}} \right\}$

$$= \left\{ \frac{f(2)}{3^2} - \frac{f(3)}{3^3} \right\} + \left\{ \frac{f(3)}{3^3} - \frac{f(4)}{3^4} \right\} + \cdots$$

$$+ \left\{ \frac{f(n)}{3^n} - \frac{f(n+1)}{3^{n+1}} \right\}$$

$$=\frac{f(2)}{3^2}-\frac{f(n+1)}{3^{n+1}}$$

$$=1-\frac{(n+1)^2-(n+1)+1}{3^n}$$

$$=1-\frac{n^2+n+1}{3^n}\quad(\to\text{カ})$$

参考　「n 回以下で勝者が決まる」ことの余事象は，n 回のじゃんけんが
「n 回ともあいこ」

または

「1 回だけ A か B が勝ち，$n-1$ 回があいこ」

または

「A，B とも 1 回ずつ勝ち，$n-2$ 回があいこ」

の場合だから，(5)の確率は

$$1-\left\{\left(\frac{1}{3}\right)^n+{}_n\mathrm{C}_1\frac{2}{3}\left(\frac{1}{3}\right)^{n-1}+{}_n\mathrm{P}_2\frac{1}{3}\cdot\frac{1}{3}\cdot\left(\frac{1}{3}\right)^{n-2}\right\}$$

$$=1-\frac{1+2n+n(n-1)}{3^n}$$

$$=1-\frac{n^2+n+1}{3^n}$$

2　**解答**　(1)キ．$\dfrac{\sqrt{6}}{2}$　(2)ク．$\dfrac{1}{\sqrt{6}}$　ケ．$-\dfrac{2}{\sqrt{6}}$　コ．$\dfrac{1}{\sqrt{6}}$

(3)サ．$\dfrac{1}{3}$

◀解　説▶

≪四面体の体積≫

(1)　$\overrightarrow{\mathrm{OA}}=(1,\ 1,\ 1)$，$\overrightarrow{\mathrm{OB}}=(2,\ 1,\ 0)$ で，△OAB の面積を S とすると

$$S=\frac{1}{2}\sqrt{|\overrightarrow{\mathrm{OA}}|^2|\overrightarrow{\mathrm{OB}}|^2-(\overrightarrow{\mathrm{OA}}\cdot\overrightarrow{\mathrm{OB}})^2}$$

$$=\frac{1}{2}\sqrt{3\cdot5-3^2}$$

$$=\frac{\sqrt{6}}{2}\quad(\to\text{キ})$$

(2) 求めるベクトルを $\vec{n}=(a,\ b,\ c)$ $(a>0)$ とおくと

$$\vec{n}\cdot\overrightarrow{OA}=0,\ \vec{n}\cdot\overrightarrow{OB}=0,\ |\vec{n}|=1$$

より

$$\begin{cases} a+b+c=0 \\ 2a+b=0 \\ a^2+b^2+c^2=1 \end{cases}$$

これを $a>0$ に注意して解くと

$$(a,\ b,\ c)=\left(\frac{1}{\sqrt{6}},\ -\frac{2}{\sqrt{6}},\ \frac{1}{\sqrt{6}}\right)\quad(\to ク\sim コ)$$

(3) 四面体 OABC において，△OAB を底面と
したときの高さ h は

$$h=|\vec{n}\cdot\overrightarrow{OC}|=\left|\frac{1\cdot2-2\cdot4+1\cdot8}{\sqrt{6}}\right|=\frac{2}{\sqrt{6}}$$

よって求める体積は

$$\frac{1}{3}\times S\times\frac{2}{\sqrt{6}}=\frac{1}{3}\quad(\to サ)$$

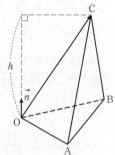

3　**解答**　(1) 境界線である 2 直線 $3x+2y=18$ と $x+4y=16$ の交
点は

$$(x,\ y)=(4,\ 3)$$

よって，領域 D は右図の網かけ部分
（境界線を含む）。

(2) $x+y=k$ とおくと，これは傾き -1，
y 切片 k の直線を表す。この直線が領域
D と共有点をもつような k の値が最大
となるのは，この直線が点 $(4,\ 3)$ を通
るときで，最大値は

$$4+3=7\quad\cdots\cdots(答)$$

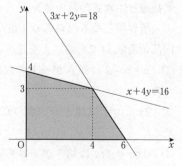

(3) $2x+y=l$ とおくと，これは傾き -2，y 切片 l の直線を表す。この直
線が領域 D と共有点をもつような l の値が最大となるのは，この直線が
点 $(6,\ 0)$ を通るときで，最大値は

$2 \cdot 6 + 0 = 12$　……(答)

(4) $ax+y=m$ とおくと，これは傾き $-a$，y 切片 m の直線を表す。この直線が領域 D と共有点をもつような m の値の最大値を考える。

2直線 $3x+2y=18$，$x+4y=16$ それぞれの傾きと比較して

(i) $-\dfrac{1}{4} \leqq -a < 0$ すなわち $0 < a \leqq \dfrac{1}{4}$ のとき

$(x, y)=(0, 4)$ で m は最大値 4 をとる。

(ii) $-\dfrac{3}{2} \leqq -a \leqq -\dfrac{1}{4}$ すなわち $\dfrac{1}{4} \leqq a \leqq \dfrac{3}{2}$ のとき

$(x, y)=(4, 3)$ で m は最大値 $4a+3$ をとる。

(iii) $-a \leqq -\dfrac{3}{2}$ すなわち $a \geqq \dfrac{3}{2}$ のとき

$(x, y)=(6, 0)$ で m は最大値 $6a$ をとる。

以上より，求める $ax+y$ の最大値は

$$\begin{cases} 4 & \left(0 < a \leqq \dfrac{1}{4}\right) \\ 4a+3 & \left(\dfrac{1}{4} \leqq a \leqq \dfrac{3}{2}\right) \quad\text{……(答)} \\ 6a & \left(\dfrac{3}{2} \leqq a\right) \end{cases}$$

◀解　説▶

≪領域と1次式の最大値≫

(1) 境界線となる四角形の4頂点の座標を明示し，その四角形の周および内部が領域 D であることを述べる。

(2) $x+y=k$ は傾きが -1 の直線であるから，これは(4)の(ii)の場合にあたる。

(3) $2x+y=l$ は傾きが -2 の直線であるから，これは(4)の(iii)の場合にあたる。

(4) $ax+y=m$ は傾きが $-a$ の直線で，領域 D の境界線の傾きと比較して場合分けをする。

$\boxed{4}$ **解答** (1) $f'(x)=2e^{2x}\sin 2x + 2e^{2x}\cos 2x$

$$=2\sqrt{2}\,e^{2x}\sin\!\left(2x+\frac{\pi}{4}\right)$$

$-\pi+\dfrac{\pi}{4}\leqq 2x+\dfrac{\pi}{4}\leqq\pi+\dfrac{\pi}{4}$ より

$$f'(x)=0 \iff 2x+\frac{\pi}{4}=0,\ \pi$$

$$\iff x=-\frac{\pi}{8},\ \frac{3}{8}\pi$$

$$f''(x)=4\sqrt{2}\,e^{2x}\sin\!\left(2x+\frac{\pi}{4}\right)+4\sqrt{2}\,e^{2x}\cos\!\left(2x+\frac{\pi}{4}\right)$$

$$=8e^{2x}\sin\!\left(2x+\frac{\pi}{2}\right)$$

$$=8e^{2x}\cos 2x$$

$-\pi\leqq 2x\leqq\pi$ より

$$f''(x)=0 \iff 2x=-\frac{\pi}{2},\ \frac{\pi}{2} \iff x=-\frac{\pi}{4},\ \frac{\pi}{4}$$

よって，$-\dfrac{\pi}{2}\leqq x\leqq\dfrac{\pi}{2}$ における $f(x)$ の増減表は次のとおり。

x	$-\dfrac{\pi}{2}$	$\cdots$	$-\dfrac{\pi}{4}$	$\cdots$	$-\dfrac{\pi}{8}$	$\cdots$	$\dfrac{\pi}{4}$	$\cdots$	$\dfrac{3}{8}\pi$	$\cdots$	$\dfrac{\pi}{2}$
$f'(x)$		$-$		$-$	0	$+$		$+$	0	$-$	
$f''(x)$		$-$	0	$+$		$+$	0	$-$			
$f(x)$	0	$\searrow$	$-e^{-\frac{\pi}{2}}$	$\searrow$	$-\dfrac{e^{-\frac{\pi}{4}}}{\sqrt{2}}$	$\nearrow$	$e^{\frac{\pi}{2}}$	$\nearrow$	$\dfrac{e^{\frac{3}{4}\pi}}{\sqrt{2}}$	$\searrow$	0

したがって，$f(x)$ は $x=-\dfrac{\pi}{8}$ で極小値

$-\dfrac{e^{-\frac{\pi}{4}}}{\sqrt{2}}$，$x=\dfrac{3}{8}\pi$ で極大値 $\dfrac{e^{\frac{3}{4}\pi}}{\sqrt{2}}$ をとり，

変 曲 点 の 座 標 は $\left(-\dfrac{\pi}{4},\ -e^{-\frac{\pi}{2}}\right)$，

$\left(\dfrac{\pi}{4},\ e^{\frac{\pi}{2}}\right)$ でグラフの概形は右のように

なる。

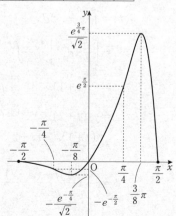

(2)　$A=\displaystyle\int_0^{\frac{\pi}{2}}e^{2x}\sin2xdx$,　$B=\displaystyle\int_0^{\frac{\pi}{2}}e^{2x}\cos2xdx$ とおくと

$A=\left[\dfrac{e^{2x}}{2}\sin2x\right]_0^{\frac{\pi}{2}}-\displaystyle\int_0^{\frac{\pi}{2}}\dfrac{e^{2x}}{2}\cdot2\cos2xdx$

　　$=-B$　……①

$B=\left[\dfrac{e^{2x}}{2}\cos2x\right]_0^{\frac{\pi}{2}}-\displaystyle\int_0^{\frac{\pi}{2}}\dfrac{e^{2x}}{2}(-2\sin2x)dx$

　　$=-\dfrac{e^{\pi}}{2}-\dfrac{1}{2}+A$　……②

①，②より

$$A=\int_0^{\frac{\pi}{2}}e^{2x}\sin2xdx=\dfrac{e^{\pi}+1}{4}\quad……（答）$$

━━━ ◀解　説▶ ━━━

≪積の微分，合成関数の微分，部分積分≫

(1)　微分した後，符号の変化を調べるため合成する。グラフの概形は，極値，変曲点，x 切片，y 切片について，しっかりおさえておく必要があるが，縮尺に関してはおおまかでよい。

(2)　A を部分積分すると B が現れ，その B を部分積分すると再び A が現れることを利用する。

5　解答　(1)　$t\leqq x\leqq t+1$ $(0\leqq t\leqq1)$ で $xe^{-x}\geqq0$ であるので

$S(t)=\displaystyle\int_t^{t+1}xe^{-x}dx$

　　　$=\left[-xe^{-x}\right]_t^{t+1}-\displaystyle\int_t^{t+1}(-e^{-x})dx$

　　　$=-(t+1)e^{-(t+1)}+te^{-t}+\left[-e^{-x}\right]_t^{t+1}$

　　　$=-(t+2)e^{-(t+1)}+(t+1)e^{-t}$

　　　$=\dfrac{(t+1)e-(t+2)}{e^{t+1}}$

　　　$=\dfrac{(e-1)t+(e-2)}{e^{t+1}}\quad……（答）$

(2)　$f(x)=xe^{-x}$ とすると $S(t)=\displaystyle\int_t^{t+1} f(x)dx$ であるから

$$\frac{d}{dt}S(t)=f(t+1)-f(t)$$

$$=(t+1)e^{-(t+1)}-te^{-t}$$

$$=\frac{(t+1)-et}{e^{t+1}}$$

$$=\frac{-(e-1)t+1}{e^{t+1}}$$

よって，$S(t)$ の増減は右のようになる。
ここで

$$S(0)-S(1)=\frac{e^2-4e+3}{e^2}$$

$$=\frac{(e-1)(e-3)}{e^2}<0$$

t	0	$\cdots$	$\dfrac{1}{e-1}$	$\cdots$	1
$S'(t)$		$+$	0	$-$	
$S(t)$	$\dfrac{e-2}{e}$	$\nearrow$		$\searrow$	$\dfrac{2e-3}{e^2}$

より　　$S(0)<S(1)$

以上より，$S(t)$ を最大にする t の値は　　$\dfrac{1}{e-1}$　……(答)

最小にする t の値は　　0　……(答)

━━━━◀解　説▶━━━━

≪領域の面積の最大・最小≫

(1)　領域を図示すると右図の網かけ部分
（境界線を含む）のようになる。
$S(t)$ については，先に不定積分

$$\int xe^{-x}dx=-(x+1)e^{-x}+C$$

$$(C \text{ は積分定数})$$

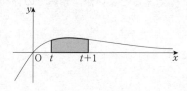

を求めてから

$$\int_t^{t+1} xe^{-x}dx=\Big[-(x+1)e^{-x}\Big]_t^{t+1}$$

のようにして定積分の計算をしてもよい。

(2)　(1)の結果を用いて $S(t)$ をそのまま t で微分してもよいが，〔解答〕のように $f(x)$ を利用するとよい。$S(t)$ を最小にする t の値については，

$S(0)$ と $S(1)$ の大小を調べる必要がある。

❖講 評

　C方式は「数学Ⅰ・Ⅱ・Ⅲ・A・B（数列，ベクトル）」からの出題で，2023年度は大問5題，試験時間90分であった。①②は空所補充問題，③〜⑤は記述問題である。5題のうち①・②・③は小問の誘導に沿っていけば解きやすく，④・⑤の微積分の計算で差がついたと思われる。

　① 反復試行の確率の問題で，小問で問われている順に丁寧に計算していく。(5)の和の計算については，(4)で作った階差の形を利用する。

　② 空間ベクトルを用いて四面体の体積を求める問題で，誘導がついているが，最後の高さの求め方などは知っておきたい。

　③ 線形計画法と呼ばれる問題で，(4)では傾きに注意して場合分けをしていく。(2)(3)が(4)の具体例になっており，丁寧な誘導となっている。

　④ (1)は積の微分，合成関数の微分で丁寧に計算したい。関数値が分数と累乗の形になっているうえに，$\sqrt{2}$ や円周率 π，自然対数の底 e といった無理数も入っているのでグラフをかくことは難しいが，曲線の凹凸を正確にとらえて図示したい。(2)の部分積分の計算は符号の間違いなどに注意して行いたい。

　⑤ ④と同様に計算ミスのないように丁寧に計算したい。(2)の $S(t)$ を最小にする t の値が0か1のどちらであるかの判断は，関数値の差を考えるとよいが，類題での経験がないと厳しい。

総合問題

解答　【大問 1 】問 1 ．③　問 2 ．②　問 3 ．①　問 4 ．②
問 5 ．①　問 6 ．④　問 7 ．①　問 8 ．②　問 9 ．①
問 10．②　問 11．①　問 12．④　問 13．①　問 14．②
問 15．15—1　16—0　17—1　18—0　19—0
問 16．①　問 17．②　問 18．④
【大問 2 】問 1 ．③
問 2 ．(1)—0　(2)—0　(3)—1　(4)—1　(5)—0　(6)—0　(7)—0
(8)—0　(9)—0
問 3 _ 1 ．ワクチン接種による副反応の可能性は極めて低い。しかし母親
は，テレビ報道からその副反応の主観的確率を実際よりはるかに高く見積
もったからである。(70 字以内)
問 3 _ 2 ．三大死因の一つのがんに属する胃がんは感応度逓減性により起
因死亡数に対する主観的見積もりが低く子宮頸がんのリスクも同様に低く
見積もられるため。(70 字以内)

◀解　説▶

≪主観的確率と客観的確率の乖離（プロスペクト理論)≫
【大問 1 】問 1 ．③が適する。「資料」の「変化の感覚」の第 4 段落「人は
変化に反応する，というのがカーネマンとトヴェルスキーの創始したプロ
スペクト理論の出発点である」から理論の提唱者がわかる。
問 2 ．②が適する。Aの選択よりBの選択を好む人が多いのは，「資料」
の「確実性効果」の第 2 段落の冒頭「半数以上（53%）の被験者は，質問
4 ではAよりBを，…選好した」の箇所で述べられている。Bの選択を好
む人が多いのは，確実性効果（人々が確実なことを特に重視する傾向）を
示している。
問 3 ．①が適する。前問で指摘した箇所の次に「…かつ質問 4' ではDよ
りCを選好した」と述べられている。この意味は（500 万，0.10>100 万,
0.11）ということであるから，D「確率 25%で 3 万円が当たる」くじよ
りC「確率 20%で 4 万円が当たる」くじを選択する人が多くなる。これ

は，確率が低ければ単純な利得計算に基づく判断をする人が多いことを意味する。

問4．②が適する。問題1でBを選んだ人は確実性を重視する人であるから，その論理で言えば，①Cの「『確率20％で4万円が当たる』くじ」よりもより確実性の高い②Dの「『確率25％で3万円が当たる』くじ」を選択するはずである，と著者は述べている。

問5．①が適する。上記の記述に対して，「実際には，多くの人が(5)の選択肢を選んでおり」と著者は述べ，「この点が伝統的な経済学の合理性の仮定と矛盾している」と続ける。したがって，ここでは，通常の客観的な論理とは整合しない①Cの選択肢が適する。

問6．④が適する。「資料」の「**確実性効果**」の第1段落の冒頭に，「人々が確実なことを特に重視する傾向は，『確実性効果』と言われている」とあり，この箇所と，空欄(6)の説明の箇所「確実なものとわずかに不確実なものでは，確実なものを強く好む傾向」とは，符合する。

問7．①が適する。下線部(7)のすぐあとに，「小さな数字であっても，実際よりも発生率が高いように感じてしまう」とある。そこで，主観的確率は客観的確率（実際の数字，0.01％）よりも大きく感じて「過剰に心配する」という結果を招くのである。

問8．②が適する。同じ段落の後半で「問題3のような利得局面ではリスクのある選択よりも確実な選択を好む…傾向にあるのだ」とある。したがって，確実性効果（人々が確実なことを特に重視する傾向）からAの選択よりBの選択を好む人が多い。

問9．①が適する。同じ段落の最後の方に「問題4のような損失局面ではリスクが大きい選択肢を選ぶ傾向にあるのだ」とある。したがって，Dの選択よりCの選択を好む人が多い。

問10．②が適する。空欄(10)の前の「平均利得が同じならリスクが少ない方がいい」という表現は，リスク回避的であることを示している。

問11．①が適する。「リスク回避的な好みをもつ人」が選ぶ判断は，「確実な」判断である。

問12．④が適する。前文の「問題4のような損失局面ではリスクが大きい選択肢を選ぶ傾向にあるのだ」という判断は，リスク追求的である。

問13．①が適する。問題4でリスクのある選択肢は，Cの選択肢である。

問 14．②が適する。問題 5 で確実な選択肢は，F である。

問 15．15．　1 である。下線部 A は，感応度逓減性の意味で用いられている。A の損失回避は，「図 3 を使って説明されることが多い」となっており，その図 3 は，感応度逓減性を表したグラフである。

16．　0 である。下線部 B は，感応度逓減性の意味で用いられていない。B の損失回避の意味は，同じ段落の最後，「利得よりも損失を大きく嫌うということである。これが損失回避である」に示されている。

17．　1 である。下線部 C は，感応度逓減性の意味で用いられている。「資料」の「感応度逓減性」の第 1 段落「利得や損失の値が大きくなるにつれて，小さな変化の感応度は減少する」と下線部 C の損失回避の特徴「利得が…，増えていくことによる感じ方は小さくなっていく」とは符合する。

18．　0 である。下線部 D は，感応度逓減性の意味で用いられていない。D の損失回避の意味は，その前後の記述から，人々のフレーミングによって損失が強調されることで引き起こされた行動である。

19．　0 である。下線部 E は，感応度逓減性の意味で用いられていない。「テストの成績が前回よりも上がれば 2000 円渡す」というのは利得を強調した表現である。「テストの成績が前回よりも下がればそれ（2000 円）を返してもらう」というのは損失を強調した表現である。両者は結果的には同じことを言っているのだが受け取り方が違う。図 3 から考えると，後者の方は利得よりも損失を大きく嫌うということである。つまり，E の損失回避は，嫌だな，そんなことは避けたいという，利得で示される心理効果以上の効果を意図した表現（フレーミングの表現）であることを意味している。

問 16．空欄⒂には，①が適する。図 3 を見ると，右側にいくほど，原点（参照点）から上方に正の価値（利得）が大きくなっている。逆に，左側にいくと原点から下方に負の価値（損失）が大きくなっている。

問 17．空欄⒃には，②が適する。空欄の後の文をみると「損失の局面の傾きが大きい」とあるので，利得を生じた場合の価値の増え方と損失が生じた場合の価値の減り方とでは，後者の方が大きい。

問 18．空欄⒄には，④が適する。「資料」の「リスクに対する態度」の第 5 段落に，「人々は利得に関してはリスク回避的，損失に関してはリスク追求的であることがわかる」とある。この記述に符合するのは，④である。

【大問 2 】問 1．③が適する。「邦」は国を意味する字である。しかし，「本邦」は「本国」（ある人が属する国）の意味ではなく，私たちが属する国，つまり「わが国」の意味で用いられる。

問 2．⑴ 0 である。前半の記述は正しいが，後半の記述は図 4 から読み取れる内容ではないので，適切ではない。

⑵ 0 である。図 4 から読み取れる内容ではないので，適切ではない。

⑶ 1 である。図 4 左側のグラフの表題に年齢調整罹患率とあり，そのグラフが年齢調整を行ったデータであることがわかる。そのグラフを見ると，1975 年の罹患率が 10 万人中 4 人程度，1995 年の罹患率が 10 万人中 8 人程度であり，1975〜95 年の 20 年間にほぼ倍増していることがわかるので，適切である。

⑷ 1 である。1975 年以降の年齢調整罹患率と年齢調整死亡率に関する 2 つのグラフは，いずれも年を追って上昇傾向にあるので，適切である。

⑸ 0 である。HPV ワクチン接種率に関するデータが図 4 のグラフ上にない。したがって，その接種率と子宮頸がん年齢調整罹患率との相関関係を知ることはできないので，適切ではない。

⑹ 0 である。当該の年齢調整罹患率と年齢調整死亡率は同程度ではない。後者の縦軸の表示は前者のそれの 10 分の 1 の表示になっており，図 4 から後者の死亡率は前者の罹患率の 10 分の 1 以下であることがわかるので，適切ではない。

⑺ 0 である。図 4 には，若年女性の食生活が欧米化したことに関するデータがないので，適切ではない。

⑻ 0 である。図 4 には，40 歳以上の女性に関するデータがないので，適切ではない。

⑼ 0 である。1975 年から 2010 年にかけて，人口 10 万人あたりの年齢調整罹患率は，4 人から 13 人程度に増加している。同じくこの期間の年齢調整死亡率を見ると，0.38 人程度から 1.0 人程度に増加している。したがって，当該期間において，年齢調整死亡率の増加率 1.0／0.38（倍）は，年齢調整罹患率の増加率 13／4（倍）より小さいので，適切ではない。

問 3 _ 1．子宮頸がんのワクチンの副反応は，厚生労働省の部会・審議会によれば，接種回数あたりの重症例の頻度は 0.007％程度と極めて低い。それにもかかわらず，母親が「副反応がすごく出る」と感じた理由は，ま

ず当該の副反応に関するテレビ報道の印象が原因である。さらなる原因は，図2の「確率加重関数」の説明に具体的に示されている。「ワクチンの予防接種の副反応が 0.01％の確率で発生する。…このように小さな数字であっても，実際よりも発生率が高いように感じてしまう」からである。つまり，母親はワクチンの副反応を実際よりも「過大に感じて」しまったからである。なお，確率加重関数は，リスクが少しでも発生したときについて言えば，主観的確率を実際の客観的確率より高く見積もる数値として示される。

　設問の理由説明は，「確率加重関数の観点から」の説明である。通常はテレビ報道の印象が主なる理由として考えられる。しかし，それは求められていない。その記述を結論として書かない方がよい。

　次に，確率加重関数の説明は必要ない。しかし，その観点がわかるような記述は必要である。「主観的確率を実際よりも高く見積もる」といった表現が必要になる。

　母親の「副反応がすごく出る」という発言は過大な表現である。解答の文章構成上は，それがわかるような表現を先にして，過大な表現になった理由が「確率加重関数の観点から」端的に示されるとよい。

問3_2. 子宮頸がんについて，多くの人が「あまり聞かない」と認識しているのは，関心が低いか，そのリスクを感知しないからである。そのことはすぐに察知できるであろう。それでは，なぜ，このような状況が発生するのであろうか。設問は，その考察を求めている。設定している条件は，「図5を使って，プロスペクト理論から考えられること」である。

　図5を見ると，表示されている災害や病名などの死因は，ほとんど子宮頸がんと関わりがない。唯一「胃がん」だけが同じがんの仲間である。ここで気がついて欲しいことがある。図5では，三大死因と呼ばれる「がん，心臓病，脳卒中」の部類については，主観的見積もり（主観的死亡率）が実際の起因死亡数（死亡率）より低い。この状況はプロスペクト理論から考えられる。主要な死因について，感応度逓減性（資料文参照）が働いていると類推できる。

　論述をする場合に留意しなければならないのは，設問の設定（条件）と資料や根拠との関連づけである。与えられた資料から何がわかり，そこから何を根拠にして，どのような結論が導かれるのかという論理である。こ

こでは「資料」は図 5 であり，それが用いられているというかたちを残さなければならない。「根拠」は感応度逓減性である。これも「結論」との関連づけを明示しなければならない。「結論」は，資料や根拠との関連づけを的確にして，自然な文脈で帰結させることが望ましい。

■一般選抜（個別学部日程）：地球社会共生学部

問題編

▶試験科目・配点

テスト区分	教　科	科目（出題範囲）	配　点
大学入学 共通テスト	外国語	英語（リーディング，リスニング）	100 点
	国語・ 地歴・ 公民・ 数学	国語（近代以降の文章），日本史 B，世界史 B，地理 B，現代社会，倫理，政治・経済，「倫理，政治・経 済」，「数学 I・A」，「数学 II・B」のうち 1 科目選択	80 点
独自問題	論　述	日本語の文章を読み，理解力，分析する能力，自分の 文章を論理的に展開できる力，自分の意見や発想を十 分に表現する力を総合的に問う論述等を課す。	120 点

▶備　考

• 合否判定は総合点による。ただし，場合により特定科目の成績・調査書
を考慮することもある。

• 大学入学共通テストの得点を上記の配点に換算する。英語の得点を扱う
場合には，リーディング 100 点，リスニング 100 点の配点比率を変えず
にそのまま合計して 200 点満点としたうえで，上記の配点に換算する。

• 大学入学共通テストの選択科目のうち複数を受験している場合は，高得
点の 1 科目を合否判定に使用する。

• 試験日が異なる学部・学科・方式は併願ができ，さらに同一日に実施す
る試験であっても「AM」と「PM」の各々で実施される場合は併願が
できる。

• 試験時間帯が同じ学部・学科・方式は併願できない。

試験日	試験時間帯	学　部	学科（方式）
2 月 18 日	AM	法	法（A） ヒューマンライツ（A）
		地球社会共生	地球社会共生
	PM	法	法（B） ヒューマンライツ（B）

（60 分）

設問 1　以下のグラフを読み、問 1 に答えなさい。

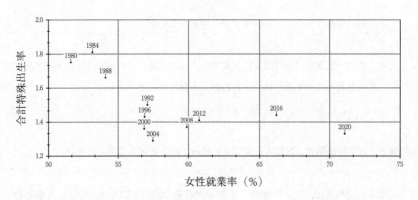

図 1　日本における女性就業率(15〜64歳)と合計特殊出生率(1980〜2020年)

（出典：OECD 統計情報より作成）

　　　　https://data.oecd.org/pop/fertility-rates.htm

　　　　https://data.oecd.org/emp/employment-rate.htm

（注 1 ）　就業率とは、15歳以上の人口における就業者の割合のこと。

（注 2 ）　合計特殊出生率とは「15〜49歳までの女性の年齢別出生率を合計したもの」
　　　　で、一人の女性がその年齢別出生率で一生の間に生むとしたときの子どもの数
　　　　に相当する(厚生労働省 https://www.mhlw.go.jp/toukei/saikin/hw/jinkou/
　　　　geppo/nengai11/sankou01.html)。

（注 3 ）　出生率とは、女性の人口に対する出生数の割合。

（注 4 ）　図中の点の数値は西暦（ 4 年ごと）。

問 1　このグラフのみに基づいて判断したそれぞれの文について、A．正しい、B．

正しくない、C．グラフからは判断できない、のいずれかを選びなさい。

1．女性の就業率と合計特殊出生率は、2004年までは概ね一貫した傾向がみられる。

2．全期間を通して女性の就業率が要因となり、合計特殊出生率が減少している。

3．合計特殊出生率は、2004年までは増加している。

4．2012〜2020年にかけて女性就業率が大幅に上昇しているのは、1999年に男女共同参画社会基本法が施行された効果が現れたためである。

設問2　以下の説明と、文章Aと文章Bを読み、問1と問2に答えなさい。

　文章Aと文章Bは、アメリカのバイデン大統領が2021年12月9、10日に開催した「民主主義サミット」についての論評である。「民主主義サミット」は、世界の民主主義を促進することを目的として、オンラインの形式で約110の国・地域の指導者を招いて開催した会議のことである。

　民主主義サミットには、イラク、ブラジルなどは招待された一方で、中国、ロシア、北朝鮮などは招待されなかった。

<u>文章A</u>

　東西冷戦が終わって30年。勝利した、とも評された「自由」や「民主主義」の言葉が、かつての輝きを失っている。

　民主主義を装いつつ、これらの理念を顧みない権威主義国家が増えただけではない。米国をはじめ先進民主国でも、政治の機能不全が言われて久しい。

　格差の拡大などで社会の中間層が細り、その不満の矛先が少数派や移民・難民に向かう。この悪循環のなかで、すべての市民を包摂する民主主義の力が劣化しているといわれる。

　いかにして民主主義を再生すべきか。いまの国際社会がその問いを立てること自体は正しい。問題は、その論じ方だ。

　バイデン米政権がオンライン方式で開いた「民主主義サミット」は、試験的な出発点としては意義があった。

　ただ、今回の会議だけを見れば、改善への意気込みより、問題の根深さを強く印象づけた。その主因は、主催した米国自身による「排除」だった。

　約110の国と地域が参加したが、一部は招かれなかった。中国やロシアだけでなく、欧州連合に加わるハンガリーや、米欧と軍事協調するトルコなども声をかけられなかった。

　普遍的な理念を確認する会合なのに、恣意的(注1)な選別で一部の発言が封じられるようでは、およそ民主的とはいえない。

　米国の真の狙いが中国との覇権争いにあると受け止められれば、民主主義をめぐる掛け声は説得力を失い、理念を損ねる逆効果になりかねない。

　会議が「言いっ放し」に終始した感も否めない。強権的とされながらも招待された一部の首脳は、自由や人権が自国で保障されていると強弁した。

　世界の現実を見れば、改めて主権在民の原則を確認する必要があろう。選挙で選ばれた指導者であっても、反対意見に謙虚に耳を傾けねば社会分断は防げない。民主的か否かの審判を下すのはあくまで市民である。

〈後略〉

（出典）　朝日新聞「社説　民主サミット　理念の復権へ課題多く」　2021年12月14日
　　　　朝刊14ページ（一部抜粋）

（注1）：恣意的：その時々の思いつきで物事を判断するさま。

文章B

　新しく就任したバイデン大統領は、昨年12月、約110カ国・地域の指導者を招いて「民主主義サミット」をオンライン形式で開催した。もちろん、この種のことは初めてである。

　中国やロシアをはじめとする強権的な統治の権威主義が世界で勢いを増し、特にコロナ禍で加速している。名指しはしていないが、権威主義国家を批判し民主主義の強化を呼びかけた。近隣諸国を威圧し自由や人権や法の支配を脅かすような動きには、民主主義の価値観を共有する国・地域が連携して立ち向かっていくことが重要だ。

〈中略〉

しかし、サミットへの招待の基準が明確でなく不透明であり、米国の政治的判断が見え隠れする。一部、強権的とされる国も招待されているのは事実であるし、このサミットで外された諸国が中国やロシアとの関係強化に向かう危険性もある。また、このことが敵と味方の二つの陣営に区別するような手法と映り、分断を深め加速し摩擦がおこるリスクも伴う。

〈中略〉

一方では、価値観の異なる国々との協力もまた民主主義に求められている。対立すればするほど、対話を通じて危機を回避する努力が欠かせない。また、気候変動や核不拡散、感染症対策など、単独では解決できない課題が山積している。民主主義国との連携を深めつつ、中国をはじめとする各国との国際協調体制の構築も重要である。

〈後略〉

(出典) 毎日新聞(政治プレミア)古賀伸明・元連合会長 「民主主義サミット 〜民主主義の試練と再生〜」2022年1月30日 （一部抜粋）

https://mainichi.jp/premier/politics/articles/20220128/pol/00m/010/012000c

問1 文章Aと文章Bに基づくと、民主主義はどのような理念をもっているといえるか、90〜100字で説明しなさい。

問2 文章Aと文章Bでは、「民主主義サミット」の問題点として、何を指摘しているか。100〜150字で述べなさい。

設問3　以下の説明と文章Cを読み、問1に答えなさい。

　以下の文章Cは、オランダの政治家ピム・フォルタイン（1948〜2002）の政治的主張について説明した文章である。フォルタインが結成したフォルタイン党は、反移民政策を掲げ、民主主義体制をとるオランダの2002年の総選挙で第二党へ躍進した。

文章C

　フォルタインはイスラムを「後進的」と断じ、西洋文明と本質的に異なる共存不可能な宗教と位置付ける。イスラムは近代西洋の実現してきた政教分離、男女平等といった諸価値を受け入れることなく、むしろイスラム移民のヨーロッパへの流入を通じて西洋的価値を侵食しつつある。彼はこのように論じ、移民の抱える社会統合の困難、犯罪、失業といった問題とあわせ、断固たる対応をとるべきことを主張する。

　彼はいわゆる人種差別・民族差別に基づきイスラム移民を批判するのではなく、あくまで西洋的価値、啓蒙主義の理念による普遍的価値観を称賛したうえで、イスラムが「後進的」であると批判した。人権や自由、男女平等といった近代的価値に立脚するがゆえにイスラムを批判する、という論法をとった〈後略〉。

（出典）　水島治郎『ポピュリズムとは何か ── 民主主義の敵か、改革の希望か』中公新
　　　　書（2016）、114－115ページ

問1　もしあなたが、イスラム教徒も含む多様な文化を背景にする移民・難民を受け
　　　入れる立場なら、フォルタインをどのように説得しますか。設問2の文章Aと文
　　　章Bで示された民主主義の理念を参考にしながら、250〜300字で説明しなさい。

解答編

■論述■

1　解答　問1．1－A　2－C　3－B　4－C

◀解　説▶

≪女性就業率と合計特殊出生率≫

問1．グラフ読解問題である。設問のグラフは，日本における女性就業率と合計特殊出生率を示したもので，これについて述べた1〜4の文章について「正しい」，「正しくない」，「グラフからは判断できない」の3つの選択肢から正しい指摘を選ぶ問題である。

1．正しい。女性の就業率は，その年々で変化の幅に違いはあるが，全体では徐々に増加する傾向がある。合計特殊出生率は，これも変化の幅に違いはあるが，全体では減少する傾向があり，それぞれ概ね一貫した傾向がみられる。

2．グラフからは判断できない。女性の就業率の上昇傾向と合計特殊出生率の下降傾向があり相関しているように見えるが，両者に因果関係があるかどうかはこのグラフだけからは断定できない。これらの相関については，女性が子どもを産む選択やライフプランに，就業が与えた影響を調べる個別の調査統計などと合わせて検討する必要がある。

3．正しくない。グラフから，合計特殊出生率は 2004 年まで明らかに減少している。

4．グラフからは判断できない。2012〜2020 年にかけて女性の就業率が上昇したのが男女共同参画社会基本法の効果によるものかどうかは，このグラフだけでは判断できない。それ以外の要因も考えられ，他の調査と合わせた分析が必要。また，1999 年に施行された男女共同参画社会基本法の効果が 10 年以上経ってから現れた理由や因果関係をこのグラフだけでは説明できない。

2　**解答例**　問1．民主主義はすべての市民を社会に包摂し，自由
や人権を保障した法の支配のもと，主権在民を原則と
する。現代社会で単独では解決できない課題が山積する中，価値観の異な
る国々との対話を通じた協力も求められている。(90〜100字)
問2．民主主義サミットでは一部の国が招かれないなど主催した米国によ
る排除があり，恣意的な選別で一部の発言が封じられた。招待の基準が不
明確で米国の政治的判断が見えて民主主義の理念を損ねる逆効果になり，
外された諸国が中国やロシアとの関係強化に向かう危険性や，敵と味方の
区別と分断を深め摩擦がおこるリスクが伴う。(100〜150字)

━━━━━◀解　説▶━━━━━

≪民主主義の理念≫

問1．2021年に開催された「民主主義サミット」について論評する二つ
の文章から，民主主義はどのような理念をもっているといえるのかを述べ
る説明問題。制限字数は90〜100字である。

　まず文章Aから，民主主義社会のあり方についてふれた「すべての市民
を包摂する民主主義の力」(第3段落) という説明が指摘できる。また，
民主主義サミットに招待された一部の首脳が，自国が民主主義的な社会で
あることを印象づけようとして述べた「自由や人権」の「保障」(最後か
ら2段落目) といった言葉にも民主主義の理念が含まれている。これに続
けて，民主主義の原則についてふれている「主権在民」(最終段落) とい
う言葉も民主主義の理念を簡潔に示す言葉としておさえておくとよい。文
章Bからは，自由や人権と並んで「法の支配」(第2段落) という言葉が
あるのをおさえておく。また，国家間の分断や摩擦を世界的なリスクと捉
え，これに対し「対話を通じて」，「価値観の異なる国々との協力」(最終
段落) の必要を述べている内容を現代の民主主義の理念にふれる箇所とし
て指摘できる。

問2．問1と同じ二つの文章から，「民主主義サミット」の問題点として
指摘されていることを述べる説明問題。制限字数は100〜150字である。

　文章Aから，民主主義サミットには一部の国が招かれなかったこと，ま
たそれが主催国であるアメリカの恣意的な選別によるものであると述べて
いる内容が指摘できる (第6〜8段落)。また，その結果，民主主義の
「理念を損ねる逆効果になりかねない」こともおさえておくとよい (最後

から 3 段落目）。文章 B からは，このような選別がアメリカによる「政治
的判断」であり，サミット参加国から外された諸国と中国，ロシアとの関
係強化につながること，またそれが世界を敵と味方に分断させ対立を深め
るリスクを伴うと説明している内容を整理していこう（第 3 段落）。

3 　**解答例**　問 1．フォルタインは政教分離や男女平等，人権や自
由といった西洋的価値に対し，イスラムを「後進的」
だと批判し，イスラム移民のヨーロッパへの流入を断固拒否すべきだと述
べている。民主主義も西洋的価値のうえに成立するが，「すべての市民を
包摂する」社会を目指すものである。西洋以外の文化を「後進的」だと断
定するのは「恣意的な選別」である。西洋的価値に収まらない多様な人々
をそれだけを理由として排除するのは民主的ではない。移民の抱える問題
は対話を通じて解決すべきである。世界には単独で解決できない地球規模
の問題があり，価値観の異なる人々と協力してこれに取り組むことが現代
の民主主義の課題である。（250〜300 字）

━━━━━━━━◀解　説▶━━━━━━━━

≪民主主義と文化の多様性≫
問 1．設問は，オランダの政治家ピム・フォルタインによる反移民政策の
主張を説明する文章を添えて，多様な文化を背景にする移民・難民を受け
入れる立場からフォルタインをどのように説得するか，設問 2 で参照した
2 つの文章で示された民主主義の理念も参考にして説明する意見論述問題。
制限字数は 250〜300 字である。解答にあたっては，フォルタインの主張
に対してただ感情的に反発するのではなく，まず彼の考えを丁寧に読み取
り，そのうえで論理的な反論を構成する手続きが適切にできていることが
必要になる。
　まず，課題文で提示されているフォルタインの主張の要点を整理してお
こう。大きなポイントは，フォルタインが「政教分離，男女平等」，「人権
や自由」といった近代の西洋的価値を尊重する立場に立ちながら，このよ
うな価値を共有しないイスラムを「後進的」であると断じて共存不可能な
宗教と捉えていること。また，反移民政策を掲げる根拠として，移民に伴
う社会統合の困難，治安の悪化や失業といった問題をフォルタインがあげ
ていることをおさえておこう。

　続けて，先に設問 2 でふれた「民主主義の理念」と，フォルタインが主張の根拠としている西洋的価値は互いにどのような関係にあるかを考えていこう。フォルタインが指摘する人権や自由，男女の平等といった近代的価値は，そのまま民主主義の理念である。しかし，同時に民主主義は文章 A がふれているように「すべての市民を包摂する」社会を目指すものである（第 3 段落）。これに対して，フォルタインの主張は西洋的価値から外れるものを「後進的」だと断定しこれを排除しようとする。彼の政治的主張の中では西洋的価値と民主主義の理念が整合しておらず，真に民主的とはいえないことが指摘できる。

　論述展開の切り口は文章 B の内容を参考にすることができる。まず，個別の問題には対話を通じた解決が重要であることが指摘できる。また，例えば，文章 B では気候変動や核不拡散，感染症対策など単独の社会だけでは解決ができない問題が現代社会に現れていることが指摘されている。国や社会を超えて広がるこうした地球規模の問題に対して，多様な文化や価値観を背景にもつ国々・人々と協力して取り組むことが現代の民主主義社会の重要な課題となっていることを論じていくと，設問 2 でも問われた「民主主義の理念」を参考にしながら説明するという設問テーマと，「地球社会共生」という学部の専門性をつなぐ考察を進めていける。このように，各設問のテーマと地球社会共生という専攻との接点を意識することも論述応答に必要な発想の糸口になる。

■一般選抜（個別学部日程）：コミュニティ人間科学部

問題編

▶試験科目・配点

テスト区分	教　科	科目（出題範囲）	配　点
大学入学 共通テスト	外国語	英語（リーディング，リスニング）	100 点
	国　語	国語	100 点
独自問題	論　述	文章を読み，分析する力，思考・判断する力，並びに文章を論理的に展開・表現する力を総合的に問う論述などを課す。	100 点

▶備　考

- 合否判定は総合点による。ただし，場合により特定科目の成績・調査書を考慮することもある。
- 大学入学共通テストの得点を上記の配点に換算する。英語の得点を扱う場合には，リーディング 100 点，リスニング 100 点の配点比率を変えずにそのまま合計して 200 点満点としたうえで，上記の配点に換算する。
- 試験日が異なる学部・学科・方式は併願ができ，さらに同一日に実施する試験であっても「AM」と「PM」の各々で実施される場合は併願ができる。
- 試験時間帯が同じ学部・学科・方式は併願できない。

試験日	試験時間帯	学部	学科（方式）
2 月 11 日	終日	理工	物理科（B） 数理サイエンス（B） 化学・生命科（B） 電気電子工（B） 機械創造工（B） 経営システム工（B） 情報テクノロジー（B）
	AM	コミュニティ人間科	コミュニティ人間科

■■■論述■■■

（60 分）

次の文章を読んで、あとの問いに答えなさい。

　大学で教えている。ぼくの思い過ごしかもしれないが、近年の学生のようすで、気になることがある。たとえば。三〇人程度の教室で、学生たちに小さな回答用紙を配り、そこに何かを書くように指示したとする。「いま興味のある外国」でも「最近読んだ本」でも、なんでもいい。その程度のことである。むろん記名の必要はない。みんな、書き終えたかな。ころあいをみて、ぼくは言う。

　「後ろのほうから、前へ、順送りに集めて出してください」

　一番後ろにいる人が自分の用紙を、隣の人に渡し、渡された人はまた、前の机の人に渡し、そして……一番前の人が、結局全部の回答用紙を、こちらにまとめて出す。そうするようにこちらは求めるのだ。単純なことだ。

　ところが、学生たちは「きょとん」とする。あの先生、何を言っているのだろうという表情なのである。それでぼくは同じことを繰り返して言う。意味は伝わったようだ。でも、そこまで言っても、彼らは一人一人、別々に、ぼくの机のところへ回答用紙を提出するではないか。椅子をがたがたいわせて、持ってくる。こちらは用紙をまとめなくてはならない。時間がかかる。面倒である。

　いったい、これはなんだ、とぼくは思う。ぼくには彼らの行為がおかしなものに感じられる。複数の大学で教えているが、これはほとんどの教室で体験することだ。ぼくは彼らの気持ちを想像してみた。

　①単純なアンケートひとつも「採点」されるのではと、こちらの言葉に警戒心をもつ。そのためすぐ行動がとれない。（受験、受験で苦しめられた人たちの習性なのか）

　②他の学生に自分の回答を見られたくない。だから順番に送っていくことを避ける。（ただのアンケートなのに）

　③学生たちは互いに名前を知らないし、親しくないので協力態勢がとれない。（学生どうしの交流がなくなっているのは事実。講座ごとに新しい顔が集まることも多

い）

　④こちらの日本語がまちがっている。（だとしたらぼくの責任だが、言っていることは伝わっているようなのだ）

　いろいろと思いをめぐらしたが、彼らがなぜ助け合わないのか。その理由はいまだにぼくには不明である。

　まあ、こんなことで、こちらが頭をかかえるなんておかしいのかもしれないが、ひょっとしたらこれは学生だけではないのかもしれない。

　全体にいま日本人はこういうことになっているのかもしれない。つまり日常生活での人間どうしの協力態勢ができていないのである。危機管理なんていう高等なレベルではなく身近なところで、ものごとを処理することができない。人が複数になると、動けない。これは個人にとって社会にとって不幸なことである。

　いま、ボランティア活動が注目されている。いろんな事がいろんなところで起きる。少しでもよゆうのある人が、他人のために力をふるう。遠いところまで無償の作業にでかけたりするのはいいことだと思う。

　だが同時にこんなふうにも思える。自分の持ち場で何をしたらいいのか。それが見えなくなったからボランティアへ向かうのだと。見えても自信がもてないので、目標がはっきりしているところに向かうことで安心が得られる。すべての人がそうではないのだろうが、みたされない（あるいは見えにくい）自分のありようから逃避したい気持ちをもつ人は少なくないと思う。

　他人がよろこぶ姿が、自分にもうれしいのなら、ふだんの時間のなかでもそうするようにこころがけたいものである。それこそ人としてたいせつなことだし、ボランティアのモトになるものだと思う。

　だが学生たちは、バラバラにやってくるのである。

　　　　　　　　　　［出典］荒川洋治『夜のある町で』みすず書房、1998 より

問1　この文章で提起されている問題とは何か。80字以上100字以内で記しなさい。

問2　この文章で提起されている問題について、あなたの考えを600字以上800字以内で述べなさい。

解答編

■論述■

解答例 問１．日本人全体において，日常的で身近な集団の中であって
も自分のすべきことがわからない，わかっていても自信が持て
ない人が多い。そのため，身近な物事を適切に処理できず人間同士の協力
態勢ができないという問題。(80 字以上 100 字以内)

問２．課題文で述べられているような「日常生活での人間どうしの協力態
勢ができていない」理由の一つに，他者とのコミュニケーション不足が挙
げられる。他者との意思の疎通がうまく図れないため，自分が他者に何を
求められているのかを把握し理解して行動することが苦手になってしまっ
ているのだ。

　ただ，日常生活での協力態勢が全く無いというわけではない。自分と親
しい仲間とは活発にコミュニケーションをとって助け合い協力しあう。そ
の場を円滑にするために過剰なほど気を遣いあうことすらある。だが，不
特定多数の集団になったとたん，他者に対して無関心になり不干渉の態度
になる。つまり自分の仲間である「ウチ」と，それ以外の「ソト」とで，
自分を使い分けているのだ。「ウチ」においては自分が求められているこ
とを把握し行動できるため，自分の存在意義が脅かされることもない。そ
うなると，ますます居心地のよい「ウチ」にばかり目を向けるようになる。
反対に，仲間単位では行動できないような，より大きな「ソト」集団に放
り出されて個人になると，自分が何をすればよいのかわからなくなり存在
意義を見失う。おそらく，こういったことが，課題文の筆者が指摘する状
況や問題の背景ではないだろうか。

　このような，「ウチとソトを分ける」行動原理は，これまでの集団行動
の中で無意識的に醸成されてきたものであるため，急に変えられるもので
はない。したがって，普段からできるだけいろいろなタイプの他者と意識
的に関わりコミュニケーションをとることが大切である。「特定の集団の

中だけで実感できる自分」ではなく，「どんな場においても実感できる自分」があってこそ，他者との協力態勢をとることができるのである。(600字以上 800 字以内)

━━━━■◀解　説▶■━━━━

≪日常生活で協力しあえない現代の日本人≫

問1．課題文で提起されている問題について説明する問題。筆者自身の経験に基づいた具体的エピソードとそれについての考察が語られている（第1～第6段落）。一般化された問題提起の部分（第7段落）を見つけるのは難しくないだろう。以下でその内容を確認しておこう。

　筆者は，第1～第5段落での具体的エピソードと考察を踏まえ，「全体にいま日本人は」「日常生活での人間どうしの協力態勢ができていない」「身近なところで，ものごとを処理することができない」（第7段落）と述べている。また「人が複数になると」とも述べている。「人が複数になる」というのは，“集団になる”ということであり，以上の内容をまとめると“日本人全体が身近な日常生活であっても集団になると，ものごとを処理したり協力態勢をとったりできなくなっている”ということになる。これが筆者の提起する問題である。

　しかし，これだけでは 80 字～100 字という指定字数には届かない。したがって，“そのような問題が起きているのはなぜか”という理由も合わせて説明していく必要がある。これについては，第8段落以降の記述に注目しよう。筆者はボランティアに励む人を例に挙げ，「自分の持ち場で何をしたらいいのか。それが見えなくなったからボランティアへ向かう」「見えても自信がもてないので，目標がはっきりしているところに向かうことで安心が得られる」「みたされない（あるいは見えにくい）自分のありようから逃避したい気持ちをもつ人は少なくない」と述べているが，これを一般化すると，現代の多くの日本人が“自分のすべきことがわからず，わかっていても自信が持てない”という“みたされない自分のありよう”を抱えていると筆者が考えていることがわかる。このことが「協力しあえない」理由であり，さらにこういったありようが顕著になるのは，先述したように「人が複数になる」とき，すなわち“集団において”ということになる。

問2．問1でまとめた問題提起について自分の考えを述べる問題。提起さ

れた問題についてはすでに問 1 で説明しているため，改めて繰り返してまとめる必要はない。論述と関連させながら適宜その旨を示せばよい。

　オーソドックスな論の展開としては "筆者が指摘するような問題がなぜ起こっているのか" と，問題の背景を考察する方向がある。問 1 でも確認したように，身近な集団において協力態勢がとれないのは自分のすべきことがわからなかったり自分に自信が持てなかったりするからだとされていた。では，なぜそうなってしまったのか。

　〔解答例〕では，「他者とのコミュニケーション不足」を理由の一つとして挙げた。集団生活においては，自分が何をすべきか，どういう役割を担うべきかといったことは，他者とのコミュニケーションの中で，自分の置かれた立場や，自分が他者から求められていることなどを理解することで認識できるものでもある。これは反対に言うと，他者との意思疎通がうまく図れない状況では自己認識がうまくできないということにもなる。

　しかし，課題文で指摘されていたような大学生たちが果たして誰ともコミュニケーションできていないのかというと，そうとも考えにくい。ほとんどの学生は，親しい仲間内ではごく普通にコミュニケーションをとっているだろう。SNS の急激な普及でもそれはわかる。そういった反論を想定した上で，そうであるにもかかわらず，筆者が指摘するように「学生たちは，バラバラにやってくる」という状況が生まれるのはなぜかとさらに考察を進めた。そして，「ウチとソト」があること，そのことがより大きな集団内での「周囲への無関心」という状況を生み出していることを分析し，最後にどうすればよいかを提案するかたちで解答をまとめた。

　ただ，答えは一つというわけではない。たとえば，課題文で指摘されていた「目標がはっきりしているところに向かうことで安心が得られる」というのは，集団生活において自力で問題を発見し目標を定め解決していく力が乏しいからだとも考えられるだろう。「問題発見，解決」という経験の積み重ねがないと，自分自身の選択に自信を持つことも難しい。そこから，「自分で考える」ということが苦手な現代の日本人という新たな問題提起へと繋げていくこともできる。

　あるいは，「日常生活において」という条件に注目して論を展開することもできる。ごく身近な日常生活レベルなのに，と筆者は述べているが，「ごく身近な日常生活レベルだからこそ」という発想で問題を考察する方

向性である。人間の心理として，全く知らない人より顔見知り程度の人に対する方が自分の立ち位置やありようを把握しにくいということもある。なまじ知っているからこそ自意識が過剰になってしまうこともあるからだ。もちろん，全くの他人に対する方が距離をとりづらいという人も当然いるだろう。このように，遠距離・中距離・近距離という「他者との距離の取り方」についての繊細な心理状況を分析することによって，筆者が提起する問題について考察していくこともできる。

　いずれにせよ，問題文における筆者の問題提起に対して，反論を想定しつつ自分なりに問いを重ねる必要はある。考察を深めしっかりと論述していこう。

問題と解答

■一般選抜（個別学部日程）：総合文化政策学部

問題編

▶試験科目・配点

方　式	テスト区分	教　科	科目（出題範囲）	配　点
A方式	英語資格・検定試験		指定する英語資格・検定試験のスコアを「出願資格」とする。	—
	大学入学共通テスト	国　語	国語（近代以降の文章）	100 点
		地歴・公民・数学	日本史 B，世界史 B，「倫理，政治・経済」，「数学 I・A」，「数学 II・B」のうち 1 科目選択	100 点
	独自問題	総合問題	「国語総合（近代以降の文章）」「地歴公民（主に「世界史 B（現代史）」「日本史 B（現代史）」「倫理，政治・経済」）」	100 点
B方式	大学入学共通テスト	外国語	英語（リーディング，リスニング）	100 点
		地歴・公民・数学	日本史 B，世界史 B，「倫理，政治・経済」，「数学 I・A」，「数学 II・B」のうち 1 科目選択	50 点
	独自問題	論　述	文章やデータを読み，分析する能力，自分の文章を論理的に展開できる力，自由に発想する力，自分の意見や発想を十分に表現する力を総合的に問う論述等を課す。	200 点

▶備　考

- 合否判定は総合点による。ただし，場合により特定科目の成績・調査書を考慮することもある。
- 大学入学共通テストの得点を上記の配点に換算する。英語の得点を扱う場合には，リーディング 100 点，リスニング 100 点の配点比率を変えずにそのまま合計して 200 点満点としたうえで，上記の配点に換算する。
- 大学入学共通テストの選択科目のうち複数を受験している場合は，高得点の 1 科目を合否判定に使用する。

- A方式の受験を希望する者は，以下のスコア・証明書等の提出が必要※①。

TEAP※②		260 点以上
実用英語 技能検定	従来型，英検 S-CBT，英検 CBT，英検 2020 1day S-CBT，英検 S-Interview，英検 2020 2days S-Interview を有効とする。	CSE スコア 2100 点以上 （CSE スコアの総合点が基準を満たしていれば，受験級ならびにその合否は問わない。）
IELTS※③		4.5 以上
TOEFL iBT® ※④		50 点以上
TOEIC®L&R および TOEIC®S&W ※⑤		940 点以上 （[L&R] と [S&W] の合計）
GTEC※⑥		1100 点以上

- ※① 出願時に提出する英語資格・検定試験は１種類のみとする。また，異なる実施回の各技能のスコアを組み合わせることはできない。英語資格・検定試験のスコアおよび級は，合否判定では使用しない。
- ※② ４技能パターンに限る。TEAP CBT は除く。
- ※③ Academic Module オーバーオール・バンド・スコアに限る。Computer-delivered IELTS を含む。
- ※④ TOEFL iBT® Home Edition，TOEFL iBT® Special Home Edition を含む。Test Date Scores のスコアに限る。MyBest™Scores は不可。ITP（Institutional Testing Program）は不可。
- ※⑤ IP（Institutional Program）は不可。
- ※⑥ CBT タイプおよび検定版に限る。

- 試験日が異なる学部・学科・方式は併願ができ，さらに同一日に実施する試験であっても「AM」と「PM」の各々で実施される場合は併願ができる。

- 試験時間帯が同じ学部・学科・方式は併願できない。

試験日	試験時間帯	学部	学科（方式）
2 月 9 日	AM	総合文化政策	総合文化政策（A）
		社会情報	社会情報（A・B）
	PM	社会情報	社会情報（C・D）
2 月 15 日	AM	経営	経営（A・B） マーケティング（A・B）
	PM	総合文化政策	総合文化政策（B）

■総合問題■

（60 分）

問　次の文章を読んで，あとの問いに答えなさい。

　人は 1 人では生きられないというが，現代社会は，お金さえあればそれが不可能ではない社会にみえる。必要なものは何でもコンビニやネット販売で手に入る。アパートは隣が誰かも気にしない人たちばかり。ネットビジネスで稼げば，仕事のために組織に属する必要もない。もちろん関わりを避けられない（もしくは避けたくない）人たちはいるだろうが，最低限のつきあいをこなせば，あとは自分の好きなように生きていける。

　はじめに，このような社会に向かって私たちを突き動かしてきた「近代化」という，大きな社会変動のうねりを振り返っておこう。

　西ヨーロッパで始まった近代化は，封建的な身分制から個人を解放し，国王や領主の権力を制限し，自由な人の移動や経済取引を可能にするための，社会体制変革としての意味があった。17 世紀末のイギリス名誉革命，さらには 18 世紀末のフランス革命などを経て，政治的には民主主義を軸に，平等な個人を前提にした国民主権国家の枠組みが形づくられていった。経済的にも，個人の自由な競争こそが社会的富を増大させるという思想が生まれ，産業革命によって生産技術が飛躍的に発展し，<u>資本主義経済</u>を軸とした産業化が進んだ。アジアでは明治維新に際して日本がいち早く，こう
　　　ⓐ
した近代国家の枠組みを国策として導入して「<u>富国強兵</u>」を進めたことは，周知のとお
　　　　　　　　　　　　　　　　　　　　　ⓑ
りである。近代的軍備が主目的ではあったが，士農工商の封建的身分制度は廃止され，<u>憲法</u>とともに<u>議会制度</u>などの<u>民主主義的な制度</u>が形づくられていった。このよう
　ⓒ　　　　　　ⓓ　　　　　　　　ⓔ
に近代化は，身分制からの個人の解放，そしてまた個人の自由の尊重という理念目標に照らして，ひとつの望ましい社会の道筋を照らしている。

　一方で，身分制から解放された個人がつくる社会の，不安定さやもろさも指摘されてきた。自由とともに，身分制の背後にあった宗教，<u>民族</u>，エスニシティ，ジェンダ
　　　　　　　　　　　　　　　　　　　　　ⓕ

ーなどの社会的多様性が<u>ケンザイ</u>化し，国民とは誰かの境界づけ，あるいはまた権利
　　　　　　　　　　(ア)
の配分をめぐって，マイノリティを抑圧する権力が作動しやすくなる。現代はグロー
バル化のなかでの国家のあり方，権力に依らない多様性共存が問われているが，近代
国家は当初から多かれ少なかれ同種の問題を抱え続けてきた。こうした内的不安性を
克服するために，国家はしばしば第 3 の敵をつくろうとする。彼の国に負けないため
に，いまは内輪もめしている場合ではない，というわけだ。ともに血税(兵役)を負う
ことで，国民としての連帯も培われる。

　<u>ファシズムは民主主義の対極と考えられがちだが，第二次世界大戦におけるナチス</u>
<u>⑧</u>
<u>などの台頭の主原因を，大衆社会という近代社会そのものの特性に求める議論があ</u>
<u>る</u>。大衆社会は，互いに平等な個人がつくる近代国家が，少数エリートへの権力集中
と，人々の権力批判能力の消失を生む点に注目する。個人と国家をつなぐ中間集団を
うまくつくれない状況のなかで，個人は社会の歯車のように脱人格化され，連帯感や
社会への帰属意識をもてない。そのため大衆社会には漠然とした孤立と不安が蔓延
　　　　　　　　　　　　　　　　　　　　　　　　　　　　　　　　　　(まんえん)
し，権力を<u>ショウアク</u>せんとするエリートの大衆操作に容易に応じてしまうのであ
　　　　(イ)
る。

　以上のように近代化の歴史は，政治・経済・軍事・社会・文化と様々な顔をもち，
同時に，ポジティブな面とネガティブな面を常に隣り合わせにもっている。その多面
性に留意しつつここで重要なことは，近代的な国民主権国家の諸制度は個人を前提に
してきたこと，そして，それと整合する個人主義的な価値が尊重されてきたことであ
る。現代社会の諸面における個人の重みの増大は，近代化の必然的な帰結なのであ
る。

　<u>こうした近代のダイナミズムが質的にも水準的にも異なってきたのは，1970 年代</u>
<u>⑥</u>
<u>頃からである</u>。日本を含む先進国では物質的豊かさが行き渡り，大量生産＝大量消費
という資本主義の骨幹原理が通用しなくなった。<u>ホウワ</u>した市場に活路を切り開く試
　　　　　　　　　　　　　　　　　　　　　　　　　(ウ)
みが様々に展開する。未開拓の市場に介入すべく資本のグローバル化が進み，国内市
場では特定の<u>消費者層</u>にターゲットを絞った多品種少量生産への切り替えが模索され
　　　　　　⑪
た。1990 年代からそれに，インターネットとコンピュータの情報処理能力の革新に
よる情報化が加わり，競争のフロンティアはグローバルな多品種大量生産へシフトし
た。そのなかで，サービス経済は生活の隅々まで行き届き，家族によるサービス充足
の必要性は格段に低下した。今や，人間関係を含めて，生活に必要なすべての情報や

アクセスはスマホのなかにある。

　サービス化や情報化が個人レベルで生活の隅々まで入り込み，グローバルな情報ネットワークに取り込まれていくと，逆にプライバシーの確保が重要になる。情報や防犯のセキュリティを含めて個人を守る空間づくりが普及し，家屋構造は個室化とともにキミツ性を増した。一方で，直接的なコミュニケーションは希薄になる。近所にも関わらず顔見知りの関係をもつこともない。悩み事は，友だちや親ではなく，匿名性が保たれるネットのお悩み相談に頼られる。現代の「個人」は，国づくりの主体としての文脈を離れて，家族や友人関係がつくる小さな公共空間からも後退していくような，「私化」のステージにいる。

　しかしながら，「私」だけで動く世界はごく限られている。表向きは人に頼らず生きているようでも，すべてをお金と公共サービスで充足することはできない。そもそも，どんなにお金があっても，物質的な充足だけでは幸福な人生は送れない。人はどこかで社会的承認を必要とし，そのためには協働への関わりを避けることはできないからである。けれどもここでいいたいのは，そうしたアイデンティティに関わること以前にもっと物質的・非物質的な生存条件や生活基盤のところで，私たちが他者との協働によって整えているモノが様々あることだ。

　「私化」は，公共性（市民性）を対抗概念として議論されることが多い。公共性は，個々のよりよき「生」と幸福のために，個人間の利害や価値観の調整が必要な問題領域である。しかしこれでは抽象的過ぎて，具体的にどのような場面でどのような調整が問われるのかがわからない。この問題領域に，やや違った視点から具体的にアプローチするために有効なのが，コモンズの概念である。コモンズは，ある地域的な人々の集まりにおけるモノを介在した協働課題である。「モノ」は前述した物質的・非物質的な生存条件・生活基盤のことだが，とくにここでは非物質的な生活基盤として，地域の安全や衛生，教育環境，地域経済を支える地域活力，地域をとりまく自然環境，などを想定する。コモンズの重要な特徴として，それが供給する財の公共性が高く，基本的には誰でもそれを利用できる性質がある。

　伝統的なコモンズは放牧地や入会地などであり，地域の人々の自主管理によって維持されてきた。けれども，ギャレット・ハーディンが「コモンズの悲劇」として警鐘を鳴らしたように，この自主管理の仕組みは，個人利益の追求に目覚めた少数の人々の行為によって壊されやすい。実際，近代化のなかで伝統的コモンズは次々と消滅し，

個人私有地として区画化されるか，あるいは国や自治体の公的管理に委ねられるかの運命をたどってきた。

　日本の入会地を例にとってみよう。日本では山地・丘陵地率および森林率がともに約 7 割を占めるが，こうした山林の大部分は近世まで誰の所有かが明確ではなかった。ただし，この山は代々この村が手入れし，利用してきたのだという使用関係はあった。山は燃料や食料の重要な供給源であるから，コモンズとして自分たちで採取や狩りのルールを決め，資源がコカツしないように村全体として管理・利用してきた
(オ)
のである。この慣習的な使用権が，入会権である。富国強兵をめざす明治政府は，資源が乏しい日本において豊富な木材資源に着目し，山林所有権をはっきりさせて国の山林管理体制を整えようとした。この入会の近代化の過程で，入会地は官有地に編入されるか，あるいは個人ないし少数の代表者による記名共有の形で所有権が整理されていった。記名共有の形で入会の継続を図ったケースにおいても，やがてその所有権が実質化して係争に至った例が数多く報告されている。

　いま問題にしている現代的コモンズも，行政管理に委ねられたり，私財として調達されたりしている部分は小さくない。例えば地域の安全は，主要部分は警察の管理に委ねられているし，さらに防犯を強めたければ自前で防犯カメラなどを購入すればよい。けれども一方，多くの地域社会は消防団や防災クラブのような自主組織をもっている。これは，いざというときに役立つのはこうしたローカルな自主組織だからであり，また，こうした自主組織を維持すること自体が地域の活力や教育環境などの他のコモンズ管理と連動するからである。エリノア・オストロムは，近代化のもとでも，適切な制度を活用すれば地域コミュニティによる共同管理は可能だと主張する。もちろんこれは無条件ではない。それでは，「私化」している市民 1 人 1 人の協力を得るために，すなわち「私化」と他者との協働の葛藤を乗り越えるために，何を考えなければならないか。次に，それを考察しよう。

出典：三隅一人・高野和良編著，2020，『ジレンマの社会学』ミネルヴァ書房（一部表記に変更を加えている）

問 1　下線部(ア)〜(オ)を漢字に改めた場合，同じ漢字を含むものを，次の①〜⑤のうちから一つ選べ。

(ア)　ケンザイ（解答欄番号は 1 ）

① 費用をケンヤクする　　　　　② 両親はケンコウです

③ ケンメイな判断をする　　　　④ ケンビキョウで観察する

⑤ ケンアクな雰囲気になる

(イ)　ショウアク（解答欄番号は 2 ）

① 仕事にカンショウする　　　　② シャショウの指示に従う

③ 民事ソショウを起こす　　　　④ シショウの教えを請う

⑤ ショウサイに説明する

(ウ)　ホウワ（解答欄番号は 3 ）

① 責任をホウキする　　　　　　② ホウビを貰う

③ ホウコウを放っている　　　　④ スイホウに帰する

⑤ 暖衣ホウショク

(エ)　キミツ（解答欄番号は 4 ）

① リンキ応変の処置をする　　　② 商売がキドウに乗る

③ キジツまでに仕上げる　　　　④ 問題がタキにわたる

⑤ キヤクに準ずる

(オ)　コカツ（解答欄番号は 5 ）

① エンカツに事を運ぶ　　　　　② 事の本質をカッパする

③ 平和をカツボウする　　　　　④ 国がチョッカツする

⑤ カッショクに日焼けする

問 2　下線部ⓐに関連して，資本主義経済の歴史に関する次の文章を読んで，下のA
　　　～Cの問いに答えよ。

　　現在では多くの国でみられる資本主義経済は，実は 18 世紀の後半に確立され
たものである。当初はアダム・スミスが 1776 年に著した『　 ア 　』にもある
ように，自由放任政策（レッセ・フェール）がとられて，「小さな政府」が理想とさ

れた。しかし，やがて少数の企業による市場の独占，貧富の差の拡大や労働問題など様々な深刻なゆがみが生じることになった。

　1929年に世界恐慌が起こると，その後の世界的に深刻な不況のなかで，政府が経済に積極的に介入する「大きな政府」が志向されるようになった。ケインズは1936年に著書『　イ　』のなかで政府の経済への介入の必要性を説いた。その後，資本主義は修正資本主義へと変貌し，公共部門と民間部門とが並存する混合経済となった。

　しかし，1970年代に石油危機によってスタグフレーションが発生するようになると，1980年に『　ウ　』を著わしたフリードマンらによる新自由主義が注目されるようになり，再び世界各国は「小さな政府」を志向するようになった。

A　文章中の空欄　ア　〜　ウ　に当てはまる著書名の組合せとして正しいものを，次の①〜⑥のうちから一つ選べ（解答欄番号は　6　）。

	ア	イ	ウ
①	選択の自由	諸国民の富（国富論）	雇用・利子および貨幣の一般理論
②	選択の自由	雇用・利子および貨幣の一般理論	諸国民の富（国富論）
③	諸国民の富（国富論）	選択の自由	雇用・利子および貨幣の一般理論
④	諸国民の富（国富論）	雇用・利子および貨幣の一般理論	選択の自由
⑤	雇用・利子および貨幣の一般理論	選択の自由	諸国民の富（国富論）
⑥	雇用・利子および貨幣の一般理論	諸国民の富（国富論）	選択の自由

B　次のア〜ウは，文章中に出てきた3人の経済学者，アダム・スミス，ケインズ，フリードマンの考え方である。その組合せとして最も適当なものを，下の①〜⑥のうちから一つ選べ（解答欄番号は　7　）。

ア　不況期には，政府が自ら公共事業などを行うことによって，貨幣の裏付けのある需要として有効需要を創出しなければならない。

イ　インフレーションを避けるためには，通貨を安定的に供給することが重要だとし，このような考え方は「マネタリズム」と言われた。

ウ　市場には（神の）見えざる手が存在するので，人々が自らの利益だけを追求しても最終的には社会全体にとってプラスとなる。

① ア　アダム・スミス　　　イ　ケインズ　　　　　ウ　フリードマン

② ア　アダム・スミス　　　イ　フリードマン　　　ウ　ケインズ

③ ア　ケインズ　　　　　　イ　アダム・スミス　　ウ　フリードマン

④ ア　ケインズ　　　　　　イ　フリードマン　　　ウ　アダム・スミス

⑤ ア　フリードマン　　　　イ　アダム・スミス　　ウ　ケインズ

⑥ ア　フリードマン　　　　イ　ケインズ　　　　　ウ　アダム・スミス

C　下線部に関連して，第一次石油危機時の日本経済の状況について述べた文として**適当でないもの**を，次の①～④のうちから一つ選べ(解答欄番号は　8　)。

① 原油価格の値上がりによって物価が急激に上昇する事態となり，狂乱物価と呼ばれた。

② 企業は，本格的な不況に対処するために無駄を省く減量経営をめざすようになった。

③ エネルギー大量消費型の重厚長大産業から，軽薄短小産業への転換が進められることになった。

④ 急激な円高ドル安が進行して，日本国内での産業の空洞化が深刻な問題となった。

問3　下線部⑥に関連して，近代日本における「富国強兵」に関する次の文章を読んで，下の問いに答えよ。

　　明治時代の日本では「富国強兵」をめざして様々な改革が行われた。富国については，明治前期の政府主導の殖産興業を基盤に，明治中期以降には産業革命が進展し近代的な工業が成長した。強兵については，明治中期の清国との対立，明治後期のロシアとの対立を背景に軍備拡張が進められ，日清・日露戦争に勝利した。大正時代にはさらに第一次世界大戦を背景に経済は発展し軍事力も増強されたが，戦後の1920年代には転機を迎えることになった。

　　下線部に関連して，明治時代末期，日露戦争後に政府がとった方針などに関して述べた次の文X・Yと，それに該当する語句a～dとの組合せとして正しいものを，下の①～④のうちから一つ選べ(解答欄番号は　9　)。

X　日露戦争の勝利によって，個人主義的・享楽的風潮が広がったことに対して，勤労と節約や皇室の尊重などを国民に求めるために，天皇の名において発布した。

Y　日露戦争後の経済不況に際して，内務省を中心に町村財政の強化をはかるとともに，協同事業に成功した村を模範村として紹介するなど，国民に対する様々な教化策が推し進められた。

a　教育勅語　　　　　　　　　　b　戊申詔書
c　地方改良運動　　　　　　　　d　国民精神総動員運動
① X－a　　Y－c　　　　　② X－a　　Y－d
③ X－b　　Y－c　　　　　④ X－b　　Y－d

問4　下線部ⓒに関連して，近現代の日本における憲法に関連して述べた次の文Ⅰ～Ⅲについて，古いものから年代順に正しく配列したものを，下の①～⑥のうちから一つ選べ(解答欄番号は　10　)。

Ⅰ　美濃部達吉の憲法学説が政治問題化し，岡田啓介内閣はこれを否定する声明を出した。

Ⅱ　鳩山一郎内閣が，憲法改正をとなえて憲法調査会を設置した。

Ⅲ　幣原喜重郎内閣は，GHQから憲法改正の指示を受け，憲法問題調査委員会を設置した。

① Ⅰ→Ⅱ→Ⅲ　　　② Ⅰ→Ⅲ→Ⅱ　　　③ Ⅱ→Ⅰ→Ⅲ
④ Ⅱ→Ⅲ→Ⅰ　　　⑤ Ⅲ→Ⅰ→Ⅱ　　　⑥ Ⅲ→Ⅱ→Ⅰ

問5　下線部ⓓに関連して，近代日本の議会制度に関する次の文章を読んで，下のA～Cの問いに答えよ。

1890 年に開設された帝国議会は　ア　と衆議院からなり，大日本帝国憲法では天皇のもつ立法権に　イ　する機関とされた。天皇主権のもとでその権限には多くの制約があったが，議会の同意がなければ予算や法律は成立しなかったため，政治的に大きな影響力をもつようになった。特に国民の選挙によって選ばれる議員で構成される衆議院は民意を反映するものとされ，大正時代には衆議院の多数党の党首が首相に指名されるようになった。

A　文章中の空欄　ア　・　イ　に当てはまる語句の組合せとして最も適当なものを，次の①～④のうちから一つ選べ(解答欄番号は　11　)。

① ア　参議院　イ　輔弼　　　　② ア　参議院　イ　協賛

③ ア　貴族院　イ　輔弼　　　　④ ア　貴族院　イ　協賛

B　下線部 a に関連して，衆議院議員選挙法や衆議院議員総選挙に関して述べた次の文Ⅰ～Ⅲについて，古いものから年代順に正しく配列したものを，下の①～⑥のうちから一つ選べ(解答欄番号は　12　)。

Ⅰ　20 歳以上の男女に選挙権が与えられた。

Ⅱ　いわゆる「翼賛選挙」が行われた。

Ⅲ　普通選挙法が成立した。

①　Ⅰ→Ⅱ→Ⅲ　　　　②　Ⅰ→Ⅲ→Ⅱ　　　　③　Ⅱ→Ⅰ→Ⅲ

④　Ⅱ→Ⅲ→Ⅰ　　　　⑤　Ⅲ→Ⅰ→Ⅱ　　　　⑥　Ⅲ→Ⅱ→Ⅰ

C　下線部 b に関連して，その実例を述べた次の文Ⅹ・Ⅻと，それに該当する人物 a～d との組合せとして正しいものを，下の①～④のうちから一つ選べ(解答欄番号は　13　)。

Ⅹ　前内閣が米騒動の責任をとって総辞職し，立憲政友会の総裁に組閣の大命がおりた。

Ⅻ　第二次護憲運動の結果，総辞職した前内閣にかわって，衆議院第一党である憲政会の総裁に組閣の大命がおりた。

a　原敬　　　　　b　寺内正毅　　　　c　加藤高明　　　　d　田中義一

①　Ⅹ－a　　Ｙ－c　　　　　②　Ⅹ－a　　Ｙ－d

③　Ⅹ－b　　Ｙ－c　　　　　④　Ⅹ－b　　Ｙ－d

問 6　下線部ⓔに関連して，次の自由民権運動に関する文章を読んで，文章中の空欄　ア　～　ウ　に当てはまる語句の組合せとして最も適当なものを，下の①～④のうちから一つ選べ(解答欄番号は　14　)。

　自由民権運動の思想的基盤としては，イギリス系の穏健な思想と，フランス系の急進的な思想があった。植木枝盛は，アメリカの独立宣言などに学び，その憲

法草案において，　**ア**　権の主張を記した。

　　これに対し，中江兆民は著書のなかで，民権について次のように述べた。すなわち，民権には，為政者が上から人民に恵み与える　**イ**　的人権と，人民自らの手で獲得した　**ウ**　的人権の二種がある。日本の現状では，まずは立憲政治を確立して，政府の憲法制定によって与えられる　**イ**　的民権を獲得し，それをしだいに　**ウ**　的民権に育て上げることが理にかなっている。

① ア　抵抗　　イ　恩賜　　　　ウ　恢復(回復)

② ア　抵抗　　イ　恢復(回復)　ウ　恩賜

③ ア　社会　　イ　恩賜　　　　ウ　恢復(回復)

④ ア　社会　　イ　恢復(回復)　ウ　恩賜

問7 下線部ⓕに関連して，次の文章を読んで，下のA〜Cの問いに答えよ。

　　1908 年の　**ア**　により，オスマン帝国の支配体制が動揺すると，ヨーロッパ列強の帝国分割をねらう動きが強まっていった。なかでも複雑な民族問題を抱えたバルカン半島では，列強間の対立が深刻だった。1914 年のサライェ
ᵃ
ヴォ事件を受け，　**イ**　がセルビアに宣戦布告すると，これに各国が相次い
ᵇ
で参戦し，第一次世界大戦へと拡大していった。

A　文章中の空欄　**ア**　・　**イ**　に当てはまる語句の組合せとして正しいものを，次の①〜④のうちから一つ選べ(解答欄番号は [15])。

① ア　青年トルコ革命　　　　　イ　オーストリア

② ア　青年トルコ革命　　　　　イ　ロシア

③ ア　第2次ウィーン包囲の失敗　イ　オーストリア

④ ア　第2次ウィーン包囲の失敗　イ　ロシア

B　下線部aに関連して，この時期にバルカン半島で起こった出来事について述べた次の文Ⅰ〜Ⅲについて，古いものから年代順に正しく配列したものを，下の①〜⑥のうちから一つ選べ(解答欄番号は [16])。

Ⅰ　ブルガリアが，セルビア・ギリシア・モンテネグロと対立し，戦争になった。

Ⅱ　ロシアのはたらきかけにより，バルカン同盟が結成された。

Ⅲ　オーストリアが，ボスニア・ヘルツェゴヴィナを併合した。

①　Ⅰ→Ⅱ→Ⅲ　　　　　②　Ⅰ→Ⅲ→Ⅱ　　　　　③　Ⅱ→Ⅰ→Ⅲ

④　Ⅱ→Ⅲ→Ⅰ　　　　　⑤　Ⅲ→Ⅰ→Ⅱ　　　　　⑥　Ⅲ→Ⅱ→Ⅰ

C　下線部 b に関連して，第一次世界大戦に関する出来事について述べた文として
適当でないものを，次の①〜④のうちから一つ選べ（解答欄番号は　17　）。

①　ドイツ・オーストリアなどの同盟国側と，イギリス・フランス・ロシアなど
の協商国（連合国）側に分かれて戦った。

②　イギリスは，アラブ民族とユダヤ人国家建設運動の双方に対して独立支援を
約束し，戦争への協力を求めた。

③　ドイツは，キール軍港での反乱をきっかけに革命が広がり皇帝が亡命する
と，共和制を宣言し休戦協定に調印した。

④　アメリカは，相互不干渉を主張するモンロー主義の立場から中立を保ち，第
一次世界大戦に参戦することはなかった。

問 8　下線部⑧「ファシズムは民主主義の対極と考えられがちだが，第二次世界大戦
におけるナチスなどの台頭の主原因を，大衆社会という近代社会そのものの特性
に求める議論がある」とあるが，筆者はここでどういうことを言おうとしている
のか。最も適当なものを，次の①〜⑤のうちから一つ選べ（解答欄番号は　18　）。

①　過度な民主主義への信奉がその反動として大衆のナチズムや軍国主義への傾
斜に拍車を掛けることになったのであり，民主主義への一途な信奉がその対極
にある思想を生み出したということ。

②　ファシズムは民主主義の対極にあるものとして出現したのではなく，近代化
による個人の脱人格化，孤立と不安がエリートの大衆操作に容易に応じるよう
に作用し，その結果ナチズムなどが出現したということ。

③　大衆社会における物質的豊かさが，人々の権力批判能力を麻痺させ，政権の
方針に反対する術（すべ）を失ってしまった結果，政権はファシズムでもナチズムでも
自由に選択することが可能になったということ。

④　グローバル化の進展によって，これまでの国家や社会に対する価値観や認識
が崩壊してくると，大衆はこれまで培った民主主義を放棄し，より強固な思想
信条を求めるようになるということ。

⑤ 身分制から解放された社会において，多様性の生存を可能にするには，これまでの軟弱な思想や政治家ではなく，有無を言わせず世界を統一する強力な政権が必要となるということ。

問9 下線部ⓗ「こうした近代のダイナミズムが質的にも水準的にも異なってきたのは，1970年代頃からである」とあるが，どのように「質的にも水準的にも異なってきた」のか。その説明として最も適当なものを，次の①～⑤のうちから一つ選べ（解答欄番号は $\boxed{19}$ ）。

① 民主主義と平等な個人を前提にした社会の枠組みではなく，スマホで得られる情報や生活を重視する資本主義社会へとシフトした。

② 生存条件や生活基盤のところで人生の本質をとらえ直し，情報化社会に対応できる人間性の確立が資本主義社会で求められるようになった。

③ 大量生産＝大量消費という資本主義の原理が通用しなくなった結果，資本のグローバル化が進み，未開拓の市場はなくなってしまった。

④ 物質的・非物質的な生存条件などで他者との協働によって整えるモノがしだいに減少してきた。

⑤ 資本主義の骨幹部分の変質により個人の価値が過剰に重視され，国づくりの主体であった個人が公共空間から後退し，「私化」していくようになった。

問10 下線部ⓘに関連して，消費者に関する次の文章を読んで，A・Bの問いに答えよ。

　第二次世界大戦後，日本では高度経済成長に伴って大量消費社会が到来した。政府は増加する消費者問題に対して，様々な法律の制定や関係機関の設置など，消費者保護行政を進めてきた。

　1968年には消費者の利益を擁護・推進するために，$\boxed{ア}$ が制定された。1970年にはこの法律にもとづいて国民生活センターが設置され，その後，各地方公共団体の消費生活センター設立へとつながった。2000年には $\boxed{イ}$ が制定されて，悪質商法に対する消費者の対抗手段が強化された。2004年には，これまでの $\boxed{ア}$ が改正されて，$\boxed{ウ}$ が制定された。この法律では，消費者は保護される立場から，権利をもつ自立した立場として位置づけられた。

A　文章中の空欄　**ア**　〜　**ウ**　に当てはまる法律名の組合せとして正しいものを，次の①〜⑥のうちから一つ選べ（解答欄番号は　20　）。

①　ア　消費者基本法　　　イ　消費者契約法　　　ウ　消費者保護基本法

②　ア　消費者基本法　　　イ　消費者保護基本法　ウ　消費者契約法

③　ア　消費者契約法　　　イ　消費者基本法　　　ウ　消費者保護基本法

④　ア　消費者契約法　　　イ　消費者保護基本法　ウ　消費者基本法

⑤　ア　消費者保護基本法　イ　消費者基本法　　　ウ　消費者契約法

⑥　ア　消費者保護基本法　イ　消費者契約法　　　ウ　消費者基本法

B　下線部に関連して，次の悪質商法 I 〜Ⅲとそれらの商法の説明ア〜ウとの組合せとして正しいものを，下の①〜⑥のうちから一つ選べ（解答欄番号は　21　）。

I　ネガティブ・オプション

Ⅱ　マルチ商法

Ⅲ　アポイントメント商法

ア　第三者を販売組織に加入させると収入が得られるなどと説明され，商品やサービスなどを購入させられる。

イ　消費者が注文していない商品が業者から一方的に送りつけられ，その代金の支払いが請求される。

ウ　海外旅行が当選したなどとして電話で呼び出され，英会話教材や宝飾品などを売りつけられる。

①　I－ア　Ⅱ－イ　Ⅲ－ウ　　　②　I－ア　Ⅱ－ウ　Ⅲ－イ

③　I－イ　Ⅱ－ア　Ⅲ－ウ　　　④　I－イ　Ⅱ－ウ　Ⅲ－ア

⑤　I－ウ　Ⅱ－ア　Ⅲ－イ　　　⑥　I－ウ　Ⅱ－イ　Ⅲ－ア

問11　下線部①に関連して，公共性に関する次の文章を読んで，A・Bの問いに答えよ。

　　　ア　は，近代的理性にもとづいた政治・経済システムの確立に関して，その問題点を指摘した。効率的なシステムは日常生活を支配し，人々の社会参加意識を薄れさせるとした。そのため，人々が対等の立場で互いに尊重しあいながら合意を作り上げるときにはたらくコミュニケーション的合理性が大切であると

した。

　また，　イ　は，人間は公共的な空間のなかに他者と共に複数性として存在し，互いに個性をもった個人として認めあうことで，人生を意味づけることができるとした。しかし，私的な経済的関心のみが増大してきた近代社会では，言葉を媒介とした相互的な意思疎通によって公共的な場を作り出す「活動」の意義が見失われ，人々は個性を失い体制に順応しやすい匿名的な大衆となり，<u>帰属意識を求め全体主義をうみだしてしまった</u>と主張した。

A　文章中の空欄　ア　・　イ　に当てはまる人物名の組合せとして最も適当なものを，次の①〜④のうちから一つ選べ(解答欄番号は　22　)。

① ア　アドルノ　　　　イ　ハンナ・アーレント

② ア　アドルノ　　　　イ　ウェーバー

③ ア　ハーバーマス　　イ　ハンナ・アーレント

④ ア　ハーバーマス　　イ　ウェーバー

B　下線部に関連して，ナチスによるホロコーストを体験したユダヤ人としての体験をもとに思索したレヴィナスについて述べた文として最も適当なものを，次の①〜④のうちから一つ選べ(解答欄番号は　23　)。

① 与えられた目的の実現を合理的に追求するだけで，目的そのものを問うことのない道具的理性のあり方を批判し，人間のめざすべき目的や価値を吟味する批判的理性の復権をとなえた。

② 思考とそれを表現する言語との関係は，実は根源的とされる思考が言語によって支えられている二項対立の関係にあると主張し，こうした二項対立を問い直す試みを脱構築と呼んだ。

③ 個人を共同体の一員として考え，人々が共有すべき共通善をめざすべきだと主張し，個人が社会のあり方を自由に選択できるとする，近代の個人主義的な見方を批判した。

④ 近代西洋の思想は，自我から出発してすべてを自己に同化することですべてを把握しようとする全体性の立場に立つもので，他者に対する視点が欠けていたと批判し，新しい倫理のあり方を思索した。

問12　下線部ⓚ「コモンズの悲劇」とあるが，次の記述 a ～ c のうち，この「悲劇」に該
　　　当するものはどれか。当てはまる記述をすべて選び，その組合せとして最も適当
　　　なものを，下の①～⑦のうちから一つ選べ(解答欄番号は　24　)。

　　a　コモンズの会員が新しい家を建てること。

　　b　自主管理の仕組みが失われること。

　　c　共有資源が乱獲されてしまうこと。

　　①　a　　　　　　②　b　　　　　　③　c　　　　　　④　a と b

　　⑤　a と c　　　　⑥　b と c　　　　⑦　a と b と c

問13　本文の内容に**合致しない**ものを，次の①～⑤のうちから一つ選べ(解答欄番号
　　　は　25　)。

　　①　人は 1 人では生きられないというが，現代社会では，お金があれば不可能で
　　　　はない。

　　②　現代はグローバル化のなかでの国家のあり方，権力に依らない多様性共存が
　　　　問われている。

　　③　近代的な国民主権国家の制度は個人を前提にしたものであり，個人主義的な
　　　　価値が重視されてきた。

　　④　ローカルな自主組織を維持すること自体，地域の活力や教育環境などの他の
　　　　コモンズ管理と連動する。

　　⑤　明治維新に際して，日本は近代国家の枠組みを国策として取り入れ，「富国
　　　　強兵」を進める一方，民主主義的な制度も形づくられていった。

論述

(80 分)

1 以下の文章を読み，設問に答えなさい。なお，解答は**解答用紙（その 1 ）**に記入すること。

　インターネットが利用者に与える影響について様々な調査がなされている。以下は，「インターネットおよびソーシャルメディアの利用量」と「対人関係」の関係についての調査である。

　この調査は，15 - 19 歳の未婚女性でかつソーシャルメディア（LINE, Twitter, Facebook など）の書き込み利用者 3000 人を対象として，Web アンケートで行われた。

　アンケートでは，「インターネットおよびソーシャルメディアの利用量」として，それぞれの利用時間を回答させ，「対人関係」として，家族または友達と顔を合わせて話す時間を回答させた。

　インターネット利用量は，平日 1 日 70 分以上の利用を高頻度利用，69 分以下の利用を低頻度利用として分類した。ソーシャルメディア利用量は，平日 1 日 30 分以上の利用を高頻度利用，29 分以下の利用を低頻度利用として分類した。

	全体 （N = 3000）	ネット利用時間		ソーシャルメディアで友達と やりとりする時間	
		高頻度 （N = 1414）	低頻度 （N = 1586）	高頻度 （N = 1350）	低頻度 （N = 1650）
1 日に家族と 顔を合わせて 話す時間	130.4	147.8	114.9	136.6	125.4
1 日に友達と 顔を合わせて 話す時間	83.7	103.7	65.8	119.8	54.1

表 1：1 日に友達・家族と顔を合わせて話す時間（メディア利用頻度別）（単位：分）

（出典：松本健太郎編『理論で読むメディア文化――「今」を理解するためのリテラ
　　　シー』新曜社，p.268 の表をもとに一部省略）

設問

　表 1 からどのようなことが読み取れるか。下の各問について，**正しければ①，誤り
であれば②**と，それぞれ答えなさい。

問 1　「家族と顔を合わせて話す時間」については，「ネット利用時間」での高頻度利
　　　用者のほうが，低頻度利用者よりも長く，「ソーシャルメディアで友達とやり
　　　とりする時間」での高頻度利用者のほうが，低頻度利用者よりも長い。

問 2　「ソーシャルメディアで友達とやりとりする時間」での低頻度利用者は，その
　　　高頻度利用者よりも 2 倍以上「友達と顔を合わせて話す時間」が長い。

問 3　「ソーシャルメディアで友達とやりとりする時間」での高頻度利用者は，アン
　　　ケート回答者全員の平均よりも「友達と顔を合わせて話す時間」が短い。

問 4　「ネット利用時間」と「ソーシャルメディアで友達とやりとりする時間」双方
　　　の低頻度利用者どうしを比較すると，「ソーシャルメディアで友達とやりとり
　　　する時間」での低頻度利用者のほうが，「ネット利用時間」での低頻度利用者
　　　よりも「家族と顔を合わせて話す時間」が長い。

問 5　ネットであれソーシャルメディアであれ，高頻度利用者は低頻度利用者に比
　　　べ，リアルな対人関係に費やす時間が短い。

2　以下の文章を読み，設問に答えなさい。なお，解答は**解答用紙（その2）**に記
　　入すること。

第 15 章　人間，ことに世の君主の，毀誉褒貶はなにによるのか

　それではここで，君主は臣下や盟友にたいしてどのような態度をとり，どのように
治めるべきかの検討に入ろう。……
　（中略）
　……だれしも人は，雑談などのおりに，他人のことを，とりわけ身分の高い君主の
ことを噂するものだが，このばあい，当事者の性質のある面が取りあげられて，非難
や賛辞を受ける。たとえば「おおらか」だとか，「みみっちい」とかの──ここでト
スカーナ方言を使ったのは，国語で「どん欲な」というと，欲が深くて，物盗りさえ
もしかねない人間をさすわけで，この「みみっちい」というのは，せいぜい自分のも
のを出さずにすまそうとする人々をさすわけで──，そんな人物評がそれにあたる。
　さらにまた，こんな評判を立てる。あいつは鷹揚（おうよう）だとか，あれは吝嗇（りんしょく）だとか，あの
人は冷酷だとか，こちらは憐（あわ）れみぶかいとか，あいつは信用がおけないが，この人は
義理固いとか，彼は女性的で気が小さいが，この男は残忍で大胆だとか，彼は人情味
があるが，この男は傲慢だとか，あれは好色で，こちらは固物（かたぶつ）とか，あれは裏表がな
く，こいつは狡猾（こうかつ）だ，あれは気むずかしく，こいつは気楽なやつとか，あれは堂々と
しているが，こいつは薄っぺらだとか，あいつは信心ぶかく，こいつは神を信じない
やつ，などと。
　もちろん，いま述べた気質のうちで，よいほうだけを一身にそなえた君主が，ほめ
そやされることは，誰しも率直に認めるとは思う。だが，人間は人間であるかぎり，
そうした気質だけをそなえて，完璧に守っていこうとしても，それはできない相談で
ある。したがって君主たるものは，用心深く，地位を奪われかねない悪徳の汚名だけ
は，避けるべきである。しかも，君位の簒奪（さんだつ）とは縁のなさそうな悪評についても，避
ける必要がある。もっとも，後者については，むりであれば，さほど気にせず成り行
きにまかせるがいい。
　しかしながら，一つの悪徳を行使しなくては，政権の存亡にかかわる容易ならざる
ばあいには，悪徳の評判など，かまわず受けるがよい。というのは，よくよく考えて

みれば，たとえ美徳と見えても，これをやっていくと身の破滅に通じることがあり，たほう，表向き悪徳のようにみえても，それを行うことで，みずからの安全と繁栄がもたらされるばあいがあるからだ。

（中略）

第 17 章　冷酷さと憐れみぶかさ。恐れられるのと愛されるのと，さてどちらがよいか

　ここでさきにあげた気質のうち，次の二つに話を移すと，どの君主にとっても，冷酷さなどでなく，憐れみぶかいと評されるほうが，望ましいことにちがいないと思う。そうはいっても，恩情にしても，へたなかけかたをしないように心がけなければいけない。たとえば，チェーザレ・ボルジアは，残忍な人物とみられていた。しかし，この冷酷さが，彼にロマーニャ地方の秩序を回復させ，この地域を統一し，平和と忠誠を守らせる結果となった。とすると，よくよく考えれば，フィレンツェの民衆が，冷酷非道の悪名をまぬがれようとして，そのあげく，ピストイアの崩壊を腕をこまねいて見過ごしたのにくらべれば，ボルジアのほうがはるかに憐れみぶかかったのがわかる。したがって，君主たる者は，自分の領民を結束させ，忠誠を誓わすためには，冷酷だなどの悪評をなんら気にかけるべきではない。なぜなら，あまりに憐れみぶかくて，混乱をまねき，やがては殺戮や略奪をほしいままにする君主にくらべれば，冷酷な君主のほうは，ごくたまの見せしめの残酷さを示すだけで，ずっと憐れみぶかい人物になるからだ。後者のばあい，君主が処刑を言いわたすのは，ただ一部の個人だけ傷つければすむわけで，前者であれば全領民を傷つけてしまう。

　なお，君主のなかでも，新君主にあっては，国が新しいために危険がみちみちているから，冷酷だという評判を避けてはとおれない。ウェルギリウスが，ディドの口をかりて語ったのも，このことである。

　「事態の深刻さと国の若さのため，やむなくわれはかかる方策を用い，国境のすみずみまでも護りを固めるにいたる」

　とはいえ，新君主にあっても，かるがるしく信じず，かるがるしく行動を起こさず，さらにまた，自分の影におびえてはならない。相手を信じすぎて，思慮をなくしたり，かといって，あまりに不信の気持をいだいて狭量にならないように，思慮と人間味を備えて落ちついて事を運ばなくてはいけない。

　ここでもう一つの議論が生まれる。恐れられるのと愛されるのと，さてどちらがよいかである。だれしもが，両方をかね備えているのが望ましいと答えよう。だが，二つをあわせもつのは，いたってむずかしい。そこで，どちらか一つを捨ててやっていくとすれば，愛されるより恐れられるほうが，はるかに安全である。というのは，一般に人間についてこういえるからである。そもそも人間は，恩知らずで，むら気で，猫かぶりの偽善者で，身の危険をふりはらおうとし，欲得には目がないものだと。

　そのため，あなたが恩恵をほどこしているうちは，みながあなたの意のままになり，血も家財も生命も，子供たちさえあなたに捧げてくれる。とはいえ，さきにも（第9章）述べたとおり，それほどの必要性がまだはるか先のときはである。そして，いざ本当にあなたに必要がさしせまってくると，きまって彼らは背をむける。そこで，彼らの口約束に全面的にのってしまった君主は，ほかの準備がまったく手つかずのため，滅んでいく。偉さや気高い心に惹きつけられてでなく，値段で買いとられた友情は，ただそれだけのもので，いつまでも友情があるわけではなく，すわというときの当てにはならない。

　たほう人間は，恐れている人より，愛情をかけてくれる人を容赦なく傷つけるものである。その理由は，人間はもともと邪（よこしま）なものであるから，ただ恩義の絆（きずな）で結ばれた愛情などは，自分の利害のからむ機会がやってくれば，たちまち断ち切ってしまう。ところが，恐れている人については，処刑の恐怖がつきまとうから，あなたは見放されることがない。

　ともかく，君主は，たとえ愛されなくてもいいが，人から恨みを受けることがなく，しかも恐れられる存在でなければならない。なお恨みを買わないことと，恐れられることとは，りっぱに両立しうる。これは，為政者が自分の市民や領民の財産，彼らの婦女子にさえ手をつけなければ，かならずできるのである。さらに，どうしても誰かの血を見る行動に行きつかざるをえないときは，適当な口実としかるべき動機があるときのみ，やるべきである。人間は，父親の死をじきに忘れてしまっても，自分の財産の喪失は忘れがたいものだから，とくに他人の持物に手を出してはいけない。それに，物を奪うための口実ならいくらでも見つかる。ひとたび略奪で暮らす味をしめた者は，他人の物を奪う口実をいくらでも見つけてしまう。その逆に，血を流す口実となると，めったに見つかるものではなく，じきに種切れになる。

　とはいえ，いざ君主が軍隊を率いて，あまたの兵士の指揮にあたるとき，そのばあいは，冷酷などという悪名を，頭から無視してよい。こうした悪評が立たないようで

は，軍隊の結束をはかり，軍事行動に備えることなど，けっしてできはしない。

　あのハンニバルの目覚ましい活躍には，このことも含まれている。彼は，無数の人種がまざりあった大軍を率いて，異郷の地で戦いを起こしたが，旗色のよいときも悪いときも，一度たりとも軍団のなかで兵隊同士の内輪もめや，指揮官への反乱が起きなかった。

　このことは，ひとえにハンニバルの非人道的な冷酷さのおかげだった。幾多の徳性をもつと共に，彼のこの気質が，配下の兵士の目からは，つねに敬服してやまない，恐るべき存在と映ったのだった。もし，この気質がなく，ほかの資質だけだったら，彼はあれほどの成果をあげ得なかったろう。この点をおよそ考察できなかった著述家たちは，いっぽうで彼の偉業に驚嘆しながら，たほうで，それを可能にした根本の原因について，誹謗さえしている。

　彼がそのほかの美徳だけの持主であったならば，不成功に終わったとみて間違いないことは，スキピオを考えればわかる。スキピオは，同時代のみならず，およそ世人の記憶にのぼるすべての時代をとおして，じつに傑出した人物である。だがそれでいて，部下の兵隊がスペインで謀反(むほん)をおこした。この事態は，軍事訓練にはふさわしくない，勝手気ままを彼ら兵士に許した，並はずれた温情から生まれたものにほかならない。そのため，彼は元老院でファビウス・マクシムスの弾劾(だんがい)をうけ，ファビウスからローマ軍腐敗の元兇(げんきょう)と名指しされた。

　またあるとき，スキピオの派遣した政務官が，ロクリス人を滅ぼしたことがあった。ところが，スキピオ自身は，そののち，住民の恨みを償おうとせず，かといって，さきの政務官の横暴を糾弾しようともしなかった。これは，彼の気楽な気質からでたことである。だからこそ，ある人物が元老院でスキピオの弁護に立って，この男は，他人の過ちを咎(とが)めだてるより，自分が過ちを犯すまいと努める，よくあるタイプの人間だと釈明した。

　もしもスキピオが，このままの気質をもち続けて権力の座にあったとすれば，彼の栄光と名声は，時とともに失われたであろう。だが，彼は元老院の指示に従って生きたので，この有害な気質は表面にでなかったし，ともかく彼を栄光の座にいすわらせた。

　さてここで，恐れられるのと，愛されるのと，という主題にもどって結論をくだそう。民衆が愛するのは，彼らがかってにそうするのである。だが，恐れられるというのは，君主がわざと，そうさせたのである。したがって，賢明な君主は，もともと自

分の意志に基づくべきであって，他人の思惑などに依存してはならない。ただ，さき
にも述べたとおり，恨みを買うのだけは，努めて避けるようにすべきだ。

出典：ニッコロ・マキアヴェリ，2018 年，『君主論』，池田廉訳，中央公論社（中公
　　　文庫。原著は 1532 年）。訳注はすべて省略した。

設問

問1　本文の主張を 200 字以内の日本語で要約しなさい。

問2　問1で要約した主張に対する論理的に可能な反論を 200 字以内の日本語で述べ
　　　なさい。

問3　問1と問2を踏まえた上で，あなたはどちらの立場に立つか表明し，それを現
　　　代の具体的な事例をあげながら 300 字以内の日本語で展開しなさい。

（※解答においては段落を設けてもよい。その場合は通例の原稿用紙の書き方に準拠
し，段落冒頭は 1 マス下げること。）

解答編

総合問題

解答　問 1．(ア)—④　(イ)—②　(ウ)—⑤　(エ)—①　(オ)—③
　　　　問 2．A—④　B—④　C—④　問 3．③
問 4．②　問 5．A—④　B—⑥　C—①　問 6．①
問 7．A—①　B—⑥　C—④　問 8．②　問 9．⑤
問 10．A—⑥　B—③　問 11．A—③　B—④　問 12．⑥　問 13．①

◀解　説▶

≪近代化による，個人と公共性の変化≫

問 2．A・B．新自由主義の経済の立場に立つフリードマンは，政府の経済政策とは経済発展に合わせて貨幣供給を調整することが中心であるとするマネタリズムを説いた。

C．1973 年の第一次石油危機による原油値上がり以降，企業は省エネ型産業に取り組んだ。④は 1985 年のプラザ合意の説明で誤文。各国がドル高是正に取り組んだ結果，急激な円高ドル安が進み，価格競争力を失った日本の輸出企業は海外現地生産を本格化させ，国内産業の空洞化が問題になった。

問 3．戊申詔書は，日露戦争（1904〜05 年）後の個人主義的な風潮，社会主義的思想の台頭などの傾向を戒めるために，1908（明治 41）年に出された。教育勅語は 1890（明治 23）年。地方改良運動は戊申詔書の精神を具現した官製運動で，町村財政の立て直し，民心統合を目指し内務省が推進した。その後，軍国主義培養の基盤となった。国民精神総動員運動は戦争協力の思想教化運動で 1937（昭和 12）年から行われた。

問 4．Ⅰは 1935 年，Ⅱは 1956 年，Ⅲは 1945 年。第一次憲法調査会は朝鮮戦争を機に憲法改正論が浮上して，内閣に設置された。1965 年廃止。

問 5．B．Ⅰは 1945 年，Ⅱは 1942 年，Ⅲは 1925 年。

C．X．1918 年の米騒動の責任をとって寺内正毅内閣が総辞職し，立憲

政友会の原敬内閣が誕生した。

Y．1924 年に成立した清浦奎吾内閣に対し，憲政会や政友会の護憲三派が護憲運動を展開し，総選挙で大勝して加藤高明内閣が成立した。

問 6．植木枝盛は『東洋大日本国国憲按』を起草し，人民の自由権利を保障するために抵抗権・革命権を認めた。ルソーを学んだ中江兆民は，革命のない日本では，憲法の恩賜的民権を議会活動で恢復的民権に育てることを説いた。

問 7．1908 年に青年トルコ党が革命を起こしてオスマン帝国の専制政治を倒すと，その混乱に乗じてオーストリアがオスマン帝国領のボスニアとヘルツェゴヴィナの両州を併合した。同じ 1908 年にブルガリアがオスマン帝国から独立した。1911 年にオスマン帝国とイタリアとの戦争が始まったのを機に，1912 年にバルカン半島の 4 カ国が，オーストリアの覇権とオスマン帝国の逆襲に備えてロシアの仲介で個々にバルカン同盟を結成し，オスマン帝国との第 1 次バルカン戦争で勝利した。1913 年にブルガリアがかつての領土回復を目指してセルビアやギリシアに第 2 次バルカン戦争を仕掛けたが，トルコなどの参戦で敗北した。これによってバルカン諸国の対立が深まり，第一次世界大戦へと続いた。

C．④誤文。アメリカは当初は中立の立場から参戦しなかったが，1917 年に連合国側で参戦した。

問 8．本文第 5 段落を参照。①誤文。ナチズムは人々の民主主義への信奉ではなく，大衆の不安を利用して誕生した。③誤文。権力批判能力の麻痺は，「物質的豊かさ」ではなく，孤立と不安を背景としたエリートの大衆操作によるもの。④・⑤誤文。そのような記述は本文にはない。

問 9．本文第 7 ～ 9 段落参照。資本主義の根幹である大量生産大量消費が，1970 年代から多品種少量生産に変わり，さらに 1990 年代から情報化が個人の生活に入り込んできた。プライバシー確保が重要になり，「個人」は「私化」していった。①誤文。民主主義や個人を前提とした社会の枠組みは変わらない。②誤文。情報化社会に対応できる人間性確立は述べられていない。③誤文。未開拓の市場はなくなっていない。④誤文。第 9 段落の最後に「様々ある」と述べられている。

問 10．A．1990 年代に悪質な商法で消費者が被害を受ける事態が相次いだため，2000 年に消費者契約法（虚偽の告知に基づく契約の取り消しを

定めた）が制定され，訪問販売法が特定商取引法（クーリングオフを定めた）に改正された。

B．Ⅰ～Ⅲは特定商取引法の規制対象である。

問 11．A．フランクフルト学派のハーバーマスは，道具的理性を批判する一方，人間には暴力・抑圧に支配されずに対話を交わし，相互理解に到達する「コミュニケーション的合理性（理性）」の力があるとし，自由なコミュニケーションによって生み出される合意形成のあり方を追求した。アーレントは『人間の条件』を著し，人間の活動的生活を，労働，仕事，活動の三つに分け，古代ギリシアのように人々が言論を通じて共同する活動を取り戻すことを主張した。

B．レヴィナスは『全体性と無限』を著し，私たちは自分の理解の範囲で他者の全体性を捉えていると思っているが，他者は自分を超えた無限の存在であり，それに気づくことが倫理の根本だと説いた。

問 12．a は，コモンズの活用やそこから帰結するコモンズ自体の崩壊とは無関係なので，該当しない。

問 13．①誤文。第 9 段落に「すべてをお金と公共サービスで充足することはできない」とある。②は第 4 段落，③は第 6 段落，④は最終段落，⑤は第 3 段落に記述がある。

論述

1 解答 問1. ① 問2. ② 問3. ② 問4. ① 問5. ②

◀解　説▶

≪インターネット，ソーシャルメディアの利用量と対人関係≫

「インターネットおよびソーシャルメディアの利用量」と「対人関係」の関係について正誤を判断するものである。

問1. ①が正解。記述は正しい。「家族と顔を合わせて話す時間」は，「ネット利用」の低頻度利用者より高頻度利用者のほうが長い。「家族と顔を合わせて話す時間」は，「ソーシャルメディア」の低頻度利用者より高頻度利用者のほうが長い。

問2. ②が正解。記述は誤り。「友達と顔を合わせて話す時間」は，「ソーシャルメディア」の低頻度利用者の数値は 54.1，高頻度利用者の数値は 119.8。「高頻度利用者」のほうが 2 倍以上長い。

問3. ②が正解。記述は誤り。「友達と顔を合わせて話す時間」について，「ソーシャルメディア」の高頻度利用者の数値は，アンケート回答者全体の平均より「長い」。

問4. ①が正解。記述は正しい。「家族と顔を合わせて話す時間」は，「ネット利用」の低頻度利用者よりも「ソーシャルメディア」の低頻度利用者のほうが長い。

問5. ②が正解。記述は誤り。「リアルな対人関係」（「家族と顔を合わせて話す時間」と「友達と顔を合わせて話す時間」）のそれぞれについて，「ネット利用」「ソーシャルメディア」の高頻度利用者と低頻度利用者を比較し，全部で 4 つの正誤判断をすればよい。「家族と顔を合わせて話す時間」は，「ネット利用」の低頻度利用者より，高頻度利用者のほうが「長い」ので誤り。同じく「家族と顔を合わせて話す時間」は，「ソーシャルメディア」の低頻度利用者より，高頻度利用者のほうが「長い」ので誤り。続いて「友達と顔を合わせて話す時間」も，「ネット利用」の低頻度利用者より，高頻度利用者のほうが「長い」ので誤り。同じく「友達と顔を合

わせて話す時間」は,「ソーシャルメディア」の低頻度利用者より, 高頻度利用者のほうが「長い」ので誤り。

2 **解答例** 問1. 君主は悪徳の汚名は避けるべきだが, 政権の存亡のときには悪徳の評判を受けてもやむを得ない。また領民を結束させ忠誠を誓わせるためには冷酷などの悪評は気にかけなくてよい。民衆に愛された君主は本当に必要なときに民衆に見放されるが, 恐れられる君主は処刑を恐れる民衆に見放されることはない。恨みを買わないことと恐れられることは両立し得る。君主は自分の意志に基づくべきであり, 他者の思惑に依存してはならないのである。(200字以内)

問2. マキアヴェリは, 君主は愛されるより恐れられるほうが安全であり, 民衆に恐れられる君主は民衆から見放されないという。確かに君主は恐怖を用いて民衆を結束させ忠誠を誓わせることはできるだろう。しかし, 恐怖がなくなればそうした忠誠は容易に失われるため, 君主は恐怖をエスカレートさせざるを得ないのではないか。さらには恐怖で民衆の反発や反乱, 逃亡などをまねき国家が瓦解する可能性はないだろうか。(200字以内)

問3. マキアヴェリは, 民衆を結束させ忠誠を誓わせるためには恐怖と冷酷さが必要だと主張するが, 私はこれに反対する。たとえば中東地域の政治混乱の中に出現したIS(イスラム国)は, 敵対者や非服従者を容赦なく処刑し, 恐怖と冷酷さによる強力な支配体制をつくった。しかし, その恐怖の支配は実際に残虐行為に手を染めたISの戦士たちの結束と忠誠心は高めたかもしれないが, 恐怖の下に置かれた民衆の多くはただ服従し沈黙するだけで, ISへの結束も忠誠も生まれなかったのではないか。安定した国家の統治には, 統治する者と統治される者がおたがいを認めあう関係が必要である。私はその相互承認は恐怖や冷酷さでは作り出せないものだと思う。(300字以内)

◀解　説▶

≪マキアヴェリ『君主論』―君主のあり方≫

　課題文はマキアヴェリの主著『君主論』である。課題文では, 臣下や盟友に対してどのような態度をとり, どのように治めるべきかについて述べた第15章と, 君主は恐れられるのと愛されるのとどちらがよいかについて述べた第17章が, 一部省略のうえ示されている。

問1．本文の主張を 200 字以内の日本語でまとめる要約問題である。段落ごとのキーセンテンスを押さえながら，全体の論旨の流れを見て，全体を4〜5文でまとめればよい。

初めの第 15 章では，君主たるものは「地位を奪われかねない悪徳の汚名だけは，避けるべきである」（第4段落）が，「政権の存亡にかかわる容易ならざるばあいには，悪徳の評判など，かまわず受けるがよい」（第5段落）と述べている。

続いて第 17 章では，「恐れられるのと愛されるのと」では「恐れられるほうが，はるかに安全である」（第5段落），「君主は，…愛されなくてもいいが，人から恨みを受けることがなく，…恐れられる存在でなければならない」（第8段落）とし，そのうえで，〈君主は民衆の思惑に依存せず，自分の意志に基づいた統治を行うべきである〉（最終段落）と述べている。これらをまとめればよい。

問2．著者の主張への反論を 200 字以内で述べる。設問文に「論理的に可能な反論」という条件がついているので，注意したい。マキアヴェリの主張について感情的あるいは道徳的な反論をするのではなく，マキアヴェリの主張する論理にそって考えていったとき，そこにどのような問題があり，また矛盾が生じるのかを指摘するかたちで反論すればよい。

たとえば，マキアヴェリは「恐れている人については，処刑の恐怖がつきまとうから，あなたは見放されることがない」（第 17 章第 7 段落）というが，君主が恐怖を用いた統治を行えば，君主は秩序を維持するために民衆に恐怖を与え続けなければならなくなるのではないか。また恐怖を使えば民衆の反発や反乱，逃亡といった事態に陥って国家の瓦解が起きる可能性はないのか。そのような事態を引き起こさないためには，恐怖をエスカレートさせなければならなくなるのではないのか，などさまざまな疑問点，問題点を挙げることができる。

問3．マキアヴェリの主張（問1）とそれに対する反論（問2）のいずれかの立場に立ち，現代の具体的な事例を挙げながら意見論述をするものである。

〔解答例〕では，問2で記述した立場から論じた。「現代における恐怖を用いた統治」の難しさについて論じ，具体例として IS（イスラム国）を挙げた。他にも，アフガニスタンにおけるタリバーン政権，ミャンマーの

国軍クーデタ，「アラブの春」の顛末，ロシアや中国などの権威主義的な国家運営の中から例を挙げることもできよう。事例を挙げて，マキアヴェリの主張に反対する立場と結びつけて意見論述することはさほど難しくないが，逆にマキアヴェリに肯定的な立場に立っての論述は難しい。全面的な肯定論は展開しづらいが，マキアヴェリの生きていた当時のイタリアと同様，社会が混乱していたり，不安定な状態に陥っているときの対応策として，限定的に容認する立場から論じることは可能だろう。

■一般選抜（個別学部日程）：社会情報学部

問題編

▶試験科目・配点

方　式	テスト区分	教　科	科目（出題範囲）	配点
A方式	大学入学共通テスト	国　語	国語（近代以降の文章）	100 点
		地歴・公民	日本史B，世界史B，地理B，現代社会，倫理，政治・経済，「倫理，政治・経済」のうち1科目選択	100 点
	独自問題	外国語	コミュニケーション英語Ⅰ・Ⅱ・Ⅲ，英語表現Ⅰ・Ⅱ	200 点
B方式	大学入学共通テスト	外国語	英語（リーディング，リスニング）	100 点
		国　語	国語（近代以降の文章）	100 点
	独自問題	数　学	数学Ⅰ・Ⅱ・A・B	200 点
C方式	大学入学共通テスト	外国語	英語（リーディング，リスニング）	100 点
		数　学	「数学Ⅰ・A」，「数学Ⅱ・B」	100 点
	独自問題	数　学	数学Ⅰ・Ⅱ・Ⅲ・A・B	200 点
D方式	大学入学共通テスト	外国語	英語（リーディング，リスニング）	100 点
		国語・地歴・公民	国語（近代以降の文章），日本史B，世界史B，地理B，現代社会，倫理，政治・経済，「倫理，政治・経済」のうち1科目選択	100 点
	独自問題	総合問題	日本語の文章やデータを読み解き，物事を論理的に考察し，的確に表現する力を問う論述等を課す。	200 点

▶備　考

・合否判定は総合点による。ただし，場合により特定科目の成績・調査書を考慮することもある。

・数学Bは「数列，ベクトル」から出題する。

・大学入学共通テストの得点を上記の配点に換算する。英語の得点を扱う

場合には，リーディング 100 点，リスニング 100 点の配点比率を変えず
にそのまま合計して 200 点満点としたうえで，上記の配点に換算する。

- 大学入学共通テストの選択科目のうち複数を受験している場合は，高得
  点の 1 科目を合否判定に使用する。
- 試験日が異なる学部・学科・方式は併願ができ，さらに同一日に実施す
  る試験であっても「AM」と「PM」の各々で実施される場合は併願が
  できる。
- 試験時間帯が同じ学部・学科・方式は併願できない。

試験日	試験時間帯	学部	学科（方式）
2 月 9 日	AM	総合文化政策	総合文化政策（A）
		社会情報	社会情報（A・B）
	PM	社会情報	社会情報（C・D）

■英語■

(90 分)

第 1 問　次の(1)～(10)の下線部の意味に最も近いものを，それぞれ下の(1)～(4)の中から
一つ選びなさい。

(1) Misinformation and conspiracy theories about COVID-19 are quite harmful.
 (1) informative
 (2) irritating
 (3) toxic
 (4) unavoidable

(2) Feedback from peers has a profound impact on the developing self-image of
children.
 (1) deep
 (2) emotional
 (3) perpetual
 (4) ubiquitous

(3) You must install this software in a location where the user has read and
write privileges.
 (1) documents
 (2) functions
 (3) manipulations
 (4) rights

(4) Computer-aided tutoring systems should lessen the restrictions on
curriculum design.

(1) degrade

(2) deteriorate

(3) determine

(4) diminish

(5) These two products are <u>apparently</u> indistinguishable but have differences in function.

(1) clearly

(2) essentially

(3) eventually

(4) seemingly

(6) A passenger erupted in <u>rage</u> at the airport due to a flight delay.

(1) fury

(2) public

(3) turn

(4) vain

(7) The government officials said they would <u>decisively</u> resolve the non-performing asset problems.

(1) adequately

(2) desperately

(3) devotedly

(4) firmly

(8) The magazine article is entitled "The Afghan who won't <u>surrender</u> to the Taliban."

(1) belong

(2) stick

(3) subscribe

(4) yield

(9)　Scientific discovery is often considered a reflection of the ultimate <u>feats</u> of human intelligence.

  (1)　aspects

  (2)　attainments

  (3)　attempts

  (4)　attributes

(10)　It is possible to stretch existing COVID-19 vaccines to <u>inoculate</u> more people.

  (1)　distribute

  (2)　infect

  (3)　save

  (4)　vaccinate

第2問　次の英文の(11)〜(20)のそれぞれの下線部にはいるのに最も適切なものを(1)〜(4)の中から一つずつ選びなさい。

(11)　Each of you must _____ your report in Google Classroom by Monday.

  (1)　hand down

  (2)　hand for

  (3)　hand in

  (4)　hand on

(12)　_____ come to the party last night?

  (1)　How come didn't you

  (2)　How come you didn't

  (3)　How far didn't you

  (4)　How long didn't you

(13)　There is nothing for us to do for the time _____.

(1) being

(2) to be

(3) to be done

(4) would be

(14) You might ＿＿＿＿＿ call a taxi, so you are on time for the wedding ceremony.

(1) as well

(2) as well as

(3) so as to

(4) so well to

(15) He was made ＿＿＿＿＿ for telling a lie to his parents.

(1) apologize

(2) apologizing

(3) to apologize

(4) to be apologized

(16) Having met him at the coffee shop yesterday, I ought to ＿＿＿＿＿ him about it then.

(1) be told

(2) have been told

(3) have told

(4) tell

(17) We demanded that a training routine ＿＿＿＿＿ developed to teach learning strategies.

(1) be

(2) could be

(3) is

(4) will be

(18) The iPhone, _____ is used by nearly 1 billion people, was created by Apple in 2007.

(1) that

(2) what

(3) where

(4) which

(19) _____ the method described in the textbook, you are encouraged to try other ones.

(1) Aside

(2) Beside

(3) Besides

(4) Side

(20) _____ to enter the building, my best friend had to wait for me in the hot sun.

(1) Allowing

(2) Having allowed

(3) Not allowing

(4) Not being allowed

第3問　次の英文(21)～(30)の下線部で間違っている箇所を(1)～(4)の中から一つずつ選びなさい。

(21)　I was surprised that your sister didn't <u>oppose to</u> <u>such an</u> unreasonable
　　　(1)　　　　(2)
　　　<u>demand</u>, and <u>neither did you</u>.
　　　(3)　　　　(4)

(22)　<u>One glance</u>　<u>would have told</u> her of the danger <u>close</u> at the <u>hand</u>.
　　　(1)　　　　(2)　　　　　　　　(3)　　　　(4)

(23)　I <u>wonder if</u> the time may come <u>before long</u>　<u>in that</u> we <u>will be able to</u>
　　　(1)　　　　　　　　　　(2)　　　　(3)　　　(4)
　　　travel freely.

(24)　In the psychological experiment, the student received three trials <u>on each</u>
　　　　　　　　　　　　　　　　　　　　　　　　　　　　　　(1)
　　　day, <u>a trial</u>　<u>consisting of</u>　<u>one 12-items list</u> to learn.
　　　　　(2)　　　(3)　　　　(4)

(25)　<u>A woman of Asian descent</u> talked about <u>being harassed</u>　<u>on</u> the subway
　　　(1)　　　　　　　　　　　　　　　(2)　　　　(3)
　　　<u>because</u> her appearance.
　　　(4)

(26)　Having written <u>way over a hundred</u> research papers, <u>it should be noted that</u>
　　　　　　　　　(1)　　　　　　　　　　　　　(2)
　　　she was praised not <u>so many</u> for the number of papers <u>as</u> for the landmark
　　　　　　　　　　(3)　　　　　　　　　　　　　(4)
　　　findings.

(27)　He <u>has left</u> the office a moment ago, so <u>could</u> you <u>chase after</u> him <u>right</u>
　　　　(1)　　　　　　　　　　　(2)　　　(3)　　　　(4)
　　　away?

(28)　<u>All in all</u>, we kicked off with <u>a very successive</u> campaign, with our message
　　　(1)　　　　　　　　　(2)
　　　<u>reaching</u>　<u>not less than</u> one million people.
　　　(3)　　　(4)

(29)　If the teachers <u>have permitted</u> their students to take <u>home</u> the tablet
　　　　　　　　(1)　　　　　　　　　　　　(2)
　　　devices used in the classroom last semester, the students now <u>would</u>
　　　　　　　　　　　　　　　　　　　　　　　　　　　(3)
　　　<u>experience</u>　<u>less trouble</u> in online learning.
　　　(4)

(30) <u>Despite</u> their importance, <u>few studies</u> have investigated the features of
   (1)   (2)

populist communication on social media, which has changed the way <u>of</u>
                                       (3)

politicians <u>communicate with</u> voters.
   (4)

第 4 問　次の(I)〜(Ⅲ)に答えなさい。

(I)　次の英文を読んで小問(31)〜(35)について，それぞれ最も適切なものを(1)〜(4)の中から一つ選びなさい。

　　The COVID-19 pandemic has disrupted the lives of students in different ways, depending not only on their level and course of study but also on the point they have reached in their programs.　Those coming to the end of one phase of their education and moving on to another, such as those transitioning from school to tertiary education, or from tertiary education to employment, face particular challenges.　They will not be able to complete their school curriculum and assessment in the normal way and, in many cases, they have been torn away from their social group almost overnight.　Students who transition to tertiary education later this year are unlikely to take up offers to sit their year-end school exams in a later session.

　　Even those part-way through their programs will be anxious until they have clear indications of how their courses and assessment schemes will be restored after the crisis.　Many in the COVID-19 cohort of students will worry about suffering long-term disadvantages, compared to those who studied "normally," when they move to another level of study or enter the labor market. Statements from tertiary institutions that they will apply admission criteria "compassionately" may not always reassure.

　　While approaches to remote learning will clearly differ as between elementary (primary) school and tertiary education, the needs of skills-sector programs (Technical and Vocational Education and Training: TVET) need special attention.　The graduates of such programs will have a key role in economic recovery. Providing the practical training they require through distance learning is possible but requires special arrangements. The Commonwealth of Learning is a useful point of reference for TVET in developing countries.

These are anxious times for students and parents. Uncertainties about when life will return to "normal" compound the anxiety. Even as institutions make the changes required to teach in different ways, all should give the highest priority to reassuring students and parents — with targeted communication. Many teachers and counselors will have to provide this reassurance without clear information from examining bodies and institutions about the arrangements for replacing canceled examinations and modifying admissions procedures. Institutions should update students and parents with frequent communication on these matters. Teachers and school counselors may be better than parents at assuaging the anxieties of students in deprived situations. All, however, can access helplines and resources outside the school system that specialize in addressing emotional and psychological challenges.

Fifty years ago, various jurisdictions created "open" universities in order to equalize opportunity by extending access to tertiary education through distance learning. Sadly, the current imperative of continuing schooling by hasty transitions to remote learning may have the opposite impact. Institutions and educational systems must make special efforts to help those students whose parents are unsupportive and whose home environments are not conducive to study. Where households are confined to their residences by COVID-19, parents and guardians may be deeply anxious about their own economic future, so studying at home is not easy, especially for children with low motivation. Such homes often lack the equipment and connectivity that richer households take for granted, compounding the problem.

Just as institutions take steps to inform, reassure and maintain contact with students and parents, they must also ramp up their ability to teach remotely. This emergency is not the time to put into effect complex institutional plans for distance learning that were meant to be implemented over months or years. Teachers should work with what they know. Giving full attention to reassuring students is more important than trying to learn new pedagogy or technology on the fly.

The most important adjustment, for those used to teaching in classrooms in real-time, is to take advantage of asynchronous learning. For most aspects of learning and teaching, the participants do not have to communicate simultaneously. Asynchronous working gives teachers flexibility in preparing learning materials and enables students to juggle the demands of home and study. Asynchronous learning works best in digital formats. Teachers do not need to deliver material at a fixed time: it can be posted online for on-demand access and students can engage with it using wikis, blogs, and e-mail to suit their schedules. Teachers can check on student participation periodically and make online appointments for students with particular needs or questions. Creating an asynchronous digital classroom gives teachers and students more room to breathe.

Similarly, video lessons are usually more effective — as well as easier to prepare — if they are short (5−10 minutes). Organizations offering large-enrollment online courses, such as FutureLearn, have optimized approaches to remote learning that balance accessibility and effectiveness. Anyone asked to teach remotely can log in to a FutureLearn course in their subject area to observe the use of short videos. Teachers might also wish to flag relevant online courses to their students.

What curriculum should teachers use for remote learning during the COVID-19 crisis? The response will vary by jurisdiction. Some have prescriptive national curricula, whereas others give wide discretion to teachers to choose program content. General advice is for teachers to keep two objectives in mind. While it is important to continue to orient students' learning to the classroom curriculum and the assessments/examinations for which they were preparing, it is also vital to maintain students' interest in learning by giving them varied assignments — not least, perhaps, by work that sets the present COVID-19 crisis in a wider global and historical context. Some schools are encouraging students to engage with the crisis by preparing hampers of food and supplies for vulnerable families or writing letters to elderly residents in care homes.

(31)　What is the primary purpose of this passage?

(1)　to explain how to conduct remote teaching effectively

(2)　to describe the transition from in-person to online classes

(3)　to introduce how to use video conferencing programs for remote learning

(4)　to investigate how to prevent COVID-19 from spreading among students

(32)　According to the passage, which of the following points about how the pandemic has affected school curriculum is NOT true?

(1)　increased anxiety in students about job opportunities

(2)　interrupted students' social life in multiple ways

(3)　prevented students from graduating from school on time

(4)　forced universities to increase their student tuition fees

(33)　Which of the following points about remote learning is NOT mentioned in the passage?

(1)　enable students to study at their own pace while working part-time

(2)　allow for a set curriculum while offering flexible assignments to keep student interest

(3)　encourage students to be involved in social outreach in the community

(4)　promote better communication between teachers and students

(34)　According to the passage, which of the following statements about asynchronous learning is true?

出典追記 : Education and the COVID-19 pandemic, Prospects Vol. 49 by John Daniel, Springer Nature

(1)　It is necessary for teachers to monitor students continuously.

(2)　It can be effectively implemented using any format.

(3)　It is ideal for teachers to record and post videos of their entire lectures.

(4)　It doesn't require teachers to distribute their course materials at a fixed time.

(35)　If a new paragraph were added at the end of this passage, it would most likely focus on which of the following topics?

(1)　a campaign to encourage educators to teach only online

(2)　a plan to implement curriculum assessment

(3)　a new strategy for recruiting talented students

(4)　a method to advertise job openings for graduating students

(Ⅱ)　次の英文を読んで小問(36)〜(40)について，それぞれ最も適切なものを(1)〜(4)の中から一つ選びなさい。

Coffee has taken an important place in human society for at least 1200 years. Its consumption, which probably originated in northeast Africa, spread out to the Middle East in the 15th century and then to Europe. After oil, coffee has become the second most valuable commodity around the world. Today, coffee is among the most widely consumed pharmacologically active beverages, and its consumption has become a regular part of daily life worldwide. It is estimated that more than half of Americans drink coffee every day. The average consumption for a person in the European Community is 5.1 kg/year, which is similar to that in the United States. In fact, coffee is a complex mixture of chemicals, and is the main source of caffeine in many populations. However, it also contains thousands of different chemicals, including carbohydrates, lipids, nitrogenous compounds, vitamins, minerals, alkaloids, and phenolic compounds.

Although caffeine is a major component of coffee, the content is highly variable — ranging between 30 mg and 175 mg in a cup (150 mL) of home-prepared coffee. Caffeine is the most widely consumed psychoactive drug worldwide and appears to exert most of its biological effects through the antagonism of the adenosine receptor. Adenosine is an endogenous inhibitory neuromodulator that prompts feelings of drowsiness, and thus caffeine induces generally stimulatory effects in the central nervous system. In addition, the physiological effects of caffeine intake include acute elevation of blood pressure, increasing metabolic rate, and diuresis. Based on the data reviewed, it can be concluded that moderate caffeine intake (2–3 cups or 300 mg/day) is not associated with adverse effects, such as cardiovascular stimulatory effects and behavioral changes, at least in healthy adults.

Is there an antioxidant in coffee? Yes, indeed. Coffee is the number one diet source of antioxidants in many countries, including the United States, Italy, Spain, and Norway. Coffee beans contain phenolic antioxidant compounds. The major polyphenol in coffee is chlorogenic acid. Chlorogenic acid is one of the major strong antioxidant compounds in coffee. The antioxidant activity of coffee depends on the chemical composition. In addition, it was observed that the antioxidant activity of coffee varies according to the degree of roasting. Maximum antioxidant activity was measured for medium-roasted coffee.

The relationship of coffee with health has been featured in more than 8000 professional medical studies during the past 40 years. However, in many cases, conflicting findings and concerns have arisen, making it difficult for health professionals and the public to interpret the data. Coffee consumption tends to attract tobacco smoking, but many studies did not account for this potential confounding the data analysis. Some measurement errors seem to be inevitable in the assessment of coffee consumption because people consume a wide variety of coffee from day to day. Coffee intake is determined by the size of the coffee cup and the strength of the brew, as well as frequency of consumption. Despite 20 years of reassuring research, many people still avoid caffeinated coffee because they worry about the biological effects of caffeine.

What is the conclusion of so much attention? We have thought that coffee is good for your health when consumed in moderation.

Many studies show that coffee consumption may help prevent several chronic diseases. In particular, long-term coffee consumption is associated with significant dose-dependent reductions in the risk of developing type 2 diabetes. Furthermore, coffee intake reduces the risk of liver damage in people at high risk for liver disease, including hepatic injury, cirrhosis, and hepatocellular carcinoma. Its consumption is also inversely associated with the risk of Parkinson's disease in men and women who have never used postmenopausal estrogen. The risk of Alzheimer's disease is lower in those who regularly consume caffeine-containing coffee than in those who do not drink it. Coffee has also been shown to improve endurance performance in long-duration physical activities. It is very interesting that the relative risk of suicide was decreased by 13% for every cup of coffee consumed daily. In general, coffee consumption has been inversely associated with the risk of cancer at various sites, including the liver and colorectum, but there is no clear explanation of how coffee protects against cancer.

It should be considered that coffee does have modest cardiovascular effects such as tachycardia, high blood pressure, and occasional arrhythmia. The acute effects of coffee on the cardiovascular system might arise in the time immediate to coffee intake or in more susceptible individuals. Recent analyses have concluded that a weak inverse association may exist between coffee consumption and the risk of stroke, but further research is needed to clarify this. Although there is no definite clinical relationship between coffee intake and the risk of cardiac arrhythmia, many doctors would not recommend coffee for the patients. Any contribution of coffee ingestion to the development of hypertension is likely to be small, but it is considerable, particularly in infrequent coffee drinkers. Caffeine leads to a slight decrease in the efficiency of calcium absorption in the gastrointestinal tract. Thus, an adequate intake of calcium and vitamin D and a limitation of coffee intake to 2

-3 cups/day may help reduce the risk of osteoporosis and its related fracture, particularly in elderly adults.

Coffee consumption is used for social activity, leisure, improvement of work performance, and well-being.　Coffee is not only a medicinal alternative but also a beverage containing numerous potential health benefits.　The results from many types of research suggest the positive effects of coffee consumption on various aspects of health, as mentioned above briefly.　Despite the good outcomes in general, it should be emphasized that individual sensitivity to coffee and the biological effects of coffee among humans may vary because of personal single nucleotide polymorphic variants, as shown in an investigation on genetic polymorphisms in apolipoprotein E (APOE).　And some negative effects of coffee tend to emerge in excessive drinking, so it is best to avoid heavy coffee intake.　　Further studies on the functionally significant polymorphisms are needed for a better understanding of the effects of coffee on personal health.

(36)　Which of the following titles is the most appropriate for this passage?
　(1)　Popularity of Coffee in the US
　(2)　Key Components of Coffee
　(3)　Impact of Coffee on Human Health
　(4)　Rise of Coffee as a Profitable Commodity

(37)　According to the passage, which of the following statements is NOT true?
　(1)　Coffee has become unpopular in Europe.
　(2)　Coffee is one of the world's most valuable products.
　(3)　Coffee is an excellent source of antioxidants for Americans.
　(4)　Coffee consumption has numerous health benefits.

(38)　Which of the following effects of coffee on human health is NOT mentioned in the passage?

(1) decreased likelihood of type 2 diabetes

(2) increased risk of some forms of cancer

(3) elevated blood pressure and arrhythmia

(4) weakened bone structure of elderly adults

(39) According to the passage, what is one reason research on coffee is hard to conduct?

(1) There is a lack of suitable laboratory equipment.

(2) Varying results have made it hard to interpret data.

(3) Scientists worry about the effects of caffeine on participants.

(4) There is concern some participants may start smoking.

(40) This passage is most likely from which of the following publications?

(1) science periodical

(2) technical manual

(3) field journal

(4) newspaper editorial

(Ⅲ) 次の英文を読んで小問(41)〜(45)について，それぞれ最も適切なものを(1)〜(4)の中から一つ選びなさい。

Social psychologist Kurt Lewin (1890-1947) defined and differentiated three major classical leadership styles. Many consider Lewin to be the founder of social psychology and management theory as well as leadership studies. After extensive experiments in group dynamics and leadership, he developed the concept of leadership climate. Based on this concept, Lewin defined three types of leadership climates: democratic, authoritarian, and laissez-faire. Further, the choice of leadership style depends on the needs associated with making a decision. The three types of leadership styles are discussed below, including an additional type called dynamic leadership style.

Authoritarian Leadership Style: Authoritarian leaders are distant from their employees. This type of leadership is gained through demands, punishments, regulations, rules, and orders. The major functions of authoritarian leadership style include assignment of tasks, unilateral decision- and rule-making, and problem-solving. Followers of authoritarian leaders must adhere to all the instructions without comment or question. Authoritarian leaders make all the decisions themselves without involving employees or followers and impose these decisions on them. In the long term, an authoritarian leadership style can be detrimental as it is dictatorial in nature. This leadership style undermines creativity and individuality because these managers consider themselves to be right. However, the art of leadership is flexibility, i.e., to adapt to dynamic situations. Yet this leadership style also has some advantages: if there is urgency and a task is time critical, then one needs to have discipline and structure so that the job can be done quickly.

Democratic Leadership Style: This is also known as participative leadership style and reflects principles and processes such as self-determination and equal participation. However, democratic leaders must not be compared with those who hold elected positions. These leaders facilitate collective decision-making, involving their followers or employees and offering them support and choices. Further, this leadership style, unlike the authoritarian style, is characterized by cooperation, active participation, accountability, and delegation of responsibilities and tasks. A major function of democratic leadership is empowerment of subordinates, distribution of responsibility, and facilitation of group deliberations. Followers are held accountable for their decisions, actions, and willingness to maintain the group's freedom and autonomy. Although effective, the democratic leadership style has certain disadvantages. When roles are not clearly defined and time is limited, this leadership style can lead to failures. Further, in some cases, members of the group might lack the expertise and knowledge to contribute towards decision-making. Democratic leadership style is useful if members willingly share their expertise and knowledge. Also, decision-making under the democratic leadership style requires a lot of time.

Laissez-Faire Leadership Style: In this leadership style, leaders are not involved with their subordinates or followers. This style is characterized by the absence leadership style. Laissez-faire leaders do not make group-associated decisions and policies. Subordinates or followers are responsible for making all the decisions and solving problems. Laissez-faire leaders do not have authority or have little authority within their organization. The major functions of this leadership style include trusting members to make appropriate decisions and hiring trained employees. The role of this leadership style includes problem solving and self-monitoring, along with producing quality products and services. Laissez-faire leaders are highly successful, and their followers are self-directed as they are not critically instructed by their leaders at every step. This leadership style is suitable for organizations that have long-term employees. It is, however, not suitable for environments that require direction, quick feedback, and praise. The disadvantages of this style include lack of awareness, as it leads to poorly defined work roles. The leader provides minimal guidance, due to which group members are often not sure of their job roles and responsibilities.

Dynamic Leadership Style: This is a dual-focused form of leadership style that is adaptive in nature. This leadership style changes and reacts to different situations. The theory of dynamic leadership holds that a leader should use a fluid style of leadership to adjust according to the team that is being led. Dynamic leadership helps improve team motivation, as dynamic leaders are characterized by effective action, focused energy, and benevolent compassion. Further, dynamic leaders focus on engaging with employees in such a way that success is not based on any one individual, but the entire team. This particularly helps to motivate teams, as they experience a sense of recognition of their contribution to the overall success. Dynamic leaders are adaptive leaders, who find opportunities in obstacles, take effective action during difficult times, and take risks. Further, adaptive leadership creates a sense of purpose that is shared among team members. Team members feel motivated because adaptive leaders inspire and influence them rather than just demonstrating hierarchical command and control. Dynamic leaders are appreciative of teams and the contribution of each employee; they are supportive of employees in different situations, are caring, fair, humble, and inspiring. All these characteristics help a dynamic leader motivate teams rather than just individuals.

(41) Which of the following titles is the most appropriate for this passage?
　(1) Business Supervisory Strategies
　(2) Effective Management Oversight
　(3) How to Effectively Utilize Employees
　(4) Theory of Leadership Styles

(42) All of the following features of authoritarian leadership are mentioned in the passage, EXCEPT _____ .
　(1) decisions made with the help of followers
　(2) control reinforced through mandates and demands
　(3) workers unquestionably obey instructions
　(4) policies made solely by the leader

(43) According to the passage, which leadership style is more likely to result in both collective decision-making and ill-defined worker roles?
　(1) authoritarian
　(2) democratic
　(3) laissez-faire
　(4) dynamic

(44) According to the passage, an extraordinarily creative and independent

person would probably prefer which leadership style?

(1) authoritarian

(2) democratic

(3) laissez-faire

(4) dynamic

(45) The author of this passage is most likely an expert in which of the following fields?

(1) intercultural communication

(2) political theory

(3) organizational behavior

(4) public policy

第5問　次の会話の(46)〜(50)の空欄に入れるのに最も適切なものを(1)〜(4)の中から一つずつ選びなさい。

Paul:　　　Hi, Timothy. ⁽⁴⁶⁾_____. How have you been?

Timothy:　I'm well, and you?

Paul:　　　Not too bad, but I'm worried about the surge in COVID cases.

Timothy:　Me too. ⁽⁴⁷⁾_____.

Paul:　　　You can say that again! ⁽⁴⁸⁾_____?

Timothy:　I usually like to watch movies.

Paul:　　　Oh, I see. ⁽⁴⁹⁾_____

Timothy:　I really like YouTube.

Paul:　　　I've also been watching a lot of movies.

Paul:　　　Have you watched any drama series recently, such as *The Crown*?

Timothy:　No, they're not really my cup of tea. ⁽⁵⁰⁾_____.

Paul:　　　I see. Well, I have to get going. Take care of yourself.

Timothy:　You too. See you again.

(46)　(1)　It was nice to eat breakfast with you

　　　(2)　It's been ages since we last met

　　　(3)　I don't think you should have said that

　　　(4)　You told me about doing it yesterday

(47)　(1)　I heard a new variant has spread

　　　(2)　Many people will become vaccinated

　　　(3)　Let's hope this trend stops soon

　　　(4)　I wonder about the news

(48)　(1)　After watching it, could you review it

　　　(2)　When do you usually like to study

　　　(3)　If you don't mind, could you recommend one

　　　(4)　By the way, what do you like to do to chill out

(49)　(1)　Which platform do you like the best?

　　　(2)　Did you download the program to watch it?

　　　(3)　I didn't realize you're active on social media.

　　　(4)　I recommend you watch it on television.

(50)　(1)　I would prefer to drink hot coffee

　　　(2)　I'm into action and suspense thrillers

　　　(3)　I think he mentioned you were going

　　　(4)　I heard you like to watch them

■ 数学 ■

◀ B 方　式 ▶

(80 分)

注意：問題 4，問題 5 の解答については，論述なしで結果だけ記しても，正解とは見な
さない。

---

1 解答を解答用紙 (その 1) の **1** 欄に記入せよ.

放物線 $y = x^2 + x + 1$ を C とおく.

(1)　放物線 C 上の点 P$(-2, 3)$ における法線 ℓ_1 の方程式は，
$y = \boxed{\text{ア}}\, x + \boxed{\text{イ}}$ である. ただし，点 P における C の法線とは，P を通り，
P における C の接線に直交する直線をいう.

(2)　放物線 C 上の点 Q における法線 ℓ_2 が (1) の法線 ℓ_1 と直交するとき，点 Q の
座標は，$(\boxed{\text{ウ}}, \boxed{\text{エ}})$ である.

(3)　ℓ_1 と ℓ_2 の交点の座標は $(\boxed{\text{オ}}, \boxed{\text{カ}})$ である.

2 解答を解答用紙(その1)の **2** 欄に記入せよ.

　△OAB は OA ＝ 3, OB ＝ 5, AB ＝ $\sqrt{10}$ を満たす. △OAB において, 線分 OA の中点を C とし, C を通る OA の垂線と直線 OB との交点を D とする.

(1) 内積 $\overrightarrow{\mathrm{OA}} \cdot \overrightarrow{\mathrm{OB}}$ の値は $\boxed{\text{キ}}$ である.

(2) $\overrightarrow{\mathrm{OD}} = k\overrightarrow{\mathrm{OB}}$ とおくとき, $k = \boxed{\text{ク}}$ である.

(3) △OCD の面積は, $\boxed{\text{ケ}}$ である.

3 解答を解答用紙(その1)の **3** 欄に記入せよ.

　点 P は右図の頂点 A, B, C, D を, 次の規則(i)~(v)にしたがって動く.

(i) P は最初, 頂点 A にいる.

(ii) P が頂点 A にいるとき, その1秒後に頂点 B, C, D のどれかにそれぞれ $\frac{1}{3}$ の確率で移る.

(iii) P が頂点 B にいるとき, その1秒後に頂点 A, C のどれかにそれぞれ $\frac{1}{2}$ の確率で移る.

(iv) P が頂点 C にいるとき, その1秒後に頂点 A, B, D のどれかにそれぞれ $\frac{1}{3}$ の確率で移る.

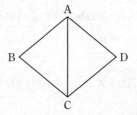

(v) P が頂点 D にいるとき, その1秒後に頂点 A, C のどれかにそれぞれ $\frac{1}{2}$ の確率で移る.

　n 秒後に, 点 P が頂点 A, B, C, D にいる確率を, それぞれ a_n, b_n, c_n, d_n とおく. このとき, 上の規則より, $b_n = d_n$ が成立している.

　次の問に答えよ.

(1)　$a_n + 2b_n + c_n = \boxed{\text{コ}}$

(2)　b_{n+1} を b_n を用いて表すと，$b_{n+1} = \boxed{\text{サ}}$ である．

(3)　b_n を n を用いて表すと，$b_n = \boxed{\text{シ}}$ である．

(4)　c_n を n を用いて表すと，$c_n = \boxed{\text{ス}}$ である．

$\boxed{4}$　解答を解答用紙（その 2）の $\boxed{4}$ 欄に記入せよ．

　　0 以上の実数 t に対して xy 平面上の放物線

$$C : y = x^2 + tx + t^2$$

を考える．

(1)　実数 t が範囲 $t \geqq 0$ を動くとき，放物線 C の頂点の軌跡を求め，図示せよ．

(2)　実数 t が範囲 $t \geqq 0$ を動くとき，放物線 C の通過する領域を求め，図示せよ．

5　解答を解答用紙(その3)の 5 欄に記入せよ.

　関数 $f(\theta)$ を

$$f(\theta) = \cos^3\theta + \sin^3\theta - 4\cos\theta\sin\theta$$

で定める. また, $x = \cos\theta + \sin\theta$ とおく. このとき, 次の問に答えよ.

(1)　θ が 0 から 2π まで動くとき, x の値の範囲を求めよ.

(2)　$f(\theta)$ を x の式で表せ.

(3)　θ が 0 から 2π まで動くとき, 関数 $f(\theta)$ の最大値と最小値を求めよ.

◀C　方　式▶

（90 分）

注意：問題 3，4，5 の解答については，論述なしで結果だけ記しても，正解とは見な
　　　さない。

1　解答を解答用紙（その 1 ）の　**1**　欄に記入せよ．

　　数直線上の点 P を次の規則（ i ）〜（ⅲ）にしたがって動かす．

（ i ）　P は最初，原点にある．

（ⅱ）　コインを投げて表がでたら P を正の方向に 2 動かし，裏が出たら正の方向
　　　に 1 動かす．

（ⅲ）　（ⅱ）の操作を繰り返す．

　　P が数直線上の座標 n の点に滞在する確率を p_n （ $n = 1, 2, 3, \cdots$ ）とすると
き，次の問に答えよ．

（1）　$p_1 = $ 　ア　，$p_2 = $ 　イ　である．

（2）　P が $n + 1$ の点に滞在しない場合は，必ず n の点に滞在する．
　　　このことから，$1 - p_{n+1}$ を p_n を用いて表すと，$1 - p_{n+1} = $ 　ウ　で
ある．

（3）　p_n を n を用いて表すと，$p_n = $ 　エ　である．

（4）　$\displaystyle \lim_{n \to \infty} p_n = $ 　オ　である．

2 解答を解答用紙(その1)の 2 欄に記入せよ.

四面体 OABC があり，点 P は
$$\overrightarrow{OP} + 2\overrightarrow{AP} + 4\overrightarrow{BP} + 8\overrightarrow{CP} = \vec{0}$$
を満たす．このとき，直線 OP と平面 ABC の交点を Q とする．$\overrightarrow{OA} = \vec{a}$，$\overrightarrow{OB} = \vec{b}$，$\overrightarrow{OC} = \vec{c}$，$\overrightarrow{OP} = \vec{p}$，$\overrightarrow{OQ} = \vec{q}$ として，次の問に答えよ.

(1) $\vec{q} = \boxed{\text{カ}}\, \vec{a} + \boxed{\text{キ}}\, \vec{b} + \boxed{\text{ク}}\, \vec{c}$ である.

(2) △QBC の面積は△ABC の面積の $\boxed{\text{ケ}}$ 倍である.

(3) 四面体 PQBC の体積は四面体 OABC の体積の $\boxed{\text{コ}}$ 倍である.

3 解答を解答用紙(その2)の 3 欄に記入せよ.

xyz 空間において，xz 平面上の原点を中心とする半径 1 の円を C_1，yz 平面上の原点を中心とする半径 3 の円を C_2 とする．点 P が C_1 上を，点 Q が C_2 上を，ともに速さ 3 で等速円運動をしている.

時刻 $t = 0$ において，P の位置が $(1, 0, 0)$，Q の位置が $(0, 3, 0)$ で，速度ベクトルがともに $(0, 0, 3)$ であるとき，次の問に答えよ.

(1) 時刻 t における P，Q の座標を求めよ.

(2) 線分 PQ の長さの最大値，最小値を求めよ.

4　解答を解答用紙(その3)の 4 欄に記入せよ.

　　a, b, c を実数とする. x の関数

$$f(x) = x^2 + ax + b + c \log(1 + x^2)$$

は, $x = 1$ および $x = 2$ で極値をとり, さらに $x = 1$ での極値が $10 \log 2$ である. このとき, 次の問に答えよ.

(1)　a, b, c の値を求めよ.

(2)　$f(x)$ の増減表をかけ. ただし, グラフの凹凸は調べなくてよい.

5　解答を解答用紙(その4)の 5 欄に記入せよ.

　　次の極限値を求めよ.

(1)　$\displaystyle \lim_{n \to \infty} \frac{1}{n^4} \sum_{k=1}^{n} (n + k)^3$

(2)　$\displaystyle \lim_{n \to \infty} \frac{1}{n^2} \sum_{k=1}^{n} k e^{\frac{k}{2n}}$

■総合問題■

(90 分)

　次の文章は，永吉希久子「第1章　ネット右翼とは誰か──ネット右翼の規定要因」
(樋口直人ら著『ネット右翼とは何か』青弓社，2019年)からの抜粋である(ただし出題
の都合上，変更を加えている)。課題文を読んで続く問いに答えなさい。

　なお文中の分析で用いられているデータは，著者(永吉)らが2017年12月に実施し
た「市民の政治参加に関する世論調査」のデータである。この調査の対象者は，調査会
社の登録モニターのうち，20歳から79歳で東京都市圏に居住する男女である。サン
プルは，東京都市圏の年齢・性別に基づく人口分布を反映するように割り付けた
77,084人である。

課題文

　ネット右翼の定義は，「ネット右翼とは誰か」という問いの根幹に関わる。本章で
は，辻の定義に従って，①中国・韓国への否定的態度，②保守的政治志向，③政治・
社会問題に関するネット上での意見発信や議論，という三つの条件をすべて満たす場
合にネット右翼と見なす[注1]。一方，①中国・韓国への否定的態度と③政治・社会
問題に関するネット上での意見発信や議論という二つの条件を満たすが，②の保守的
政治志向がみられない場合には，オンライン排外主義者と定義する。

　両者の定義を詳しくみていこう。ある人がネット右翼やオンライン排外主義者の条
件を満たすかどうかは，次の手順で判断した。まず，中国・韓国への否定的態度の有
無は，中国と韓国への好感度をもとに判断した。中国・韓国への好感度は，「もっと
も嫌い」を0，「もっとも好き」を10とする11段階で尋ねている。どちらの国に対し
ても「もっとも嫌い」を意味する0を選んでいる場合に，中国・韓国への否定的態度が
「ある」と判断した。これに該当するのは対象者の21.5％である。

　次に，保守的政治志向の有無を，「靖国公式参拝」と「憲法九条の改正」に対する賛否
と，「国旗・国歌を教育の場で教えるのは，当然である」と「子どもたちにもっと愛国
心や国民の責務について教えるよう，戦後教育を見直すべき」への同意の程度を用い

て測定した[**注2**]。前者二項目に対しては「賛成」「やや賛成」「どちらともいえない」「やや反対」「反対」「わからない」の六つの選択肢から，後者二項目については，「そう思う」「ややそう思う」「どちらともいえない」「あまりそう思わない」「そう思わない」の五つの選択肢から，それぞれ回答を選んでもらっている。これら四項目すべてに対して，「賛成・やや賛成」または「そう思う・ややそう思う」と回答している場合，保守的政治志向「あり」とする。これに該当するのは 11.8 ％だった。

　最後に，政治・社会問題に関するネット上での意見発信や議論については，「あなたは，過去一年間に政治や社会の問題について，インターネットやＳＮＳで次のようなことをしたことがありますか」という問いのなかの項目として，「ツイッターなどのソーシャル・メディアで，自分の意見や考えを書き込んだ」「ツイッターなどのソーシャル・メディアで，自分の考えと合う意見を拡散した」「インターネット上のニュース記事や動画サイトに自分の意見や考えをコメントとして書き込んだ」「インターネットやＳＮＳで友人や知人に自分の意見を伝えたり，議論したりした」の四つを示し，それぞれ「よくした」「したことがある」「したことはない」の三つから頻度を選んでもらうことで測定した。このうち一つでも「よくした」または「したことがある」と回答した場合に，インターネット上での政治的意見発信「あり」とした。該当するのは 20.2 ％である。

　これら三つの変数を使って，中国・韓国への否定的態度が「あり」，保守的政治志向が「あり」，政治・社会問題に関するネット上での意見発信が「ある」人を，ネット右翼と定義する（図1）。その結果，ネット右翼の割合は 1.5 ％であり，辻による前述の調査の値と同程度である。さらに，中国・韓国への否定的態度が「あり」，政治・社会問題に関するネット上での意見発信が「ある」が，保守的政治志向が「ない」オンライン排外主義者の割合は 3.0 ％だった。

　オンライン排外主義者とネット右翼の違いは，前者が　**a**　にある。保守的政治志向が「ある」とは，先に挙げた四つの項目すべてに一定程度賛成の場合だった。つまり，そのうちのどれか一つでも反対または中間的態度（「わからない」を含む）を選んでいる場合，保守的政治志向は「ない」こととして分類される。したがって，オンライン排外主義者でも，項目によっては保守的な傾向を示すものもある。実際，オンライン排外主義者のうち，靖国神社公式参拝には 39.0 ％，憲法改正には 29.2 ％，国旗・国歌教育には 51.7 ％，愛国心教育には 35.8 ％が賛成している（「賛成・やや賛成」または「そう思う・ややそう思う」を選択した場合を賛成と見なした）。このうち靖国神

社の公式参拝については，ネット右翼でもオンライン排外主義者でもない人（以下，非ネット排外層と呼ぶ）よりも賛成の割合が高い。韓国・中国との政治的な関係に関わるイシューについては，オンライン排外主義者は非ネット排外層よりも保守的傾向を示している。

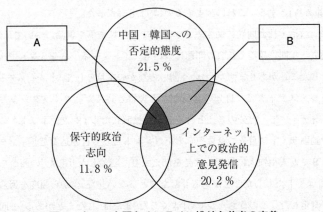

図1　ネット右翼とオンライン排外主義者の定義

　ネット右翼とオンライン排外主義者の違いを確認するために，自民党，立憲民主党，安倍晋三首相，反中国・反韓国を主張する運動，反安保運動それぞれへの好感度の平均値を比較した（図2）。これらの政党・政治家・運動への好感度は，中国・韓国への態度と同様に，0から10までの11段階で尋ねていて，値が大きいほど好感度が高いことを意味する。図2をみると，自民党や安倍首相への好感度がネット右翼では高いのに対し，オンライン排外主義者では非ネット排外層よりも低い。また，オンライン排外主義者は，反中国・反韓国を主張する運動への好感度がネット右翼についで高い一方で，反安保運動や立憲民主党など「左派」とされる政党への好感度が非ネット排外層と比べて著しく低いわけではない。

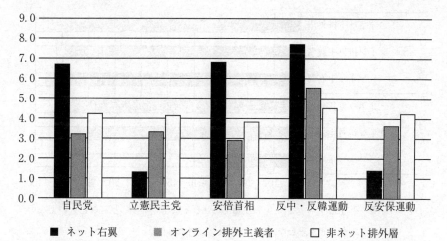

図2　ネット右翼・オンライン排外主義者・非ネット排外層の政党・政治家・運動好感度

　次に，ネット右翼とオンライン排外主義者が自分自身を保守−リベラルのどこに位置づけているのかを調べるため，「保守かリベラルかと聞かれれば，私の立場は保守だ」と「政治的に「右」か「左」かと聞かれれば，私の立場は「左」だ」への回答の分布を図3で示した。これをみると，ネット右翼の60％以上が自分をどちらかといえば「保守」であり，「左」ではないと見なしている。これに対し，オンライン排外主義は「保守」については49.0％が，「左」については54.8％が，「どちらともいえない」を選んでいて，必ずしも「保守」や「右」を自認しない傾向にある。

　以上の結果からみると，ネット右翼とオンライン排外主義者は　b　を共有するものの，現政権や政治との距離感が異なっている。ネット右翼は　c　傾向にある。一方，オンライン排外主義者は　d　。

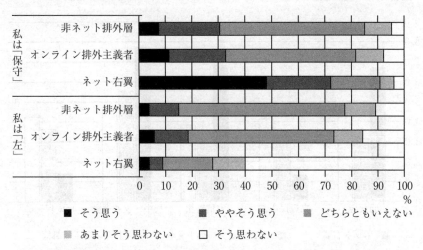

図3 ネット右翼・オンライン排外主義者・非ネット排外層の政治的立場についての自己意識

　では，どのような人がネット右翼やオンライン排外主義者になりやすいのだろうか。ここでは，ネット右翼の特徴として挙げられることが多い要素として，社会的属性，社会経済的地位，社会的孤立，政治的・社会的態度，メディア利用に着目して，その特徴をみていこう。

　ネット右翼のイメージとして，若年男性，特に社会経済的に弱い立場の若者というものがある。古谷経衡はネット右翼のステレオタイプとして，「学歴における低学歴」「年収における低所得」「社会的地位・立場における底辺」を挙げる[注3]。また，排外主義運動への参加者にインタビューしたジャーナリストの安田浩一も，彼らのなかには不安定雇用が多いと述べている[注4]。排外主義運動参加者とネット右翼がどのくらい重なるかは明確ではないが，安田の指摘は排外主義と不安定雇用に関連があることを印象づける。

　若年層の雇用の不安定化を，ネット右翼の広がりの原因として指摘する研究もある。例えば高原基彰は，若年不安定雇用層の将来不安を，2000年代以降のインターネット上にみられる「嫌韓・嫌中」を伴うナショナリズムの源泉だとする[注5]。高原の説は以下のようなものだ。1990年代半ば以降，若年層を中心に増大した不安定雇用層は，将来への不安の本来の原因である雇用や社会保障の問題を問うのではなく，外部に疑似的な敵を探す。このとき，保守系雑誌メディアの言説を参照することで，

近隣諸国を疑似的な敵と見なすナショナリズムが生じた。

　このロジックは，極右政党支持のメカニズムとして指摘されてきた近代化の敗者理論と似ている。この理論によれば，近代化が進展し，大量生産から多品種少量生産への移行や，高度な技能を要する生産様式への移行が生じるなかで，非熟練労働者は職を失い，周辺化されていく。また，近代化が進むとライフスタイルは多様化し個人化していく。このような変化への反発として，「近代化の敗者」たちは，かつての民族的・文化的に同質だった過去への回帰を求め，文化的保守主義を掲げる極右政党に投票する。

　しかし既存の研究をみると，確かにネット右翼に男性が多いことは確認できるものの，社会経済的な弱者が多いという説は支持されていない。また，樋口直人は排外主義運動参加者に対するインタビュー調査によって低学歴層や低収入層が多いという見方を否定している[注6]。

　本章で分析に用いるデータでも，男性のほうが女性よりもネット右翼の割合が高いことは確認できるが，年齢との関連は強くない（表1）。また，ネット右翼やオンライン排外主義者になりやすいかどうかに学歴による違いはみられない。雇用形態や所得との関連は統計的に<u>ユウイ</u>だったが，ごく弱いものだった。さらに，雇用形態との関連はネット右翼＝社会経済的地位の低い人という見方とは一致せず，ネット右翼やオンライン排外主義者の割合は非正規雇用層では低く，経営者・自営業者や正規雇用で高い傾向にあった。

　一方，主観的地位を示す階層帰属意識との関連を見ると，階層帰属意識が「下の下」「下の上」の層でオンライン排外主義の割合が比較的高い[注7]。ネット右翼については「下の下」の層で割合が高いのに加えて「上」の層でも高いため，主観的階層が低いほうがネット右翼になりやすいとはいえず，関連はより複雑であることがうかがえる。

表 1　社会的属性・社会経済的地位によるネット右翼・オンライン排外主義者の分布

（単位：%）

	ネット右翼	オンライン排外主義者	n
20 代	1.2	3.4	6,205
30 代	1.5	3.3	16,451
40 代	1.8	3.2	23,068
50 代	1.5	2.9	16,405
60 代	1.3	2.3	12,520
70 代	1.5	1.4	2,435
男性	2.1	3.4	40,887
女性	0.8	2.5	36,197
中学・高校卒	1.4	3.0	21,578
短大・高専・大学卒	1.5	3.0	55,506
正規	1.7	3.3	34,076
非正規	1.1	2.6	15,146
経営者・自営業	2.8	4.2	7,390
学生	1.0	3.3	904
無職	1.1	2.3	19,568
100 万円未満	1.5	3.5	1,652
300 万円未満	1.6	3.3	8,079
600 万円未満	1.6	3.0	22,532
900 万円未満	1.5	2.9	17,283
900 万円以上	1.8	3.0	17,197
わからない	0.9	2.6	10,341
下の下	2.3	5.6	5,264
下の上	1.7	3.8	14,743
中の下	1.3	2.6	30,954
中の上	1.5	2.4	24,639
上	2.8	3.2	1,484

注）n は非ネット排外層も含めた度数を示す

　ネット右翼のイメージには，社会的に孤立しているというものもある。これは独身であることや友人や地域とのつながりをもたないことを指す。独身者イメージは，古谷の言葉を借りれば「外見上＜異性経験＞の底辺」という負のイメージを含意している。また，前述の安田は，排外主義運動の参加者の特徴の一つとして，「仲間」や「逃げ場所」「帰る場所」を求めていることを挙げ，帰属する場を持たない人にとって，排外主義運動が与えてくれる承認が重要な意義をもつのではないかと論じる。これに対し，樋口は参加のコストという視点から社会的孤立の影響を説明する。排外主義運動

は今日の日本で社会的に受け入れられているとはいいがたい。そのため，家族がいた
り友人が多い場合には周囲からの運動への参加を止められる可能性が高まる。また，
運動への参加には時間的な余裕が必要だが，家族がいると活動の時間に制約が生じ
る。言い換えれば，社会的に孤立した人は，身近に参加を抑止・制限する存在がいな
いことによって運動に参加しやすくなるとみることができる。

　極右政党への支持に関する研究でも，社会的孤立は支持に向かう要因の一つと考え
られてきた。人々を結び付けていた中間的な組織——地域社会や職業団体など——の
力が近代化の進展の過程で弱まると，これまではそうした身近な所属集団に向けられ
ていた忠誠心は，遠くの一つの対象——例えば国家——に向かいやすくなる。また，
疑似的な共同体を提供してくれる全体主義的社会運動への参加や抽象的な国家へとア
イデンティティを帰属することは，孤立からくる不安の解消にもつながる。

　しかし，社会的孤立の効果は実証的な研究では必ずしも確認されていない。ヨー
ロッパのデータの分析からは，社会的孤立が必ずしも極右政党への支持を促しておら
ず，効果がある場合でもその影響力は小さいことが確認されている。また，辻の調査
では，ネット右翼層に独身者が多いという傾向は確認できなかった。

　今回用いる調査データの分析では，配偶者や相談相手の有無とネット右翼やオンラ
イン排外主義者へのなりやすさの間には統計的にユウイな関連がみられた。しかし，
関連は弱く，配偶者や相談者がいるグループとの明確な割合の差はみられない（表
2）。

表2　社会的孤立によるネット右翼・オンライン排外主義者の分布

（単位：%）

	ネット右翼	オンライン排外主義者	n
既婚	1.38	2.75	51,184
離死別	1.72	3.39	6,218
未婚	1.79	3.43	19,682
相談相手あり	1.43	3.08	45,655
相談相手なし	1.64	2.83	31,429

注）nは非ネット排外層も含めた度数を示す

　ネット右翼は政治的・社会的態度からも特徴づけられてきた。その一つが政治との
関わりへの積極性である。政治不信を極右政党への支持の一つの要因と捉える欧州の
知見と異なり，日本の排外主義運動参加者は，もともと積極的に選挙に参加する傾向

もあり，政治から疎外されているとはいえないことが指摘されている。辻の調査でも，ネット右翼層はインターネットでの書き込みだけでなく現実の政治活動に積極的に参加しているという結果が出ている。そうであるならば，ネット右翼を政治的に疎外された人々とみるのはテキセツではないだろう。
　　　　　　　　　　　　　　ウ

　これ以外のネット右翼を特徴づけうる重要な要素として，権威主義的態度が挙げられる。権威主義的態度とは，権威に従属し，伝統を重んじる一方，社会の主流となる諸価値から外れているようにみえる人々を攻撃しようとする傾向である。権威主義的態度は，第二次世界大戦に向かう時代にファシズムの温床となったとみられていて，差別意識とも深く関わっていることが繰り返し確認されている[注8]。伝統を重んじる保守志向と排外主義志向をあわせもつというネット右翼の特徴は，権威主義的態度を基礎とする可能性がある。

　では，政治不信や権威主義的態度の度合いが高いほど，ネット右翼やオンライン排外主義者になりやすいのだろうか。政治的有効性感覚，権威主義的態度，伝統的家族観の三つについて関連を調べた。政治的有効性感覚とは，「自分を含め，有権者ひとりひとりが政治を変えることができる」という意識を指す[注9]。有効性感覚が高いということは，自分が政治に影響力をもちうるという意識と，政府や政治が民意に応えて変わりうるという意識の両面をもっていることを含む。したがって，政治への不信感が強ければ，有効性感覚は低くなる。伝統的家族観は，同性愛や夫婦別姓，子どもをもたない夫婦など，多様な家族のあり方に対して否定的な態度を示すことを意味する[注10]。

　ネット右翼・オンライン排外主義者・非ネット排外層のそれぞれの政治的有効性感覚，権威主義的態度，伝統的家族観の平均値（図4）をみると，ネット右翼がこれら三つの意識すべてで高い値を示しているのに対し，オンライン排外主義者はすべてが低い。特に政治的有効性感覚については，非ネット排外層と比較しても低い値をとっている。つまり，政治的・社会的態度の面では，ネット右翼とオンライン排外主義者は大きく異なっている。

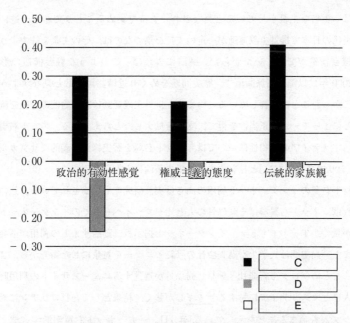

図 4　ネット右翼・オンライン排外主義者と政治・社会的態度の関連

　ネット右翼はマスメディアに不信感をもつ一方，インターネットをよく利用すると
いうイメージがある。アダム・クレインによれば，以下の理由からインターネットは
人種主義的運動にとって支持を拡大するうえで重要な場になっている。インターネッ
トを使えば，大きな経済的資源がなくとも情報の拡散が可能である。また，ゲートキ
ーパーがほとんど存在しないため，排外主義的運動にとっては自分たちの意見を主張
しやすい。さらに，ニュースやブログ，ＳＮＳの間で相互にリンクを張り巡らすこと
で，自分の意見をほかの情報で補強できるため，「真実」として正当化しやすい。イン
ターネットは自分の考えと合う意見とつながりやすいことも，類似の情報に触れる機
会を増やし，それを「真実」として正当化する傾向に拍車をかける。

　また，日本の排外主義運動に関する研究は，運動で用いられる言説が保守系活字メ
ディアの影響を受けていることを指摘している。樋口はこれを「言説の機会構造」とい
う概念を使って説明する。言説の機会構造は，ある時代のある国で，どのような考え
が「道理にかない」，どのような現実の構築が「現実的」なもので，どのような主張が
「正当」なものと見なされるかを規定する。したがって言説の機会構造に合致した社会

運動は，正当な主張をしていると見なされ，支持を集めることができる。逆に言えば，現代の日本で排外主義運動が一定の支持を集めたのは，その主張を許すような言説の機会構造ができていたからだ。樋口によれば，このような機会構造の形成には，2000 年代以降の右派論壇で，歴史問題をめぐり近隣諸国を敵と見なすような言説が広がったことが影響している。つまり，排外主義運動は右派論壇の言説を流用することによって一定の正当性を得て，支持を拡大したと考えられる。ネット右翼と保守系活字メディアの親和性については，ネット右翼を歴史修正主義的なサブカルチャーの「シリアスなファン」と見なす倉橋耕平の議論にもみられる。

　ネット右翼のインターネット利用の高さは実証研究でも指摘されている。辻の調査によれば，ネット右翼層はそれ以外の人と比べプライベートでのインターネット利用時間が長く，Ｔｗｉｔｔｅｒ，インターネット掲示板，動画サイトの利用が活発である。また，高史明は大学生や調査会社の登録モニターを対象にした調査から，2 ちゃんねるまとめブログや新聞社・テレビ局以外が運営するニュースサイトの利用時間が長い人ほどマスメディアに対する<u>サイギ</u>心が強く，結果として在日コリアンに対する
　　　　　　　　　　　　　　　　　　　エ
レイシズムも強まることを示している[**注11**]。一方，ネット右翼が活字メディアを利用する傾向にあるのかについては実証できていない。

　今回用いる調査では，「政治や社会の問題に関する情報の入手先」として，「テレビ（報道・ニュース番組）」「テレビ（バラエティ・情報番組）」「ラジオ」「新聞」「本・雑誌」「口コミ」「インターネット（ニュース）」「インターネット（ブログ，まとめサイトなど）」「ＳＮＳ（ツイッター，フェイスブックなど）」「所属団体・組織の情報（ホームページ，ニュースレターなど）」をそれぞれどの程度利用するかを尋ねている。

　図 5 は，各メディアを「よく使う」割合を，ネット右翼・オンライン排外主義者・非ネット排外層で比較したものである[**注12**]。これをみると，ネット右翼はほかの二タイプに比べ，政治や社会問題についての情報の入手先としてあまりテレビを使わず，インターネットを利用する傾向にある。また，割合としては低いものの，本・雑誌や口コミについても，非ネット排外層と比べて利用率が高い傾向がみられた。一方，オンライン排外主義者のテレビ利用率は非ネット排外層と同程度であり，ネット右翼とは異なる傾向がみられる。ブログ・まとめサイトやＳＮＳ，口コミについては非ネット排外層よりも高い利用率を示している。

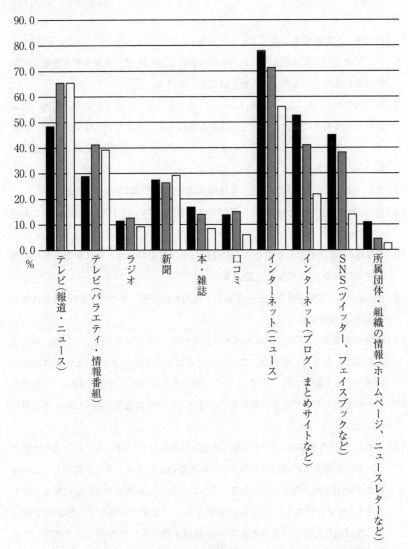

■ ネット右翼　■ オンライン排外主義者　□ 非ネット排外層

図5　ネット右翼・オンライン排外主義者・非ネット排外層の各メディアを「よく使う」割合

[注]

[1] 辻大介「計量調査から見る『ネット右翼』のプロファイル──2007 年／2014 年 ウェブ調査の分析結果をもとに」『年報人間科学』第 38 号，大阪大学大学院人間科 学研究科社会学・人間学・人類学研究室，2017 年

[2] 保守的政治志向に含むべき項目についてはさまざまな可能性があり，前述の四項 目がネット右翼に関わるすべての論点を網羅しているとはいえない。本章の結果 は，あくまでもこれらの項目への支持をもとに「ネット右翼」を定義した場合の知 見であることに留意してほしい。

[3] 古谷経衡『ネット右翼の逆襲──「嫌韓」思想と新保守論』総和社，2013 年

[4] 安田浩一『ネットと愛国──在特会の「闇」を追いかけて』(g 2 book)，講談 社，2012 年

[5] 高原基彰『不安型ナショナリズムの時代──日韓中のネット世代が憎みあう本当 の理由』(新書 y)，洋泉社，2006 年

[6] 樋口直人『日本型排外主義──在特会・外国人参政権・東アジア地政学』名古屋大 学出版会，2014 年

[7] 階層帰属意識は，「仮に現在の日本社会全体を，以下のように五つの層に分ける とすれば，あなたご自身は，この中のどれに入ると思いますか」という質問への 回答を使って測定した。回答は「上」「中の上」「中の下」「下の上」「下の下」の五つか ら一つを選ぶ形式である。値が大きいほど，階層帰属意識が高くなるように得点 化した。

[8] 本章では，「権威ある人にはつねに敬意を払わなければならない」「伝統や慣習に したがったやり方に疑問をもつ人は，結局問題をひきおこすことになる」「この複 雑な世の中で何をなすべきか知る一番良い方法は，指導者や専門家に頼ることで ある」に対する回答について因子分析を行い，変数を作成した。値が大きいほ ど，権威にしたがうべきと考えている(権威主義的態度が強い)ことを意味してい る。

[9] 本章では，「自分のようなふつうの市民には政府のすることを左右する力はない」 「国民の意見や希望は，国の政治にはほとんど反映されていない」「ほとんどの政 治家は，自分の得になることだけを考えて政治にかかわっている」という意見へ の態度について因子分析をおこない，変数を作成した。値が大きいほど，自分は 政治に参加できていると感じている(有効性感覚が高い)ことを意味している。

[10]本章では,「結婚しても,必ずしも子どもを持つ必要はない」「同性どうしが,愛し合ってもよい」「男女が結婚しても,名字をどちらかに合わせる必要はなく,別々の名字のままでよい」という項目への態度を使って因子分析をおこない,変数を作成した。値が大きいほど,伝統的な家族観を支持していることを意味している。

[11]高史明「在日コリアンへのレイシズムとインターネット」,塚田穂高編著『徹底検証　日本の右傾化』(筑摩選書)所収,筑摩書房,2017 年

[12]回答はそれぞれ「よく使う」「時々使う」「ほとんど使わない」の三つから選ぶ形式である。

　以下の問 1 〜問 13 に答えなさい。問 1 〜問 12 は解答用紙(その 1)の解答欄にマークし,問 13 は解答用紙(その 2)の解答欄に記述しなさい。

問 1　図 1 の空欄 A と空欄 B に入る語句として正しいものを,それぞれ下の選択肢①〜④の中から一つずつ選んでマークしなさい。解答欄は空欄 A が 1 ,空欄 B が 2 。
① オンライン排外主義者　1.5 ％　　② オンライン排外主義者　3.0 ％
③ ネット右翼　1.5 ％　　　　　　　④ ネット右翼　3.0 ％

問 2　空欄 a に入る言葉として正しいものを,下の選択肢①〜⑤の中から一つ選んで, 3 にマークしなさい。
① 保守的な政治志向を必ずしももたない点
② インターネット上での政治的意見発信を行う点
③ インターネット上での政治的意見発信を必ずしも行わない点
④ 中国・韓国への否定的態度を示さない点
⑤ 靖国神社への公式参拝に賛成する点

問 3　空欄 b に入る語句としてもっとも適切なものを,下の選択肢①〜④の中から一つ選んで, 4 にマークしなさい。
① 反安保運動の態度　　　　　　② 反中・反韓運動の態度
③ 保守的志向　　　　　　　　　④ 反安倍内閣の態度

問 4 下線部アについて、のちに続く文章の空欄 c と空欄 d に入る語句として正しい
ものをそれぞれ一つずつ選んで対応する解答欄にマークしなさい。解答欄は、空
欄 c が ⑤ 、空欄 d が ⑥ 。

① 政府を支持し、保守を自認する

② 現在の政府と距離をとり、政治的立ち位置も明確ではない

③ 現在の政府と距離をとり、保守を自認する

④ 政府を支持し、政治的立ち位置は明確ではない

問 5 社会経済的地位とネット右翼およびオンライン排外主義者に関する次の文章(1)
～(6)について、課題文から判断して、それぞれ正しいかどうか答えなさい。正し
い場合は 1 を、誤っている場合は 0 を対応する解答欄にマークすること。

(1) これまでのインタビュー調査からは、排外主義運動の参加者には、社会経済
的地位が低い人たちが多いという結果が一貫して得られている。 ⑦

(2) ネット右翼のステレオタイプ的なイメージと一貫して、著者(永吉)らの調査
でも、女性よりも男性の方が、ネット右翼の割合が高いことがわかった。 ⑧

(3) 著者(永吉)らの調査から、無職のうちでオンライン排外主義者の占める割合
は、無職のうちでネット右翼の占める割合の 2 倍ほどいることがわかった。こ
のことから、社会経済的地位が低いほどネット右翼になりやすくはない一方、
オンライン排外主義者にはなりやすいということが明らかになったといえる。
⑨

(4) 著者(永吉)らの調査結果から、年齢が低い層ほどオンライン排外主義者の割
合が多いということを読み取ることができる。 ⑩

(5) 著者(永吉)らの調査結果から、オンライン排外主義者のうちで自らの階層帰
属意識を「下の下」と答える人の割合は、ネット右翼のうちで自らの階層帰属意
識を「下の下」と答える人の割合の約 2 倍以上おり、オンライン排外主義者のほ
うが自らの主観的地位を低く認識している傾向が読み取れる。 ⑪

(6) 著者(永吉)らの調査結果では、オンライン排外主義者のうちで男性が占める
割合は、ネット右翼のうちで男性が占める割合よりも低い。 ⑫

問 6 社会的孤立とネット右翼およびオンライン排外主義者に関する次の文章(1)～(5)
について、課題文から判断して、それぞれ正しいかどうか答えなさい。正しい場

合は1を，誤っている場合は0を対応する解答欄にマークすること。

(1) 安田浩一によると，社会的に孤立した人々は承認欲求により排外主義運動に参加しやすくなると論じるのに対し，樋口直人によると，運動参加のコストの観点から，社会的に孤立した人はむしろ排外主義運動に参加しにくくなると論じている。 13

(2) 極右政党への支持に関する研究では，社会的孤立が支持に向かう要因の一つと考えられてきたが，実証的に(データから)，示されているとは言い難い。 14

(3) 著者(永吉)らの調査では，ネット右翼のうちで既婚者は1.38%しかおらず，社会的孤立がネット右翼のなりやすさに影響していることが示唆された。 15

(4) 著者(永吉)らの調査結果から，ネット右翼のうちで未婚者が占める割合とオンライン排外主義者のうちで未婚者が占める割合はおおよそ同じであることが読み取れる。 16

(5) 著者(永吉)らの調査結果では，「相談相手なし」のうちでオンライン排外主義者が占める割合は，「相談相手なし」のうちでネット右翼が占める割合の2倍弱である。このことから，相談相手のいない社会的に孤立した人ほどなりやすいのはネット右翼ではなくオンライン排外主義者であることが読み取れる。 17

問7 図4の凡例を示す空欄C〜空欄Eに入る語句の組み合わせとして正しいものを，下の選択肢①〜⑤の中から一つ選んで， 18 にマークしなさい。

① Cネット右翼　　　Dオンライン排外主義者　　E非ネット排外層

② Cネット右翼　　　D非ネット排外層　　　Eオンライン排外主義者

③ Cネット右翼　　　Dオンライン排外主義者　　E保守主義者

④ C保守主義者　　　Dオンライン排外主義者　　Eネット右翼

⑤ Cオンライン排外主義者　　　Dネット右翼　　E保守主義者

問8 ネット右翼やオンライン排外主義者の政治や社会についての考え方の特徴を表した次の文章(1)〜(5)について，課題文から判断して，それぞれ正しいかどうかを答えなさい。正しい場合は1を，誤っている場合は0を対応する解答欄にマークすること。

(1)　ネット右翼とオンライン排外主義者は反中・反韓の態度では共通している
　　が，測定された3つの政治的・社会的態度では反対の傾向を示している。 19

(2)　ネット右翼は権威に従順であることを重視し，現政権に肯定的であり，政治
　　に自分の声が届いていると感じている傾向がある。 20

(3)　オンライン排外主義者は，政治や権威に対して不信感を持っており，現政権
　　に対して必ずしも肯定的な感情を持っていない傾向がある。 21

(4)　オンライン排外主義者もネット右翼も，国旗・国歌教育に賛成する割合が5
　　割以上あり，このイシューに関しては共通して保守的傾向を示している。 22

(5)　ネット右翼は，同性愛や夫婦別姓について否定的な態度をとる傾向がある。
　　 23

問9　オンライン排外主義者やネット右翼のメディア利用に関する次の文章(1)～(6)に
　　ついて，課題文から判断して，それぞれ正しいかどうかを答えなさい。正しい場
　　合は1を，誤っている場合は0を対応する解答欄にマークすること。

(1)　高史明の調査と同様に，著者(永吉)の調査でもネット右翼は活字メディアを
　　利用する割合が高いことが明らかになった。 24

(2)　辻大介の調査によると，オンライン排外主義者は，プライベートでのインタ
　　ーネット利用時間が長く，インターネット掲示板や動画サイトの利用が活発な
　　ことがわかっている。 25

(3)　著者(永吉)の調査によると，ネット右翼は，保守系のインターネットニュー
　　スやブログをよく使う割合が高いことがわかった。 26

(4)　著者(永吉)の調査結果から，ネット右翼とオンライン排外主義者が情報を入
　　手するメディアとして，新聞をよく利用する割合は同じくらいであることが読
　　み取れる。 27

(5)　ネット右翼はマスメディアに不信感を持つという従来のイメージがあるが，
　　著者(永吉)の調査によってこのことは完全に裏付けられた。 28

(6)　著者(永吉)の調査結果から，ネット右翼は，政治や社会問題についての情報
　　の入手先として，テレビを「ほとんど使わない」と回答した人の割合が，オンラ
　　イン排外主義者や非ネット排外層よりも高いことが読み取れる。 29

問10　下線部**イ**の熟語の漢字をそれぞれ下の選択肢①〜⑧の中から選んで対応する解答欄にマークしなさい。解答欄は一文字目が $\boxed{30}$ ，二文字目が $\boxed{31}$ である。

①　優　　　　　②　有　　　　　③　裕　　　　　④　尤

⑤　意　　　　　⑥　位　　　　　⑦　違　　　　　⑧　異

問11　下線部**ウ**の熟語の漢字をそれぞれ下の選択肢①〜⑧の中から選んで対応する解答欄にマークしなさい。解答欄は一文字目が $\boxed{32}$ ，二文字目が $\boxed{33}$ である。

①　的　　　　　②　摘　　　　　③　適　　　　　④　敵

⑤　説　　　　　⑥　節　　　　　⑦　切　　　　　⑧　接

問12　下線部**エ**の熟語の漢字をそれぞれ下の選択肢①〜⑧の中から選んで対応する解答欄にマークしなさい。解答欄は一文字目が $\boxed{34}$ ，二文字目が $\boxed{35}$ である。

①　狭　　　　　②　塞　　　　　③　細　　　　　④　猜

⑤　偽　　　　　⑥　疑　　　　　⑦　義　　　　　⑧　儀

問13　課題文が含まれる章のまとめにおいて著者は次のように述べている。

　　　　本章での検討を通して明らかになったのは，排外意識をもち，インターネット上で意見発信をしている人々のなかには，政治への意識や情報の取得方法が異なる二つの集団が混在している可能性があるということである。ネット上での排外的言説を発信・拡散している人々を一枚岩の集団と見なしてしまうと，彼らの動機の多様性を見落とす可能性がある。

　　著者らの調査から，ネット右翼とオンライン排外主義はどのように違うと明らかになったのか。両者を比較しつつ具体的に記述しなさい。なお著者は，政治的好感度，政治的自認，社会的属性，社会経済的地位，社会的孤立，政治的・社会的態度，メディア利用の観点から両者の比較を行っている。解答の際はこれらの観点のうち，違いが顕著に見られるものをすべて選択し，それぞれの観点について両者の違いを具体的に記述しなさい。

　　解答は，解答用紙(その２)の**400**字詰め解答欄に収まるように記述しなさい。

　なお解答は横書きとし，適切に段落分けをし，段落冒頭は 1 字下げること。カギ括弧や句読点などの記号の使い方は，原稿用紙における原則どおりに行いなさい。

解答編

■英語■

1 解答 (1)—(3) (2)—(1) (3)—(4) (4)—(4) (5)—(4) (6)—(1)
(7)—(4) (8)—(4) (9)—(2) (10)—(4)

◀解 説▶

(1)「新型コロナウイルスに関する誤報や陰謀論は極めて有害である」

harmful は「有害な」の意。(3)toxic が「有毒の，中毒（性）の」という意味から「害がある」と考える。(1)informative「有益な」 (2)irritating「イライラさせる，炎症を起こす」 (4)unavoidable「避けられない」

(2)「同年代の仲間からの反応は，発達途上にある子どもの自己像に多大な影響を及ぼす」

profound は「深い」の意。(1)deep「深い」が近い意味となる。(2)emotional「感情的な」 (3)perpetual「絶え間ない，永久の」 (4)ubiquitous「どこにでもある」

(3)「利用者が権利を読み書きした記憶領域にこのソフトウェアをインストールしなければならない」

privilege は「特別な権利，特典」の意。「権利」の意味から(4)right を選ぶ。(1)document「文書」 (2)function「機能」 (3)manipulation「巧みな操作，ごまかし」

(4)「コンピュータを使った個別指導システムはカリキュラム編成の制約を減らすはずだ」

lessen は「～を減らす」の意。(4)diminish「～を減らす」が正解。(1)，(2)にも近い意味があるように思えたかもしれないが，(1)degrade は grade「（品質）等級」を含むため「（地位・身分・価値など）を下げる」，(2)deteriorate も「（価値・品質など）を悪くする」の意で，いずれも「悪化させる」イメージの動詞。S（コンピュータによる個別指導システム）がO（カリキュラム編成の制約）を悪化させるとは考えづらいため，不適。

(3)determine「〜を決心する，判断する」

(5)「これら 2 つの製品は一見すると見分けがつかないが，機能に違いがある」

apparently は「見たところは」という意味。よって，⑷seemingly「一見，うわべは」が正解。ここでは「明らかに」という意味ではないので⑴clearly「明らかに，明確に」は不可。⑵essentially「本質的に，本来」⑶eventually「結局，ついに」

(6)「飛行機の便が遅延したため，一人の乗客が空港で怒りを爆発させた」

rage は「怒り」の意味で，erupt in rage で「怒りを爆発させる」と訳す。⑴fury「激怒」が正解。⑵public「公の」 in public「人前で」⑶turn「回転，変化，順番」 in turn「交代で，今度は」 ⑷vain「無駄，うぬぼれ」 in vain「無駄に，軽々しく」

(7)「政府当局者らは不良資産の問題を断固として解決すると言った」

decisively「断固として，決定的に」は decide「〜を決心する」→decisive「断固とした」から意味を推察できる。firm「堅い，頑固な」の派生語である⑷firmly「堅く，断固として」が正解。⑴adequately「十分に，適切に」 ⑵desperately「必死に，絶望的に」 ⑶devotedly「献身的に」

(8)「その雑誌の記事は『タリバーンに屈しないアフガニスタン人』という題がついている」

surrender to 〜 は「〜に降伏する，〜に屈する」の意。⑷yield には「〜を産出する，もたらす」などの意味もあるが，yield to 〜 で「〜に屈する」という意味にもなる。以下，to を伴う場合の意味。⑴belong to 〜「〜に属している」 ⑵stick to 〜「〜にくっつく，〜を固守する」 ⑶subscribe to 〜「〜を予約する，寄付する」 be entitled 〜「〜という題名がついている」

(9)「科学的発見は人間の知性の最大の功績を反映したものだと考えられることが多い」

feat「偉業，功績」と近い意味になるのは⑵attainment「達成，業績」である。⑴aspect「側面，外見」 ⑶attempt「試み」 ⑷attribute「属性，特質」 ultimate「究極の，最大の」

(10)「より多くの人々に接種するために，既存の新型コロナウイルスワクチ

ンを薄めて量を増やすことは可能である」

　inoculate は「〜に（ワクチンを）接種する」の意。(4)vaccinate「〜に予防接種をする」が正解。(1)distribute「〜を分配する」　(2)infect「（病気）をうつす，感染させる」　(3)save「〜を救う」　stretch「〜を薄めて量を増やす」　vaccine「ワクチン」

2　解答

(11)—(3)　(12)—(2)　(13)—(1)　(14)—(1)　(15)—(3)　(16)—(3)
(17)—(1)　(18)—(4)　(19)—(3)　(20)—(4)

◀解　説▶

(11)「全員が各自，月曜日までにグーグルクラスルームにレポートを提出しなければならない」

　選択肢の訳は(1)hand down「（後世に）〜を伝える」，(3)hand in「〜を提出する」，(4)hand on「（情報）を回す，知らせる」で，(2)hand for は熟語としての用例はない。期限を表す by Monday や目的語にあたる your report より(3)が正解。

(12)「昨夜はなんでパーティーに来なかったの？」

　(1)，(2)の How come は How come S V 〜? で Why 〜? と同意となるため，(2)が正解。How come の直後は(1)のように didn't you 〜 と疑問の形をとらず，(2)のように S V 〜 の語順になる。(3)How far は距離，(4)How long は長さや期間を問う表現のため，文意に合わない。

(13)「当分の間，私たちはすべきことが何もない」

　for the time being で「当分の間は」の意。

(14)「君はタクシーを呼んだほうがよさそうだね。そうすれば結婚式に時間通り間に合うよ」

　空所前の might より(1)as well を補い，might as well *do*「〜したほうがよい」とするのが適切。(2)は might as well *do* 〜 as *do* … の形であれば「…するくらいなら〜したほうがましだ，…するのは〜するようなものだ」という意味になる。(3)so as to *do*「〜するために」は空所の位置で用いると文が成立しない。(4)so well to という表現はない。

(15)「彼は両親に嘘をついたことで謝罪させられた」

　空所前の He was made と選択肢すべてに apologize と動詞が含まれることから，使役の make *A do*「*A* に〜させる」の受動態であると判断す

る。make *A do* を受動にすると *A* be made to *do* となるため，(3)，(4)に絞る。また，apologize「謝罪する」は自動詞のため be apologized と受動では使えないため，(4)は不適。よって，(3)to apologize が正解。

⒃「昨日喫茶店で彼に会ったが，そのとき，彼にそれについて伝えるべきだった」

　(1)be told と(2)have been told は be *done* を含むため受動，(3)have told と(4)tell は能動である。空所後に him about it と目的語があることから，能動の(3)，(4)に絞る。空所前の ought to は助動詞で「～すべきである，～するはずである」をつけると(3)は ought to have *done*「～すべきだったのに（実際はしなかった）」の形になり，(4)は「～すべきである」となるが，文末の then が問題文前半の yesterday を指すことから過去への後悔の意味となる(3)が適切。

⒄「学習方式を教授するために，いつもの研修メニューを発展させるようわれわれは求めた」

　空所を含む that 節の直前に demand「～を求める，要求する」があることに注目。that 節の内容は要求内容となり，demand した時点ではまだ現実になっていない内容である。また，demand という動詞の意味の特性より「～すべき」という気持ちが含まれることから，that 節中の述語動詞は should be となる。また，この should は省略されることもあるため，(1)が正解。

⒅「iPhone はほぼ10億人の人々によって使用されており，2007年にアップル社により開発された」

　The iPhone, …, was created by Apple in 2007. が主節で，空所を含む，… is used by nearly 1 billion people, は The iPhone の説明となる関係詞節である。主語が抜けているため，関係代名詞の主格となる(4)which を補う。また，(1)that も関係代名詞の主格となれるが，直前にカンマがある場合（関係代名詞の非制限用法の場合）は使えない。

⒆「教科書にある方法に加え，他の方法も試してみてもよい」

　the method described in the textbook についてみると，describe「～を記述する」という意味から，described … textbook は the method にかかる過去分詞句である。直後に名詞をおける前置詞に絞り，(2)Beside「～のそばに」，(3)Besides「～に加えて」に絞る。後半の other ones の

one は method を指し,「教科書に記述された方法に加え，他の方法も…」という文意になるはずなので，(3)が正解。(1)Aside は副詞で「脇へ」の意。aside from 〜 なら「〜から逸れて，〜を別として」と使える。(4)Side「側（面）」

⑳「建物に入ることが許可されていなかったため，私の親友は炎天下で私のことを待たなければならなかった」

　選択肢に共通する allow は，allow *A* to *do* で「*A* が〜するのを許す」の意。空所後に to enter と続き，*A* に当たる語がないことから，受動（be *done*）の要素を含む(4)Not being allowed が正解。ちなみにこの文は As my best friend was not allowed to enter the building, my best friend had to wait ….の下線部が分詞構文となったもの。

3 解答

(21)—(1)　(22)—(4)　(23)—(3)　(24)—(4)　(25)—(4)　(26)—(3)
(27)—(1)　(28)—(2)　(29)—(1)　(30)—(3)

◀解　説▶

(21)oppose to → object to
「君の妹がそんな理不尽な要求に反対せず，君もまた反対しないことに私は驚いた」

　(1)の oppose は他動詞で「〜に反対する」の意。直後に to は不要。自動詞の object「反対する」を用い，object to 〜「〜に反対する」とすればよい。oppose を用いるならば be opposed to 〜「〜に反対する」の形であれば可。

(22)close at the hand → close at hand
「ちらっとでも目をやっていれば，彼女に危険が迫っていることが伝わっていただろう」

　close at hand で「間近に，手の届くところに」という表現で the は不要。直訳は「ちらりと見ることは彼女に危険が迫っていることを伝えていただろう」である。would have *done* を含むため仮定法過去完了の表現で，実際にはちらりと見なかったので伝わらなかった，ということ。

(23)in that → when
「われわれが自由に旅行できるときがまもなく来るのだろうか」

　(1)wonder if S′ V′ 〜 は「〜だろうか」，(2)before long は「まもなく」

の意。(3) in that 以降の we will be able to travel freely は文意から the time を修飾する関係詞節と考えられる。the time を主格や目的格に戻せそうにないため，関係副詞 when か前置詞＋関係代名詞 in which を用いるが，前置詞＋関係代名詞の場合，関係代名詞（目的格の whom か which）を that に置き換えることは不可。

(24) one 12-items list → one 12-item list

「心理学の実験でその学生は毎日 3 つのテストを受けたが，一つのテストは覚えるべき 12 項目が載ったリスト一つで構成されていた」

(4) one 12-items list は，one list「一つのリスト」の間にある 12-items が「12 項目の」という意味で list にかかる形容詞となる複合形容詞。このように 2 つ以上の単語をハイフンでつないで作る複合形容詞は，数字＋名詞の場合，名詞は必ず単数形となるため，12-items の s は不要である。psychological「心理学の」　trial「試験，試行」　consist of 〜「〜で構成されている」

(25) because → because of

「あるアジア系の女性は自分の外見を理由に地下鉄内で嫌がらせを受けたことについて語った」

because は接続詞であるため because S V の形をとる。(4)の直後は her appearance「彼女の外見」と名詞しかないため，成立していない。名詞の理由をおく場合は because of とする。descent「系統，血統」　harass「〜を悩ます，攻撃する」

(26) so many → so much

「100 をはるかに超える研究論文を書いてきたが，注目すべきは，彼女が称賛を受けたのは書いてきた論文が多いからではなく，重要な発見をしたからであるということだ」

be praised for 〜「〜のことで賞賛される」の for 〜 が下線部(3), (4)の直後にそれぞれある点に気付きたい。for the number of papers と for the landmark findings である。そうすれば，not so much *A* as *B*「*A* というよりむしろ *B*」の構文が組み込まれていることにも気付ける。way「ずっと，はるかに」　research paper「研究論文」　note「〜に注目する」landmark「重要な」

(27) has left → left

「彼はついさっき職場を出たばかりだから，すぐに彼の後を追ってくれない？」

　a moment ago「ついさっき」と過去の語句があるため，(1)has left の現在完了を用いることはできない。過去形にするのが正しい。

⑵a very successive → a very successful

「全体として見れば，キャンペーンの成功に始まり，われわれのメッセージは少なくとも 100 万人には届いた」

　⑵successive は「連続する，歴代の」の意。「連続のキャンペーン」ならば campaign が複数形になっているはずだが，campaign が単数であること，また with our message reaching not less than one million people を考慮に入れれば，キャンペーンが「成功した」の意味にしたい。よって，⑵の successive を successful「成功した」とするのが適切。all in all「全体から見ると」 kick off with ～「～から始める」 not less than ～「少なくとも～」

⑵have permitted → had permitted

「もし生徒が前学期に教室で使っていたタブレットを自宅に持ち帰るのを教師が許可していたら，今頃，生徒たちがオンライン学習で困ることはもっと少ないだろう」

　文頭の If から「もし～なら」の仮定法もしくは条件法の可能性を考えたい。If 節の動詞は(1)have permitted となっているが，If 節の時制は last semester と過去の語句があることから，仮定法過去完了（If S had *done*, S would have *done*）となるはず。よって，(1)を had permitted とする。また，主節は now があることから仮定法過去（If S＋過去形，S would *do*）となっている。

⑶of → なし / in which

「その重要性にもかかわらず，ソーシャルメディア上での一般大衆のやりとりの特徴を調査する研究はほとんどないが，それは政治家が有権者とコミュニケーションを図る方法を変えてきた」

　⑶of は前置詞のため，直後に SV はとれない。よって，⑶の of をとって the way S V とするか the way in which S V「～する方法」とする。populist「一般大衆の」

4 解答

(Ⅰ)(31)—(1) (32)—(4) (33)—(1) (34)—(4) (35)—(2)
(Ⅱ)(36)—(3) (37)—(1) (38)—(2) (39)—(2) (40)—(1)
(Ⅲ)(41)—(4) (42)—(1) (43)—(2) (44)—(3) (45)—(3)

◆全 訳◆

(Ⅰ) ≪コロナ禍で求められる学校教育の対応≫

新型コロナウイルスの蔓延により，学生生活にさまざまな混乱が生じているが，その混乱は学生たちが受けている教育レベルおよび学習課程だけでなく，そのカリキュラムの中でどの段階まで到達しているかによって異なる。中等教育から高等教育へと移行する学生や高等教育を終えて就職する学生など，教育のある段階を修了して次の段階へと進む学生は，特有の問題に直面している。通常通りに学校のカリキュラムを修了し，評価を受けることができなくなり，多くの場合，ほぼ一夜のうちに自分が属する社会集団から引き離されてしまったのである。今年中に高等教育へ移行する学生たちが，年度末に行われる入学試験を次学期に受けるという提案に応じるとは考え難い。

カリキュラム履修途中の学生たちでさえも，自分の受講講座や評価計画がこのコロナ危機が終わった後にどのようにして元の状態に戻るのかをはっきり示してもらうまでは不安であろう。コロナ世代の学生たちの多くは，次の就学段階への移行もしくは就職の際に，「普通に」学んだ学生と比べると長期にわたって不利な立場におかれるという心配にかられるだろう。高等教育機関が入学基準を「温情的に」するという声明を出したとしても，必ずしも安心につながるわけではないかもしれない。

リモート学習を取り入れる取り組みは，小学校と高等教育とでは明らかに違いがあるものだが，技術部門のプログラム（技術教育および職業教育と訓練：TVET）の必要性には特別な配慮が求められる。そのようなプログラムを修了した者は経済の回復において重要な役割を担うことになるだろう。遠隔教育を通して彼らが求める実務的な訓練を実施することは可能だが，特別な段取りが必要となる。発展途上国における TVET にとっては，コモンウェルス・オブ・ラーニングが有用な評価基準である。

今は学生と保護者にとって不安な時期だ。生活がいつ「平常」に戻るのかがはっきりしないため，不安が増すのである。学校はさまざまな方法で教育を提供するのに必要な変革を起こすのと同時に，対象を絞ってコミュ

ニケーションをとることで学生や親を安心させることを，全員が最優先にしなければならない。多くの教師や相談員は，取りやめになった試験の振替や，入学手続きの変更を行う手配に関して，試験を主催する団体や機関からのはっきりとした情報がない状態でこのような安心感を与えなければならないだろう。学校はこれらの事柄に関して頻繁に連絡をとることで学生と親に最新の情報を提供する必要がある。ゆとりのない状況においては，親よりも教師や学校の相談員のほうが学生の心配をうまく和らげることができる，ということもある。しかし，学校組織以外にも，感情面・心理面の課題に対応することを専門とする，電話相談サービスや援助を誰でも利用できる。

　50 年前，遠隔教育を通じて高等教育を受けることができる層を拡大することで機会の均等を図ろうと，さまざまな管轄が「通信制」大学を設置した。残念なことに，性急にリモート学習へと移行することによって学校教育を続けるという現在の責務は真逆の影響を与えかねない。学校と教育制度は親が協力的でない学生や，家庭環境が学習に適していない学生を支援することに重点を置かなければならない。新型コロナウイルスによって家族全員が家に引きこもっているような場合には，親や保護者が自分たちの今後の経済状況について大きな不安を抱えている可能性があるため，自宅で学習することは，とりわけ意欲の低い子どもにとっては容易ではない。そのような家庭には，より裕福な家庭にとっては当然と思われる機器やインターネットなどへの接続環境がない場合が多く，問題はさらにこじれていく。

　学校は学生や親に情報を提供し，安心させ，接触をもち続けるための手段をいろいろと講じているように，遠隔で授業を行う能力を上げる必要もある。本来なら何カ月も何年もかけて実行されるべき，遠隔学習を行うための制度上の複雑な計画をこのような非常時に実行に移すべきではない。教師は自分たちのもっている知識を用いて取り組むべきである。大急ぎで新たな教授法や技術を習得しようとするよりも，学生たちを安心させることに専念するほうが重要である。

　教室でリアルタイムで授業を行っていた教師にとって順応すべき最も大切なことは，非同期型学習をうまく利用することである。学習と指導のほとんどの面で，授業に参加する学生たちは一斉にコミュニケーションをと

る必要はない。作業を同時に行う必要がないため，教師は学習教材の準備を柔軟に行うことができ，学生は家庭で求められることと学業で求められることをうまく調整することができる。非同期型学習は，デジタルの形態で最もうまく機能する。教師は決まった時間に教材を配布する必要がなくなる。教材はオンデマンド配信でウェブ上に投稿すればよいし，学生は自分の都合に合わせてウィキやブログ，Ｅメールを利用しながらその教材で学習に取り組むことができる。教師は学生が参加しているかどうかを定期的に確認し，個別の要望や質問がある学生にはオンラインで約束を取り付けることができる。非同期型の仮想教室を創ることで，教師と学生にもっと息つく余裕ができるのである。

　同様に，映像授業は短いもの（5 ～10 分）ならば，比較的準備がしやすいだけでなく効率的でもある。フューチャーラーンのような登録者数の多いオンライン授業を提供している企業は，遠隔学習の手法を最大限利用し，使いやすさと有効性のバランスをとってきた。遠隔で授業を行うよう依頼を受けた人は誰でもフューチャーラーンの自分の科目分野の授業にログインし，短い映像授業の利用状況を閲覧することができる。教師は自分の担当生徒に関連するオンライン授業に目印としてフラグを立ててもよいかもしれない。

　コロナ危機の中，教師は遠隔学習に向けてどのようなカリキュラムを利用すべきだろうか？　その答えは管轄により違ったものになるだろう。国が定めたカリキュラムが存在している場合もあるが，一方で教師にプログラム内容を選ぶ権限を幅広く与えている場合もある。教師に向けた包括的なアドバイスとしては，2 つの目的を心に留めておくことである。教師が準備した授業のカリキュラムや評価あるいは試験のほうに学生たちの学びの関心を向け続けることは重要なことであるが，学生たちにさまざまな課題を与えることで学習への関心をもたせ続けることも極めて重要である——特に，目の前の新型コロナウイルス危機をもっと広い世界的・歴史的背景の中で考えさせるような課題がよいだろう。一部の学校では，社会的に弱い立場にある家庭のために食べ物を詰めたかごや必需品を準備したり，介護施設で暮らす高齢者に手紙を書いたりすることで，この危機と関わりをもつことを推奨している。

⑴　《コーヒーと健康》

　コーヒーは少なくとも 1200 年もの間，人間社会の中で重要な地位を占めてきた。コーヒーの摂取はおそらくアフリカ北東部で始まり，15 世紀には中東へ，その後ヨーロッパへと広まった。石油に次いで，コーヒーは世界で 2 番目に貴重な商品となっている。今日では，コーヒーは薬理活性成分を含む飲み物のうち，最も広く消費されているものの一つで，コーヒーを飲む習慣は世界中で日常生活の一部となっている。米国人の半数以上が毎日コーヒーを飲んでいると推定されている。欧州共同体加盟国の人々の一人あたりのコーヒー摂取量の平均は年間 5.1 kg で，この数値は米国でも同様である。実際に，コーヒーにはさまざまな化学物質が複雑に含まれており，多くの人にとってカフェインの主な摂取源となっている。しかしながら，炭水化物や脂質，窒素化合物，ビタミン，ミネラル，アルカロイド，フェノール成分など，数千ものさまざまな化学物質を含んでもいるのだ。

　カフェインはコーヒーの主成分であるが，含有量にはかなりムラがある——家で入れたコーヒーの場合，コーヒーカップ 1 杯（150 mL）に含まれるカフェインは 30〜175 mg と幅がある。カフェインは世界で最も広く摂取されている向精神薬であり，アデノシン受容体との拮抗作用を通してその生物学的効果のほとんどを発揮しているようである。アデノシンは眠気を引き起こす，内因性阻害性神経調節物質である。それゆえ，カフェインは一般に中枢神経系に促進作用をもたらす。加えて，カフェイン摂取が及ぼす生理作用には，血圧の急激な上昇，新陳代謝率の上昇，利尿作用が含まれる。精査されたデータに基づくと，適度にカフェインを摂取すること（1 日に 2 〜 3 杯もしくは 300 mg）は，少なくとも健康状態の良い大人においては，心血管への刺激や行動変化などの悪影響につながることはないと結論づけてもよいだろう。

　コーヒーには抗酸化物質が含まれているのだろうか？　もちろん，含まれている。米国，イタリア，スペイン，ノルウェーを含む多くの国々で，コーヒーは抗酸化物質の供給源第 1 位である。コーヒー豆はフェノール系の抗酸化化合物を含有している。コーヒーに含まれる主要なポリフェノールはクロロゲン酸である。クロロゲン酸はコーヒーに含まれる強力な主要抗酸化化合物の一つである。コーヒーの抗酸化活性はその化学組成によっ

て異なる。さらに，コーヒーの抗酸化活性は，どのくらい焙煎するかによって異なるということが認められている。最大の抗酸化活性が測定されたのは中煎り焙煎のコーヒーである。

　コーヒーと健康の関係は過去 40 年の間に専門家による 8000 以上の医学的研究の中で取り上げられてきた。しかしながら，多くの場合，研究結果に矛盾や懸案事項が生じ，そのせいで医療従事者や一般の人々がそのデータを解釈することが困難になっている。コーヒーを飲むとタバコを吸いたくなる，という傾向があるが，多くの研究ではデータ分析を混乱させるこの可能性について説明していなかった。コーヒー摂取を評価する際に起こる測定の誤差には避けられないように思えるものもある。人々はその日その日でいろいろなコーヒーを飲むからである。コーヒーの摂取量は，飲んだ回数だけでなく，コーヒーカップの大きさとそのコーヒーの濃さによっても決定される。20 年にもわたって頼もしい研究があるにもかかわらず，カフェインが及ぼす生物学的影響について心配し，カフェイン入りのコーヒーを避ける人がいまだに多い。多くの注目を集めてきたが，結果的にはどうなのか？　コーヒーは適度に摂取すれば健康に良いとわれわれは考えている。

　コーヒーの摂取が慢性疾患予防に役立つことがあるということを多くの研究が示している。特に，長期にわたりコーヒーの摂取を続けることは 2型糖尿病を発現する危険性が著しく，かつ用量依存的に減少することにつながる。さらに，コーヒーを摂取することで，肝損傷や肝硬変，肝細胞ガンといった肝臓の病気にかかる危険性の高い人々において肝機能障害が出るリスクが減少する。コーヒーの摂取によって，男性や閉経後にエストロゲンの投与を行ったことのない女性がパーキンソン病を患うリスクが逆相関することもある。アルツハイマー病の発症リスクに関しては，カフェイン含有のコーヒーを飲まない人よりもいつも飲む人のほうが低い。コーヒーを飲むことで長時間に及ぶ身体活動をする際の持久力が上がるということもまた示されている。大変興味深いのは，毎日コーヒーを 1 杯飲むと，自殺の相対リスクが 13% 減少したというものである。一般に，コーヒーの摂取と肝臓や大腸などさまざまな体の部位におけるガンの発症リスクとは逆相関の関係にあるとされてきたが，コーヒーがどのようにガンを予防しているのかに関する明確な説明はない。

　コーヒーは頻脈や高血圧，ときおり起こる不整脈など，循環器系にわずかだが影響を及ぼしている，ということは考慮されるべきである。コーヒーが循環器系に及ぼす重大な影響が生じるのは，コーヒーを飲んだ直後や，比較的影響を受けやすい人においてであろう。最近の分析結果では，コーヒーの摂取と脳卒中を発症するリスクの間には弱い逆相関があるかもしれないという結論が出ているが，このことを明確にするにはさらなる研究が必要である。コーヒーの摂取と心臓の不整脈との間に明白な臨床的関連性はないとはいえ，多くの医師は患者にコーヒーを飲むよう勧めたりはしないだろう。コーヒーの摂取が高血圧症を発症する一因となる可能性は低いが，コーヒーを飲む頻度が高い人については特に，その可能性は相当ある。カフェインはわずかではあるが消化器官がカルシウムを吸収する効率を下げる。したがって，カルシウムとビタミン D を十分に摂取しつつ，コーヒーを飲む量を 1 日 2 ～ 3 杯におさめれば，特に高齢者の骨粗鬆症およびそれに伴う骨折のリスクを軽減するのに役立つかもしれない。

　コーヒーの摂取は社会活動やレジャー，仕事効率の改善，健康のために利用されている。コーヒーは薬の代替となるような効果があるだけでなく，潜在的な健康効果が数多くある飲み物でもある。先に簡単に述べたように，コーヒーを摂取することが健康のさまざまな側面に良い影響を及ぼすということは多くの種類の研究で得られた結果が示している。おおむねそのような良い結果をもたらしてくれるにもかかわらず，強調しておかなければならないのは，コーヒーに対する過敏さやコーヒーが人にもたらす生物学的作用は，人によって違うが，それはアポリポ蛋白 E（APOE）における遺伝子多型に関する研究報告にあるように，その人の一塩基多型変異によるものであるということである。そして，コーヒーによるマイナス効果は，過剰に摂取すると現れる傾向があるため，コーヒーの飲みすぎは避けるに越したことはない。コーヒーが個人個人の健康に与える影響をより深く理解するには，機能上重要となる遺伝子多型に関するさらなる研究が必要である。

出典追記：Coffee and health, Integrative Medicine Research Vol. 3, Issue 4, December 2014 by Jae-Hoon Bae, Jae-Hyung Park, Seung-Soon Im, Dae-Kyu Song, Elsevier B. V.

〔Ⅲ〕　≪リーダーシップ論≫

　社会心理学者のクルト＝レヴィン（1890〜1947）はリーダーシップを3つの大きな古典的類型に区分し，定義した。多くの人々が，レヴィンがリーダーシップ研究のみならず社会心理学と経営管理論の基盤をもつくった人物であると考えている。集団力学とリーダーシップについての広範な実験を行った後に，彼はリーダーシップ傾向という概念を生み出した。この概念に基づき，レヴィンはリーダーシップの傾向を民主型，専制型，放任型の3種類に定義した。さらに，どのリーダーシップ型を選ぶかは，意思決定をする必要があるかどうかに左右される。3つのリーダーシップ類型については，動的リーダーシップ型と呼ばれるさらにもう一つの類型も含め，以下に論じる。

　専制型リーダーシップ：専制型のリーダーは社員との間に距離を置く。このタイプのリーダーシップは，要求，罰，規則，規定，命令を通して獲得される。専制型リーダーシップの主な役割には，仕事を割り当て，一方的に意思決定を下して規定を作り，問題を解決することが含まれる。専制型のリーダーの部下は，意見したり質問をしたりせず，すべての指示にきっちり従わなければならない。専制型のリーダーはあらゆる意思決定を自ら下し，社員や部下をそれに参加させることはなく，その決定を彼らに押し付ける。長い目で見ると，専制型リーダーシップは独裁的な性質であるため，弊害をもたらす可能性がある。このリーダーシップ型を発揮するリーダーは自分が正しいと思っているため，この類型では創造性や個性が弱体化する。しかし，リーダーシップの手腕というのは柔軟性，すなわち，変わりやすい状況に適応する力なのである。とはいえ，このリーダーシップ型にも長所はいくつかある。仕事が緊急を要し，スピードが求められる場合には，その仕事を迅速に終えられるよう規律と組織構造が必要となるのである。

　民主型リーダーシップ：このタイプは参加型リーダーシップとしても知られており，自己決定や対等な参加といった原則と過程を反映している。しかし，民主型のリーダーは，選出されてその地位に就いている人とは比較されてはならない。こういったリーダーは，全体での意思決定を容易にする。というのも，部下や社員を巻き込み，彼らに支援と選択肢を与えるからである。さらに，このリーダーシップ型は，専制型と違い，協力，積

極的参加，アカウンタビリティ（説明責任），責任および仕事の委任を特徴とする。民主型リーダーシップの主な役割は，部下に権限を与え，責任を分散させ，グループによる協議を円滑に進めることである。部下は自分たちのグループの自由と自主性を維持するために自分たちの決断，行動，意欲に責任を課されている。効果的ではあるものの，民主型リーダーシップにはあるデメリットがある。役割が明確に定められず，時間に限りがある場合だと，この種のリーダーシップは失敗につながることがあるのだ。さらに，一部の事例においては，グループ内のメンバーが意思決定に役立つ専門的な技能や知識に欠けていることがある。メンバーが進んで自分の持つ専門的な技能や知識を共有する場合には民主型リーダーシップが有用である。また，民主型リーダーシップの下で意思決定を行うのには多くの時間を要する。

　放任型リーダーシップ：このタイプのリーダーシップでは，リーダーが所属社員や部下に関与しない。このタイプはリーダーシップを発揮しないという特徴がある。放任型のリーダーはグループ全体での意思決定を下したり，方針を打ち出したりはしない。所属社員や部下が意思決定と問題解決のすべてに責任を負う。放任型のリーダーは組織の中でまったく，もしくはほとんど支配力を及ぼさない。この類のリーダーシップの主な役割は，メンバーを信頼して適切な判断をし，経験のある従業員を雇うことである。このタイプのリーダーシップの果たすべき任務には，良質な製品やサービスを生み出すことに加えて，問題を解決し，自己モニタリングをすることが含まれる。放任型のリーダーは大きな成功を収めた人物であり，その部下はリーダーからあらゆる局面で批判的な指示を受けることがないため，自律している。このタイプのリーダーシップは，勤続年数の長い社員のいる組織に適している。しかし，指導や迅速なフィードバック，賞賛を求められるような環境には適さない。この形態のデメリットは，自覚の欠如である。仕事上での役割が不明瞭になるという事態を引き起こすからである。リーダーの出す指示は最小限であり，そのせいでグループの成員が仕事上での自分の役割と義務をきちんと把握できていない，ということがよくあるのだ。

　動的リーダーシップ型：これは二元的な視点から物事に焦点を当てる形態のリーダーシップで，適応力があるという性質がある。このリーダーシ

ップ型はさまざまな状況に合わせて変化し，対応する。動的リーダーシップの理論では，率いるチームに応じて調整するという流動的なリーダーシップの形態を利用するもの，という考えがある。動的なリーダーは，有効な対策を打ち出す，取り組みを一方向に集中させる，善意に満ちた思いやりがある，という特徴があるため，このリーダーシップはチームのやる気を喚起するのに役立つ。さらに，動的なリーダーは，成功は個々人ではなく，チーム全体の上に成り立っているという方針で社員らと関わり合うことに重点を置いている。このことが特にチームをやる気にさせるのに役立つが，それは，自分が全体の成功に貢献していることを認識する感覚を味わえるからである。動的なリーダーは適応力のある人物で，障害があってもその中で好機を見いだし，つらい時期に効果的な行動をとり，リスクを負う。さらに，適応力のあるリーダーシップは目的意識を生み出し，それがチームの成員の中で共有される。チームの成員は，適応力のあるリーダーが階層的な命令や支配力をただ示すのではなく，自分たちを鼓舞し，感化してくれるため，やる気になる。動的なリーダーはチームと社員一人一人の貢献を認めてくれる。つまり，彼らはさまざまな状況で社員に協力的であり，面倒見がよく，公正で，謙虚で，意欲を掻き立ててくれるのである。これらの特徴すべてが，動的なリーダーがただ個人をやる気にさせるのではなく，チームを動かすのに役立っている。

◀解　説▶

(Ⅰ)(31)「この文章の主な目的は何か」

(1)「効果的に遠隔授業を行う方法の説明」

(2)「対面授業からオンライン授業へと移行する様子の描写」

(3)「リモート学習用のテレビ会議プログラムの使用法の紹介」

(4)「新型コロナウイルスの学生間での蔓延を防止する方法の調査」

　本文では，第1〜3段（The COVID-19 pandemic … in developing countries.）が学生の教育レベル・学習段階に応じて対応を変える必要性，第4・5段（These are anxious … compounding the problem.）が生徒と保護者を安心させる必要性，第6〜8段（Just as institutions … to their students.）が遠隔学習の有用性，最終段（What curriculum should …）が遠隔学習の導入に伴うカリキュラムの変更について述べられており，全体的に学生に対面授業を提供できない状況で学校や教師側にできること

を提案しているため, ⑴が正解。⑵は第 6 〜 8 段にオンライン授業の有用性は描写されているものの, 対面授業からの移行に関する記述はない。⑶は映像授業に関する記述は第 8 段（Similarly, video lessons …）にあるが, video conferencing programs の使用法については述べられていない。また, 学生間でのウイルス蔓延防止についても記述がないため, ⑷は不適。effectively「効果的に」 describe「〜を描写する」 transition「移り変わり」 in-person「対面の, 直接の」 conferencing「会議開催」 investigate「〜を調査する」 prevent *A* from *doing*「*A* が〜するのを妨げる」

⑶⑵「本文によると, 新型コロナウイルスの蔓延が学校のカリキュラムにどう影響しているかに関して, 以下のうち当てはまらないものはどれか」

⑴「就業機会についての学生の不安が増大した」

⑵「さまざまな形で学生の社会生活が阻害された」

⑶「学生が本来なら卒業できる時期に卒業できなくなった」

⑷「大学が学生の授業料を上げざるを得なくなった」

　新型コロナウイルスの蔓延が学校のカリキュラムに及ぼしている影響は第 1・2 段（The COVID-19 pandemic … not always reassure.）参照。⑷の student tuition fees「学生の授業料」に関する記述はないため, ⑷が正解。⑴は第 2 段第 2 文（Many in the COVID-19 …）に, ⑵と⑶は第 1 段第 3 文（They will not be …）にそれぞれ一致。anxiety「不安」 job opportunity「就業機会」 interrupt「〜を邪魔する」 multiple「多様な」 graduate from 〜「〜を卒業する」 force *A* to *do*「*A* にむりやり〜させる」 tuition fee「授業料」

⑶⑶「リモート学習に関して, 以下の点のうち本文中で述べられていないものはどれか」

⑴「学生がアルバイトをしながら自分のペースで勉強できるようになる」

⑵「柔軟な課題を与えて学生の興味を保ちつつ, 決まったカリキュラムに備える」

⑶「学生が地域社会において社会的な支援活動に従事することを奨励する」

⑷「教師と学生の間のコミュニケーションをより深める」

　⑴の enable students to study at their own pace は第 7 段第 5 文

(Teachers do not …) 後半の students can engage … to suit their schedules「学生は自分の都合に合わせて…学習に取り組むことができる」に一致しているように思えるが，選択肢の while working part-time については，アルバイトをしながら…という趣旨の文章は本文中には見当たらない。本文ではコロナ禍で対面授業が難しい中でも教育を提供する方法としてリモート学習が取り上げられているということを忘れてはいけない。

(2)は最終段最終 2 文（While it is important … in care homes.），(3)は最終段最終文（Some schools are …）に，(4)は第 7 段最終 2 文（Teachers can check … room to breathe.）にそれぞれ一致。allow for ～「～を可能にする」 flexible「柔軟な」 assignment「課題」 be involved in ～「～に従事する」 outreach「支援活動，働きかけ」 promote「～を促進する」

(34)「本文によると，非同期型学習に関する以下の文のうち，当てはまるものはどれか」

(1)「教師が学生たちをたえず監視することが必要である」

(2)「どのような形式を使っても効果的に実施できる」

(3)「教師が自分の講義全体を録画し，投稿することが理想的である」

(4)「教師が授業で使用する教材を決まった時間に配布しなくてもよい」

asynchronous learning「非同期型学習」は第 7 段第 1 文（The most important …）で初登場。第 7 段第 5 文の Teachers do not need to deliver material at a fixed time「教師は決まった時間に教材を渡す必要がなくなる」が(4)に一致。(1)は同段第 6 文（Teachers can check …）に学生の確認は periodically「定期的に」でよいとあるため不適。(2)は同段第 4 文（Asynchronous learning works …）にデジタル形式が最適とあるため不一致。(3)については本文中に記述なし。monitor「～を監視する」 continuously「たえず」 implement「～を実行する」 format「型」 ideal「理想的な」 post「～を投稿する」 require *A* to *do*「*A* に～するよう要求する」 distribute「～を配る」 fixed「固定の」

(35)「この文章の終わりに新たに 1 段落加えるとすると，何に焦点を当てたものである可能性が最も高いか」

(1)「教育者にオンライン上だけで教えるよう促す運動」

(2)「カリキュラムの評価を実施する計画」

(3)「才能ある学生を募集する新たな戦略」

(4)「卒業予定者向けの求人広告を出す方法」

　第 1 段第 3 文（They will not …）「通常通りに学校のカリキュラムを修了し，評価を受けることができなくなった」や第 2 段第 1 文（Even those part-way …）「カリキュラム履修途中の学生たちでさえも，自分の受講講座や評価計画がこのコロナ危機が終わった後にどのようにして元の状態に戻るのかをはっきり示してもらうまでは不安であろう」から，学生が心配しているのは①自分たちの受講途中のカリキュラムの今後と，②その評価がどうなるのか，の 2 点だとわかる。第 3・6・7・8 段では遠隔授業のメリットを提示し，その中身を充実させるためのカリキュラム変更の検討を最終段で提案しており，これらは①に対する対応策であるため，最終段に続く段落は②に対する対応策となるはず。assessment「評価」に関する案が提示されるはずなので，(2)が正解。campaign「運動」strategy「戦略」 recruit「～を募集する，採用する」 talented「才能のある」 advertise「～を宣伝する」 job opening「就職口」

(Ⅱ)(36)「この文章に最も適切な題名は次のうちどれか」

(1)「米国におけるコーヒーの人気」

(2)「コーヒーの主成分」

(3)「コーヒーが人の健康に及ぼす影響」

(4)「収益性の高い商品としてのコーヒーの隆盛」

　本文はほぼすべての段落でコーヒーの摂取が健康に及ぼす影響に関する情報となっているため，(3)が正解。その他の選択肢については，(1)は第 1 段第 5 文（It is estimated …）に，(2)は同段最終 2 文（In fact, coffee … phenolic compounds.）に，(4)は同段第 3 文（After oil, coffee …）にそれぞれ一致する記述はあるが，本文全体で触れられてはいないため，題名としてはふさわしくない。

(37)「本文によると，次の文のうちどれが当てはまらないか」

(1)「コーヒーはヨーロッパで人気がなくなってきている」

(2)「コーヒーは世界で最も取引額の高い製品の一つである」

(3)「コーヒーは米国人にとって抗酸化物質の優れた供給源である」

(4)「コーヒーを摂取することには数えきれない健康効果がある」

第 1 段第 4 〜 6 文（Today, coffee is among … United States.）にコーヒーが世界中で日常的に嗜まれている飲み物であること，米国人の 2 人に 1 人以上が毎日飲んでいること，ヨーロッパでの消費量はそれに匹敵することが述べられている。これらが(1)の unpopular in Europe と一致していないため，正解。(2)は第 1 段第 3 文（After oil, coffee …）に，(3)は第 3 段第 3 文（Coffee is the number …）に，(4)は最終段第 2 文（Coffee is not only …）にそれぞれ一致。

(38)「コーヒーが人間の健康に与える影響として本文中で述べられていないものは次のうちどれか」

(1)「2 型糖尿病を患う可能性の低下」

(2)「ある種のガンにかかる危険性の増大」

(3)「血圧の上昇と不整脈」

(4)「高齢者の骨の構造を弱くする」

　(1)は第 5 段第 2 文（In particular, long-term …）に，(3)の elevated blood pressure は第 2 段第 4 文（In addition, the …），arrhythmia は第 6 段第 1 文（It should be …）にそれぞれコーヒーが人に与える影響として述べられている。(4)は weaken「〜を弱める」という直接的な表現はないものの，第 6 段第 6 文（Caffeine leads to …）にカフェインの摂取がカルシウムの吸収効率を下げること，同段最終文（Thus, an adequate …）にカルシウムとビタミン D を摂りながらコーヒーを飲む量を制限することが高齢者の骨粗鬆症のリスク軽減につながる，という内容は，コーヒーを大量に飲んでカフェインを過剰摂取すると骨粗鬆症になるリスクが高まるともいえる。よって，(4)は本文に記述があると判断できる。(2)のガンとコーヒーの関係は，第 5 段最終文前半（In general, coffee …）に「一般に，コーヒーの摂取と肝臓や大腸などさまざまな体の部位におけるガンの発症リスクとは逆相関の関係にあるとされてきた」とあることから，コーヒーを飲むことでガンにかかるリスクが下がることがわかる。よって，(2)の increased が不適。*A* be inversely associated with *B* は「*A* と *B* は逆相関の関係にある」の意。これは，一方の因子（*A*）が上昇すると，もう一方の因子（*B*）が低下する関係にある，という意味だが，馴染みのある表現とはいえない。だが，第 5 段では，この表現を含む第 4 文（Its consumption is …）と最終文（In general, coffee …）以外の文がすべて，

コーヒーの摂取が病気の発現リスクを抑えるなど，人間の健康や生活にさまざまな良い影響を及ぼす例となっていること，また be inversely associated with を含む同段第 4 文・最終文に逆接を表す副詞が付いていないことから，いずれの文もその他の文同様に，コーヒーが with 以降のリスクに対して好ましい影響を及ぼす，という意味で使われている表現である，という風に推察したい。

(39)「本文によると，コーヒーに関する研究が実施しづらい理由の一つに何が挙げられているか」

(1)「適切な実験装置がない」

(2)「さまざまな結果が出るため，データを解釈しづらい」

(3)「カフェインが被験者に及ぼす影響について科学者が懸念している」

(4)「一部の被験者が喫煙を始める心配がある」

第 4 段第 2 文（However, in many …）「しかしながら，多くの場合，研究結果に矛盾や懸案事項が生じ，そのせいで医療従事者や一般の人々がそのデータを解釈することが困難になっている」が(2)に一致。(1)と(3)については本文中に記述なし。(4)の喫煙については同段第 3 文（Coffee consumption tends …）にコーヒーを飲むとタバコを吸いたくなるという傾向についての記述はあるが，コーヒーの研究をするのが難しい理由とはなっていないため，不適。

(40)「この文章の出典は次のうち，どの類の出版物である可能性が最も高いか」

第 1 段前半ではコーヒーの歴史，成分などが紹介されているが，第 1 段後半以降はすべてコーヒーが人の健康に及ぼす影響について主に触れられているため，(1)「科学雑誌」が正解。(2)「技術系の取扱説明書」，(3)「フィールドジャーナル」，(4)「新聞の社説」はどれも不適。フィールドジャーナルとは，調査を行う現場・現地で得られた情報をまとめたもの。periodical「定期刊行物，雑誌」 editorial「社説」

(Ⅲ)(41)「この文章に最も適切な題名は次のうちどれか」

(1)「ビジネスを監視する戦略」

(2)「経営の効果的な監督」

(3)「社員を効果的に動かす方法」

(4)「リーダーシップ類型の理論」

本文は，第1段（Social psychologist …）は3つのリーダーシップ類型を定義したクルト＝レヴィンについて，第2〜4段（Authoritarian Leadership … and responsibilities.）は3つのリーダーシップ類型それぞれの特徴の説明，最終段（Dynamic Leadership …）は3つのリーダーシップ類型に加わるもう一つのリーダーシップ類型に関する説明，となっている。一貫してリーダーシップ類型に関する説明を行っている文章であるため，(4)が適切。

(42)「…以外は，専制型リーダーシップとして以下の特徴がすべて本文中で述べられている」

(1)「部下の助けを借りて決断を下すこと」

(2)「命令や要求を通して支配力が強固なものとなること」

(3)「疑うことなく社員が指示に従うこと」

(4)「リーダーが独断で方針を打ち出すこと」

専制型リーダーシップについては第2段参照。同段第5文（Authoritarian leaders make all …）「専制型のリーダーはあらゆる意思決定を自ら下し，社員や部下をそれに参加させることはない」より，(1)はこの類型に当てはまらないため，正解。(2)は同段第2文（This type of leadership is gained …）に，(3)は同段第4文（Followers of authoritarian …）に，(4)は同段第5文（Authoritarian leaders make all …）に専制型リーダーシップの特徴として挙げられているため，不適。

(43)「本文によると，結果的に集団で意思決定を下すことはできるが社員の役割が不明確になる可能性が比較的高いのはどのリーダーシップ類型か」

collective decision-making「集団で意思決定を下すこと」については第3段第3文（These leaders …）に These leaders facilitate collective decision-making とあり，These leaders は(2)「民主型」を指している。また，ill-defined worker roles「きちんと決まっていない社員の役割」に近い表現は第4段第11文（The disadvantages of this …）の poorly defined work roles「不明瞭な仕事上での役割」であるが，第4段で論じられているのは(3)「放任型」であるため，迷ったかもしれない。ただ，設問に both *A* and *B* が含まれていることに注意して，(3)だと collective decision-making に関して第4段第3文（Laissez-faire leaders do not …）

「放任型のリーダーはグループ全体での意思決定を下したり，方針を打ち出したりはしない」にまったく当てはまらないため，不適。ということで⑵が正解となる。根拠は第 3 段第 8 文（When roles are …）に「役割が明確に定められず，時間に限りがある場合だと，この種のリーダーシップは失敗につながることがある」と民主型のデメリットとして挙げられている通り，役割がきちんと決まっていない場合は，という条件つきではあるものの，失敗に至る可能性がある，とあるため，⑵が正解とわかる。⑴「専制型」⑷「動的リーダーシップ型」

⑷「本文によると，並外れた創造力があり，自立した人は，どのリーダーシップ類型をより好む可能性があるか」

independent person「自立した人」に近い表現は第 4 段第 8 文（Laissez-faire leaders are highly …）の their followers are self-directed「その部下は自律している」である。第 4 段で論じられているのは⑶「放任型」である。また extraordinarily creative「並はずれた創造力がある」人に近い表現は見当たらないが，同段第 7 文（The role of …）に，放任型のリーダーの役割として producing quality products and services「良質な製品やサービスを生み出すこと」が挙げられていることから，創造力のある人であれば放任型のリーダーが率いるチームに属するのが適切であると考えられる。よって，⑶が正解。⑴「専制型」⑵「民主型」⑷「動的リーダーシップ型」

⑷「この文章の著者は次のどの分野における専門家である可能性が最も高いか」

本文では 4 つのリーダーシップ類型について，類型それぞれの特徴および長所・短所を述べているが，そもそもリーダーシップとは，組織・集団を動かす力のこと。それについて論じていることを踏まえれば，⑶「組織行動」が適切である。⑴「異文化間コミュニケーション」，⑵「政治理論」，⑷「公共政策」にももちろん，リーダーシップが発揮される必要が生じる場合はそれぞれあるだろうが，文化や政治，公共政策の面でどのリーダーシップ類型ならその特徴を活かせるか，といった内容が論じられていないことから，その他の選択肢は不適である。

5 解答 ⑷6—⑵ ⑷7—⑶ ⑷8—⑷ ⑷9—⑴ ⑸0—⑵

◆全 訳◆

ポール　　：やぁ，ティモシー。久しぶりだね。元気にしてた？
ティモシー：元気だよ。君は？
ポール　　：まあまあだけど，コロナウイルスの感染者数が急増しているのが気になるね。
ティモシー：僕もだよ。この情勢がもうすぐ落ち着くことを願おう。
ポール　　：まったくその通りだね！　ところで，君はステイホーム中に何をするのが好きなの？
ティモシー：普段は映画を観るのが好きだよ。
ポール　　：あぁ，そうなんだ。どの動画配信プラットフォームが一番好き？
ティモシー：ぼくはユーチューブが大好きだな。
ポール　　：僕もたくさんの映画を観ているよ。
ポール　　：『ザ・クラウン』のようなドラマシリーズは観たことある？
ティモシー：いや，そういうのは僕の好みじゃないんだ。僕はアクションものやサスペンススリラーにはまってるね。
ポール　　：そうなんだ。あ，もう行かないと。体に気をつけて。
ティモシー：君もね。じゃあまた。

◀解 説▶

⑷6⑴「君と朝食を食べることができてよかったよ」
⑵「久しぶりだね」
⑶「君はそんなことを言うべきではなかったと思うよ」
⑷「昨日それをやるって僕に言ってたよ」
　空所後の How have you been? は久々に会った相手に対し「元気だった？」と問う表現。よって，⑵が適切。直訳は「最後に会ってから何年にもなるね」となる。
⑷7⑴「新しい変異株が広がっているって聞いたよ」
⑵「多くの人が予防接種を受けるだろうね」
⑶「この情勢がもうすぐ落ち着くことを願おう」
⑷「そのニュースは怪しいな」

　空所後のポールの発言 You can say that again!「君は再びそれを言うことができる」は「その通りだね」と相手の言うことに強い同意を示す表現。ポールが 2 つ目の発言でコロナウイルス感染者の増大を懸念していることを踏まえれば，⑶を補い，コロナ感染拡大の波が収まることを願うティモシーにポールが同意を示す，という流れが最も自然である。

⒀(1)「観た後にそれを批評してくれない？」

(2)「普段はいつ勉強するのが好きなの？」

(3)「もしよければ，何かおすすめしてくれない？」

(4)「ところで，君はリラックスするために何をするのが好きなの？」

　空所前まではコロナウイルスの蔓延が話題の中心であったが，空所後は watch movies や YouTube といったコロナウイルスの蔓延とは関係のなさそうな話題が続いていることから，話題の切り替えを示す By the way を含む(4)が適切。chill out「くつろいで時間を過ごす，気を静める」

⒁(1)「どの動画配信プラットフォームが一番好きなの？」

(2)「君はそれをダウンロードして観ているの？」

(3)「君がソーシャルメディアで活躍しているとは気づかなかったな」

(4)「テレビでそれを観ることをおすすめするよ」

　空所後でティモシーはユーチューブが好きだと述べている点に注目。ユーチューブは動画配信サイトであることから，好きな動画配信プラットフォームを尋ねる(1)が適切。(2)と(4)は it が指す対象がなく，(3)はティモシーがソーシャルメディアで活躍している素振りは空所前までの対話中にはまったくないため，それぞれ不適。

⒂(1)「僕はできれば温かいコーヒーを飲みたいな」

(2)「僕はアクションものやサスペンススリラーにはまってるね」

(3)「君が行くって彼が言ってたと思うんだけど」

(4)「君がそういう映画を観るのが好きだって聞いたよ」

　空所前のポールの発言（Have you watched …）から，空所直前の my cup of tea はもちろんそのままの意味ではないことに気づきたい。be *one's* cup of tea は「～の好みである，趣味である」の意。ドラマシリーズを観るか，というポールの問いに対してティモシーは自分の好みではないと答えている。これに続くのはティモシーの好みの映画であることが推察できる。よって(2)が正解。be into ～「～にはまっている，夢中である」

❖講　評

　2022 年度の問題構成は 2021 年度までのものをそのまま踏襲した形であり，文法・語彙問題 3 題，読解問題 1 題，会話文問題 1 題という大問構成や，大問ごとの設問数にも変化はまったくなかった。全問マークシート法による選択式である。

　1 の同意表現問題は，下線部および選択肢に含まれる語句・表現がほとんど頻出のものであり，2021 年度と同程度の難易度であった。共通テストレベル以上ではあるものの，私大入試特有の難語はあまり見受けられなかった。

　2 の空所補充問題については基本的な文法事項を問うものが多く，熟語表現，疑問文，助動詞，原形不定詞の受動態，関係詞，前置詞，分詞構文からの出題で，そのうち助動詞関連の設問が 10 問中 3 問含まれていた。どの設問も，文法問題の中でも基本的な事項を問うものであった。

　3 の誤り指摘問題では 2021 年度と異なり，文法的な要素に関する誤りを指摘する設問が多めで，熟語，関係詞，接続詞，時制，仮定法などからの出題であった。また，語彙関連の問題は複合形容詞（one 12-item list の 12-item に s をつけない）や successful と successive の違いを問うものがあったが，難易度は標準的である。

　4 は読解問題 3 つの構成で，2022 年度に関しては(II)，(III)が専門的な内容となっており，特に(II)のコーヒーと健康に関する文章は，第 2 段から見慣れぬ専門用語が多く登場し始め，急激に専門的な内容になっていくため，いくぶん動揺したかもしれない。また，分量も読解問題 3 つのうちでは最大だったため，短時間で読みこなすのには苦労したであろう。ただ，設問に関しては，本文中で高校生が理解できる範囲からの出題がほとんどで，時間が十分にあれば正解にたどりつくことのできる設問ばかりであった。また，専門的な内容で読みづらい(II)，(III)は，逆に設問の選択肢が短いものが多く，選択肢の読み取りに時間を取られることはなかったはずである。

　5 の会話文問題は，会話の前後の流れをつかんでいけば容易に解答できるものであった。会話中にいくつか会話独特の表現が含まれていたものの，予測のつく範囲内であったはず。この大問は 2021 年度で難化したが，2022 年度では元の難易度に戻った。

　全体としては，5 の会話文問題が例年通りの解きやすさに戻ったものの，4 の読解問題は 2021 年度に比べて難化したといえる。ただし，2020 年度以前の 4 の読解問題と同じくらいの難易度に戻った，というほうが正しいだろう。文法・語彙・読解問題・会話文問題と，多種多様な問題が多く出題されるため，90 分でこれだけの問題をすべて正確に解き切るというのは難しいところもあるが，出題傾向はここ数年ほぼ同じであることから，過去問をしっかり活用し，得点源とそうでない箇所を把握し，自分なりの時間配分を決めておく，など事前準備をしっかりしておくことが大切である。また，4 で例年出題されている本文の出典および著者の専門分野に関する設問は，選択肢に並ぶ語彙を知っているかどうかが正解・不正解の大きな分かれ目となる。過去問を利用し，選択肢に登場する語彙には注意を払い，学術分野などに関する語彙力を上げておきたい。

■数学■

◀B　方　式▶

$\boxed{1}$ **解答** (1)ア. $\dfrac{1}{3}$　イ. $\dfrac{11}{3}$　(2)ウ. $-\dfrac{1}{3}$　エ. $\dfrac{7}{9}$

(3)オ. $-\dfrac{7}{6}$　カ. $\dfrac{59}{18}$

━━◀解　説▶━━

≪放物線の法線，垂直条件，交点の座標≫

(1)　$y'=2x+1$

より，P$(-2,3)$ における接線の傾きは -3 であるから，法線の傾きは $\dfrac{1}{3}$ である。

l_1 の方程式は　$y=\dfrac{1}{3}(x+2)+3$

よって　$y=\dfrac{1}{3}x+\dfrac{11}{3}$　（→ア，イ）

(2)　Q における法線 l_2 が l_1 と直交するとき，Q における接線の傾きは $\dfrac{1}{3}$ であるから

$$y'=2x+1=\dfrac{1}{3}$$

より　$x=-\dfrac{1}{3}$

よって　Q$\left(-\dfrac{1}{3},\dfrac{7}{9}\right)$　（→ウ，エ）

(3)　l_2 の方程式は　$y=-3\left(x+\dfrac{1}{3}\right)+\dfrac{7}{9}$

つまり，$y=-3x-\dfrac{2}{9}$ であるから

l_1 と l_2 の交点の x 座標は

$$\frac{1}{3}x+\frac{11}{3}=-3x-\frac{2}{9}$$

$$3x+33=-27x-2$$

$$30x=-35$$

$$x=-\frac{7}{6}$$

よって，l_1 と l_2 の交点は　　$\left(-\dfrac{7}{6},\ \dfrac{59}{18}\right)$　（→オ，カ）

2 解答 (1)キ. 12 (2)ク. $\dfrac{3}{8}$ (3)ケ. $\dfrac{27}{32}$

◀解　説▶

≪ベクトルの内積と大きさ≫

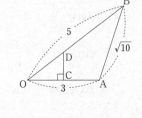

(1) 余弦定理より

$$\cos\angle AOB=\frac{9+25-10}{2\cdot 3\cdot 5}=\frac{4}{5}$$

であるから

$$\overrightarrow{OA}\cdot\overrightarrow{OB}=|\overrightarrow{OA}||\overrightarrow{OB}|\cos\angle AOB$$

$$=3\cdot 5\cdot\frac{4}{5}=12\quad(\to\text{キ})$$

別解　$|\overrightarrow{AB}|^2=|\overrightarrow{OB}-\overrightarrow{OA}|^2=|\overrightarrow{OB}|^2+|\overrightarrow{OA}|^2-2\overrightarrow{OA}\cdot\overrightarrow{OB}$

$$=25+9-2\overrightarrow{OA}\cdot\overrightarrow{OB}=34-2\overrightarrow{OA}\cdot\overrightarrow{OB}$$

であるから，$|\overrightarrow{AB}|^2=10$ より

$$34-2\overrightarrow{OA}\cdot\overrightarrow{OB}=10$$

よって　　$\overrightarrow{OA}\cdot\overrightarrow{OB}=12$

(2) $OC=\dfrac{1}{2}OA=\dfrac{3}{2}$ であるから

$$OD=\frac{OC}{\cos\angle AOB}=\frac{\dfrac{3}{2}}{\dfrac{4}{5}}=\frac{15}{8}$$

したがって $k=\dfrac{\text{OD}}{\text{OB}}=\dfrac{\frac{15}{8}}{5}=\dfrac{3}{8}$ （→ク）

別解 $\overrightarrow{\text{CD}}\cdot\overrightarrow{\text{OA}}=(\overrightarrow{\text{OD}}-\overrightarrow{\text{OC}})\cdot\overrightarrow{\text{OA}}=\left(k\overrightarrow{\text{OB}}-\dfrac{1}{2}\overrightarrow{\text{OA}}\right)\cdot\overrightarrow{\text{OA}}$

$$=k\overrightarrow{\text{OA}}\cdot\overrightarrow{\text{OB}}-\dfrac{1}{2}\,|\overrightarrow{\text{OA}}|^2$$

$$=12k-\dfrac{9}{2}$$

であり，CD⊥OA より，$\overrightarrow{\text{CD}}\cdot\overrightarrow{\text{OA}}=0$ であるから

$$12k-\dfrac{9}{2}=0$$

よって $k=\dfrac{3}{8}$

(3) $\sin^2\angle\text{AOB}+\cos^2\angle\text{AOB}=1$

$\cos\angle\text{AOB}=\dfrac{4}{5}$ より

$$\sin\angle\text{AOB}=\dfrac{3}{5}\quad(\because\quad 0°<\angle\text{AOB}<180°)$$

$$\triangle\text{OCD}=\dfrac{1}{2}\cdot\text{OC}\cdot\text{OD}\cdot\sin\angle\text{AOB}=\dfrac{1}{2}\cdot\dfrac{3}{2}\cdot\dfrac{15}{8}\cdot\dfrac{3}{5}=\dfrac{27}{32}\quad(\to\text{ケ})$$

$\boxed{3}$ **解答** (1)コ．1 (2)サ．$-\dfrac{2}{3}b_n+\dfrac{1}{3}$ (3)シ．$\dfrac{1}{5}\left\{1-\left(-\dfrac{2}{3}\right)^n\right\}$

(4)ス．$\dfrac{3}{10}+\dfrac{1}{5}\left(-\dfrac{2}{3}\right)^n-\dfrac{1}{2}\left(-\dfrac{1}{3}\right)^n$

━━━ ◀解 説▶ ━━━

≪確率の漸化式≫

(1) n 秒後に，点 P は頂点 A，B，C，D のいずれかにいるから
$$a_n+b_n+c_n+d_n=a_n+2b_n+c_n=1\quad\cdots\cdots①\quad(\to\text{コ})$$

(2) $a_{n+1}=\dfrac{1}{2}b_n+\dfrac{1}{3}c_n+\dfrac{1}{2}d_n$

$$=b_n+\dfrac{1}{3}c_n\quad\cdots\cdots②$$

$$b_{n+1}=\frac{1}{3}a_n+\frac{1}{3}c_n \quad \cdots\cdots ③$$

$$c_{n+1}=\frac{1}{3}a_n+\frac{1}{2}b_n+\frac{1}{2}d_n$$

$$=b_n+\frac{1}{3}a_n \quad \cdots\cdots ④$$

①，③より

$$b_{n+1}=\frac{1}{3}(a_n+c_n)=\frac{1}{3}(1-2b_n)=-\frac{2}{3}b_n+\frac{1}{3} \quad (\to サ)$$

(3)　(2)と $b_1=\frac{1}{3}$ より

$$b_{n+1}-\frac{1}{5}=-\frac{2}{3}\left(b_n-\frac{1}{5}\right)$$

$$b_n-\frac{1}{5}=\left(b_1-\frac{1}{5}\right)\left(-\frac{2}{3}\right)^{n-1}=\frac{2}{15}\left(-\frac{2}{3}\right)^{n-1}=-\frac{1}{5}\left(-\frac{2}{3}\right)^{n}$$

よって　　$b_n=\frac{1}{5}\left\{1-\left(-\frac{2}{3}\right)^{n}\right\} \quad (\to シ)$

(4)　②，④より

$$a_{n+1}-c_{n+1}=-\frac{1}{3}(a_n-c_n)$$

$a_1=0,\ c_1=\frac{1}{3}$ であるから

$$a_n-c_n=\left(-\frac{1}{3}\right)^{n} \quad \cdots\cdots ⑤$$

また，①より

$$a_n+c_n=1-2b_n=\frac{3}{5}+\frac{2}{5}\left(-\frac{2}{3}\right)^{n} \quad \cdots\cdots ⑥$$

$\dfrac{⑥-⑤}{2}$ より

$$c_n=\frac{3}{10}+\frac{1}{5}\left(-\frac{2}{3}\right)^{n}-\frac{1}{2}\left(-\frac{1}{3}\right)^{n} \quad (\to ス)$$

4　**解答**　(1)　$y=x^2+tx+t^2=\left(x+\frac{t}{2}\right)^2+\frac{3}{4}t^2$ より，C の頂点を

$(X,\ Y)$ とおくと，$X,\ Y$ が満たすべき条件は

$$X=-\frac{t}{2}, \quad Y=\frac{3}{4}t^2, \quad t\geqq 0$$

を，すべて満たす実数 t が存在することである。

$$t=-2X$$

より，これは

$$Y=3X^2, \quad X\leqq 0$$

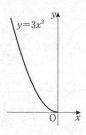

となるから，求める軌跡は放物線 $y=3x^2$ 上の $x\leqq 0$ の部分であり，右図のようになる。

(2) $y=x^2+tx+t^2=f(t)$ とおくと

$$y=f(t)=t^2+xt+x^2 \quad (t\geqq 0)$$

ここで，$f(t)=\left(t+\frac{x}{2}\right)^2+\frac{3}{4}x^2$ より

(i) $-\dfrac{x}{2}\leqq 0$ つまり $x\geqq 0$ のとき

$y=f(t)$ の最小値は $f(0)$ より $\quad y\geqq f(0)=x^2$

(ii) $-\dfrac{x}{2}>0$ つまり $x<0$ のとき

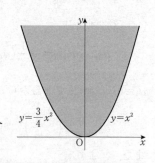

$y=f(t)$ の最小値は $f\left(-\dfrac{x}{2}\right)$ より

$$y\geqq f\left(-\frac{x}{2}\right)=\frac{3}{4}x^2$$

よって，求める通過領域は右図の網かけ部分（境界線を含む）である。

◀ 解　説 ▶

≪放物線の頂点の軌跡，放物線の通過領域≫

(1) 頂点の座標を (X, Y) とおき，X，Y が満たす条件を求める。t を消去するだけである。

(2) $y=x^2+tx+t^2$ において，x を固定して y を t の関数とみたときの値域を求めることで得られる不等式が，通過領域を表す不等式である。

$\boxed{5}$ **解答** (1) $x=\cos\theta+\sin\theta=\sqrt{2}\sin\left(\theta+\dfrac{\pi}{4}\right)$ であり

$\dfrac{\pi}{4}\leqq\theta+\dfrac{\pi}{4}\leqq\dfrac{9}{4}\pi$ より，$-1\leqq\sin\left(\theta+\dfrac{\pi}{4}\right)\leqq1$ であるから

$\quad -\sqrt{2}\leqq x\leqq\sqrt{2}$ ……(答)

(2)　$x^2=(\cos\theta+\sin\theta)^2=\cos^2\theta+\sin^2\theta+2\cos\theta\sin\theta=1+2\cos\theta\sin\theta$ より

$\quad \cos\theta\sin\theta=\dfrac{x^2-1}{2}$

であるから

$\quad f(\theta)=(\cos\theta+\sin\theta)(\cos^2\theta-\cos\theta\sin\theta+\sin^2\theta)-4\cos\theta\sin\theta$

$\quad\quad =x\left(1-\dfrac{x^2-1}{2}\right)-4\cdot\dfrac{x^2-1}{2}$

$\quad\quad =-\dfrac{1}{2}x^3-2x^2+\dfrac{3}{2}x+2 \quad (-\sqrt{2}\leqq x\leqq\sqrt{2})$ ……(答)

(3)　$f(\theta)=g(x)$ として

$\quad g(x)=-\dfrac{1}{2}(x^3+4x^2-3x-4) \quad (-\sqrt{2}\leqq x\leqq\sqrt{2})$

$\quad g'(x)=-\dfrac{1}{2}(3x^2+8x-3)$

$\quad\quad =-\dfrac{1}{2}(x+3)(3x-1)$

x	$-\sqrt{2}$	$\cdots$	$\dfrac{1}{3}$	$\cdots$	$\sqrt{2}$
$g'(x)$		+	0	−	
$g(x)$	$-\dfrac{\sqrt{2}}{2}-2$	↗	$\dfrac{61}{27}$	↘	$\dfrac{\sqrt{2}}{2}-2$

より，増減は右のようになる。

$f(\theta)$ の最大値は

$\quad g\left(\dfrac{1}{3}\right)=-\dfrac{1}{54}-\dfrac{2}{9}+\dfrac{1}{2}+2=\dfrac{61}{27}$ ……(答)

また

$\quad g(-\sqrt{2})=\sqrt{2}-4-\dfrac{3\sqrt{2}}{2}+2=-\dfrac{\sqrt{2}}{2}-2$

$\quad g(\sqrt{2})=-\sqrt{2}-4+\dfrac{3\sqrt{2}}{2}+2=\dfrac{\sqrt{2}}{2}-2$

より，$f(\theta)$ の最小値は

$\quad g(-\sqrt{2})=-\dfrac{\sqrt{2}}{2}-2$ ……(答)

◀解　説▶

≪三角関数の合成，３次関数の最大・最小≫

(1)　合成すればよい。

(2)　$f(\theta)$ は $\sin\theta$ と $\cos\theta$ の対称式であるから，$\cos\theta+\sin\theta$ と $\cos\theta\sin\theta$ のみで表すことができ，$\cos\theta\sin\theta$ は $x^2=(\cos\theta+\sin\theta)^2$ を展開することで x の式で表すことができる。

(3)　(1)の定義域のもとで(2)の関数の最大値・最小値を求めればよい。

❖講　評

　B方式は「数学Ⅰ・Ⅱ・Ａ・Ｂ（数列，ベクトル）」からの出題で，2021 年度までは大問 4 題，試験時間 80 分であったが，2022 年度は大問 5 題，試験時間 80 分となった。1 2 3 は空所補充問題，4 5 は記述問題であった。2020 年度までは空所補充問題でマークシート法が採用されていたが，2021 年度からは解答欄に記入する形となった。5 題のうち，1 2 5 が解きやすく，3 4 で差がつく問題のセットとなっていた。

　1　放物線の法線を求める問題であり，基本的である。

　2　ベクトルの内積や大きさに関する問題であるが，余弦定理など三角比の基本定理を用いることも可能である。

　3　動点の移動に関する確率の漸化式の問題である。(1)で $b_n=d_n$ であることが先に与えられているなど誘導が親切で，(3)までは基本的であるが，(4)で差がつきそうである。

　4　放物線の頂点の軌跡と，放物線の通過領域を求めて図示する問題。(1)の軌跡は基本的であるが，(2)の通過領域を求める問題は同様の問題の解答経験がないと厳しく，差がついたと思われる。

　5　三角関数の対称式に関する問題で，$x=\cos\theta+\sin\theta$ とおく典型問題である。

◀C　方　式▶

$\boxed{1}$ **解答** (1)ア. $\dfrac{1}{2}$　イ. $\dfrac{3}{4}$　(2)ウ. $\dfrac{1}{2}p_n$

(3)エ. $\dfrac{2}{3}+\dfrac{1}{3}\left(-\dfrac{1}{2}\right)^n$　(4)オ. $\dfrac{2}{3}$

━━━━━━━━━━ ◀解　説▶ ━━━━━━━━━━

≪確率の漸化式, 極限≫

(1)　p_1 は 1 回目のコイン投げで裏が出る確率であるから

$$p_1=\frac{1}{2}\quad(→ア)$$

p_2 は 1 回目のコイン投げで表が出るか, 1 回目, 2 回目ともに裏が出る確率だから

$$p_2=\frac{1}{2}+\left(\frac{1}{2}\right)^2=\frac{3}{4}\quad(→イ)$$

(2)　$1-p_{n+1}$ は, 点 P が $n+1$ の点に滞在しない確率, つまり, n の点に滞在し, かつその後のコイン投げで表が出る確率であるから

$$1-p_{n+1}=p_n\times\frac{1}{2}=\frac{1}{2}p_n\quad(→ウ)$$

(3)　(1), (2)より

$$p_{n+1}=-\frac{1}{2}p_n+1$$

$$p_{n+1}-\frac{2}{3}=-\frac{1}{2}\left(p_n-\frac{2}{3}\right)$$

$$p_n-\frac{2}{3}=\left(p_1-\frac{2}{3}\right)\left(-\frac{1}{2}\right)^{n-1}=-\frac{1}{6}\left(-\frac{1}{2}\right)^{n-1}=\frac{1}{3}\left(-\frac{1}{2}\right)^n$$

よって　$p_n=\dfrac{2}{3}+\dfrac{1}{3}\left(-\dfrac{1}{2}\right)^n$　(→エ)

(4)　$\displaystyle\lim_{n\to\infty}p_n=\lim_{n\to\infty}\left\{\frac{2}{3}+\frac{1}{3}\left(-\frac{1}{2}\right)^n\right\}=\frac{2}{3}$　(→オ)

$\boxed{2}$ **解答** (1)カ. $\dfrac{1}{7}$　キ. $\dfrac{2}{7}$　ク. $\dfrac{4}{7}$　(2)ケ. $\dfrac{1}{7}$　(3)コ. $\dfrac{1}{105}$

◀ 解　説 ▶

≪内分点のベクトルと面積比・体積比≫

(1)　$\overrightarrow{\mathrm{OP}}+2\overrightarrow{\mathrm{AP}}+4\overrightarrow{\mathrm{BP}}+8\overrightarrow{\mathrm{CP}}=\vec{0}$ から

$$\vec{p}+2(\vec{p}-\vec{a})+4(\vec{p}-\vec{b})+8(\vec{p}-\vec{c})=\vec{0}$$

より

$$15\vec{p}=2\vec{a}+4\vec{b}+8\vec{c}$$

$$\vec{p}=\frac{2\vec{a}+4\vec{b}+8\vec{c}}{15}=\frac{14}{15}\cdot\frac{\vec{a}+2\vec{b}+4\vec{c}}{7}\quad\cdots\cdots\text{①}$$

であり，$\dfrac{\vec{a}+2\vec{b}+4\vec{c}}{7}$ は $\dfrac{1}{7}+\dfrac{2}{7}+\dfrac{4}{7}=1$ より O を始点とし，平面 ABC

上かつ直線 OP 上の点を終点とするベクトルを表すから，これは $\vec{q}$ である。

よって　$\vec{q}=\dfrac{\vec{a}+2\vec{b}+4\vec{c}}{7}=\dfrac{1}{7}\vec{a}+\dfrac{2}{7}\vec{b}+\dfrac{4}{7}\vec{c}$　（→カ～ク）

(2)　$\vec{q}=\dfrac{\vec{a}+2\vec{b}+4\vec{c}}{7}=\dfrac{\vec{a}+6\cdot\dfrac{\vec{b}+2\vec{c}}{3}}{7}$

であり，線分 BC を $2:1$ に内分する点を D，

$\overrightarrow{\mathrm{OD}}=\vec{d}$ とすると

$$\vec{q}=\frac{\vec{a}+6\vec{d}}{7}$$

より，Q は線分 AD を $6:1$ に内分する点である。

よって，$\triangle\mathrm{QBC}=\triangle\mathrm{ABC}\times\dfrac{1}{7}$ より

$$\triangle\mathrm{QBC}\text{ は }\triangle\mathrm{ABC}\text{ の }\frac{1}{7}\text{ 倍}\quad（→ケ）$$

(3)　①より　$\vec{p}=\dfrac{14}{15}\vec{q}$

よって，P は線分 OQ を $14:1$ に内分する点
である。

四面体 PQBC，PABC，OABC の体積をそれ
ぞれ V_{PQBC}，V_{PABC}，V_{OABC} とおくと

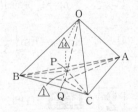

$$V_{\mathrm{PQBC}} = V_{\mathrm{PABC}} \times \frac{1}{7} = V_{\mathrm{OABC}} \times \frac{1}{15} \times \frac{1}{7} = V_{\mathrm{OABC}} \times \frac{1}{105}$$

よって

四面体 PQBC は四面体 OABC の $\dfrac{1}{105}$ 倍　（→コ）

3 **解答** (1) $\mathrm{P}(\cos\theta,\ 0,\ \sin\theta)$, $\mathrm{Q}(0,\ 3\cos\varphi,\ 3\sin\varphi)$ とおける。

点 P，Q の速度ベクトルをそれぞれ $\vec{v_{\mathrm{P}}}$, $\vec{v_{\mathrm{Q}}}$ とおくと

$$\vec{v_{\mathrm{P}}} = \frac{d}{dt}\overrightarrow{\mathrm{OP}} = \frac{d\theta}{dt} \cdot \frac{d}{d\theta}\overrightarrow{\mathrm{OP}} = \frac{d\theta}{dt}(-\sin\theta,\ 0,\ \cos\theta)$$

$$\vec{v_{\mathrm{Q}}} = \frac{d}{dt}\overrightarrow{\mathrm{OQ}} = \frac{d\varphi}{dt} \cdot \frac{d}{d\varphi}\overrightarrow{\mathrm{OQ}} = \frac{d\varphi}{dt}(0,\ -3\sin\varphi,\ 3\cos\varphi)$$

であり

$$\frac{d\theta}{dt} > 0,\ \frac{d\varphi}{dt} > 0$$

であるから

$$|\vec{v_{\mathrm{P}}}| = \frac{d\theta}{dt} = 3,\ |\vec{v_{\mathrm{Q}}}| = 3\frac{d\varphi}{dt} = 3$$

2 式とも両辺を t で積分すると

$$\theta = 3t + C_1,\ \varphi = t + C_2 \quad (C_1,\ C_2：積分定数)$$

ここで，$t=0$ のとき $\mathrm{P}(1,\ 0,\ 0)$, $\mathrm{Q}(0,\ 3,\ 0)$ より

$$C_1 = 0,\ C_2 = 0$$

よって

$$\theta = 3t,\ \varphi = t$$

である。よって

$$\mathrm{P}(\cos3t,\ 0,\ \sin3t),\ \mathrm{Q}(0,\ 3\cos t,\ 3\sin t) \quad \cdots\cdots(答)$$

(2) $\mathrm{PQ}^2 = \cos^2 3t + 9\cos^2 t + (\sin 3t - 3\sin t)^2$

$$= 10 - 6\sin 3t\sin t$$

$$= 10 - 6(3\sin t - 4\sin^3 t)\sin t$$

$$= 24\sin^4 t - 18\sin^2 t + 10$$

$$= 24\left(\sin^2 t - \frac{3}{8}\right)^2 + \frac{53}{8}$$

$0 \leq \sin^2 t \leq 1$, PQ>0 であるから

PQ が最大値をとるのは, $\sin^2 t = 1$ のときで PQ$=4$ ……(答)

PQ が最小値をとるのは, $\sin^2 t = \dfrac{3}{8}$ のときで

$$PQ = \sqrt{\dfrac{53}{8}} = \dfrac{\sqrt{106}}{4} \quad ……(答)$$

━━━━◀解 説▶━━━━

≪等速円運動する 2 点間の距離の最大・最小≫

(1) 半径 r の円周上を角速度 ω（>0）で移動する点の速さ v は, $v=r\omega$ である。

(2) t で微分してもよいし, $\sin t = X$ として X の 4 次関数に帰着させてもよいが, $\sin^2 t = X$ とすれば X の 2 次関数であるから平方完成すればよい。

4 **解答** (1) $f(x) = x^2 + ax + b + c\log(1+x^2)$

$$f'(x) = 2x + a + \dfrac{2cx}{1+x^2} = \dfrac{2x^3 + ax^2 + 2(c+1)x + a}{x^2+1}$$

$f'(1) = f'(2) = 0$ であるから

$2 + a + 2(c+1) + a = 0$ ∴ $a+c=-2$ ……①

$16 + 4a + 4(c+1) + a = 0$ ∴ $5a+4c=-20$ ……②

①, ②を連立して解いて

$a=-12$, $c=10$

また

$f(1) = 1 + a + b + c\log 2 = -11 + b + 10\log 2 = 10\log 2$

より

$b=11$

$$f'(x) = \dfrac{2x^3 - 12x^2 + 22x - 12}{x^2+1} = \dfrac{2(x-1)(x-2)(x-3)}{x^2+1}$$

より, $f'(x)$ の符号は $x=1$ の前後と $x=2$ の前後で変化するので, 確かに $f(x)$ は $x=1$ と $x=2$ で極値をとる。よって

$a=-12$, $b=11$, $c=10$ ……(答)

(2)　(1)で求めた $f'(x)$ の式より，増減表は次のとおり。

x	$\cdots$	1	$\cdots$	2	$\cdots$	3	$\cdots$
$f'(x)$	$-$	0	$+$	0	$-$	0	$+$
$f(x)$	$\searrow$	$10\log 2$	$\nearrow$	$-9+10\log 5$	$\searrow$	$-16+10\log 10$	$\nearrow$

……(答)

また

$$f(1)=10\log 2$$
$$f(2)=-9+10\log 5$$
$$f(3)=-16+10\log 10$$

◀解　説▶

≪極値から関数の決定≫

(1)　$f'(1)=0$，$f'(2)=0$，$f(1)=10\log 2$ が与えられているので，それぞれ代入して解けばよい。ただし，必要条件なので十分性を確認することを忘れないようにする。

$\boxed{5}$　**解答**　(1)　$\displaystyle \lim_{n\to\infty}\frac{1}{n^4}\sum_{k=1}^{n}(n+k)^3=\lim_{n\to\infty}\frac{1}{n}\sum_{k=1}^{n}\left(1+\frac{k}{n}\right)^3$

$$=\int_0^1(1+x)^3dx$$

$$=\left[\frac{1}{4}(1+x)^4\right]_0^1=\frac{15}{4}$$

……(答)

(2)　$\displaystyle \lim_{n\to\infty}\frac{1}{n^2}\sum_{k=1}^{n}ke^{\frac{k}{2n}}=\lim_{n\to\infty}\frac{1}{n}\sum_{k=1}^{n}\frac{k}{n}e^{\frac{k}{2n}}=\int_0^1 xe^{\frac{x}{2}}dx=\left[2xe^{\frac{x}{2}}\right]_0^1-\int_0^1 2e^{\frac{x}{2}}dx$

$$=2\sqrt{e}-\left[4e^{\frac{x}{2}}\right]_0^1=4-2\sqrt{e}\quad ……(答)$$

◀解　説▶

≪区分求積法≫

(1)，(2)ともに，定積分と和の極限（区分求積法）の式

$$\lim_{n\to\infty}\frac{1}{n}\sum_{k=1}^{n}f\left(\frac{k}{n}\right)=\int_0^1 f(x)dx$$

を用いればよい。

❖講　評

　C方式は「数学Ⅰ・Ⅱ・Ⅲ・A・B（数列，ベクトル）」からの出題で，2020 年度までは大問 5 題で試験時間 100 分であったが，2021 年度に引き続き，2022 年度も大問 5 題，試験時間 90 分であった。①②は空所補充問題，③④⑤は記述問題である。2020 年度までは空所補充問題でマークシート法が採用されていたが，2021 年度からは解答欄に記入する形となった。5 題とも解きやすい問題のセットとなっていた。

　① 動点の移動に関する確率の漸化式の問題で，基本的である。この形の問題は「滞在しない」確率に着目するのが最善なのであるが，それが誘導で与えられている。

　② ベクトルの関係式から，内分点の位置を把握し，面積比・体積比を求める問題で，典型的な問題である。

　③ 等速円運動をする 2 点に関する問題で，(1)で P，Q の座標が求められたかどうかがポイントになると思われる。

　④ 文字係数を含む関数の極値が与えられ，そこから関数を決定する問題で，基本的である。

　⑤ 区分求積法に関する典型問題である。(2)では部分積分を用いて計算する必要がある。

■■■ 総合問題 ■■

解答　問 1 ．A—③　B—②　問 2 ．①　問 3 ．②
　　　　問 4 ．c—①　d—②

問 5 ．(1)—0　(2)—1　(3)—0　(4)—1　(5)—0　(6)—1

問 6 ．(1)—0　(2)—1　(3)—0　(4)—1　(5)—0　問 7 ．①

問 8 ．(1)—1　(2)—1　(3)—1　(4)—1　(5)—1

問 9 ．(1)—0　(2)—0　(3)—0　(4)—1　(5)—0　(6)—0

問 10．一文字目：②　二文字目：⑤

問 11．一文字目：③　二文字目：⑦

問 12．一文字目：④　二文字目：⑥

問 13．ネット右翼とオンライン排外主義者との違いは，まず前者は現政
権への支持が高いが，後者はそれが低い。二つ目に政治的自認について前
者は保守を自認する傾向があるが，後者の政治的立ち位置は明確ではない。
三つ目の違いは政治的・社会的態度についてで，この観点について両者は
大きく異なる。前者は自分たち有権者によって政治を変えることができる
という政治的有効性感覚が高く，また権威に従属し，社会の主流となる諸
価値から外れているように見える人々を攻撃しようとする権威主義的態度
を示す傾向があり，さらに伝統的家族観を持ち，多様な家族のあり方に対
して否定的態度を示す傾向が見られるが，後者は，これらの傾向，特に政
治的有効性感覚は低い。四つ目の違いは政治や社会問題についての情報入
手先の違いで，前者は情報入手時にインターネットを利用し，テレビをあ
まり利用しないが，後者は情報入手先としてテレビを使う割合が高い。
（400 字以内）

━━━━━◀解　説▶━━━━━

≪ネット右翼とオンライン排外主義者の違い≫

問 1 ．第 1 段落に①中国・韓国への否定的態度，②保守的政治志向，③政
治・社会問題に関するネット上での意見発信や議論という条件のうち①
②③すべてを満たすのが「ネット右翼」であり，①③だけを満たすのが
「オンライン排外主義者」とあるので，図 1 の①②③ 3 つの円すべてが重

なるAが「ネット右翼」，①と③の円だけが重なるBが「オンライン排外主義者」とわかる。また，第5段落から「ネット右翼」の割合は1.5%で，「オンライン排外主義者」の割合は3.0%とわかる。

問2．第1段落での「ネット右翼」と「オンライン排外主義者」の違いは前者が保守的政治志向をもつのに対して，後者はそれをもたない点である。さらに第5段落でも「中国・韓国への否定的態度が『あり』，政治・社会問題に関するネット上での意見発信が『ある』が，保守的政治志向が『ない』オンライン排外主義者」との説明がある。　a　の直後の4つの項目（第3段落で挙げられている保守的政治志向の有無の尺度）のどれか一つでも反対または中間的態度を選んだ場合は，保守的政治志向は「ない」と分類されるという部分に基づいて，①が適当である。

問3．図2より「ネット右翼」と「オンライン排外主義者」は「反中・反韓運動の態度」は共に高い値を示しているので，②が適当である。①は図2において後者の値は高いが，前者の値は低い。③は第8段落の記述より，前者は60%以上が「保守」を自認しているが，後者は必ずしも「保守」を自認していない。④は図2において，前者は安倍首相支持の傾向が高いが，後者はその傾向は低いので，「反安倍内閣の態度」は前者は低く，後者は高いことが読み取れる。以上より，①③④の指標は前者と後者とで共有しないので不適。

問4．ｃ．ネット右翼は図2より「自民党」「安倍首相」支持は高く，図3よりどちらかといえば，「保守」と自認する傾向が70%以上あるので，①が適当。

ｄ．オンライン排外主義者は，図2より「自民党」「安倍首相」支持は低く，図3より，どちらかといえば，「保守」か「左」かという質問に対して「どちらともいえない」を選択する傾向が強いので，②が適当である。

問5．⑴誤り。第15段落に調査データで「雇用形態との関連はネット右翼＝社会経済的地位の低い人という見方とは一致せず」とある部分に反する。

⑵正しい。第11段落に「ネット右翼のイメージとして，若年男性」とあり，第15段落に「本章で分析に用いるデータでも，男性のほうが女性よりもネット右翼の割合が高いことは確認できる」とあることに合致する。

⑶誤り。表1より，無職のうちでネット右翼の占める割合は1.1%である

のに対して，オンライン排外主義者の占める割合は 2.3％であり，２倍ほどの割合であるのは正しいが，非正規雇用者のうちでオンライン排外主義者の占める割合は 2.6％と無職の場合より高く，さらに正規雇用者は 3.3％でそれより高く，また経営者・自営業者は 4.2％でもっと高いので，社会経済的地位が低いほどオンライン排外主義者になりやすいとはいえない。

⑷正しい。表 1 より，若年になればなるほどオンライン排外主義者の割合は高くなっている。

⑸誤り。表 1 より，ネット右翼のうち，自らの主観的地位を「下の下」と意識する人は 5264×0.023≒121，「下の上」と意識する人は 14743×0.017 ≒251，「中の下」と意識する人は 30954×0.013≒402，「中の上」と意識する人は 24639×0.015≒370，「上」と意識する人は 1484×0.028≒42 となり，ネット右翼の中で自らを「下の下」と意識する人の割合は 121÷ (121＋251＋402＋370＋42)×100≒10.2％。一方，オンライン排外主義者の中で，自らの主観的地位を「下の下」と意識する人は 5264×0.056≒ 295，「下の上」と意識する人は 14743×0.038≒560，「中の下」と意識する人は 30954×0.026≒805，「中の上」と意識する人は 24639×0.024≒591，「上」と意識する人は 1484×0.032≒47 となり，オンライン排外主義者の中で自らを「下の下」と意識する人の割合は 295÷(295＋560＋805＋591 ＋47)×100≒12.8％となる。以上より，オンライン排外主義者のうちで自らの階層帰属意識を「下の下」と答える人の割合が，ネット右翼のうちで自らの階層帰属意識を「下の下」と答える人の割合の２倍以上になっているという結論は導けない。

⑹正しい。表 1 より，ネット右翼の男性は 40887×0.021≒859，女性は 36197×0.008≒290。よって，ネット右翼のうち男性が占める割合は 859 ÷(859＋290)×100≒74.8％。同様にオンライン排外主義者の男性は 40887×0.034≒1390，女性は 36197×0.025≒905。よって，オンライン排外主義者のうち男性が占める割合は 1390÷(1390＋905)×100≒60.6％となる。以上より，オンライン排外主義者のうちで男性が占める割合は，ネット右翼のうちで男性が占める割合よりも低いことがわかる。

問 6．⑴誤り。第 17 段落に樋口の意見は「社会的に孤立した人は，身近に参加を抑止・制限する存在がいないことによって運動に参加しやすくな

るとみることができる」と結論づけられていることに反する。

(2)正しい。第 19 段落の「ヨーロッパのデータの分析からは，社会的孤立が必ずしも極右政党への支持を促しておらず，効果がある場合でもその影響力は小さいことが確認されている」という部分に合致する。

(3)誤り。表 2 が示しているのは，ネット右翼のうちで既婚者が占める割合が 1.38％というのではなく，既婚者のうちでネット右翼が占める割合が 1.38％ということである。また第 20 段落の「配偶者や相談相手の有無とネット右翼やオンライン排外主義者へのなりやすさの間には統計的に有意な関連がみられた。しかし，関連は弱く，配偶者や相談者がいるグループとの明確な割合の差はみられない」に反する。

(4)正しい。表 2 よりネット右翼のうち既婚者は 51184×0.0138≒706，離死別者は 6218×0.0172≒107，未婚者は 19682×0.0179≒352 なので，ネット右翼のうち未婚者の占める割合は 352÷(706＋107＋352)×100≒30.2％。同様にオンライン排外主義者のうち既婚者は 51184×0.0275≒1408，離死別者は 6218×0.0339≒211，未婚者は 19682×0.0343≒675 なので，オンライン排外主義者のうち未婚者が占める割合は 675÷(1408＋211＋675)×100≒29.4％となり，どちらも 30％前後の割合であるので，おおよそ同じであると結論づけてよい。

(5)誤り。「相談相手あり」のうちでオンライン排外主義者が占める割合は，「相談相手あり」のうちでネット右翼が占める割合の 2 倍を超えており，「相談相手なし」の場合よりも差が大きい。また，「相談相手あり」のうちでオンライン排外主義者が占める割合は，「相談相手なし」のうちでオンライン排外主義者が占める割合よりも大きいのに対して，「相談相手あり」のうちでネット右翼が占める割合は，「相談相手なし」のうちでネット右翼が占める割合よりも小さい。したがって，相談相手のいない社会的に孤立した人はネット右翼ではなくオンライン排外主義者になりやすいとはいえない。

問 7. 第 24 段落に「ネット右翼がこれら三つの意識すべてで高い値を示している」とあるので，図 4 のうち　C　がネット右翼になる。同段落に「オンライン排外主義者はすべてが低い」とあるので，図 4 のうち　D　がオンライン排外主義者になり，残る　E　が非ネット排外層になる。

問 8. (1)正しい。前半は図 2 から，後半は図 4 から読み取れる。

(2)正しい。図4よりネット右翼は「権威主義的態度（権威に従属する態度など)」と「政治的有効性感覚（自分を含め，有権者1人1人が政治を変えることができるという意識)」がともに高く，図2で「自民党」「安倍首相」の支持が高いことが読み取れる。

(3)正しい。図4よりオンライン排外主義者は「政治的有効性感覚」が低いということは政治への不信感が高いことが読み取れ，図2より「自民党」「安倍首相」への支持が低いことが読み取れる。

(4)正しい。第6段落よりオンライン排外主義者のうち「国旗・国家教育」に 51.7%が賛成していることがわかる。ネット右翼の数字の記述はないのだが，ネット右翼は保守的政治志向が見られるはずなので，「国旗・国家教育」についても基本的に「賛成・やや賛成」「そう思う・ややそう思う」と答えているはずで，このイシューについては共通して保守的傾向を示している。

(5)正しい。図4でネット右翼が伝統的家族観の値が高いことが読み取れるので，同性愛や夫婦別姓など多様な家族のあり方には否定的態度を示していることが読み取れる。

問9．(1)誤り。第27段落に「ネット右翼が活字メディアを利用する傾向にあるのかについては実証できていない」とあることに反する。

(2)誤り。第27段落の辻の調査はネット右翼のインターネット利用時間についてのもので，オンライン排外主義者に関しては述べられていない。

(3)誤り。図5より，ネット右翼はインターネット（ニュース・ブログ・まとめサイトなど）の利用率が高いことが読み取れるが，それが「保守系」かどうかは不明である。

(4)正しい。図5より，情報入手先として新聞を選ぶ割合はネット右翼，オンライン排外主義者ともに 30%弱であることが読み取れる。

(5)誤り。図5より，ネット右翼は確かに情報入手先としてインターネット（ニュース）を利用する割合は 70%以上と高いが，テレビ（報道・ニュース）を利用する割合も 50%近くあり，また，新聞を利用する割合は，オンライン排外主義者，非ネット排外層とほぼ同じなので，ネット右翼がマスメディアに不信感をもつという従来のイメージが調査によって完全に裏付けられたとは断定できない。

(6)誤り。図5は各メディアを「よく使う」割合を示しており，「ほとんど

使わない」割合がどのくらいかは正確には読み取れない。

問10.「有意」とは，文字通り意味があることで，統計的には偶然に起こったとは認めがたいことを指す。

問11.「適切」とは，ある条件・事情・要求などによく当てはまることを指す。

問12.「猜疑」とは，人の言動を素直に受け取らないで，何か自分に不利になるようなことをするのではないかなどと疑うことを指す。

問13. 最後のまとめにある「排外意識をもち，インターネット上で意見発信をしている人々のなかには，政治への意識や情報の取得方法が異なる二つの集団が混在している可能性がある」の「異なる二つの集団」が「ネット右翼」と「オンライン排外主義者」を指し，この両者を明確に区別すべきという主張が書かれている。これを受けて設問は著者らの調査から「ネット右翼」と「オンライン排外主義者」との違いがどのように明らかになったかを具体的に論じるものである。設問の条件として①政治的（政党・政治家・運動への）好感度，②政治的自認，③社会的属性，④社会経済的地位，⑤社会的孤立，⑥政治的・社会的態度，⑦メディア利用の7つの観点から両者の比較が行われている。そのうち両者の違いが顕著に見られるものをすべて選択して，それぞれの観点について両者の違いを具体的に400字以内で記述するというものなので，7つの観点について，課題文中から「ネット右翼」と「オンライン排外主義者」の異同を検討する。

　①政党・政治家・運動への好感度については第7段落と図2をもとに検討する。「ネット右翼」「オンライン排外主義者」ともに反中・反韓運動に対しては高い好感度をもつが，自民党や安倍首相に対しては，前者は高い好感度をもつが，後者の好感度は低いので，この部分が両者の違いといえるだろう。

　②政治的自認については第8段落と図3をもとに検討する。「ネット右翼」は70%以上が自分をどちらかといえば「保守」であり，「左ではない（右である）」と自認している。一方で「オンライン排外主義者」は自分をどちらかといえば「保守」とみなしているのは全体の30%程度で，「左ではない（右である）」とみなしているのは全体の25%程度で，約半数が自分を「保守」や「左ではない（右である）」とは必ずしも自認していない。この部分も両者の違いといえるだろう。

　③社会的属性については第 11〜16 段落と表 1 をもとに検討する。「ネット右翼」は，若年男性が多いというイメージがあり，調査でも男性のほうが女性よりも割合が高いことが確認できるが，年齢との関連は強くなく，学歴による違いも見られない。階層帰属意識は「下の下」「上」の層で高い。一方，「オンライン排外主義者」は階層帰属意識は「下の下」「下の上」の層で高い。調査でも男性のほうが女性よりも割合が高いことが確認できるが，20〜40 代が比較的多いが 50・60 代との差は明確ではないし，学歴による違いも見られない。よって，この観点からは両者の差は明確には読み取れない。

　④社会経済的地位については，③と同じく第 11〜16 段落と表 1 をもとに検討する。「ネット右翼」については，それが最も大きい割合を示すのが「経営者・自営業者」で 2.8%，次が「正規雇用者」で 1.7%，その次が「非正規雇用者」と「無職」の 1.1%で，最も小さい割合を示すのが「学生」の 1.0%となる。「オンライン排外主義者」についても，最も大きい割合を示すのが「経営者・自営業者」で 4.2%，次が「正規雇用者」と「学生」で 3.3%，その次が「非正規雇用者」で 2.6%，最も小さい割合を示すのが「無職」で 2.3%となっている。学生の順位が異なるが，雇用形態からも両者の大きな違いはみられない。したがって，この観点からは両者の差は明確には読み取れず，また，社会経済的地位が低い人が「ネット右翼」や「オンライン排外主義者」になるという見方は成り立たない。

　⑤社会的孤立については，第 17〜20 段落と表 2 で検討されているが，結論として「配偶者や相談相手の有無とネット右翼やオンライン排外主義者へのなりやすさの間には統計的に有意な関連がみられた。しかし，関連は弱く，配偶者や相談者がいるグループとの明確な割合の差はみられない」となっているので，取り上げる必要はないであろう。

　⑥政治的・社会的態度については，第 21〜24 段落と図 4 をもとに検討する。「ネット右翼」は政治的有効性感覚，権威主義的態度，伝統的家族観の 3 つの意識で高い値を示している。一方，「オンライン排外主義者」については，政治的有効性感覚，権威主義的態度，伝統的家族観の 3 つの意識で低い値を示している。つまり，政治的・社会的態度の面では，「ネット右翼」と「オンライン排外主義者」とで大きく異なっている。

　⑦メディア利用の観点については，第 25〜29 段落と図 5 をもとに検討

する。「ネット右翼」はプライベートでのインターネット利用時間が長く，Twitter，インターネット掲示板，動画サイトの利用が活発であるが，活字メディアを利用するかどうかは実証できていない。政治や社会問題についての情報の入手先としてあまりテレビを使わずに，インターネットを利用する。一方で「オンライン排外主義者」についてはプライベートでのインターネット利用時間などの言及はないが，政治や社会問題についての情報の入手先としてテレビを使う割合が高いことがわかるので，情報入手先として利用するメディア媒体が両者によって異なる傾向があることがわかる。

　以上7つの観点を検討して，両者の違いが見られるのは①②⑥⑦の観点であるが，このうち明確に違う⑥を中心に400字以内でまとめる。

■一般選抜（個別学部日程）：地球社会共生学部

問題編

▶試験科目・配点

テスト区分	教 科	科目（出題範囲）	配 点
大学入学共通テスト	外国語	英語（リーディング，リスニング）	100 点
	国 語	国語（近代以降の文章）	50 点
	地歴・公民・数学	日本史B，世界史B，地理B，現代社会，倫理，政治・経済，「倫理，政治・経済」，「数学Ⅰ・A」，「数学Ⅱ・B」のうち1科目選択	50 点
独自問題	論 述	日本語の文章を読み，理解力，分析する能力，自分の文章を論理的に展開できる力，自分の意見や発想を十分に表現する力を総合的に問う論述等を課す。	100 点

▶備 考

• 合否判定は総合点による。ただし，場合により特定科目の成績・調査書を考慮することもある。

• 大学入学共通テストの得点を上記の配点に換算する。英語の得点を扱う場合には，リーディング100点，リスニング100点の配点比率を変えずにそのまま合計して200点満点としたうえで，上記の配点に換算する。

• 大学入学共通テストの選択科目のうち複数を受験している場合は，高得点の1科目を合否判定に使用する。

• 試験日が異なる学部・学科・方式は併願ができ，さらに同一日に実施する試験であっても「AM」と「PM」の各々で実施される場合は併願ができる。

• 試験時間帯が同じ学部・学科・方式は併願できない。

試験日	試験時間帯	学部	学科（方式）
2月10日	終日	理工	物理科（A） 数理サイエンス（A） 化学・生命科（A） 電気電子工（A） 機械創造工（A） 経営システム工（A） 情報テクノロジー（A）
	AM	地球社会共生	地球社会共生

■論述■

（60 分）

設問 1　次のグラフと文章を読み、問 1 に答えなさい。

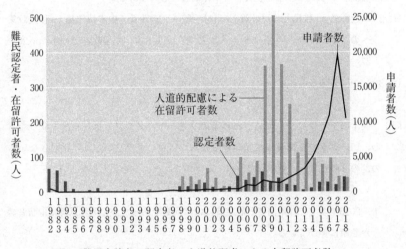

図 1　難民申請者・認定者・人道的配慮による在留許可者数(注 1)

　UNHCR（国連難民高等弁務官事務所）によれば、難民とは「人種、宗教、国籍、政治的意見やまたは特定の社会集団に属するなどの理由で、自国にいると迫害を受けるかあるいは迫害を受けるおそれがあるために他国に逃れた」人々を指す。難民の地位に関する条約に定められたこのような人々は、狭義の難民、条約難民と呼ばれる。

　これに対し、「紛争・災害・組織的な人権侵害などにより、本国への送還が生命の危険をもたらすおそれのある人」も含む事実上の難民は、広義の難民として定義できる(注 2)。受け入れ国に難民としての地位を認められた人に対し、庇護(注 3)を希望している人を庇護希望者（asylum seekers）と呼ぶ。ここでは、庇護希望者も含めた広義の定義で、難民という言葉を用いる。

　図 1 ではインドシナ難民も含め、これまでに日本に難民申請をした人数と認定者

数、また難民としては認定されなかったが、人道的配慮により在留が認められた人数
を示している。

(出典) 永吉希久子 『移民と日本社会』 中公新書(2020)、pp.72-73. なお、出題
　　　 に即して一部表記を変更してある。

(注1) 図1は、永吉が浅川聖 「日本の「内」への難民政策の特徴－難民認定申請者
　　　 に対する「管理」と「保護」を中心に」『横浜国際経済法学』 21(3)、(2013)
　　　 p.379. の表および法務省資料より作成したものである。

(注2) 近藤敦 「移民と移民政策」 川村千鶴子、近藤敦、中本博皓編 『移民政策
　　　 へのアプローチ－ライフサイクルと多文化共生』 明石書店(2009)、pp.20-
　　　 27.

(注3) かばい守ること。

問1 図1のグラフについて述べた以下の文を、(A)グラフを正しく読み取ったも
　　 の、(B)グラフを間違って読み取ったもの、(C)グラフからは判断できないも
　　 の、の3つに分け、解答欄に該当するアルファベットを記入しなさい。

　1. 2010年頃までは申請者と認定者はほぼ同数であったが、それ以降は申請者数
　　　が急激に伸びている。

　　　　　　　　　　　　　　　　　　　　　　　　　　　　　　(　　)

　2. 2000年以降、認定者数および人道的配慮による在留許可者数は、申請者数と
　　　比べ一貫して極めて少ない。

　　　　　　　　　　　　　　　　　　　　　　　　　　　　　　(　　)

　3. 人道的配慮による在留許可者数は、2009年をピークに減少している。

　　　　　　　　　　　　　　　　　　　　　　　　　　　　　　(　　)

　4. 申請者数は2017年をピークに減少に転じており、グラフから判断して今後も
　　　この傾向が続くと考えられる。

　　　　　　　　　　　　　　　　　　　　　　　　　　　　　　(　　)

　5. 2008年頃から人道的配慮による在留許可者数が増えているのは、日本政府
　　　が、人道的配慮による在留特別許可の条件を緩和したからである。

　　　　　　　　　　　　　　　　　　　　　　　　　　　　　　(　　)

設問2　以下の文章と参考情報を読み、問1と問2に答えなさい。

　IPCC(注1)は世界の科学者のネットワークで、温暖化の現状について総合分析した評価報告書を数年ごとに出している。（中略）

　報告書によると、産業革命以降、陸地の気温は地球全体の2倍近いペースで上昇し、洪水や干ばつなどによる土地の劣化が起きている。トウモロコシや小麦の収穫量が減る地域も現れており、今世紀半ばには穀物価格が現在より最大23％も上がる恐れがあるという。

　世界の人口が増え続けていることを考えると、穀物の生産量の減少は見すごせない。食糧不足のせいで飢餓や貧困、紛争が広がらないよう、安定供給に努める必要がある。

　しかし、農地を無秩序に拡大すれば、温室効果ガス(注2)の排出を増やしてしまう。

　「人間の活動で出る温室効果ガスのうち、農業や林業などの土地利用によるものが23％にのぼる」。報告書は、そう指摘する。森林が伐採されると、本来なら樹木に吸収されるはずの二酸化炭素(CO_2)が大気中に残ってしまうのだ。（中略）

　温暖化対策と食糧生産が競合する場面は、ほかにもある。

　石油や石炭の代わりにバイオ燃料を広げていけば温暖化対策に効果がある。ただ、バイオ燃料の原料となる植物の栽培が広がると、食用の作物の生産にしわ寄せがいく。あげくに森林を切り開き、新たな農地を確保するようでは本末転倒だ。

（出典）　朝日新聞デジタル　「社説　温暖化と食糧　「緑」と「農」の調和こそ」（2019年
　　　　8月22日）より抜粋。https://www.asahi.com/articles/DA3S14147928.html

（注1）　Intergovernmental Panel on Climate Change：国連気候変動に関する政府
　　　　間パネル。人為起源による気候変化、影響、適応及び緩和方策に関し、科学
　　　　的、技術的、社会経済学的な見地から包括的な評価を行うことを目的として、
　　　　1988年に国連環境計画（UNEP）と世界気象機関（WMO）により設立された組織。

（注2）　地球に温室効果をもたらすガス。二酸化炭素、メタン、亜鉛化窒素、フロン
　　　　などの気体の総称。

参考情報1

世界における穀物の収穫面積等

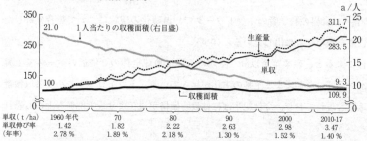

単収(t／ha)	1960年代	70	80	90	2000	2010-17
	1.42	1.82	2.22	2.63	2.98	3.47
単収伸び率(年率)	2.78 %	1.89 %	2.18 %	1.30 %	1.52 %	1.40 %

資料：米国農務省「PS&D」、国連「World Population Prospects: The 2017 Revision」を基に農林水産省で作成（2018 年 3 月時点）
注：1）穀物は、小麦、粗粒穀物（とうもろこし、大麦等）、米（精米）の合計
　　2）1 人当たりの収穫面積以外は 1960 年度を 100 とする指数

（出典）　農林水産省(2018)「人口構造の変化等が農業政策に与える影響と課題について」　https://www.soumu.go.jp/main_content/000578741.pdf

参考情報2

　世界では、全人口76億人のうち 9 人に 1 人、約 8 億2100万人が飢えに苦しめられています。一方で、生産された食品の 3 分の 1、13億トンあまりが捨てられていることをご存知でしょうか？（中略）

　先進国では消費者自身や小売店など流通の「川下」の段階で、余った食品が捨てられています。（中略）開発途上国でもまた、先進国と同様に 3 分の 1 程度の食品が捨てられています。途上国での食品廃棄は、生産農家が出荷前に傷んでしまった作物を廃棄せざるを得ないなど、主に「川上」の段階で起きています。農家の保存設備が不十分だったり、市場まで遠く、農作物の輸送手段がなかったりすることが主な原因です。

（出典）　国連 WFP(注1)ブログ　WFP 日本_レポート　「考えよう、飢餓と食品ロスのこと。国連 WFP の世界食料デーキャンペーン2018」(Sep 19, 2018)より抜粋。https://ja.news.wfp.org/18-37-44b38fc59271
（注 1 ）　国連の食糧支援機関。飢餓のない世界を目指し、緊急時の食糧支援や、途上国の栄養状態の改善等に取り組む。

参考情報3

　世界で貧困を根絶するための持続的支援・活動を行っているオックスファムと、ストックホルム環境研究所(SEI)の研究報告(注1)によれば、1990年～2015年の間の、人類による二酸化炭素排出量のうち、世界の1％の最富裕層(約6300万人)が排出した量は、約31億人の最貧層の排出量の2倍以上である。また、上位10％までの富裕層(約6億3000万人)の二酸化炭素排出量は、人類の二酸化炭素総排出量の半分以上となる。

(注1)　Tim Gore, "Confronting Carbon Inequality: Putting climate justice at the heart of the COVID-19 recovery", 21 September 2020 (Oxfam Media Briefing) https://oxfamilibrary.openrepository.com/bitstream/handle/10546/621052/mb-confronting-carbon-inequality-210920-en.pdf

参考情報4

世界の二酸化炭素排出量に占める主要国の排出割合と
各国の一人当たりの排出量の比較(2018年)(注1)

国名	国別排出量比 〔世界全体の排出量に対する比率〕 (単位：％)	一人当たり排出量 (単位：二酸化炭素トン／人)
中国	28.4	6.8
アメリカ	14.7	15.1
インド	6.9	1.7
ロシア	4.7	11.0
日本	3.2	8.5
ドイツ	2.1	8.4
韓国	1.8	11.7
アフリカ諸国	3.7	0.98

(注1)　全国地球温暖化防止活動推進センターが、EDMC/エネルギー・経済統計要覧2021年版に基づいて作成した表である。単位を表内に記載するなど、一部表記を変更してある。https://www.jccca.org/download/13330

問1　設問2の文章で取り上げられている温暖化対策、食糧生産に関しては、4つの参考情報にあるように様々な情報が提供されています。<u>参考情報1</u>から、人口と穀物生産に関して、どのような動向を読み取ることができますか。100字以内で説明しなさい。

問2　今日の地球規模課題の中には、地球温暖化と飢餓があります。しかし、設問2の文章では、温暖化対策と食糧生産が競合することが指摘されています。

　　　設問2の文章および参考情報1～4をすべて参照し、この二つの課題を互いに競合しないかたちで解決するために、どのような対策をとるべきと考えるか、その対策が必要である理由も含めて、400～500字で述べなさい。

解答編

■論述■

1 **解答** 問1．1 —(B)　2 —(A)　3 —(A)　4 —(C)　5 —(C)

◆解　説▶

≪日本の難民認定状況≫

問1．グラフ読解問題である。設問に添えられたグラフは，日本に難民申請した人数と認定者数，また人道的配慮により在留が認められた人数を示したもので，これについて述べた5つの文を選択肢にしたがって分類することが求められている。

1．誤り。2010 年から 2017 年まで申請者数は急増しており，後半は正しい。一方，2010 年以前は申請者数と認定者数のグラフが重なっているため見かけは同数に見えるが，左縦軸と右縦軸は人数の目盛りが異なり申請者数に比べて認定者数は極めて少ないことがわかり，説明は誤りである。

2．正しい。上でも指摘したようにグラフの見かけ上は認定者数が申請者数を超えているところもあるが，数字上では一貫して在留許可者数は申請者数に比べてかなり少ないことがわかる。

3．正しい。グラフから在留許可者数が減少傾向にあることが読み取れる。

4．グラフからは判断できない。確かにこのグラフでは申請者数は 2017 年のピーク後に減少しているが，その先も同じように減少傾向が続くと断定はできない。

5．グラフからは判断できない。日本政府が実際に人道的配慮から在留特別許可の条件を緩和したかどうか，またそれが在留許可者数を増やす結果につながったかはこのグラフだけでは判断することはできない。

2 **解答例** 問1．収穫面積がほぼ変わらない一方で，1人当たりの収穫面積が減少していることからも人口が増加傾向

にあることがわかる。また，穀物の生産量および単収が増加していること
から，穀物の生産性の向上が読み取れる。（100 字以内）

問 2．参考情報 1 によると，1960 年代から 2010 年代まで収穫面積が横ば
いであり，穀物生産用の農地は限られている。参考情報 2 では食品ロスが
大きな問題になっていることが指摘されている。また参考情報 3 と 4 では，
温室効果ガスである二酸化炭素の排出量は富裕層と貧困層，先進国と途上
国との間に大きな差があることが示されている。こうした問題に対し地球
温暖化と飢餓対策では，限られた農地という条件の中で農産物や食糧生産
の余剰を減らし食糧資源の分配を調整すること，食糧生産や流通に伴う温
室効果ガス排出を減らすことが重要な対策課題になるだろう。

　具体的な方法としては，まず世界の二酸化炭素排出の総量の多くを占め
る先進国や富裕層の排出を減らすことが対策の大きな前提になる。その上
で，各地域で地域ごとの再生可能エネルギーによる電力で農業を行うスマ
ート農業の開発と普及，食品の流通や貯蔵の過程で排出される温室効果ガ
スを減らすため農産物の地産地消を進めることなどが考えられる。また，
食品ロス対策では農産物の生産と市場の調整を行うとともに個々の消費者
が食品購入の無駄や廃棄を減らしていく努力も必要だ。（400〜500 字）

■■■■■■■■■◀解　説▶■■■■■■■■■

≪地球温暖化と食糧生産≫

問 1．設問に添えられた文章を参考にして，「世界における穀物の収穫面
積等」を示したグラフの読解を行う記述問題である。制限字数は 100 字以
内。

　読み取りの大きなポイントは次のようになるだろう。

　収穫面積がほぼ横ばいであることと，1 人当たりの収穫面積が減少傾向
にあることから世界の人口が増え続けていることをまずおさえよう。次に，
穀物の生産量と単収はそれぞれ経年でどのように変化しているのかという
点に着目して，穀物生産についての動向を読み取ろう。

　グラフからは穀物の収穫面積は 1960 年代を 100 として 2010 年代が
109.9 と横ばいでほぼ変化していないことが指摘される。一方，1 人当た
りの収穫面積は 1960 年代の 21.0a/人 から 2010 年代の 9.3a/人 と大きく
減少しており，世界の人口増加がわかる。また穀物の生産量と単収は，
1960 年代を 100 として 2010 年代にはそれぞれ 311.7 と 283.5 と増加して

おり，穀物の生産性は向上していることが指摘される。

問2．地球温暖化と飢餓という今日の地球規模課題に対して，設問に添えられた4つの参考情報を参照して，温暖化対策と食糧生産という互いに競合する目的を解決するために必要な対策を論じることを求める意見論述問題。制限字数は 400〜500 字である。

　まず，論述の前提となるリード文と各参考情報の内容を整理しておこう。リード文では，世界の人口が増加し続ける状況において，必要な食糧を生産するためには農地を拡大することが求められるが，農地の無秩序な拡大は温室効果ガスの排出をさらに増やすことになり，地球温暖化をさらに進める恐れがあるというジレンマがあることを説明している。

　参考情報1のグラフについては，先に問1の〔解答例〕と〔解説〕で触れたのでそちらを見てほしい。参考情報2は，世界の飢餓問題，また食糧の流通と生産の段階で余った食品が廃棄される食品ロスの問題があることを述べている。参考情報3は，温室効果ガスである二酸化炭素の世界の排出量について，富裕層が貧困層を大きく上回っていることを指摘している。参考情報4は，「世界の二酸化炭素排出量に占める主要国の排出割合と各国の一人当たりの排出量の比較」を示した統計表である。アフリカなど途上国と比べて先進国や経済成長が著しい国の二酸化炭素排出量が極めて多いことを読み取ることができる。以上のような参考情報の内容から，まず地球温暖化と飢餓の問題にはどのような原因と背景があるのかを捉えて，これに対し互いに競合する地球温暖化対策と食糧生産の2つの課題をともに解決していく方法を具体的に論じていくことが意見論述の大きな筋立てになるだろう。

　地球温暖化対策については，農業生産の段階と農産物の流通，管理の段階でそれぞれ排出される温室効果ガスを減らすことが主な対策になる。これについて，〔解答例〕では農業に必要な電力を農地と近い再生可能エネルギーシステムによる発電で賄う「スマート農業」を取り入れることを具体例に挙げている。また，農産物の流通と管理については，農産物の地産地消を進めることで流通や保存の過程で排出される温室効果ガスを減らす対策を挙げている。それ以外にも，たとえば農作地の土壌調査をすることで温室効果ガスを減らしたり，炭素を有機炭素として土壌に貯留させるなど新たな農法を開発，実行していくといった方法もあるだろう。また，特に

二酸化炭素を多く排出する先進国や富裕層を対象として，課税など何らかの排出規制を設けることも必要となるだろう。

　飢餓対策では，世界の人口が増加するなか農産物の収穫面積や収穫量をこれ以上増やすことができないという条件の下で，適切な食糧の分配を進めることが課題になるだろう。〔解答例〕では，参考情報 2 が触れている食品ロス問題を解消し，無駄のない食糧分配をする方法を説明している。これ以外に，たとえば日本の食糧生産と農業の課題に的を絞る切り口なども可能だろう。農業従事者の高齢化が進み，農産物の生産の維持が大きな問題となっている日本において，農業労働力の確保や効率的な農産物生産のための農地の整備と活用が重要課題となっているからだ。

　このような対策を実行していくためには農産業だけではなく，行政や民間企業など社会全体で取り組んでいくことが必要になるだろう。地球温暖化と飢餓対策が「地球規模課題」であるという論述の前提をあらためて意識しながら，私たち一人ひとりが日々の生活の場でこの問題と深く関わっていること，具体的な対策ではすべての人が何らかのアクションをする必要があるという当事者意識をもって設問テーマに当たっていくとよい。

■一般選抜（個別学部日程）：コミュニティ人間科学部

問題編

▶試験科目・配点

テスト区分	教 科	科目（出題範囲）	配 点
大学入学 共通テスト	外国語	英語（リーディング，リスニング）	100 点
	国 語	国語	100 点
独自問題	論 述	文章を読み，分析する力，思考・判断する力，並びに文章を論理的に展開・表現する力を総合的に問う論述などを課す。	100 点

▶備 考

- 合否判定は総合点による。ただし，場合により特定科目の成績・調査書を考慮することもある。
- 大学入学共通テストの得点を上記の配点に換算する。英語の得点を扱う場合には，リーディング 100 点，リスニング 100 点の配点比率を変えずにそのまま合計して 200 点満点としたうえで，上記の配点に換算する。
- 試験日が異なる学部・学科・方式は併願ができ，さらに同一日に実施する試験であっても「AM」と「PM」の各々で実施される場合は併願ができる。
- 試験時間帯が同じ学部・学科・方式は併願できない。

試験日	試験時間帯	学部	学科（方式）
2 月 11 日	終日	理工	物理科（B） 数理サイエンス（B） 化学・生命科（B） 電気電子工（B） 機械創造工（B） 経営システム工（B） 情報テクノロジー（B）
	AM	コミュニティ人間科	コミュニティ人間科

■論述■

(60 分)

次の文章を読んで、あとの問いに答えなさい。

　封建制度やカースト制度では、貧富や身分の根拠が神や自然など共同体の外部に投影されるため、不平等があっても社会秩序が安定する。人間の貴賤は生まれで決まり、貧富や身分の差があるのは当然だ。平等こそが異常であり、社会の歯車が狂った状態に他ならない。

　対して、自由な個人が共存する民主主義社会では平等が建前である。人は誰もが同じ権利を持ち、正当な理由なくして格差は許されない。しかし現実にはヒエラルキーが必ず発生し、貧富の差が現れる。平等が実現不可能な以上、常に理屈を見つけて格差を弁明しなければならない。だが、どんなに考え抜いても人間が判断する以上、貧富の基準が正しい保証はない。下層に生きる者は既存秩序に不満を抱き、変革を求め続ける。近代の激しい流動性の一因がここにある。

　支配は社会および人間の同義語である。子は親に従い、弟子は師を敬う。部下が上司に頭を垂れ、国民が国家元首に恭順の意を表す。「どこにもない場所」というギリシア語の語源通り、支配のないユートピアは建設できない。ところでドイツの社会学者マックス・ヴェーバーが『経済と社会』で説いたように、支配関係に対する被支配者の合意がなければ、ヒエラルキーは長続きしない。強制力の結果としてではなく、正しい状態として感知される必要がある。支配が理想的な状態で保たれる時、支配は真の姿を隠し、自然の摂理のごとく作用する。

　近代に内在する欠陥を理解するために、正義が実現した社会を想像しよう。階層分布の正しさが確かな以上、貧困は差別のせいでもなければ、社会制度に不備があるからでもない。まさしく自分の資質や能力が他人に比べて劣るからだ。格差が正当でないと信ずるおかげで、我々は自らの劣等性を認めなくて済む。しかし公正な社会では、この自己防衛が不可能になる。底辺に置かれる者に、もはや逃げ道はない。理想郷どころか、人間には住めない地獄の世界だ。

　身分制が打倒されて近代になり、不平等が緩和されたにもかかわらず、さらなる平等化の必要が叫ばれるのは何故か。人間は常に他者と自分を比較しながら生きる。そして比較は優劣をつける。民主主義社会では人間に本質的な差異はないとされる。だからこそ人は互いに比べあい、小さな格差に悩む。そして自らの劣等性を否認するために、社会の不公平を糾弾する。外部を消し去り、優劣の根拠を個人の内部に押し込めようと謀る時、必然的に起こる防衛反応である。

　自由に選択した人生だから自己責任が問われるのではない。逆だ。格差を正当化する必要があるから、人間は自由だと社会が宣言する。努力しない者の不幸は自業自得だと宣告する。近代は人間に自由と平等をもたらしたのではない。不平等を隠蔽し、正当化する論理が変わっただけである。

［出典］小坂井敏晶『神の亡霊　近代という物語』(2018、東京大学出版会)より一部省略
　　　　して作成

問 1　この文章を 300 字以上 400 字以内で要約しなさい。

問 2　この文章をふまえて、あなたの考えを 450 字以上 600 字以内で述べなさい。

解答編

■論述■

解答例　問 1．封建制度やカースト制度といった，貧富や身分の根拠が共同体の外部にある制度においては，不平等があっても社会秩序が安定する。被支配者が，支配関係を強制力の結果としてではなく，生まれながらの貴賎によるものだと合意していれば，支配は真の姿を隠し，自然の摂理のごとく作用するからである。それに対し，自由と平等を建前とする民主主義社会は，身分制を打倒して不平等の緩和を目指した。しかし，人間社会である限り，必ず支配・被支配関係が発生し，貧富等の差が現れる。本質的な差異がないとされる人間の格差は，個人の資質や能力が理由にされるため，自らの劣等性を否認するには社会の不公平を糾弾するしかない。一方，社会は格差の正当化のために，人間は自由で，不幸は努力不足の自己責任だと断じる。このように，近代は人間に自由と平等をもたらしたのではなく，不平等を隠蔽し，正当化する論理が変わっただけである。（300 字以上 400 字以内）

問 2．人間が他者と自分を比較しながら生きるのは，本来悪いことではない。なぜなら，そうすることで客観的に自分を見つめ，他者との差異において自分の個性や能力を認識できるからである。したがって，差異を不問にして“とにかくみんな同じであるべき”という意味での「平等」を唱えるのは，個性を無視することになる。

　たしかに，課題文にもあるように，他者との比較は優劣の判断に結びつきやすい。そして，より社会的価値基準に適合した個性や能力をもつほうが優れているとされ，人々からの評価や待遇も違ってくるという現実はある。だが，ここで批判すべきは，比較自体ではなく，一元的な価値基準や偏った評価基準である。人間は多面的な存在であり，限られた能力だけで人間性全体は評価できない。けれども，社会の評価能力が乏しいと，「努力しない者の不幸は自業自得」だとされ，「自由」を担保とした自己責任

論に絡めとられてしまう。その結果，筆者が指摘するように，「自由」や「平等」が，「不平等を隠蔽し，正当化する論理」となってしまうのである。

　したがって，みんな同じという「平等」ではなく，個性の違いを認めたうえでの「平等」，つまり，公平性が尊重されることが必要である。そのためには，多様な能力を尊重し評価する態度，すなわち，多様性を重んじた評価基準を社会がもつことが必要となる。(450字以上600字以内)

━━━━━━━━━━ ◀解　説▶ ━━━━━━━━━━

≪不平等を正当化する近代民主主義社会の論理≫

問1．課題文の要約問題。身分制を打倒し，不平等が緩和されたはずの近代民主主義社会は，不平等を隠蔽し正当化する論理が変わっただけであって，決して人間に自由と平等をもたらしたのではない，という筆者の主張が結論となるように，主張の根拠を課題文の記述から拾いあげながら要約する必要がある。詳細を確認しておこう。

　まず，筆者は第1段落で，封建制度やカースト制度のように，明らかな不平等があっても，社会秩序は安定すると述べている。不平等の根拠が「神や自然など共同体の外部に投影される」ため，不平等の存在は自然なこととされる。このことは，第3段落でも繰り返されている。すなわち，「支配関係に対する被支配者の合意」があること，つまり，支配関係が「強制力の結果としてではなく，正しい状態として感知」される状態である。

　そういった身分制度とは逆の事態として，第2段落・第4～最終段落を中心に説明されているのが「近代」の「民主主義」である。「自由な個人が共存する民主主義社会では平等が建前である」(第2段落)。しかし，"民主主義社会における自由と平等"というのは，あくまで理念であって，「現実にはヒエラルキーが必ず発生し，貧富の差が現れる」(第2段落)。なぜなら，人間社会には，必ず"支配・被支配関係"が生じるからだ(第3段落)。そして，そういった支配関係の原因がたとえ「自分の資質や能力が他人に比べて劣るから」であったとしても，「格差が正当でないと信ずるおかげで，我々は自らの劣等性を認めなくて済む」(第4段落)のである。

　これが「近代に内在する欠陥」(第4段落)だと筆者は述べており，第5段落で繰り返しさらに詳しく説明される。すなわち，身分制とは違って，

「民主主義社会では人間に本質的な差異はないとされる。だからこそ人は互いに比べあい，小さな格差に悩む」ことになり，「そして自らの劣等性を否認するために，社会の不公平を糾弾する」（第5段落）。この一連の流れは，「外部を消し去り，優劣の根拠を個人の内部に押し込めようと謀る時，必然的に起こる防衛反応である」（第5段落）と説明されている。

　では，人々が社会の不公平を糾弾するとき，社会はどういった対応をみせるのか。それが説明されているのが，最終段落である。すなわち，社会の不公平を糾弾する人々に対して社会は，「人間は自由だ」と宣言し，「努力しない者の不幸は自業自得だと宣告する」。つまり，「自由に選択した人生だから自己責任が問われる」のではなく，「格差を正当化する」ために，"自由な人間に格差が生じるのは，努力しない者の自己責任だ"という考え方を導き，その前提として「人間は自由だ」と宣言するのである。そして筆者は，「近代は人間に自由と平等をもたらしたのではない。不平等を隠蔽し，正当化する論理が変わっただけ」（最終段落）だと結論づける。

　以上の内容を理解したうえで，解答を作成する。300字以上400字以内という文字数でおさまりよくまとめるために，〔解答例〕では，まず，「身分制社会」の効用についてまとめ，次に「近代の民主主義社会の理念とそれに内在する問題点」をまとめている。

問2．近代民主主義社会が内包する問題点について書かれた課題文をふまえて自分の考えを述べる問題。課題文の要約はすでに問1で済んでいるため，改めてまとめる必要はない。「この文章をふまえて」という設問条件に応じ，論述と関連する内容部分について，適宜その旨を示せばよい。

　問1でも確認したように，課題文は，"近代民主主義の原則である「自由」と「平等」という理念を推し進めた結果，不平等が隠蔽されることになる"という逆説的な事態を指摘するものであった。そして，そのような事態を生んでしまう根本的な要因として，「人間に本質的な差異はない」という近代民主主義の「平等」の原則が挙げられていた。「人間に本質的な差異はない」とされるからこそ，「人間は常に他者と自分を比較しながら生きる」ことになり，さらに「比較は優劣をつける」ため，そこにヒエラルキーなどの格差が生じることとなる。そこで，人間はみんな平等だ，という理念をもつ人々は不満を抱くが，そういった不平等を正当化するために，もう一つの民主主義の理念である「自由」が持ち出される。課題文

で述べられているこのような事態は，まさに，民主主義が内包する構造的な問題だといえる。

　以上の内容を理解したうえで，論述を展開するための論点を設定する。たとえば，まず筆者の主張や考察をもとに問いを立て，さらに問いを重ねながら考えていく手段などが有効である。

　〔解答例〕では，課題文で言及されている他者との比較の問題に着目した。"他者との差異"があるのは明らかであり，私たちが他者と自分を常に比較しようとするのも事実である。そして，「他者と自分を比較」することによって自分自身の特徴や属性が認識される。であれば，「比較」とそれによる「差異」の認識は，それ自体に問題があるとはいえない。

　むしろ問題なのは，比較の結果，「優劣」をつけることであろう。しかもその「優劣」の基準が確かなものかどうかわからないのも問題だ。人間には多様な側面があり，一つの観点ではその人の全体は評価できないはずなのに，社会的な評価基準に応じ，一面的にその人全体が評価されしまう。

　そこで，解決策として，社会が多様性を重んじた価値基準をもつべきだと提示した。

　〔別解〕として，他の方向性もいくつか挙げておく。たとえば，「民主主義」社会が逆説的な事態を生んでいるとしても，だから「身分制」社会に戻ればよい，というのは極論だ。けれども，その違いに着目して，「身分制」社会における（不）自由と「民主主義」社会における（不）自由とは，言葉は同じでも意味する内容が違うのでは，という考察は可能だ。

　あるいは，「平等」という理念自体を問いなおし，現実にある差異をふまえたうえでの「平等」とはどんなものか，平等と公平の違いは何か，といったことを考察していくこともできる。

　いずれにせよ，課題文における筆者の主張や考察を端緒としつつ，自分なりに問いを重ね，考察したうえで論述していくことが必要である。

教学社 刊行一覧

2025年版　大学赤本シリーズ

国公立大学（都道府県順）

374大学556点 全都道府県を網羅

全国の書店で取り扱っています。店頭にない場合は，お取り寄せができます。

1 北海道大学(文系-前期日程)
2 北海道大学(理系-前期日程) 医
3 北海道大学(後期日程)
4 旭川医科大学(医学部〈医学科〉) 医
5 小樽商科大学
6 帯広畜産大学
7 北海道教育大学
8 室蘭工業大学／北見工業大学
9 釧路公立大学
10 公立千歳科学技術大学
11 公立はこだて未来大学 総
12 札幌医科大学(医学部) 医
13 弘前大学 医
14 岩手大学
15 岩手県立大学・盛岡短期大学部・宮古短期大学部
16 東北大学(文系-前期日程)
17 東北大学(理系-前期日程) 医
18 東北大学(後期日程)
19 宮城教育大学
20 宮城大学
21 秋田大学 医
22 秋田県立大学
23 国際教養大学 総推
24 山形大学 医
25 福島大学
26 会津大学
27 福島県立医科大学(医・保健科学部) 医
28 茨城大学(文系)
29 茨城大学(理系)
30 筑波大学(推薦入試) 医 総推
31 筑波大学(文系-前期日程)
32 筑波大学(理系-前期日程) 医
33 筑波大学(後期日程)
34 宇都宮大学
35 群馬大学 医
36 群馬県立女子大学
37 高崎経済大学
38 前橋工科大学
39 埼玉大学(文系)
40 埼玉大学(理系)
41 千葉大学(文系-前期日程)
42 千葉大学(理系-前期日程) 医
43 千葉大学(後期日程) 医
44 東京大学(文科) DL
45 東京大学(理科) 医
46 お茶の水女子大学
47 電気通信大学
48 東京外国語大学 DL
49 東京海洋大学
50 東京科学大学(旧 東京工業大学)
51 東京科学大学(旧 東京医科歯科大学) 医
52 東京学芸大学
53 東京藝術大学
54 東京農工大学
55 一橋大学(前期日程)
56 一橋大学(後期日程)
57 東京都立大学(文系)
58 東京都立大学(理系)
59 横浜国立大学(文系)
60 横浜国立大学(理系)
61 横浜市立大学(国際教養・国際商・理・データサイエンス・医〈看護〉学部) 医
62 横浜市立大学(医学部〈医学科〉) 医
63 新潟大学(人文・教育〈文系〉・法・経済科・医〈看護〉・創生学部)
64 新潟大学(教育〈理系〉・理・医〈看護を除く〉・歯・工・農学部) 医
65 新潟県立大学
66 富山大学(文系)
67 富山大学(理系) 医
68 富山県立大学
69 金沢大学(文系)
70 金沢大学(理系) 医
71 福井大学(教育・医〈看護〉・工・国際地域学部)
72 福井大学(医学部〈医学科〉) 医
73 福井県立大学
74 山梨大学(教育・医〈看護〉・工・生命環境学部)
75 山梨大学(医学部〈医学科〉) 医
76 都留文科大学
77 信州大学(文系-前期日程)
78 信州大学(理系-前期日程) 医
79 信州大学(後期日程)
80 公立諏訪東京理科大学 総推
81 岐阜大学(前期日程) 医
82 岐阜大学(後期日程)
83 岐阜薬科大学
84 静岡大学(前期日程)
85 静岡大学(後期日程)
86 浜松医科大学(医学部〈医学科〉) 医
87 静岡県立大学
88 静岡文化芸術大学
89 名古屋大学(文系)
90 名古屋大学(理系) 医
91 愛知教育大学
92 名古屋工業大学
93 愛知県立大学
94 名古屋市立大学(経済・人文社会・芸術工・看護・総合生命理・データサイエンス学部)
95 名古屋市立大学(医学部〈医学科〉) 医
96 名古屋市立大学(薬学部)
97 三重大学(人文・教育・医〈看護〉学部)
98 三重大学(医〈医〉・工・生物資源学部) 医
99 滋賀大学
100 滋賀医科大学(医学部〈医学科〉) 医
101 滋賀県立大学
102 京都大学(文系)
103 京都大学(理系) 医
104 京都教育大学
105 京都工芸繊維大学
106 京都府立大学
107 京都府立医科大学(医学部〈医学科〉) 医
108 大阪大学(文系) DL
109 大阪大学(理系) 医
110 大阪教育大学
111 大阪公立大学(現代システム科学域〈文系〉・文・法・経済・商・看護・生活科〈居住環境・人間福祉〉学部-前期日程)
112 大阪公立大学(現代システム科学域〈理系〉・理・工・農・獣医・医・生活科〈食栄養〉学部-前期日程)
113 大阪公立大学(中期日程)
114 大阪公立大学(後期日程)
115 神戸大学(文系-前期日程)
116 神戸大学(理系-前期日程) 医
117 神戸大学(後期日程)
118 神戸市外国語大学 DL
119 兵庫県立大学(国際商経・社会情報科・看護学部)
120 兵庫県立大学(工・理・環境人間学部)
121 奈良教育大学／奈良県立大学
122 奈良女子大学
123 奈良県立医科大学(医学部〈医学科〉) 医
124 和歌山大学
125 和歌山県立医科大学(医・薬学部) 医
126 鳥取大学 医
127 公立鳥取環境大学
128 島根大学 医
129 岡山大学(文系)
130 岡山大学(理系) 医
131 岡山県立大学
132 広島大学(文系-前期日程)
133 広島大学(理系-前期日程) 医
134 広島大学(後期日程)
135 尾道市立大学 総推
136 県立広島大学
137 広島市立大学
138 福山市立大学 総推
139 山口大学(人文・教育〈文系〉・経済・医〈看護〉・国際総合科学部)
140 山口大学(教育〈理系〉・理・医〈看護を除く〉・工・農・共同獣医学部) 医
141 山陽小野田市立山口東京理科大学 総推
142 下関市立大学／山口県立大学
143 周南公立大学 新 総推
144 徳島大学 医
145 香川大学 医
146 愛媛大学 医
147 高知大学 医
148 高知工科大学
149 九州大学(文系-前期日程)
150 九州大学(理系-前期日程) 医
151 九州大学(後期日程)
152 九州工業大学
153 福岡教育大学
154 北九州市立大学
155 九州歯科大学
156 福岡県立大学／福岡女子大学
157 佐賀大学
158 長崎大学(多文化社会・教育〈文系〉・経済・医〈保健〉・環境科〈文系〉学部)
159 長崎大学(教育〈理系〉・医〈医〉・歯・薬・情報データ科・工・環境科〈理系〉・水産学部)
160 長崎県立大学 総推
161 熊本大学(文・教育・法・医〈看護〉学部・情報融合学環〈文系型〉)
162 熊本大学(理・医〈看護を除く〉・薬・工学部・情報融合学環〈理系型〉) 医
163 熊本県立大学
164 大分大学(教育・経済・医〈看護〉・理工・福祉健康科学部)
165 大分大学(医学部〈医・先進医療科学科〉) 医
166 宮崎大学(教育・医〈看護〉・工・農・地域資源創成学部)
167 宮崎大学(医学部〈医学科〉) 医
168 鹿児島大学(文系)
169 鹿児島大学(理系) 医
170 琉球大学 医

2025年版　大学赤本シリーズ

国公立大学 その他

私立大学①

🈟 医学部医学科を含む
🈳🈯 総合型選抜または学校推薦型選抜を含む
🆔 リスニング音声配信 🈡 2024年 新刊・復刊

掲載している入試の種類や試験科目, 収載年数などはそれぞれ異なります。詳細については, それぞれの本の目次や赤本ウェブサイトでご確認ください。

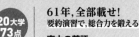

akahon.net

赤本 | 検索

🆔 リスニング音声配信
🈡 2024年 新刊
🈠 2024年 改訂

いつも受験生のそばに──赤本

大学入試シリーズ＋α
入試対策も共通テスト対策も赤本で

入試対策
赤本プラス

赤本 PLUS+ 本

赤本プラスとは、**過去問演習の効果を最大に
するためのシリーズ**です。「赤本」であぶり出
された弱点を、赤本プラスで克服しましょう。

大学入試 **すぐわかる英文法** DL
大学入試 **ひと目でわかる英文読解**
大学入試 **絶対できる英語リスニング** DL
大学入試 **すぐ書ける自由英作文**
大学入試 **ぐんぐん読める
　　　　　英語長文(BASIC)** DL
大学入試 **ぐんぐん読める
　　　　　英語長文(STANDARD)** DL
大学入試 **ぐんぐん読める
　　　　　英語長文(ADVANCED)** DL
大学入試 **正しく書ける英作文**
大学入試 **最短でマスターする
　　　　　数学Ⅰ・Ⅱ・Ⅲ・A・B・C**
大学入試 **突破力を鍛える最難関の数学**
大学入試 **知らなきゃ解けない
　　　　　古文常識・和歌**
大学入試 **ちゃんと身につく物理**
大学入試 **もっと身につく
　　　　　物理問題集(①力学・波動)**
大学入試 **もっと身につく
　　　　　物理問題集(②熱力学・電磁気・原子)**

入試対策
英検® 赤本シリーズ

英検®(実用英語技能検定)の対策書。
過去問集と参考書で万全の対策ができます。

▶過去問集(**2024年度版**)
英検®**準1級過去問集** DL
英検®**2級過去問集** DL
英検®**準2級過去問集** DL
英検®**3級過去問集** DL

▶参考書
竹岡の英検®準1級マスター DL
竹岡の英検®2級マスター CD DL
竹岡の英検®準2級マスター CD DL
竹岡の英検®3級マスター CD DL

● リスニングCDつき　DL 音声無料配信
● 2024年新刊・改訂

入試対策
赤本プレミアム

東大 数学

赤本の教学社だからこそ作られた、
過去問ベストセレクション

東大数学プレミアム
東大現代文プレミアム
京大数学プレミアム[改訂版]
京大古典プレミアム

入試対策
赤本メディカル シリーズ

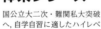
医歯薬系の 英単語

過去問を徹底的に研究し、独自の出題傾向を
もつメディカル系の入試に役立つ内容を精選
した実戦的なシリーズ。

[国公立大]医学部の英語[3訂版]
私立医大の英語(長文読解編)[3訂版]
私立医大の英語(文法・語法編)[改訂版]
医学部の実戦小論文[3訂版]
医歯薬系の英単語[4訂版]
医系小論文 最頻出論点20[4訂版]
医学部の面接[4訂版]

入試対策
体系シリーズ

体系 物理

国公立大二次・難関私大突破
へ、自学自習に適したハイレベ
ル問題集。

体系英語長文　　　**体系世界史**
体系英作文　　　　**体系物理**[第7版]
体系現代文

入試対策
単行本

▶英語
Q&A即決英語勉強法
TEAP攻略問題集[新装版] DL 新
東大の英単語[新装版]
早慶上智の英単語[改訂版]

▶国語・小論文
著者に注目! 現代文問題集
ブレない小論文の書き方 樋口式ワークノート

▶レシピ集
奥薗壽子の赤本合格レシピ

入試対策　共通テスト対策

赤本手帳

赤本手帳(2025年度受験用) プラムレッド
赤本手帳(2025年度受験用) インディゴブルー
赤本手帳(2025年度受験用) ナチュラルホワイト

入試対策
風呂で覚える シリーズ

英単語

水をはじく特殊な紙を使用。いつでもどこでも
読めるから、ちょっとした時間を有効に使える!

風呂で覚える英単語[4訂新装版]
風呂で覚える英熟語[改訂新装版]
風呂で覚える古文単語[改訂新装版]
風呂で覚える古文文法[改訂新装版]
風呂で覚える漢文[改訂新装版]
風呂で覚える日本史(年代)[改訂新装版]
風呂で覚える世界史(年代)[改訂新装版]
風呂で覚える倫理[改訂版]
風呂で覚える百人一首[改訂版]

共通テスト対策
満点のコツ シリーズ

満点　満点

共通テストで満点を狙うための実戦的参考書。
重要度の高いリスニング対策は
「カリスマ講師」竹岡広信が一回読みにも
対応できるコツを伝授!

共通テスト英語(リスニング)
　　満点のコツ[改訂版] DL 新
共通テスト古文 満点のコツ[改訂版] 新
共通テスト漢文 満点のコツ[改訂版] 新
**共通テスト生物基礎
　　満点のコツ**[改訂版] 新

入試対策　共通テスト対策

赤本 ポケット
赤本ポケット シリーズ

▶**共通テスト対策**
共通テスト日本史(文化史)

▶**系統別進路ガイド**
デザイン系学科をめざすあなたへ

2025 年版　大学赤本シリーズ　No. 220

青山学院大学

(総合文化政策学部・社会情報学部・地球社会共生学部
コミュニティ人間科学部 − 個別学部日程)

2024 年 7 月 25 日　第 1 刷発行
ISBN978-4-325-26277-0
定価は裏表紙に表示しています

編　集　教学社編集部
発行者　上原　寿明
発行所　教学社
　　　　〒606-0031
　　　　京都市左京区岩倉南桑原町56
　　　　電話　075-721-6500
　　　　振替　01020-1-15695
印　刷　共同印刷工業